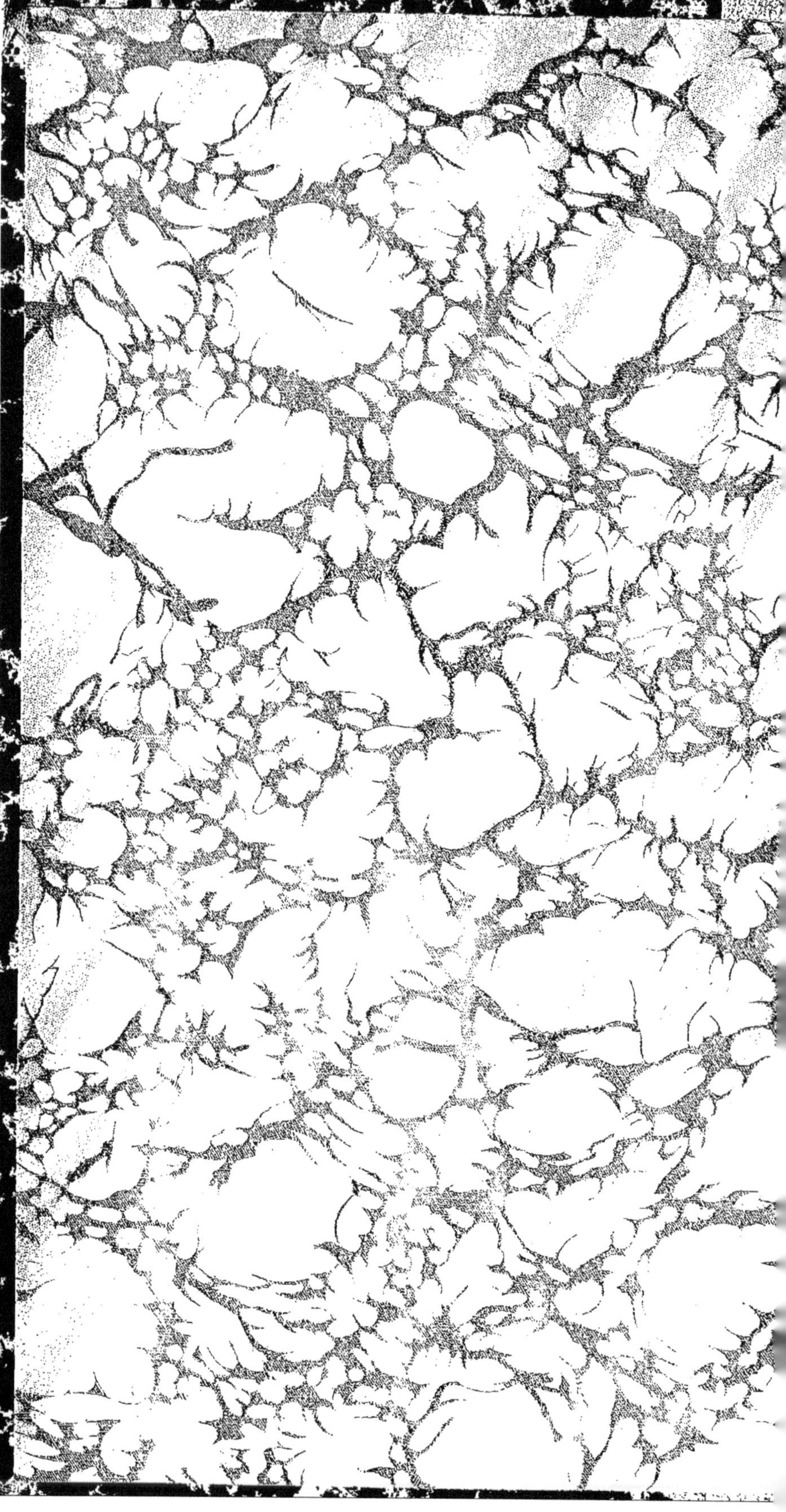

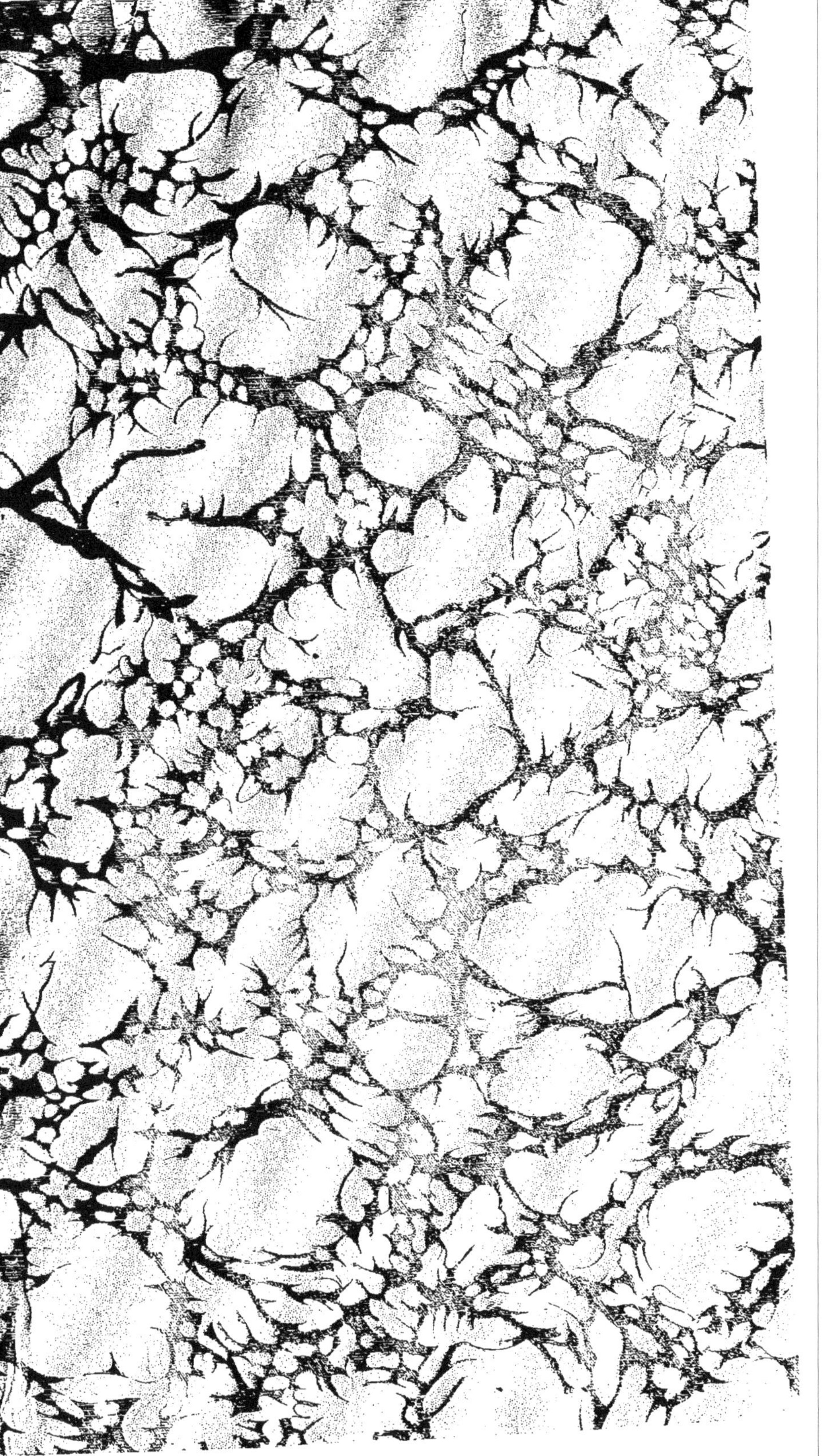

Léon HENNET

Regards en Arrière

ÉTUDES D'HISTOIRE MILITAIRE SUR LE XVIIIe SIÈCLE

L'ÉTAT-MAJOR

PRÉFACE DE M. ARTHUR CHUQUET, Membre de l'Institut

PARIS
LIBRAIRIE MILITAIRE R. CHAPELOT ET Cie
IMPRIMEURS-ÉDITEURS
30, Rue et Passage Dauphine, 30

1911

REGARDS EN ARRIÈRE

Études d'histoire militaire sur le XVIIIe siècle

L'ÉTAT-MAJOR

DU MÊME AUTEUR

Les Milices et les Troupes provinciales (1884).

Les Compagnies de Cadets-Gentilshommes et les E militaires (1889).

Notices historiques sur l'État-Major Général (1892).

Le général Alexis Dubois. — La Cavalerie aux ar du Nord et de Sambre-et-Meuse (1897).

L'État militaire de France pour l'année 1793 (1903).

Les Volontaires nationaux [de Paris] pendant la lution (1889, 1902, 1906). [En collaboration avec M. Chassin pour les deux premiers volumes.] (*Couronné par l'Ac des Sciences morales et politiques*, prix Berger.)

Léon HENNET

Regards en Arrière

ÉTUDES D'HISTOIRE MILITAIRE
SUR LE XVIIIe SIÈCLE

L'ÉTAT-MAJOR

Préface de M. Arthur CHUQUET, Membre de l'Institut

PARIS
LIBRAIRIE MILITAIRE R. CHAPELOT ET Cie
IMPRIMEURS-ÉDITEURS
30, Rue et Passage Dauphine, 30

1911

PRÉFACE

Ce volume, qui porte le titre de « Regards en arrière »
ce que nos voisins appellent *Rückblicke*, et ils usent
quemment de ce mot — est, comme tous les volumes
e M. Léon Hennet a publiés jusqu'ici, singulièrement
structif.

L'auteur connaît très bien la période révolutionnaire, et
fervents de cette époque ont souvent feuilleté son
and travail sur les bataillons de volontaires de Paris et
belle édition, augmentée et corrigée, de l'*État militaire*
1793. Mais il étudie les institutions de l'ancien régime
ec autant de passion et de succès que les guerres de la
erté, et le livre de 1911 que nous préfaçons, sera aussi
le que le livre de 1889 sur les Écoles militaires de la
ille monarchie.

M. Hennet est convaincu que l'organisation militaire de
France date de loin, qu'elle repose sur de saines tradi-
ns, qu'elle ne s'est transformée que lentement, prudem-
ent, selon des principes constants, et, de là, ces « Re-
rds en arrière ». On y trouvera nombre d'informations
écieuses.

Nous y lisons, par exemple, que la monarchie créa en
63 les corps d'armée territoriaux et divisa les troupes
tre quinze départements partagés en divisions et subdi-
sions.

Nous y voyons qu'il y eut alors des voyages d'état-ma-
r et des « Kriegsspiels » d'armée; qu'il y avait un service

de renseignements fortement organisé; qu'il y avait, en temps de paix, des « indicateurs » qui, en temps de guerre, devenaient capitaines de partisans et guides des armées; que des officiers allaient en reconnaissance dans les pays étrangers, suivaient les manœuvres, épiaient les mouvements de troupes des autres puissances.

Mais, avant tout, on notera dans ce volume les pages qui traitent de l'organisation de l'état-major de l'armée, de sa vie particulière et de ses travaux. M. Hennet donne, sur ce point, des détails aussi précis, aussi curieux qu'ignorés ou très peu connus. Il explique ce que furent sous Henri IV, sous Louis XIII et sous Louis XIV, voire sous Louis XV, les maréchaux généraux des logis des camps et armées et les maréchaux des logis de la cavalerie légère. Comme il le remarque, les états-majors étaient inférieurs à leur tâche : on ne les formait qu'au commencement de la guerre et même à l'ouverture d'une campagne; les officiers ne devaient leur nomination qu'à la faveur; beaucoup avaient peu d'expérience et il advint durant la guerre de la Succession d'Autriche, durant la guerre de Sept Ans, que ces difficiles fonctions furent confiées à des jeunes gens tout neufs et à peine sortis du collège. On conçut donc l'idée de créer un état-major permanent. Il fut établi en 1766, sous la direction du lieutenant général Bourcet; c'était une sorte d'École supérieure de guerre; ses officiers ne faisaient que suivre des cours pratiques, et le corps cessa d'exister dès 1771; on le supprima par raison d'économie. Toutefois il fut reconstitué en 1783, d'après les idées et les méthodes de Bourcet, sous la direction du marquis d'Aguesseau, l'homme de confiance et l'un des conseillers du maréchal de Ségur, et il compta dans ses rangs Mathieu Dumas, Gouvion, Menou, Meusnier, Montrichard, Chancel, César et Alexandre Berthier.

Voilà, en substance, ce que M. Hennet nous apprend sur l'état-major d'avant la Révolution, et il éclaire son exposé par des pièces d'archives et par des documents et des particularités de grand intérêt : mémoires remis par des officiers au Ministre sur cette importante question de l'état-major; notice sur ce Bourcet que Maillebois jugeait bon à tout, ce Bourcet qui forma par sa doctrine l'état-major des armées de la Révolution, et qui fit peut-être connaître à Napoléon la théorie de la guerre de montagnes; notices sur les hommes qui furent sous Louis XV et Louis XVI employés à la reconnaissance du pays, Pezay, Béville, Bayane, Vaulx, Ferrier; notices sur ceux qui furent employés dans les provinces comme Ménildurand, Carlet de la Rozière, Grandpré et Kalb. M. Hennet donne même la liste complète des officiers du corps de l'état-major; il mentionne les services de chacun d'eux, indique ce qu'ils devinrent.

L'appendice du volume — qu'il serait injuste de passer sous silence — contient quatre articles considérables.

Le maréchal général des camps et armées. — Pour la première fois on remonte aux origines de la charge, on la suit dans son exercice et, de la sorte, on sait au juste ce que fut la fameuse affaire de 1672, affaire simple, mais obscurcie comme à plaisir. Les maréchaux ne refusèrent pas alors d'obéir au maréchal général des camps et armées; ils refusèrent de servir sous Turenne qui, comme eux, était maréchal de France et leur égal en grade.

Le maréchal de bataille de l'infanterie et les sergents de bataille en les armées. — Ces deux charges, que les historiens ont confondues, étaient distinctes : il n'y avait qu'un maréchal de bataille dans toute l'armée et sa charge était permanente; les sergents de bataille, nombreux d'ailleurs, remplissaient des fonctions temporaires.

Les aides de camp. — M. Hennet nous explique ce qu'ils furent en réalité sous l'ancien régime : ils n'avaient souvent aucun grade, les généraux les choisissaient, le Ministre les ignorait.

Le général-major. — M. Hennet fait l'historique de cette charge qui ne dura que douze ans et qui disparut avec l'armée weimarienne.

Le plaisir, disait à peu près Colbert, — un homme de l'ancienne monarchie qu'il sied de citer ici, — le plaisir que les hommes prennent à ce qu'ils font leur donne de l'application; cette application leur attire du mérite, et ce mérite leur vaut l'estime et la réputation, la seule chose nécessaire à un homme qui a de l'honneur. M. Léon Hennet a évidemment pris plaisir à faire ce livre; il y a mis de l'application; il y a déployé son mérite, et ce nouveau travail augmentera l'estime et la réputation qu'il s'est acquises.

Arthur CHUQUET.

REGARDS EN ARRIÈRE

Études d'histoire militaire sur le XVIIIe siècle.

Il est quelquefois intéressant de porter ses regards en arrière; cela est toujours curieux et instructif en ce qui concerne le Militaire.

L'armée de la Monarchie avait une force dont on ne se doute plus. Ses institutions étaient solides et appropriées au but de la guerre ; elles étaient avancées. Après les échecs de la guerre de Sept Ans, la Monarchie ne se contenta plus d'une armée « agissante » ; elle eut, comme de nos jours, une armée « travaillante ».

Pour les institutions inaugurées après la guerre de Sept Ans, des nécessités financières entravèrent malheureusement et forcèrent à revenir en arrière.

Ainsi fut-il pour les corps d'armée territoriaux créés en 1763. Les troupes sont divisées entre quinze « départements », partagées en « divisions » et « subdivisions ». Le département est aux ordres d'un commandant en chef, maréchal de France ou lieutenant général ; la division, d'un lieutenant général ; la subdivision, d'un maréchal de camp. Ces officiers généraux sont inspecteurs nés de leurs troupes. Chacun des « départements » a son état-major, son commandant principal d'artillerie, son directeur du génie, son commissaire-ordonnateur et ses commissaires des guerres, c'est-à-dire ses services administratifs. Par mesure d'économie, l'organisation dut être restreinte quatre années plus tard.

En 1766, M. Bourcet était mis à la tête d'un corps d'officie dits « employés à la reconnaissance du pays », qui accompliss des missions topographiques, faisait des « voyages d'état-major se consacrait à des études que l'on a pu qualifier « *Kriegsp* d'armée[1] ».

Des réductions encore à apporter dans les dépenses forcère à arrêter, dès 1771, les travaux des officiers d'état-major; pui en 1777, le comte de Saint-Germain fit supprimer le service.

Après la guerre d'Amérique, l'œuvre et l'institution de Bourc furent reprises. Le 13 juin 1783, Louis XVI créait un *corps l'état-major de l'armée*, composé d'aides-maréchaux générat des logis avec rang de grade de capitaine à colonel, d'adjoin capitaines et de six ingénieurs-géographes.

« Comme il est nécessaire au bien du service de nommer chef au corps d'état-major », ce chef lui fut donné, le 1er juill 1784, sous le titre de « directeur », et l'emploi confié à un offici général.

Au nombre des officiers de ce corps d'état-major, on trou Mathieu Dumas; Joseph-Marie Casabianca; Louis de Grandpré Gouvion, un des héros de York-Town, tué en juin 1792 Menou, le futur général en chef de l'armée d'Orient; Alexandı Berthier, le prince de Wagram; Meusnier de La Place, l'illustı défenseur de Mayence. Au nombre des adjoints figurent Montr chard, Nestor Chancel, César Berthier.

L'organisation des Ecoles militaires du XVIIIe siècle[2] éta telle que le roi de Prusse y puisa largement les bases d'un sys tème que l'empire d'Allemagne a conservé.

Dès 1688, par les milices Louis XIV s'était créé une armé territoriale. Licenciées à la paix, en 1714, les milices sont réta blies définitivement et deviennent permanentes en 1726. Formée en bataillons, puis en régiments, elles font leurs « quinze jours » — ou au moins leurs « dix jours », — chaque année en temp

---

[1] Capitaine N., *Un « Kriegspiel » d'armée en 1775* (*Journal des Science militaires*, avril et septembre 1905).

[2] L. Hennet, *Les Compagnies de Cadets gentilshommes et les Écoles militaire* (1682-1793), Paris, Baudoin (auj. R. Chapelot), 1889.

le paix dans le courant d'avril et de mai. En temps de guerre, es bataillons ou régiments sont mobilisés. On en envoie remplacer dans les places de guerre la garnison de troupes réglées ; on en dirige sur les armées agissantes. Les milices se distinguèrent en Bohême, en Bavière, en Flandre pendant la guerre de la Succession d'Autriche; durant la guerre de Sept Ans, elles prennent aux opérations une part active et très brillante. La défense de Fritzlar, le 12 février 1761, par les grenadiers royaux contre e duc de Brunswick, mérita pour le colonel du régiment, M. de Narbonne-Pelet, le grade de brigadier, le cordon rouge et l'addition de « Fritzlar » à son nom.

Lorsque les troupes provinciales sont réorganisées en 1778, es bataillons de garnison sont attachés chacun à un régiment d'infanterie dont ils portent le nom. En temps de guerre, ils sont destinés à garder les places et les frontières; ils servent de dépôt à leurs régiments respectifs ; ils y reçoivent et exercent les recrues. Sous Louis XIV, mieux encore. En 1702, des compagnies de miliciens avaient servi à former le second ou le troisième bataillon de 70 régiments d'infanterie[1].

Le « Service des Renseignements » déjà sous le grand Roi était fortement organisé.

Des agents, que le gouvernement royal payait bien, qui étaient assurés, en cas de malheur, que veuve et enfants seraient à l'abri du besoin, circulaient en Flandre, en Italie, en Espagne, dans les cours d'Allemagne. En outre, les capitaines de partisans qui marchaient en guerre avec les armées, continuaient, durant la paix, leur service comme indicateurs ; des indicateurs du temps de paix devenaient en guerre les capitaines des guides des armées.

Tout ce monde avisait la Cour de ce qui se passait à l'étranger et fournissait des rapports qui forment aujourd'hui des volumes classés aux Archives historiques de la guerre, sous la rubrique *Diplomatie*. Et ces volumes montrent en outre, par l'ablation des signatures, que le gouvernement royal n'entendait pas brûler ses serviteurs.

---

[1] L. Hennet, *Les Milices et les Troupes provinciales*, Paris, Baudoin (auj. R. Chapelot), 1884, *passim*.

Enfin, pendant la paix, la Cour entretenait des agents, mê jusque dans les Conseils des gouvernements. Les officiers d'ét major reconnaissaient les frontières à tous les points de vue plus loin possible en territoire étranger, les ports anglais lorsq l'on projeta des descentes en Grande-Bretagne, comme le La Rozière en 1770 ; ils allaient suivre les manœuvres, et, qua l'horizon politique s'assombrissait, les mouvements de trou pour pénétrer les desseins des puissances, etc. Même des Fra çais servaient en titre dans les armées prussienne et autrichienr Sous Louis XVI, toute nouveauté militaire ou maritime en Ang terre était poursuivie, procurée et transmise en France ; d jeunes gens étaient envoyés dans les pays pour apprendre l termes spéciaux en usage dans l'armée et la marine, afin d'ass rer la traduction fidèle des documents.

En temps de guerre, les généraux en chef avaient un servi auprès d'eux, comprenant des hommes, et surtout des femm sous Louis XIV. Villars, entre autres, Villeroy, Vendôme trouvèrent bien des renseignements qui leur furent ainsi fourni de ceux qu'ils purent faire parvenir [1].

Les inspecteurs généraux laissent sous le titre d'*Observatio* des ordres que l'on croirait rédigés par leurs successeurs (XIXe siècle.

L'inspection générale est un emploi permanent jusqu'en 177(les « arrondissements » varient chaque année. A dater de 177 les inspecteurs généraux sont nommés pour trois ans et voie toujours les mêmes troupes.

Officier de choix à mission recherchée, l'inspecteur génér s'assure que les manœuvres sont exécutées conformément au règlements, que l'instruction est bien donnée ; il vérifie l'adm nistration du corps ; il examine le compte des finances et se fa présenter la caisse.

Il voit et note individuellement les officiers. A ceux-ci, recommande d'être unis et de vivre ensemble dans l'intérêt d

---

[1] Voir dans COLIN, *Les Campagnes du Maréchal de Saxe*, Ire partie (Pari Chapelot, 1901), p. 247 à 321, une belle étude documentée sur le Service d Renseignements pendant la guerre de la Succession d'Autriche.

ervice. Les hommes de troupe ne sont pas oubliés, et le comte e Langeron, inspectant Picardie le 23 septembre 1784, « engage ous les officiers à s'occuper de leur compagnie et à *connaître ous les soldats*[1] », envers qui, dès 1726, il était ordonné d'agir *avec douceur et patience* ».

L'avancement se donnait à l'ancienneté par sélection à partir u grade de capitaine. Le principe du droit à l'avancement était igoureux. Les exclus des promotions ne le sont que sur rapport notivé fait au roi, et c'est le roi qui décide que M..... sera passé dans la promotion ». L'officier servant bien est donc sûr e parvenir.

Il ne faut pas oublier que les lieutenants-colonels concouraient vec les colonels pour le grade de brigadier, et que cette con-currence permettait à l'officier qui n'était pas assez « qualifié » our obtenir un régiment, d'arriver aux « étoiles », un peu moins ite, mais d'y arriver. Puis il y avait les rangs, les commissions t les brevets de grades qui rétablissaient encore les chances des ons serviteurs, et lors des promotions c'était l'ancienneté dans e grade, que l'on en fût titulaire effectivement ou seulement par ang, brevet ou commission, qui servait de base[2].

Dans l'armée du XVIIIe siècle, enfin, existaient encore la fra-ernité, la solidarité, la mutualité, pour elles-mêmes. On se enait en aide entre soi ; le soldat d'un corps y tenait toujours, t, quelle que fût l'époque de sa sortie, il était assuré de trouver lans le colonel un protecteur qui intéressait le ministre à sa ituation, et non une fois, mais autant d'années que cela était écessaire.

Ce n'est pas l'amour de l'ancien temps qui m'a guidé dans ces tudes. Je désire seulement continuer à faire connaître une orga-nisation militaire plus sérieuse qu'on le pense généralement, à listraire le vrai de la tradition, qui, à de très rares exceptions, ne repose sur aucune base. J'expose les institutions et ne com-

---

[1] *Archives historiques de la guerre*, au régiment.

[2] Voir à ce sujet L. HENNET, *Notices historiques sur l'État-Major général*, Paris, Baudoin (auj. R. Chapelot), 1892, p. 52-54, 123 et suiv.

pare ni ne critique, n'ayant en vue que l'intérêt purement his rique.

La Révolution a trouvé une armée constituée d'une maniè solide. Le comte de Saint-Germain, en 1776, avait donné le pr mier coup de pioche dans certains abus et formulé des principe le comte de Brienne avait repris l'œuvre en 1788 et l'avait term née. L'œuvre tentée par Saint-Germain et celle définitive Brienne sont liées ensemble ; elles ne se comprennent que l'u par l'autre ; les réformes de 1788 sont une suite de celles 1776, et, pour étudier le ministère du comte de Saint-Germai il est indispensable de faire le saut des douze années. Là on trou la suite et la fin ; le plan primitivement conçu est réalisé.

La Révolution a donc trouvé une armée, sinon des chefs ; ma les coalitions contre lesquelles la République eut à lutter dès s aurore forcèrent à ne s'occuper que du présent, à ne voir que but à atteindre : expulser l'étranger du sol sacré de la patrie.

Puis vinrent les guerres à soutenir, l'Empire et ses conquête la tactique et la stratégie furent portées au plus haut point ; d luttes épiques et des batailles de l'épopée sortirent des maîtr incontestés, un modèle :

Quamdiu memoria duraverit, admirabile vigebit ingenium.

Mais lorsque la tranquillité enfin régna sur l'Europe depu vingt ans à feu et à sang, les travaux de la paix qui préparent guerre, — non pas qui préparent la déclaration, mais pourraie permettre de faire face aux événements, — ne furent pas repri

Ce labeur ne pouvait convenir aux hommes nouveaux q avaient jusqu'alors été tout d'action, aux hommes des ancie temps revenus dans l'armée. Le XIXe siècle produisit des éc vains militaires, qui firent école et le font encore, mais il fall de cruels événements pour revenir à des travaux comme ce inaugurés en 1766 par Bourcet, repris en 1783 et abandonn depuis 1790.

* * *

Les régiments de l'armée de la Monarchie avaient nomb d' « enfants du corps », garçons et filles, qu'ils traînaient à le suite. A cette époque où la vie militaire était une carrière po homme de troupe et où les soldats rengagés étaient en grand ombre, souvent le plus grand nombre, beaucoup de ces vétérans taient mariés, et les épouses accompagnaient leurs époux dans es multiples changements de garnison : une véritable smala à la uite des corps.

Les garçons étaient « admis à la solde » ; c'étaient ce que furent es enfants de troupe avant la création des Écoles spéciales. Ils levenaient ensuite à 12, 13 ans, tambour, fifre, cornet ou trompette. ,es filles ne pouvaient jouir de ces avantages. Choyées par les étérans du corps, habituées à cette vie, je ne dirai pas de caserne, nais de garnisons, à cette vie de marches qui quelquefois duraient in mois pour se rendre d'une ville au nouveau gîte désigné, abituées à la vie des camps, il leur aurait coûté de s'en retirer, e connaissant rien autre au monde, ignorant les charmes d'une utre existence. Aussi nées au régiment, ayant grandi au régiment, lorsque l'âge appelait l'hymen, elles épousaient un militaire, e plus souvent un militaire du corps, et, épouses, elles suivaient eur mari, comme enfants elles avaient suivi leur père. Telle fut Angélique Duchemin, devenue la célèbre veuve Brulon ; telles urent bien d'autres qui, veuves, restaient à la suite des corps, parce que la mort du mari ne rompait pas aussitôt les liens qui unissaient ces femmes au régiment ; que, y nées et mariées, ou simplement y mariées, elles n'avaient pas d'autre famille, pas d'autre domicile. L'administration militaire connaissait cette situation et, officiellement, la reconnaissait ; sur les brevets de pension des veuves dans ce cas, durant les périodes républicaine, consulaire et même impériale, on mettait comme indication de domicile : « Suite des armées ».

Les exemples sont fréquents. Quelques uns montreront ce qu'était, au XVIIIe siècle, la famille militaire, les liens qui attachaient au corps.

Voici le sieur Saint-Louis, sergent au régiment de Nice, blessé à Laufeld et mort quelques jours après de ses blessures : il allait être nommé sous-lieutenant. Saint-Louis était marié à Marguerite Gaudin, dont le père était né au régiment, qui y était née elle-même ainsi que ses trois frères, tués en Bohême, comme y étaient nés les trois enfants de Saint-Louis et de Marguerite Gaudin. Le père de cette dernière, dit La Violette, qui avait été blessé à la bataille d'Hochstett, sous Louis XIV, avait été blessé encore à Laufeld, fut nommé enfin lieutenant en second d grenadiers « par le désir de tout le corps comme un sujet qui n s'était jamais démenti en rien ».

La veuve du sergent Claude Jacob, dit Champagne, du régi ment de Vermandois, mort à Minorque en 1761 à 44 ans d services, était la fille d'un grenadier du régiment de Vexin qui mourut après y avoir appartenu 45 ans; le fils devint porte drapeau du régiment de Vermandois.

Richard Pippe, dit La Prairie, sergent au régiment de Nor mandie, y était entré en 1719 et y servait encore en 1776 comptant alors 77 ans d'âge. Le régiment lui avait fait obtenir en 1769, sa solde entière à la suite, et il le gardait encore a mois d'octobre 1776, parce que ce vieillard était d'un bon exempl dans le corps où servaient plusieurs de ses enfants et petits enfants, dont l'un était sergent depuis dix ans.

Du sergent Renard, du régiment du Roi, étaient issus trois fils tous trois nés au régiment : l'un sergent de grenadiers, les autre musiciens, en 1778. Leur père venait de mourir et alors ils sol licitèrent une pension pour leur mère qu'ils avaient fait veni auprès d'eux afin de la nourrir sur leur solde. Le duc du Châtelet colonel du régiment, appuya la requête, et, en ce faisant, il signa lait que les jeunes Renard « n'avaient d'autre patrie que le régi ment du Roi où ils étaient nés et où ils serviraient tant que leur forces pourraient le leur permettre ».

La « Patrie » ainsi signifiait « foyer », et le régiment en étai un véritable. C'est une erreur de croire que l'enrôlé de l'ancie régime était la lie de la population ; c'est une erreur de croir que les officiers alors n'avaient que du mépris pour les homme de troupe.

Je sais que je vais à l'encontre d'idées reçues, mais trent années passées dans les archives, d'une existence au milieu d pièces de toute nature, de dossiers si nombreux et si divers dans des classements si riches, m'ont, sur certaines questions donné des notions tout autres que celles acceptées jusqu'ici.

L'homme du peuple qu'était le soldat était bien vu de ses offi ciers. L'officier du XVIIIe siècle, tout en restant jaloux des privi lèges de la noblesse et de ses droits, savait s'humaniser avec se soldats et se prêter à une douce familiarité qu'il savait joindre a commandement sans l'affaiblir. Les exemples sont multiples de ces sentiments qui n'étaient pas de protection, mais de justice, pour « donner beaucoup d'émulation aux soldats et d'envie de vieillir au service », et l'homme de troupe s'attachait au régiment, les enfants s'y attachaient, parce que la considération qui avait entouré le père les suivait; d'où cette famille spéciale homogène, forte et puissante.

« Vous savez, Monsieur, que la justice a dans son objet les gens de basse extraction comme les nobles, lorsqu'il est question de récompense de service. Les officiers contribuent infiniment à remporter des victoires, mais les bras et la valeur des soldats sont nécessaires pour gagner les batailles. C'est pour cela que l'on récompense tous les jours leurs belles actions, et ces récompenses sont ce qui excite l'émulation dans les troupes. » Ainsi écrivait de Besançon, le 7 janvier 1731, au secrétaire d'État de la guerre, M. de La Neuville, intendant du comté de Bourgogne, au sujet de la veuve de Claude La Poire, dit Dupré [1].

Il existe, aux *Archives administratives de la guerre*, dans les séries de l'ancien régime, un classement spécial à la « Troupe ». Les dossiers et décisions qu'il renferme fournissent des preuves du sentiment des officiers pour leurs soldats, de l'appui qu'une bonne conduite ou le malheur trouvaient auprès d'eux, des grâces pécuniaires que les officiers généraux, les chefs de corps faisaient obtenir aux parents ou aux anciens militaires eux-mêmes.

Aux parents, parce que « la Cour protégeait la population [2] », pour récompenser « une mère utilement féconde pour le bien de l'État [3] », pour permettre de conserver dans les troupes de bons sujets en donnant de quoi vivre à la mère ; aux militaires, comme

---

[1] *Archives administratives de la guerre*, Anc. Rég., class. gén alph., Officiers.

[2] 300 livres de gratification extraordinaire, le 10 juin 1780, à Pierre Goudou, d'Orange, en Dauphiné, âgé de 95 ans et ayant sous ses yeux 55 enfants et petits-enfants, tous vivants. (*A. A. G.*, Anc. Rég , Troupe.)

[3] Marie Rigault, Veuve Caillé, de Saint-Denis, près Dreux, obtient 100 livres de pension le 10 avril 1783 : avait huit garçons, dont sept étaient encore au service : le huitième avait fait un congé. (*A. A. G.*, Pensions, 1779-1790, n° 11763)

encouragement et exemple, soit que la grâce fut accordée à eux-mêmes, soit qu'elle fût donnée aux parents en récompense et en considération des services des fils.

La mort ne rompait pas, ai-je dit, les liens qui attachaient la veuve au régiment de son mari ; elle ne les rompait pas pour les enfants : le général de Saint-Hilaire, qui fut mortellement blessé à Essling, fils d'un ancien lieutenant au régiment de cavalerie de Conti, avait été adopté par les officiers et était devenu enfant du corps. Egalement, quelle que fût la durée de l'interruption de service, ces liens se maintenaient pour les anciens militaires.

Je donnerai des preuves de ce que je viens d'avancer.

Un sergent du régiment de Bulkeley, par excès de bonne volonté et pour s'instruire, voulut voir le simulacre d'un siège à Compiègne, et se fit tuer accidentellement. Le comte de Bulkeley écrivit (22 juillet 1739) que le régiment ne pouvait « faire une perte plus réelle. Ce pauvre homme y était né, il y avait été élevé et il était par ses sentiments et par sa capacité bien au-dessus de son grade ». Bulkeley demande ensuite une gratification pour le capitaine, afin de lui permettre de remplacer au moins un homme, « car pour un si bon sergent, cela ne se procure pas avec de l'argent ; pour moi, je le regrette d'autant plus que par attachement pour le corps et pour moi, il refusa l'année passée des offres très avantageuses en Espagne, s'il eût voulu nous quitter ».

Consulté sur un sergent des gardes suisses, Frantz Brand, qui sollicitait une pension, le duc du Maine répondit de sa main que ce sergent était « un galant homme ».

M. de Cazeneuve, ex-officier de fortune, aide-major de Charlemont, mourut en laissant veuve et enfants dans la misère. Les enfants étaient quatre : deux garçons et deux filles. L'aîné des fils était cornette dans les hussards de Lynden, l'autre lieutenant en la milice du Hainaut. Par suite de la réforme, l'un et l'autre se trouvant sans pain, l'aîné entra comme sergent, le second comme cadet au régiment Royal-La Marine. La mère, mourant de faim, vint à Philippeville, garnison de ses fils, pour vivre de leur solde et suivre le régiment.

On donna à la mère une chambre aux casernes, et les fils

vivaient avec elle séparément des soldats. Sur leur paye, ils nourrissaient mère et sœurs ; ils étaient estimés de tout le monde pour leur conduite et leur sagesse ; « on a pour eux les égards qu'ils méritent ». Une pension de 200 livres fut accordée à la veuve de Cazeneuve, le 23 janvier 1750. En lui annonçant cette grâce accordée en raison de son état fâcheux, le Ministre ajouta de sa main : « Et en considération du bien qui lui (le roi) est revenu de la conduite de vos enfants. »

Sept frères Perrain servirent en même temps au régiment Royal-Normandie. Un y était mort, un autre avait été congédié ; en 1777 cinq y restaient encore. Ils se distinguèrent autant par l'exactitude dans leurs devoirs que par leur conduite et le bon exemple qu'ils donnaient. Mais, malgré leur zèle, ils laissaient percevoir de l'inquiétude par rapport à leur mère, et, dit le mémoire signé par le maréchal de camp comte de Caraman, cette inquiétude est bien naturelle. Aussi pour conserver de bons sujets dans les troupes, y entretenir le meilleur esprit et le goût du service, Caraman estime que le moyen sûr de retenir les frères est d'accorder de quoi vivre à la mère. Le lieutenant général duc de Croy approuva et appuya. Il signala la situation de la mère, fit valoir que leur état de cavalier ne permettait pas aux fils de la soutenir et se déclara enfin très reconnaissant des grâces que le Ministre daignerait leur accorder. Le Ministre était le comte de Saint-Germain ; il transmit le mémoire au bureau compétent en le recommandant, et une gratification extraordinaire de 100 livres fut donnée.

C'est encore le comte de Saint-Germain qui fait allouer en 1777 une gratification de 150 livres à la veuve Dauban, de Montech en Languedoc. Elle avait mis successivement cinq de ses six fils au régiment d'infanterie de Berry, et, l'un d'eux ayant obtenu un congé de grâce, elle envoya son sixième garçon pour le remplacer. La maison de la veuve est incendiée ; le baron de Crussol, colonel de Berry, l'apprend ; il demande et obtient la gratification de 150 livres. L'année suivante, en considération des services des fils, tous bas-officiers et bons sujets, le baron de Crussol fait accorder à la mère 300 livres de gratification extraordinaire.

Barbe Mangin se maria, le 21 août 1764, de l'agrément du régiment, à Jean Grenier, appointé dans Lyonnois. Depuis son mariage, Barbe Mangin n'avait pas quitté le corps et elle s'y était rendue utile en blanchissant plusieurs compagnies. Grenier mourut en 1777, laissant cinq enfants et la mère enceinte d'un sixième, qui dès lors ne vécurent que des secours des officiers du régiment. Un mémoire fut établi. M. de Gelb, commandant la division, l'apostilla : « Comme la Cour protège la population et que, dans un cas pareil où l'humanité seule déterminerait un secours le plus prompt, il s'y joint 31 ans de service d'un père mort aux drapeaux, j'ose tout espérer en faveur de ces petits malheureux. » Il transmit enfin le placet appuyé par des officiers du corps et le recommanda chaleureusement. Saint-Germain prescrivit de lui « parler de ces pauvres gens » et leur fit allouer 150 livres.

Le gouvernement royal tenait à conserver sous les drapeaux et dans le même corps les anciens soldats. D'où la considération dont jouissaient auprès de leurs chefs ces vétérans. On accordait des gratifications aux bas officiers et soldats à cause de leur bonne conduite, et jusqu'à 300 livres[1]. Une pension de 200 livres était allouée au plus ancien chevalier de Saint-Louis, et une de 50 au plus ancien vétéran. Chevaliers de Saint-Louis et vétérans figurent sur le même état côte à côte[2].

Les armées de l'Empire comptèrent aussi dans leurs rangs de très anciens militaires. A la revue devant Brescia, le 26 novembre 1807, Napoléon se fit présenter le plus ancien du 42e régiment de ligne et, à ce titre, il lui accorda une pension de 250 francs.

Ce plus ancien militaire du corps était un sergent de la 8e compagnie du 3e bataillon : Joseph-Michel Méry. Il était au service depuis 1778 ; il y resta jusqu'en 1810, obtenant une solde de retraite d'ancienneté qu'il cumula avec sa pension de récompense de 1807, comme avec celle-ci il avait cumulé sa solde d'activité[3].

Aussi les familles militaires étaient nombreuses.

Deux aides-majors de l'École royale militaire, La Noix et Pernon, étaient sortis des rangs. Le père de La Noix avait servi quarante-cinq ans, l'aïeul quarante-quatre, comme soldats et

---

[1] Notamment le travail du 16 mars 1782.

[2] *A. A. G.*, ordre de Saint-Louis.

[3] *A. A. G.*, pensions de 1801-1817, n° 44720.

sergents. Lui entra soldat au régiment de Vexin à 9 ans, en 1744, et il combattait à Laufeld. Pernon était né au régiment de Piémont; son père y avait servi; ses frères y servirent également, tués tous trois alors qu'ils étaient devenus officiers.

Dominique Dartigue, dit *Frappe d'abord*. sergent au régiment de Conti, servait en 1729 depuis 53 ans. On lui accorda cette année 100 livres de pension, et, lorsqu'il fut admis aux Invalides, par exception il lui fut laissé 50 livres sur sa pension (8 octobre 1732). « Il a toujours fait son devoir avec distinction, écrivait le colonel comte de Roucy, et malgré ses longs services, il est encore en état de les continuer. Une petite pension ne peut que donner beaucoup d'émulation aux soldats et d'envie de vieillir dans le service. »

Il y avait également dans les corps de très vieux officiers, nombreux surtout dans la première moitié du XVIIIe siècle.

Lefebvre, capitaine au régiment de dragons de Bauffremont, dragon en 1690, faisait encore à 80 ans la campagne de 1746 et y était blessé. En demandant une pension pour lui, au corps d'armée commandé par le comte de Clermont, le 19 juin 1747, le marquis de Bauffremont disait : « Jamais il ne sera remplacé par l'impression d'estime, d'amitié, de confiance et de vénération que cet officier a faite au corps dont il était regardé comme le père. Sa compagnie était la plus belle, la plus leste et la mieux tenue du régiment.... . Je regarderai comme la plus touchante marque des bontés que j'ose me flatter que vous avez pour moi, celles dont vous honorerez un des plus dignes officiers et des plus honnêtes hommes qu'il y ait au monde[1]. »

C'est ainsi que se maintenait l'esprit de corps, et même quelquefois l'esprit de l'arme, si l'on en croit cette note donnée en 1753 par le Ministre de la guerre à un capitaine de Royal-Dragons : « Aimant un peu trop à boire, et soutenant en ce genre l'ancienne réputation des dragons. » C'est ainsi que se maintenait l'esprit de corps et l'orgueil du nom du régiment.

La veille de l'attaque de York-Town, le comte de Rochambeau, sortant de donner ses derniers ordres, passa devant la compagnie de grenadiers du régiment de Gâtinais : « Si l'on a

---

[1] Décision du 17 juin 1747. (*A. A. G.*, Anc. Rég., class. géo. alph., Off.)

besoin de vous cette nuit, dit-il, vous vous souviendrez d'*Auvergne sans tache.* » — « Mon général, répondit le sergent Bediot, faites-nous quitter le nom de Gâtinais, faites-nous appeler Royal-Auvergne ou Auvergne-Second, et nous nous ferons tous tuer. » Rochambeau promit au nom du roi, et les grenadiers tinrent leur parole [1].

Bediot, en montant à l'assaut, fonça sur les Anglais au cri de *Vive Auvergne!* Le lendemain, le sergent était présenté aux généraux, et Rochambeau lui faisait par distinction présent d'un sabre et d'un fusil anglais [2].

Le soldat d'un corps y tenait toujours :

Le maréchal des logis Dumetz, de Royal-Cravates, avait fait dans le régiment presque toutes les guerres du règne de Louis XIV. Il habitait Langres et, de 1712 à 1774, il vécut de son petit bien. Mais ne pouvant plus travailler, à 104 ans il était tombé dans la misère ; c'est un lieutenant au régiment de dragons du Roi, M. de Vinay, qui signale la situation au marquis de Tourzel, colonel de Royal-Cravates. Le marquis, immédiatement, en parle au Ministre, le duc d'Aiguillon, qui l'autorise à présenter un mémoire. En 1774, 300 livres de gratification sont accordées avec espérance que cette grâce sera continuée jusqu'au décès. Et en effet les 300 livres sont allouées en 1775 ; elles sont renouvelées encore en 1776, et chaque fois sur un mémoire du marquis de Tourzel. Dumetz, dans un certificat de vie de décembre 1775, est dit avoir 106 ans. La gratification de 1776 fut la dernière accordée : parce que le décès survint, sans doute.

Pour la veuve de même. Soit qu'elle fût née au régiment, soit simplement qu'elle ait épousé un militaire du corps, celui-ci la considérait longtemps comme toujours membre de la famille. J'ai cité Barbe Mangin, veuve Grenier. Voici deux autres veuves, prises et non choisies parmi tant d'autres :

Marie-Madeleine Tauzin, fille d'un appointé au régiment d'artillerie de Metz, naquit au régiment à La Fère, le 9 mars 1775. En 1794 elle épousa un officier du corps, Didier Charles, qui,

---

[1] *A. H. G.*, régiment Royal-Auvergne.

[2] *A. A. G.*, dossier Bediot (Pierre-Gilbert). Invalides.

enrôlé en 1783, était devenu officier en 1793. Charles fut blessé à Kehl le 12 décembre 1796, et, transporté à Strasbourg, il y succomba le lendemain.

Joseph Tauzin, dit La Sonde, était mort au régiment le 4 mai 1795, emportant les regrets de tout le corps, dans lequel il avait servi quarante-deux ans tant comme aide-chirurgien que comme sergent et musicien en chef. Les officiers du 2e régiment d'artillerie conservèrent donc avec eux sa fille, la veuve Charles, « laquelle est sans ressource et n'a d'autre appui que les chefs du corps où elle est née et où son père et son mari ont servi fidèlement ».

Ce furent eux qui s'occupèrent de faire obtenir la pension à laquelle la veuve avait droit, et, comme Madeleine Tauzin n'avait pas d'autre domicile que le régiment, le conseil d'administration fut autorisé, à la demande du général Éblé, à établir les pièces nécessaires. Et Madeleine Tauzin tenait si bien au régiment que lorsqu'un enfant posthume naquit le 28 février 1797 à Albersenweiller, pays conquis, cet enfant fut déclaré le 2 mars à la mairie de Landau par le chef de bataillon Philippe et le capitaine Pergent. Le commandant Philippe nomma l'enfant et lui donna son prénom d'Antoine, et la veuve Charles demeura longtemps encore à la charge de ses bienfaiteurs, puisqu'elle n'obtint sa pension qu'en 1803 [1].

Catherine-Marguerite Bos, dit Bossine, suivant l'usage allemand, mariée à Antoine Dietel, trompette dans Esterhazy-Hussards, devenue veuve, se remaria en 1778 à Joseph-Antoine Piselky, aussi trompette au corps. Devenu trompette-major en 1792, Piselki mourut à Cologne en 1796. Sa veuve suivait encore le régiment au mois d'octobre 1799. Le conseil d'administration déclarait que, depuis le décès de son mari, elle ne s'était jamais absentée du corps où ses trois fils servaient aux escadrons de guerre ; « elle n'a point d'autre domicile qu'à la suite du dépôt du corps », et sur son brevet de pension de veuve le domicile indiqué est, en effet « Suite des Armées [2]. »

La mutualité, la solidarité, la charité ne se rencontraient pas que dans l'armée, mais connues elles étaient récompensées.

---

[1] *A. A. G.*, dossier de la Veuve Charles, class. gén. alph., Off.
[2] *Ibidem*, Troupe.

M. de Mongaultier, de la paroisse des Moutiers, en Basse Normandie, était père de trois enfants et dans la plus grande infortune. La famille entière aurait succombé, si un journalier, déjà chargé lui-même de cinq enfants, François-Auguste Groult, n'avait eu pitié des Mongaultier et n'avait tout sacrifié pour les faire subsister.

Cela ne suffit pas à Groult. Il vint à Versailles solliciter pour ses protégés, fut reçu et obtint pour un des fils Mongaultier une place d'élève dans une école militaire. Le Ministre de la guerre, qui était alors le prince de Montbarey, trouva que « le procédé de ce paysan, chargé lui-même de cinq enfants, est d'autant plus méritant qu'il vient de 40 lieues solliciter les grâces de Sa Majesté en faveur de cette pauvre famille », et il proposa d'accorder « à cet honnête paysan une pension telle qu'il plaira à Sa Majesté de l'arbitrer pour le récompenser de son généreux procédé envers ce gentilhomme, et l'indemniser des secours qu'il lui a donnés, ainsi qu'à sa femme et à ses enfants ». Louis XVI décida : « Bon pour 200 livres[1]. »

Cet autre trait de désintéressement est en dehors du sujet, mais il mérite d'être publié.

Dans les projets d'économie du comte de Brienne, figurait une réduction du nombre et du personnel des bureaux de la guerre. Chaque chef dut donner une note sur les attributions de son service, le nombre d'employés dont se composait son bureau et à combien il pouvait être réduit.

M. d'Avrange, chef du bureau du mouvement, de l'habillement et des commissaires des guerres, répondit que son bureau comprenait dix-sept personnes, et qu'il serait possible de n'en garder que douze; mais comme la réduction pourrait porter sur des pères de famille, il demandait la conservation des dix-sept et de n'éteindre les places qu'à mesure des vacances, et il terminait : « *S'il était nécessaire, pour faire agréer cet arrangement, de prendre sur les appointements du chef de ce bureau, ce sacrifice serait bien doux pour son cœur, puisqu'il éviterait de faire des malheureux*[2]. »

---

[1] Décision du 1er juin 1779 (*A. A. G.*, Écoles militaires et Pensions, 1779-1790, n° 4492.)

[2] *A. A. G.*, Projets de Fonds, 1788.

Les bonnes actions des hommes de troupe étaient toujours récompensées et avec apparat. La Cour tenait à relever l'état du soldat, et beaucoup celui de bas-officier.

Beausoleil et Christophe, cavaliers au régiment Royal, sauvent la vie à leur officier. Le colonel, le marquis d'Ecquevilly, les nomme brigadiers, fait assembler le corps, les reçoit publiquement ; puis il sollicite et obtient pour chacun d'eux une pension de 72 livres[1].

François Georges, dit Saint-Georges, sergent au régiment de Champagne, et Pierre Borde, sergent au régiment d'Aquitaine, restent prisonniers de guerre, le 11 août 1760, à l'affaire de Sababorg. Les Prussiens tentèrent inutilement de se faire montrer par les deux sergents la manière de servir les pièces à la Rostaing qui avaient été prises « Rien n'a pu ébranler leur fidélité, et l'offre même de les faire officiers à ce prix n'a servi qu'à montrer qu'ils étaient dignes de l'être, par le refus qu'ils ont fait d'apprendre à nos ennemis un secret dont ils pouvaient tirer avantage contre nous », écrivait le maréchal de Broglie à Belle-Isle, le 11 septembre. Le maréchal demandait donc au Ministre de mettre l'action sous les yeux du roi et de faire accorder une pension à Georges et à Borde.

Broglie, une fois la décision prise, se promettait de la mettre à l'ordre : « Les troupes verront par là que l'honneur et la fidélité sont par essence les premières vertus de l'état militaire, et qu'ils sont l'objet des regards et des récompenses du souverain, qui cherche à en relever l'éclat dans ceux mêmes que leur grade et leur naissance ont placés si loin de lui. »

Le maréchal de Belle-Isle prescrivit de faire une feuille pour son premier travail avec le roi, et Louis XV accorda une pension de 50 livres, le 27 septembre. Notification fut faite aux intéressés par lettre signée du Ministre, et le maréchal de Broglie fut autorisé à mettre à l'ordre. Georges se retira en 1764, à dix-sept ans de services, et en 1781, lorsque son brevet de pension fut refait, c'est au maréchal de Broglie qu'il fut adressé, et c'est le maréchal qui le lui fit tenir. Borde, fait officier par distinction, se

---

[1] Décision du 25 mai 1753. (*A. A. G.*, au régiment.)

retira en 1781 ; comme Georges, il conserva la protection du maréchal de Broglie qui s'occupa de lui[1].

Au cours de l'hiver de 1777-1778, trois jeunes gens jouaient au milieu du Rhône gelé, lorsque la glace se rompit sous eux. Ils disparaissent. Vincent Bernin, caporal au régiment d'Anjou, n'hésita point. Il met habit bas, se précipite dans le fleuve par la trouée accidentelle, erre sous la glace et ramène deux des jeunes gens qu'on put rappeler à la vie. Bien qu'exténué de fatigue et transi de froid, Bernin replonge pour retrouver la troisième victime, mais cette tentative fut vaine.

« Les acclamations de tout un peuple » saluèrent le courageux sauveteur, et l'intendant de Lyon lui offrit une épée. Le vicomte de Mailly, colonel du régiment, porta le fait à la connaissance du Ministre : « Je crois entrer dans vos vues, en vous dénonçant un tel homme, et je ne veux pas que par ma faute tant de vertu échappe aux vôtres[2]. »

Il existe la minute d'un mémoire au Ministre transformé en feuille pour le roi, mais la décision intervenue n'a pu être découverte.

La première arme d'honneur dont on trouve la trace officielle est une « belle épée » donnée par distinction, avec autorisation de la porter, par le maréchal de Boufflers pendant le siège de Lille, en 1708, à Jacques Boutry, maître charron.

Boutry avait été attaché à l'artillerie. Inventeur de bateaux armés et de diverses machines, jour et nuit, sous le feu de l'ennemi, Boutry travaillait. « Il trouva moyen de réparer la brèche faite au corps de la place, en sorte que l'ennemi fut obligé de le battre par un autre côté ; c'est lui qui rétablissait sur-le-champ les ponts de communication et les palissades endommagés par les bombes et le canon, et tout cela avec une intrépidité sans pareille. »

Louis XIV confirma la concession de porter l'épée, et y ajouta une pension de 300 livres. Boutry mourut en 1722 ; la maréchale

---

[1] *A. A. G.*, Pensions, 1779-1790, n°s 4171 et 13794.

[2] *A. A. G*, Anc. Rég., Troupe.

Boufflers fit reverser à la veuve 200 livres sur la pension du ari[1].

C'est à un militaire que la « médaille d'honneur » fut pour la emière fois décernée.

Le 18 mai 1789, un commerçant de Tours revenait de la camgne en cabriolet avec sa femme et un jeune enfant, suivant la vée de la Loire, lorsqu'il fut précipité dans le fleuve par son eval. Murgey, cavalier du détachement de Royal-Roussillon ationné à Tours, témoin de l'accident, se déshabille précipitament, se jette à l'eau, plonge sous un bateau. Après bien des forts, il ramène la femme, et, ignorant que le père et l'enfant aient déjà sauvés, il replonge et va à leur recherche, ne retint que la voiture et le cheval qui était noyé.

Les témoins de cette action proposèrent des récompenses cuniaires; Murgey les refusa. Les faits furent portés à la conissance du Ministre de la guerre, et celui-ci jugea :

« Une action aussi belle ne devant point rester sans récomnse, on croit devoir proposer à Sa Majesté d'accorder à Murgey ie pension de 50 livres et une médaille qu'il aura la permission porter à sa boutonnière. »

Louis XVI approuva, le 9 décembre 1789. La médaille, en gent à l'effigie royale, coûta 112 livres 2 sous 6 deniers; un in gravé par B. Duvivier portait inscription sur la belle action Jean-Baptiste Murgey « qui a sauvé la vie à une citoyenne de ours en mai 1789 ». Le médaille, à bélière, devait être mise à la utonnière, avec un ruban bleu liseré de blanc.

Le Ministre avisa le comte de Berchény, commandant des proces de l'Intérieur, que « Sa Majesté voulait consacrer une ıssi belle action par un monument qui honore son auteur. » Il i envoya la médaille le 17 janvier 1790, avec ordre que le ommandement du détachement de Tours en décorât publiqueent Murgey à la tête de la troupe sous les armes et au son des ompettes. Berchény, en transmettant les ordres ministériels,

---

[1] Delisle, intendant au Ministre, Lille, 25 juin 1714, etc. ; bons du roi. . *A. G.*, dossier Boutry.)

prescrivit que la remise se fît un dimanche, pour que « l'actio du cavalier, et sa récompense, fût généralement connue[1]. »

Jean-Baptiste Murgey, dit *Dauphinois*, né à Salins en 176 enrôlé au régiment de Royal-Roussillon (11e de cavalerie e 1791) le 20 novembre 1784, reçut au poignet gauche, le 2 dé cembre 1793, un coup de sabre qui l'estropia, et il se retira d service le 4 juillet 1794. Il fut pensionné le 10 décembre 1799, mourut à Salins en 1810[2].

Une médaille était décernée aux employés de l'artillerie « médaille de vieux serviteurs », « destinée aux sujets de distinc tion », aux employés, aux chefs ouvriers d'état, aux ouvrier d'état qui se distinguaient dans leurs fonctions et sur lesquel des témoignages favorables étaient rendus. Cette médaille éta en or et à bélière. Celle qui fut accordée le 22 août 1768 à Pierr Boulanger, premier contrôleur d'armes de la manufacture d Saint-Étienne, coûta 208 livres; la médaille de Coullemont, che des ouvriers d'état de Douai (18 février 1773), 217 livres[3]. L dépense était prélevée sur les fonds de l'Artillerie.

Ces procédés inculquaient au soldat des sensations généreuses une perception du dévouement, du respect, du devoir, de l commisération. Tel en témoigne ce fait :

Dans la nuit du 20 au 21 juillet 1786, un incendie éclata Granville. Le bataillon du régiment de l'Ile-de-France, qui était en garnison, concourut avec un grand dévouement à porte secours et à arrêter les progrès du feu. Pour reconnaître les ser vices rendus, les officiers municipaux délibérèrent d'accorde une gratification en vin; mais les soldats d'Ile-de-France deman dèrent que la gratification fût remise en espèces, afin de le dédommager des hardes perdues ou brûlées dans l'incendie. L ville alloua 240 livres. Dès la réception de la somme, les soldat la portèrent au curé en le priant de l'ajouter à la quête qu'il fai sait pour les incendiés, et l'assurèrent qu'ils joindraient à ce do ce que leurs faibles moyens pourraient permettre.

---

[1] *A. A. G.*, Distinctions d'honneur, Anc. Mon.
[2] *A. A. G.*, class. gén. alph., 1791-1847, Troupe.
[3] *A. A. G.*, Distinctions d'honneur, Anc. Mon.

Le duc d'Harcourt, commandant en chef en Normandie, rendit compte de l'incendie et signala la conduite des soldats. A Versailles, on jugea « qu'un procédé aussi noble ne devait pas rester sans récompense », et le Ministre, le maréchal de Ségur, rendit au bataillon, sur les fonds du quatrième Denier, les 240 livres dont il avait fait le sacrifice et y ajouta pareille somme, à titre de récompense [1].

Tel en témoigne aussi cet incident que m'a signalé M. le Médecin inspecteur-général Dujardin-Beaumetz.

Dans son rapport du 25 nivôse an III (14 janvier 1795 [2]), l'adjudant général Boullancourt, chef d'état-major général de la division de l'armée de la Moselle devant Luxembourg, rapport adressé au Commissaire de l'Organisation et du Mouvement des armées de terre, raconte :

« Je te fais part d'un trait qui prouve que non seulement nos républicains savent se battre, mais encore qu'au milieu du combat ils allient l'humanité à la bravoure.

« Il existe, sous les murs de Luxembourg, un village nommé Haulerie, que la nécessité nous a forcé de brûler. A la faveur du feu des remparts, la troupe et les habitants luxembourgeois viennent chercher les poutres et bois à moitié consumés ; mais nos Républicains qui savent tout braver, vont les poursuivre et les en chasser.

« Le 22 nivôse (11 janvier 1795), la vedette du 5ᵉ régiment de dragons aperçut un groupe de militaires et de bourgeois de Luxembourg qui descendaient à ce village. Il avertit, on va les charger. Aussitôt l'ennemi prend la fuite. Reste seule une femme dont nos camarades s'emparent ; elle fait deux pas, jette des cris affreux. On s'aperçoit que le mal d'enfant lui prend. Le citoyen Bouré, dragon de la 4ᵉ compagnie du 5ᵉ régiment, met pied à terre, jette son habit, et, à la barbe du peloton ennemi qui était revenu à la charge, accouche la femme en plein champ, pendant que ses camarades s'opposent au feu de l'ennemi, remet son habit, prend la femme et l'enfant en croupe et nous ramène le tout

---

[1] Décision du 4 avril 1786. (*A. A. G.*, régiment de l'Ile-de-France.)

[2] *A. H. G.*, armée de la Moselle.

au village le plus prochain. La mère et l'enfant se portent bien et on en a le plus grand soin.

« Cette malheureuse avait perdu son mari à l'affaire du 18 (7 janvier). On ignore encore si la cruauté de l'ennemi ne va pas jusqu'à avoir mis cette femme hors de la place, aussitôt qu'on sût la mort de son mari. »

Le dragon Bouret qui fut accoucheur sous le feu de l'ennemi était prénommé Adrien-Joseph et né en 1761 à Aulnoye, en Hainaut. Enrôlé au 5e régiment de dragons, alors régiment du Colonel général, le 17 novembre 1785, il fut promu brigadier le 4 juillet 1795 et mourut à Gand, le 16 décembre 1798.

C'est pourquoi l'armée de l'ancien régime, — les troupes réglées, — par l'amalgame avec les volontaires déjà aguerris produisit ces cohortes tant de fois victorieuses. Ainsi du sang bleu vivifié par l'infusion à haute dose du sang artériel de la nation régénérée, sortirent les immortelles armées de la Révolution

I

L'État-Major.

Les états-majors étaient formés de toutes pièces lors d'une déclaration de guerre. Assurément, les officiers employés précédemment dans le service y étaient le plus souvent rappelés lors d'une nouvelle entrée en campagne ; ils conservaient les traditions et les passaient aux nouveaux, mais cette manière de procéder était défectueuse. La faveur l'emportait trop ; le général plaçait dans son état-major ses favoris ou ses protégés pour leur faire accorder la commission de colonel en fin de campagne.

L'état-major d'une armée comprenait un maréchal général des logis de l'armée, un major général de l'infanterie, un maréchal général des logis de la cavalerie. Le premier s'occupait des marches et des grands détails de l'état-major ; le deuxième et le troisième recevaient les ordres particuliers du général en chef, chacun pour leur arme, les transmettaient et en assuraient l'exécution.

Et un major général des dragons. Le commandant des dragons prétendait en effet avoir le droit abusif, et il l'exerçait, de faire du major du plus ancien régiment de dragons de l'armée, un major général de l'arme. Ce major était fixé alors au quartier général auprès du général des dragons, et les corps de cette troupe ne recevaient leurs ordres que par le major général, qui les avait eus du maréchal des logis de la cavalerie. D'où nouvel embarras et lenteur dans les expéditions [1].

---

[1] Mémoire du Conseil de la guerre à S. M. sur les places de colonels généraux et autres charges d'état-major. (*A. H. G.*, papiers Guibert, n° 1.)

Chacun des trois grands chefs : maréchal général des logis de l'armée, major général de l'infanterie, maréchal général des logis de la cavalerie, avait avec lui des aides, des surnuméraires et des pourvus de charges.

C'est pour le choix et le nombre des aides que régnaient la faveur et la protection. Crémilles, maréchal général des logis de l'armée de Maurice de Saxe, en 1745, avait 7 aides[1]. Quand on forma l'état-major de l'armée du comte d'Estrées en 1757, au maréchal général des logis, le comte de Maillebois, il fut attaché 13 aides-maréchaux, 8 surnuméraires et les 4 maréchaux généraux des logis des camps et armées en charge.

Le major général de l'infanterie, M. de Cornillon, major des gardes françaises, eut 12 aides et 7 surnuméraires. Pour la cavalerie, le maréchal général des logis, chevalier de Chabo, 7 aides et 4 surnuméraires, le maréchal général et le maréchal des logis en charge,

57 officiers d'état-major, plus les 3 officiers en chef[2]. Cela alla toujours en augmentant, si bien que, pour remédier aux abus, le duc de Choiseul décida le 27 mars 1762[3] : « Il faut prévenir les officiers de l'état-major en paye, qu'ils n'en auront qu'une[4], et les officiers de l'état-major surnuméraires qu'ils n'en auront point du tout. Cela pourra faire tort à quelques bons sujets, à qui l'on accordera des gratifications, mais cela produira le bien de dégoûter les inutiles et de nous défaire d'une cohue d'état-major. »

Comme les généraux les officiers d'état-major étaient seuls « autorisés à porter des habits de couleur bleu foncé, autrement dit bleu de roi ». La fonction se reconnaissait à la boutonnière, dont les modèles furent soumis au ministre, qui les conserva. Ces boutonnières se distinguaient par la broderie en or plus ou moins compliquée. Le prix de la boutonnière des officiers de

---

[1] *A. A. G.*, C b x, 1745 ; Colin, *Les Campagnes du maréchal de Saxe*, Fontenoy (Paris, Chapelot, 1906), 22.

[2] *Ibidem*, 1757.

[3] *A. A. G.*, C c II.

[4] Quelques officiers d'état-major conservaient leur troupe et recevaient ainsi leur solde d'officier et les appointements de 250 livres par mois de 45 jours comme aides-maréchaux des logis.

l'état-major de l'armée fut fixée à 2 livres 15 sous ; 2 livres 2 sous pour ceux de la cavalerie ; 1 livre 16 sous pour l'infanterie [1].

C'est à Crémilles et au comte de Broglie que revient l'avis de donner cette marque distinctive. Le ministre, d'Argenson, chargea Broglie de faire établir les modèles des boutonnières qu'il voulait particulière pour chaque état-major. Ces modèles, dressés par le brodeur du comte, portés à Fontainebleau, furent adoptés. On en mettait 26 : 8 de chaque côté de l'habit, 2 sur chaque manche, 3 à chacune des poches [2].

La charge retombait sur les anciens, souvent des officiers des plus distingués, comme il s'en trouvait parmi leurs aides. Mais de ceux-ci un certain nombre, ignorants du service, peu instruits dans la spécialité, étaient plutôt une gêne ; ils paralysaient plus qu'ils étaient utiles.

Déjà l'infériorité de l'état-major français s'était fait sentir. Un Mémoire non daté [3], — mais qui est de 1735 [4], — demande que les officiers « travaillent à connaître le pays où ils seront, et 30 ou 40 lieues plus loin sur les États voisins ; qu'ils fassent sur cette connaissance des Mémoires, qu'ils en instruisent la Cour, afin qu'elle puisse juger de leur capacité ; que dans ces Mémoires ils donnent des idées et démontrent les moyens de porter les armées loin, de même ce que pourraient faire les puissances ennemies sur nos frontières ».

Il continue : « Les emplois de maréchaux des logis et d'aides-maréchaux demandent des connaissances particulières, et il serait nécessaire d'entretenir deux officiers sur chaque frontière destinés à remplir ces emplois, afin qu'ils travaillent à faire des cartes du pays et à s'instruire de la manière d'y opérer.

« En vivant avec les officiers généraux, ils s'instruisent ensemble des connaissances qui se trouveront un jour bien utiles. »

---

[1] Décision de novembre 1756. (*A. A. G.*, C c II.)

[2] Lettre de Broglie du 19 décembre 1756. (*Ibidem*, C c II.)

[3] *A. A. G.*, Anc. Rég., Objets généraux, 1.

[4] Et qui semble pouvoir être attribué à Bourcet, en raison de comparaisons avec les armées sarde et autrichienne, et surtout des idées émises au sujet du service d'état-major et de la proposition de création, réalisée en 1763 seulement, de commandements permanents.

Les désastres de la guerre de Sept Ans, les insuccès répétés de nos armées avaient définitivement montré que la guerre devait être préparée pendant les périodes de paix, de façon à ne plus laisser à l'imprévu la prépondérance comme autrefois.

« Monseigneur, écrivait Grandpré, de Cologne, le 23 novembre 1762 [1], le bruit qui se répand de la formation d'un corps d'état-major m'a donné lieu à quelques réflexions que je prends la liberté de mettre sous vos yeux, étant possible qu'elles renferment quelque chose d'utile au bien du service. »

Le métier d'aide-maréchal des logis depuis 1757, vingt-trois ans de service, des voyages avec le comte de Gisors avaient porté Grandpré à réfléchir sur la guerre et à rédiger son Mémoire, intitulé *Réflexions générales sur l'État-Major de l'armée* [2].

Dans ce mémoire Grandpré traite de l'*objet*, des *fonctions*, des *devoirs*. L'objet est la connaissance du pays ; en savoir la langue. La marche des troupes et la reconnaissance des camps sont les fonctions. Assurer les subsistances constitue les devoirs. L'officier d'état-major doit connaître l'allemand, l'italien et même l'anglais ; par l'étude de la géométrie son esprit se dispose à la justesse, à la précision, aux combinaisons ; le dessin lui donnera le coup d'œil militaire ; l'officier doit avoir une connaissance parfaite de la tactique. Enfin, l'état-major doit être permanent et subsister durant la paix, qu'il y ait un corps unique ou qu'il en soit créé un sur chaque frontière.

Carlet de La Rozière, en 1763, établit également un *Mémoire sur la formation d'un corps d'État-Major* [3]. La Rozière préconise l'établissement d'*Écoles de Théoripratique*, ou écoles d'état-major : deux pour commencer, une en Flandre ; l'autre en Alsace. Un officier général ayant servi dans l'état-major aurait l'inspection des écoles ; l'instruction donnée serait divisée en quatre parties ou « départements » : 1° reconnaissances du pays ; 2° marches ; 3° les fourrages (en juillet et en octobre) ; 4° le bureau (pendant l'hiver). Enfin, La Rozière proposait la création d'un corps de troupe spécial attaché à l'état-major.

---

[1] *A. H. G.*, États-Majors, Anc. Rég. n° 54, 2.

[2] *Ibidem.*

[3] *Ibidem.*

Cette dernière proposition se trouve dans d'autres Mémoires, qui parvinrent au ministre de la guerre et qui ne sont pas signés[1].

Il est un de ces Mémoires qui mérite attention[2], car l'auteur devance de beaucoup son temps en demandant la réunion en un seul des trois états-majors ; il prouve l'utilité et l'avantage de la réunion, qui avait encore de puissants adversaires au moment de la Révolution ; enfin il est formellement opposé à la création du corps de troupe[3].

Ce Mémoire est antérieur à la paix et paraît avoir été établi par le rédacteur d'une instruction sur la constitution de corps d'armée en temps de paix et le service des officiers généraux et autres, dont je parlerai plus loin.

« Il y a longtemps que les avis sont extrêmement partagés sur la composition de l'état-major de l'armée, sur le nombre d'officiers qu'on doit y employer, sur la nature du service qu'on doit leur faire faire, et sur le genre de grade qu'on doit leur donner. »

Les plus anciens officiers se fondaient sur les usages d'autrefois ; ils voyaient toujours les armées comme elles existaient à l'époque de leur entrée au service, ne se rendaient pas compte que leurs effectifs avaient augmenté et des progrès accomplis dans l'art de la guerre. Ils déclaraient un état-major nombreux et bien choisi, inutile et même incommode.

Cependant, c'était moins du nombre que du manque de choix que l'on avait eu à se plaindre durant la guerre de la Succession d'Autriche. « On y a souvent admis des jeunes gens sortant du collège et du pays et qui, n'ayant aucune expérience, ne sont point en état de remplir les fonctions d'une place qui exige autant de connaissance de tous les détails. »

La subordination n'existait point. Le titre d'aide-maréchal des logis admettait une égalité entre tous ceux qui en étaient revêtus, égalité fort nuisible au service en ce qu'il se trouvait des officiers qui, détachés dans les réserves, s'accoutumaient difficilement à

---

[1] *A. H. G.*, n° 54, 2.

[2] *Mémoire sur la composition de l'État-Major de l'armée. (Ibidem.)*

[3] *A. H. G.*, n° 54, 2.

obéir à quelqu'un qu'ils ne regardaient que comme un camarade.

On proposait donc trois classes. Les officiers de la 1re classe auraient le grade de brigadier ou celui de colonel; les aides-maréchaux des logis de la 2e classe seraient lieutenants-colonels; ceux de la 3e classe, capitaines. L'avancement en classe ne se donnerait qu'au choix. Chacune des deux premières classes comprendrait un quart de l'effectif du corps; la troisième en formerait la moitié. Dans les 2e et 3e classes, un aide-maréchal des logis devrait être tiré du génie et un de l'artillerie.

Voici maintenant le point capital :

Si celui qui donne ce Mémoire ne craignait pas d'être accusé de partialité, il ajouterait ici que pour perfectionner la forme générale de l'état-major d'une armée, il paraîtrait bien essentiel de confondre les trois états-majors dans un seul; rien ne serait plus propre à accélérer le service, « à assurer le secret » et à prévenir tous les inconvénients qui résultent nécessairement de la forme actuelle.

On ne met cet article dans ce Mémoire que pour n'avoir pas à se reprocher d'avoir omis une des vérités les plus constantes et les plus essentielles au service d'une armée, car on sent les obstacles qui se présenteront à changer l'usage qu'on suit aujourd'hui.

Le détail de la cavalerie et de l'infanterie se ferait alors chacun par un des aides-maréchaux des logis de la première classe, et tous les ordres partant d'un même bureau arriveraient alors aussitôt à leur dernière destination qu'ils parviennent actuellement chez le major général et le maréchal des logis de la cavalerie. Il est facile de sentir la lenteur que cela met dans le service, et, pour le prouver, il suffit de remarquer que, lorsqu'il y a une opération extraordinaire qui exige beaucoup de promptitude et de secret, le général est obligé de prêter son nom au maréchal des logis de l'armée pour qu'il puisse envoyer aux troupes les ordres directement; mais toutes les fois que cela arrive, comme la machine n'est pas montée sur cette forme, cela ne produit pas en entier l'effet qu'on en désirerait; d'ailleurs, cela cause fréquemment du mécontentement de la part des chefs desdits états-majors, et c'est toujours le service qui en souffre, souvent même dans des objets très essentiels.

Le Mémoire traite ensuite du nombre d'officiers nécessaires, de l'obligation de leur attribuer des grades pour faire respecter les ordres donnés et assurer les aides-maréchaux des logis d'être avancés et de faire leur chemin dans ce service; à la paix, ils seraient mis à la suite des régiments en garnison sur les frontières et en opéreraient des reconnaissances. Enfin, le Mémoire repousse comme trop coûteuse et préjudiciable, sous divers points de vue, l'institution du régiment « que l'on a toujours proposé de créer dans les projets qui ont été présentés de former un corps d'état-major ».

Sitôt à la fin de la guerre de Sept Ans, le gouvernement royal « voulut entretenir pendant la paix les troupes dans l'image de ce qu'elles ont à pratiquer pendant la guerre ». Il créa, sous le titre de « départements » quinze corps d'armée territoriaux. Les commandants en chef et les officiers généraux, leurs subordonnés, auraient à veiller sans cesse sur la discipline, le service, la subordination et les exercices des troupes, « et, continuant dans l'habitude de les connaître et d'en être connus, de les commander et de les faire manœuvrer, ils seraient propres à mériter leur confiance et à les mener avec succès à la guerre[1] ».

Le projet (approuvé en conseil du Roi, le 4 août 1763) d'*Instruction sur le service des officiers généraux employés dans le royaume* fut soumis à l'avis des maréchaux de Contades, d'Estrées, de Richelieu et de Soubise, du duc d'Aiguillon, du marquis d'Armentières, du prince de Beauvau, du marquis de Castries, du comte de Guerchy, du comte de Monteynard, du marquis de Poyanne et du marquis de Vogué, lieutenants généraux.

La rédaction première du projet d'ordonnance paraît être le « Livret que Bourcet devait faire à la Cour » et pour la confection duquel, outre une gratification de 15,000 livres pour « sa transplantation à Versailles », il obtint d'être employé comme maréchal de camp à 1500 livres par mois (6 avril 1762).

Un autre officier servait, au cours de cette année 1762, auprès du Ministre : M. de Surlaville[2].

Surlaville avait été employé dans les états-majors pendant toute la guerre de Sept Ans, d'abord comme aide-major général

---

[1] Préambule de l'Instruction du 4 août 1763.

[2] SURLAVILLE (Michel LE COURTOIS DE BLAIS DE), né le 19 juillet 1714, à Bayeux. — Lieutenant dans Foix, 1734 ; capitaine aide-major dans La Couronne, 1745 ; aide-major aux Grenadiers de France, 1749 ; rang de colonel ; sert dans l'état-major en Allemagne, 1757-1762 ; maréchal de camp, 1762 ; employé en Boulonnais, 1764-1771 ; lieutenant général, 1781 ; retraité, 1792. (*A. A. G.*, lieut. gén., n° 1170.)

de l'infanterie, puis comme aide-maréchal général des logis. Appelé à la Cour, il vint à Versailles au mois d'août 1762 et suivit le Ministre à Fontainebleau. Il fut consulté sur la composition des troupes et travailla à la rédaction d'ordonnances destinées à pourvoir l'état militaire d'une constitution solide. En récompense des services qu'il rendit ainsi, il lui fut donné d'abord une pension de 3,000 livres (19 mars 1763)[1], puis un emploi comme maréchal de camp en Boulonnais (14 septembre 1763) avec 1500 livres par mois et un traitement particulier *personnel*, en sus de sa pension, de 12,000 livres par an, sa vie durant, sur l'Extraordinaire des guerres.

La première minute de l'Instruction sur le service des officiers généraux est de la main d'un employé des bureaux de la guerre; l'écriture ne trahit pas l'auteur, mais une note en marge des articles relatifs aux états-majors dit : « Voyez mon Mémoire concernant les états-majors généraux d'armée. Tout cet article et les trois suivants seront à changer, selon ce qu'en décidera le Ministre. » Et l'on ne trouve que celui dont j'ai parlé : « Mémoire sur la composition de l'état-major de l'armée », qui ait un titre approchant.

On ne saurait avancer d'une manière positive que ce Mémoire est de Bourcet, mais on retrouve dans la rédaction première de l'instruction ses idées sur l'état-major. Puis Bourcet, employé près du duc de Choiseul, a assurément rédigé la partie qui est relative à l'artillerie et au génie (que les officiers généraux consultés déclarèrent très bien traitée et à laquelle il ne fut apporté aucune modification), et peut-être aussi la partie des états-majors. Surlaville a pu s'occuper du reste.

Le projet primitif[2] prévoyait donc un état-major des logis, major général d'infanterie, maréchal des logis de la cavalerie, puisqu'il y avait rassemblement de troupes, et il proposait comme articles 9, 10, 11 et 12 :

Art. 9. *Reconnaissance des frontières du royaume.* — La reconnais-

---

[1] A cette même date du 19 mars 1763, Bourcet, qui avait déjà reçu une gratification de 12.000 livres le 3 mars, obtenait une pension de 3,000 livres. Il s'était signalé autant, dit le brevet, « par ses talents et lumières supérieures que par ses sentiments de zèle ».

[2] *A. A. G.*, C b v, 1763.

sance des frontières du royaume sera divisée en quatre parties dont l'une embrassera depuis la mer à Dunkerque jusqu'à Charlemont; une autre depuis la rive droite de la Meuse à Givet-Notre-Dame jusqu'à l'extrémité de la Lorraine inclusivement; la troisième toute l'Alsace et la Franche-Comté, et la quatrième depuis la ville de Gex jusqu'à Antibes.

Art. 10. *Entretien d'un état-major des logis de l'armée pour cette reconnaissance et sa disposition.* — Il sera attaché à chacune des quatre parties de la frontière un aide-maréchal général des logis de l'armée avec un maréchal et deux aides-maréchaux des logis de l'armée et deux ingénieurs-géographes.

Art. 11. Ces quatre détachements de l'état-major général des logis de l'armée ne seront attachés particulièrement à aucun département où ils seraient absolument inutiles, Sa Majesté s'étant réservé le pouvoir de donner Elle-même les ordres nécessaires pour faire mouvoir ses troupes toutes les fois qu'Elle le jugera à propos, et le soin de pourvoir Elle-même à leur subsistance.

Art. 12. Tous les officiers de l'état-major général des logis de l'armée ne seront point aux ordres du commandant en chef du département dans lequel ils seront chargés de faire leurs reconnaissances; ils n'en recevront que de Sa Majesté et ne rendront compte de leur travail qu'au Secrétaire d'État ayant le Département de la guerre.

Choiseul adopta ces principes d'abord; il fit, en effet, aux articles 11 et 12 des corrections de pure forme et il ajouta même de sa main à la fin du dernier : « Mais ils ne pourront opérer et faire les reconnaissances dans les provinces qu'ils n'aient préalablement communiqué les ordres de la Cour au commandant de ladite province et demandé son agrément. »

Puis Choiseul raya les quatre articles du projet. Il n'était nullement opposé à la création d'un corps d'état-major permanent; il en était au contraire très partisan, car, plus loin, dans la partie du projet relative aux traitements, il bâtonna ce qui concernait l'état-major des logis et mit en marge : *Cet état-major sera dans une ordonnance particulière.*

Ces dispositions disparurent donc dans la deuxième minute, celle qui fut communiquée pour avis aux douze maréchaux de France ou officiers généraux.

L'article 7 stipulait seulement qu'il y aurait un major général d'infanterie et un maréchal des logis de la cavalerie en Flandre, en Évêchés et en Alsace; dans les autres départements seulement des aides.

Des officiers généraux consultés, cinq seulement firent des observations sur cet article : Estrées, Monteynard, Vogué, Castries, Aiguillon [1].

Trois touchèrent spécialement la question des états-majors : Monteynard, Vogué et Castries.

Monteynard considérait que « la guerre n'est qu'un métier pour les troupes, mais elle est une science très profonde pour les généraux et pour les officiers destinés à parvenir au commandement des armées ». Il s'étonnait donc que le projet ne parlât pas d'état-major :

Les articles 7, 8, 9 et 10 établissent un état-major de l'infanterie et de la cavalerie dont ils détaillent les fonctions; ils ne parlent point de l'état-major des logis de l'armée. Ce dernier détail qui s'étend sur toutes les opérations quelconques d'une armée, marches, fourrages et campements, demande des talents particuliers qu'il faut avoir perfectionnés par un travail assidu et par une étude sérieuse. Les frontières de Flandre, des Évêchés, de la Lorraine et de l'Alsace ont leurs difficultés, mais celles de l'Italie et de l'Espagne en ont d'effrayantes; je ne connais que trois personnes en France qui aient surmonté ces difficultés dans les Alpes et l'Apennin et qui soient en état d'y faire mouvoir une armée avec apparence de succès. Je suis l'un de ces trois [2], et je défie qu'un officier qui n'aura pas étudié avec le plus grand soin ces horribles montagnes, soye en état, quelques talents naturels et acquis qu'il puisse avoir, d'y faire manœuvrer une armée. Il est cependant dans l'ordre des choses possibles que la guerre s'y porte quelque jour, et il paraît nécessaire de former des sujets propres à y servir utilement [3].

Le marquis de Vogué :

Art. 7. Il n'est point question dans cet article d'employer aucun officier de l'état-major de l'armée. Sans doute ils ont paru inutiles relative-

---

[1] « Projet d'ordonnance », avec « Observations des maréchaux et officiers généraux consultés » et « Réponses aux observations ». (*A. H. G.*, n° 54, 1.)

[2] Monteynard fait allusion à ses campagnes en Italie comme aide-maréchal général des logis de 1743 à 1746, sous Marcieu, Conti et Maillebois. Il fut, en outre, maréchal général des logis à l'armée de Richelieu en 1757, et, alors qu'il était déjà lieutenant général, maréchal général des logis des armées en Allemagne en 1759.

[3] 15 juin 1763, note autographe. (*A. A. G.*, C b v, 1763.)

ment à l'objet principal de l'ordonnance projetée qui roule sur le service, la discipline, l'exercice et la tenue des troupes. Cependant on pense qu'il est de la plus grande conséquence d'entretenir quelques officiers dans les départements des provinces frontières ou sans titre ou avec celui d'aides-maréchaux des logis de l'armée, et de les faire travailler continuellement à acquérir une parfaite connaissance de la frontière où ils serviront. Les reconnaissances et les mémoires qu'ils feront peuvent être dans les suites d'une très grande utilité. Ce travail les entretiendra dans les fonctions qu'ils ont déjà exercées et les empêchera de les perdre de vue; enfin, on aura par ce moyen des sujets de distinction pour remplir les places d'aides-maréchaux des logis à la prochaine guerre, et rien n'est plus essentiel pour le bien du service.

Il serait inutile d'employer un grand nombre de ces officiers. Je crois qu'il suffirait d'en avoir deux pour le département de Flandre, deux pour celui des Évêchés, deux pour l'Alsace, un pour le Dauphiné et un pour la Provence. Les commandants en chef de ces départements dirigeraient leur travail d'après les ordres qu'ils recevraient du Ministre de la guerre.

En accordant à ces officiers le même traitement qu'aux aides-majors généraux, ce serait une dépense pour le Roi d'environ 40,000 livres. Elle ne saurait être employée plus utilement en supposant que ceux qui pourront influer sur ce choix n'auront égard qu'aux talents et au mérite des sujets [1].

Quant au marquis de Castries, il écrivit textuellement [2] :

Il n'est pas douteux que la formation des armées sur les frontières ne dût comporter l'entretien d'un état-major dans la cavalerie et dans l'infanterie.

La répartition des troupes en 15 départements l'exige moins, et, si la Cour n'a qu'une somme bornée pour cette dépense, on pense qu'il serait beaucoup plus avantageux pour le service de l'affecter à l'entretien d'un état-major de l'armée; outre l'utilité supérieure que l'on peut retirer de son travail et dont les détails à faire seraient trop longs, on y trouverait l'avantage de conserver des sujets qui, d'une guerre à l'autre, deviennent d'autant plus précieux que ce métier-là n'a que très peu de principes connus; que, n'ayant aucune école pour s'instruire, on ne sait comment s'y prendre au commencement de toutes les guerres, au lieu que pour les deux autres états-majors généraux on est certain de trou-

---

[1] *A. A. G.*, C b v, 1763.
[2] *Ibidem*, et *A. H. G.*, n° 54, 1.

ver dans la classe des majors les sujets les plus propres au genre de service et qui sont faits par les détails journaliers de leurs corps à ceux dont ils sont chargés à la guerre.

La nécessité de la création d'un corps d'état-major permanent était donc reconnue par un certain nombre d'esprits clairvoyants. Elle finit par s'imposer. La question traînait depuis 1763 [1], elle fut résolue et la décision définitive prise en 1765 [2]. Le 5 juin 1765 le duc de Choiseul demandait au lieutenant général Bourcet « un Mémoire détaillé des arrangements qu'il conviendrait de faire pour traiter la partie principale de la guerre avec tout l'avantage et l'utilité désirables. »

Bourcet adressa au Ministre un Mémoire complet [3]. Il en existe un conservé aux Archives historiques de la Guerre [4] qui ne porte ni date ni signature et n'est accompagné d'aucune lettre d'envoi; mais, comme il est de l'écriture de Berthelot, le secrétaire de Bourcet, on ne peut que l'attribuer à celui-ci. En outre, les expressions et les méthodes sont celles du général; c'est donc bien le Mémoire demandé par la lettre ministérielle du 5 juin 1765. Le voici en entier :

Mémoire sur la nécessité de former des officiers à la connaissance militaire d'un pays.

Parmi les objets dont un général d'armée doit s'occuper, celui de la connaissance d'un pays où il aura à opérer, est le plus important, et, s'il ne l'a pas acquise par lui-même, il est indispensable de lui fournir des officiers qui la lui donnent.

Le Roi prend les généraux auxquels il destine le commandement de ses armées dans les princes de son sang, dans les maréchaux de France ou parmi les plus anciens de ses lieutenants généraux; les uns et les autres n'ont des connaissances que relativement aux campagnes qu'ils

---

[1] Grandpré demandait, au mois d'avril 1763, à *être employé dans l'état-major qui va être formé*. (*A. A. G.*, à son dossier, lieut. gén., n° 1231.)

[2] La minute de cette lettre n'existe pas, non plus que l'exemplaire envoyé par Bourcet avec un Mémoire [de 1778] relatif à ses *Principes de la Guerre de montagne*. (*A. H. G.*, n° 54, 2.)

[3] D'après le Mémoire de 1778.

[4] N° 54, 2 b.

ont faites, et il arrive souvent qu'ayant presque toujours servi sur une même frontière, ils ne connaissent absolument rien du local des autres frontières du royaume ; il peut même se faire que, ayant fait une ou deux campagnes dans une frontière, ils n'aient pas bien saisi le local. Il est donc nécessaire de se former un tableau général du pays, dans lequel on distingue, non seulement les postes particuliers à occuper suivant l'espèce de guerre qu'on aura à faire : défensive ou offensive, mais principalement les positions d'armées, si peu connues et qui ne peuvent être déterminées que par des officiers qui aient le coup d'œil militaire ; car on ne peut pas supposer que tout officier en puisse avoir l'aptitude. Indépendamment de ces objets principaux, il faut connaître les lieux propres aux entrepôts des munitions de guerre et de bouche ; les chemins où il sera possible de passer avec des voitures à roue ; les communications particulières d'un lieu à un autre, et tous les endroits où il sera possible de diriger des troupes, toutes les espèces de ressources dont le pays sera susceptible, soit en fourrages, grains, bois, voitures à roue ou bêtes de charge, soit en nombre d'habitants, de maisons, moulins, fours qu'on trouvera dans chaque ville, bourg, village et hameau ; si c'est un pays de montagne, connaître la nature de ces mêmes montagnes par rapport aux escarpements, ou parties accessibles, la liaison des chaînes qu'elles formeront, le volume et la vitesse des rivières ou torrents qui arrosent les vallées, leurs bords, pour la facilité de leur passage ou de leur défense, et, si c'est un pays de plaine, les marais, étangs, forêts, rivières, ruisseaux, navilles ou autres obstacles ; en un mot, tout ce qui peut ou aider à un mouvement prompt ou retarder celui de l'ennemi, et si ces connaissances ne se trouvent pas acquises d'avance, on courra le risque de perdre une campagne ou de projeter des mouvements dont les dispositions ne pourront se faire qu'à l'aveugle et qui compromettront vraisemblablement les troupes.

Si l'on ne doit pas supposer que l'officier général auquel le Roi aura confié le commandement d'une armée sur une frontière quelconque, puisse se passer de beaucoup d'éclaircissements concernant la connaissance du pays, il faut donc les fournir à ce général pour le mettre en état de juger, par les dispositions de l'ennemi, de tout ce qu'il conviendra de projeter dans tous les cas, et il n'y a qu'un officier principal et capable de la charge de maréchal général des logis de l'armée qui puisse en bien remplir l'objet ; mais il lui faut des aides, qui puissent exécuter tout ce qui sera déterminé entre le général de l'armée et ce chef d'état-major, car il ne peut pas tout faire par lui-même.

La plus grande partie des officiers qui ont été employés dans les dernières campagnes aux fonctions d'aides, n'ont pu s'instruire de tout ce qui a pu avoir rapport à leur état : 1° parce qu'on ne les a point fait entrer dans la discussion des projets ; 2° qu'on a borné leurs fonctions à des objets particuliers, auxquels ils ont été employés pendant la campagne, sans avoir la moindre notion des autres ; 3° que rien n'ayant roulé sur eux, ils se sont bornés à une seule connaissance, n'imaginant pas qu'il y en eût d'autres, au moyen de quoi ils n'ont pu avoir la moindre idée de la partie sublime de la guerre, sur laquelle une partie des chefs auraient peut-être eu beaucoup à apprendre. On ne peut donc donner sa confiance à ces officiers qu'après les avoir instruits et éprouvés sur leur aptitude particulière, et c'est ici le cas où la considération ne doit (sous quelque prétexte que ce puisse être) influer en rien à la détermination du choix de ceux qu'on voudra employer à des fonctions si importantes et sur lequel on doit donner la préférence au mérite.

Moyens de former dans les différentes parties des frontières des sujets propres à la connaissance militaire d'un pays. — Il sera nécessaire de destiner chaque année un nombre d'officiers à faire des tournées sur les frontières du royaume ; le Ministre en trouvera de bonne volonté autant qu'il voudra et qui, par l'espoir de se rendre capables et de mériter un avancement, feront les courses à leurs dépens.

Le Roi pourra nommer sur chaque frontière un officier général en état de juger des talents et de l'aptitude de ceux qui auront fait des tournées, ou un seul pour remplir cet objet dans le royaume, qui donnera des instructions nécessaires, avec lequel ces officiers correspondront et auquel ils iront ensuite rendre compte de leurs tournées à la fin de la campagne ; il donnera aux officiers destinés à faire des courses (outre l'instruction dont ils auront besoin, pour savoir quelle partie du pays ils auront à parcourir) un mémoire qui puisse leur indiquer en quoi consiste la connaissance d'un pays, les moyens de l'acquérir et tous les objets qui la déterminent et l'assurent. Ce mémoire ne sera communiqué qu'à ceux dont le Ministre fera choix chaque année, pour les faire voyager, et ce sera du résultat de leur première course, c'est-à-dire du mémoire local qu'elle leur donnera lieu de faire, que cet officier général ou ces officiers généraux jugeront du plus ou moins d'aptitude de chacun des officiers qui auront fait des tournées et qu'il proposera au Ministre pour une seconde course ceux en qui il aura reconnu toute l'aptitude désirable.

Cette première course se fera à leurs dépens, et si, parmi le nombre il s'en trouve qui aient rempli leur objet avec beaucoup de zèle et en qui on reconnaisse l'aptitude désirable, le Ministre pourra leur procurer quelque témoignage de satisfaction et en faire choix pour les employer une seconde campagne aux reconnaissances particulières des positions l'armée, postes particuliers, et généralement à tout ce qui aura rapport aux objets militaires dans les deux cas d'offensive ou de défensive sur la même étendue de pays qu'ils auront déjà parcouru et qu'ils parcourront une seconde fois, d'après le mémoire qu'on leur communiquera et qui leur servira d'instruction sur cet objet, l'un des plus importants de la guerre. C'est d'après les talents qu'on reconnaîtra aux officiers à la suite des tournées de la seconde campagne qu'ils seront pourvus de l'emploi d'aide-maréchal général des logis, ou forcés de servir dans quelque autre corps.

La troisième année, on exigera d'eux (en les employant dans leur grade sans les faire voyager) des projets, avec combinaisons de marche sur différentes suppositions et des observations sur les avantages ou inconvénients. Les projets comprendront tous les détails nécessaires à leur exécution, sans s'écarter des moyens de soutenir les communications de l'armée avec ses derrières et principaux magasins.

Composition des espèces de détachements d'officiers à faire voyager. — On pourra y employer des maréchaux de camp, des brigadiers d'infanterie, des colonels, des capitaines, soit d'infanterie ou de cavalerie, faits pour monter au grand, des subalternes gentilhommes, riches et en état de se soutenir convenablement dans tous les états du service.

On pense que l'emploi d'aide-maréchal général des logis doit emporter avec lui le grade de colonel, que les officiers qui en seront pourvus doivent monter à des grades supérieurs sans les attendre trop longtemps, selon la distinction de leurs services; car, devant régler les marches des réserves ou détachements à la suite desquels ils seront mis, déterminer les positions et faire connaître l'objet des instructions qu'on aura données à l'officier général qui commandera lesdites réserves ou détachements, il faut leur donner la considération et l'autorité nécessaires.

Le remplacement des officiers d'un état-major ne devant se faire que par des sujets en état de remplir des fonctions aussi importantes, il sera indispensable d'avoir un nombre d'élèves déterminé sur chaque frontière qui s'y formeront sur les instructions qu'on leur donnera et les tournées auxquelles on les obligera, et qui fourniront une pépinière d'officiers, non seulement propres aux remplacements des officiers de l'état-major, quand il y en aura à faire, mais encore à procurer des colonels instruits aux régiments qui en manqueront, si la considération peut le permettre, ce qui serait d'un très grand avantage pour le service, et à cet effet les seigneurs de la Cour ne devraient se faire aucune peine d'entrer dans le nombre des élèves dont on parle.

Instructions à donner. — D'après la première épreuve bien essentielle et sur laquelle le juge n'usera d'aucune complaisance, ceux qui seront reconnus avoir les talents nécessaires seront instruits par une théorie et des principes particuliers sur le choix des positions, ensuite sur tout ce qui peut avoir rapport aux projets et combinaisons de marche, et enfin sur les dispositions qui regarderont en général l'exécution des derniers projets et le soutien des communications de l'armée avec tous ses derrières, relativement aux subsistances et à tous les secours qu'on en pourra tirer.

Ces objets d'instructions devant être établis sur de bons principes et rendre le travail de ces officiers uniforme, on en formera quatre mémoires, ou cahiers particuliers, qui seront communiqués au Ministre de la guerre pour les approuver après les avoir examinés et rectifiés.

Les officiers en qui l'on reconnaîtra l'aptitude de saisir un local et d'acquérir le coup d'œil nécessaire aux parties sublimes de la guerre, seront destinés à l'état-major général des logis, duquel on tirera ceux les plus propres à détailler les subsistances en tout genre et qui auront le plus de connaissance des détails de la cavalerie, comme aussi les officiers les plus instruits sur tous les détails de l'infanterie pour l'état-major de l'infanterie; car une armée ne peut se passer des trois états-majors généraux, l'un qu'on nommera *état-major des logis*, qui sera le principal, l'autre *état-major de l'infanterie*, et le troisième *état-major de la cavalerie*; mais ces trois corps ayant chacun un chef particulier devront être subordonnés au maréchal général des logis de l'armée, si l'on veut que le service ne rencontre aucune difficulté dans son exécution, et les officiers qui les composeront, se trouvant également instruits, pourront servir indistinctement dans chaque corps selon les circonstances et être susceptibles des mêmes récompenses.

Mémoires qu'ils fourniront à la fin de la première campagne. — Cartes avec mémoires qui doivent accompagner les reconnaissances de la seconde campagne. — On ne pourra exiger de ces officiers, pour le compte à rendre de leur première campagne, qu'un mémoire local du pays qu'ils auront parcouru, et ce sera par ce mémoire qu'on jugera du plus ou moins de zèle et d'application qu'ils auront employés à leurs reconnaissances, qu'on verra s'ils ont négligé quelque partie essentielle et s'ils ont bien conservé la mémoire de tout ce qui regardera la nature du pays, la facilité ou difficulté de ses communications, le cours des rivières ou ruisseaux, les lieux où ils prennent leur source, et surtout les points qui déterminent le pendant des eaux et qui sont toujours les plus élevés, s'ils ont rempli tous les objets contenus dans l'instruction qu'on leur aura communiqué sur la connaissance à prendre d'un pays en général.

Ceux desdits officiers à qui l'on fera faire une tournée, la seconde campagne, seront instruits avant leur départ par un mémoire particulier sur tout ce qui concernera les positions d'armée et postes particuliers, et l'on exigera d'eux (au retour de cette seconde campagne) qu'ils indiquent les positions qu'ils auront reconnues sur les parties les plus rapprochées de la frontière extrême, qu'ils en fassent connaître les directions par des croquis figurés, et les avantages ou inconvénients dans les suppositions qu'ils auront faites par des mémoires particuliers. Ce sera du choix des dernières positions et de leurs mémoires qu'on jugera de leur plus ou moins de capacité pour saisir un local militairement et de l'espérance qu'ils donneront pour acquérir ce coup d'œil militaire qui fait la perfection de la science de la guerre, et au moyen duquel on assure les opérations d'une armée.

Ce second examen décidera le sort desdits officiers ; ceux en qui l'on reconnaîtra l'aptitude désirable, auront des commissions ou brevets d'aides-maréchaux des logis, et ils seront employés en cette qualité et suivant leur grade, tant en paix qu'en guerre ; ceux qui n'auront pas cette aptitude pourront servir dans l'infanterie, la cavalerie ou les troupes légères.

Comme on trouvera peu de ces officiers qui sachent assez de dessin pour figurer un pays, on les aidera sur chaque frontière de deux dessinateurs, dont ils pourront se servir.

Outre ces dessinateurs, il conviendra d'avoir des indicateurs, et, comme ceux qui pourront être fournis par les officiers municipaux ne se trouveront pas également capables, il serait fort important d'en entretenir six, intelligents et choisis sur chaque frontière, qui serviront dans tous les temps de principaux guides et à perpétuer la connaissance du pays.

Dans le cas auquel les positions que lesdits officiers auraient reconnues eussent besoin de quelques précautions pour assurer la défense de leur droite ou de leur gauche, il sera nécessaire de faire choix de deux ingénieurs sur chaque frontière qu'on destinera à déterminer les ouvrages dont les dernières positions pourraient être susceptibles.

Fonds qu'il sera nécessaire d'affecter sur chaque frontière pour remplir les objets contenus dans ce Mémoire. — Pour deux ingénieurs ordinaires du Roi, uniquement occupés des connaissances à prendre des positions et à déterminer les ouvrages dont elles seront susceptibles pour assurer leur droite ou leur gauche, ou leur centre, sept mille deux cents livres, à raison de trois cents livres par mois chacun, ci.......... 7,200 livr.

Pour deux dessinateurs, trois mille livres, à raison de cent-vingt livres chacun par mois, ci.................... 3,000

Pour six indicateurs instruits de la connaissance du pays, à raison de cinquante livres chacun par mois, ci......... 3,600

Pour les courses extraordinaires qu'on leur fera faire dans les parties de la frontière qui ne sont pas de la domination du Roi [1], à raison de 300 livres chacun par an, ci.. 1,800

15,600 livr.

Il suffirait de former six ou huit aides-maréchaux des logis pour chaque frontière, et, comme on ne pourra en déterminer le choix qu'à la fin de la seconde campagne, ce ne sera qu'à la troisième campagne qu'on les employera en cette qualité sur les différentes frontières chacun selon son grade; ce qui pourra diminuer le nombre d'officiers généraux à y employer, parce qu'ils seront en état de remplir avec distinction tout ce qu'on pourra exiger d'eux.

Quant aux élèves, ils se formeront dans le corps de troupe qu'il conviendrait de lever et d'instruire pour le destiner uniquement au service de l'état-major des armées; car il n'y a que ce moyen de perpétuer les connaissances. D'ailleurs on jugera de l'utilité de ce corps par les détails suivants.

Il faut nécessairement ouvrir des marches sur différentes sections, soit dans des parties éloignées de l'ennemi, soit dans des parties rapprochées, et les bataillons de milice qu'on y a employés dans les dernières campagnes n'auraient pas été propres à cette destination s'il avait fallu des dispositions pour résister à des attaques particulières.

Il faut des escortes au maréchal des logis et à ses aides chargés de reconnaître chaque jour les positions des ennemis, et ces escortes doivent être composées d'officiers et de troupes en état de couvrir la marche des officiers de l'état-major.

Il faut des troupes pour garder les guides et des officiers qui soient en état de faire choix des meilleurs dans chaque canton.

Il faut porter des ordres aux différents corps de troupes séparés du corps d'armée et aux officiers qui les commanderont, et ces ordres émanant du bureau du maréchal général des logis sont trop importants pour être confiés à toute sorte d'hommes.

---

[1] On propose ces courses extraordinaires, comme indispensables pour les mouvements auxquels les circonstances pourraient donner lieu ; ces mêmes guides serviront de moyen pour perpétuer la connaissance du pays sur chaque frontière.

Ce corps de troupe doit être composé de cavalerie et d'infanterie et divisé en brigades, relativement au nombre des frontières; celles du Roi où il sera nécessaire de former cet établissement se réduisent à quatre, savoir : la Flandre, le Pays messin, l'Alsace et le Piémont, ou le Dauphiné et la Provence.

On croit que chaque brigade doit avoir deux tiers d'infanterie et un tiers de cavalerie, et l'on observera que dans chacune d'elles il se trouve une compagnie d'ouvriers. On pourra réduire chaque brigade à six ou à neuf compagnies au plus qu'il suffira d'entretenir à quinze hommes en temps de paix et à quarante en temps de guerre.

L'état-major et les capitaines en pied auront été choisis parmi les officiers réformés ou autres qui auront le plus d'expérience, les lieutenants devant servir d'élèves pour le corps de l'état-major et de surnuméraires dans quelques circonstances. On en mettra quatre par compagnie, deux en premier et deux en second; ils seront choisis parmi les gentilshommes les plus riches et les plus à portée d'obtenir des régiments ou de monter au grade de colonel; les lieutenants en premier auront la commission de capitaine, sans donner néanmoins l'exclusion aux sujets qui, n'ayant ni autant de naissance ni autant de facultés, montreront des talents supérieurs.

La moitié des lieutenants sera destinée alternativement chaque campagne à des tournées pour acquérir les connaissances nécessaires, et l'autre moitié sera instruite, dans les quartiers destinés aux brigades, de tout ce qui pourra aider ces élèves à acquérir les talents les plus essentiels à l'état militaire, et le Roi trouvera dans ce corps une pépinière, non seulement d'officiers pour le remplacement de ceux de l'état-major, mais encore pour celui des colonels d'infanterie, de cavalerie ou de troupes légères; d'où il résultera que ces colonels instruits, devenant officiers généraux, se trouveront non seulement en état d'exécuter, mais encore de projeter, et que l'expérience les rendra capables de commander une réserve et successivement une armée.

Ce sont ces idées qui furent admises. On s'arrêta à un seul corps et à un seul chef pour unité de doctrine et de direction. En 1765, trois officiers furent chargés de faire des reconnaissances; l'année suivante, le corps était créé. Bourcet, qui avait fait adopter ses vues et ses méthodes, fut chargé de le diriger. Il en reçut avis par lettre ministérielle du 18 janvier 1766 [1].

---

[1] Rappelée dans un Mémoire de Bourcet de 1778, auquel il l'avait jointe, mais manquante comme la lettre du 5 juin 1765.

***

Bourcet (Pierre) naquit à Usseaux, en Sardaigne, le 1er mars 1700. Il était fils d'un capitaine réformé d'infanterie partisan dans la garnison de Briançon, qui servait depuis 1677 et mourut en 1731.

Entré au service comme officier pointeur et lieutenant dans Royal-Artillerie en 1724, il obtint en 1727 une lieutenance dans Royal-Vaisseaux, et il passa dans le corps du génie, le 11 février 1729, comme ingénieur. Il accompagna le maréchal de Maillebois dans une reconnaissance secrète des Alpes. En Italie, pendant les campagnes de 1733 et 1735, il prit part aux sièges de Milan, de Novare, de Reggiolo et de Cossano, enleva Borgo-Forte et Governolo.

Ingénieur en chef à Mont-Dauphin en 1741, Bourcet était l'année suivante employé dans l'armée du maréchal de Maillebois, lorsque, le 10 juillet, parvint à Dusseldorff, où se trouvaient le maréchal et Bourcet, une lettre autographe du Ministre de la guerre, marquis de Breteuil, lettre datée du 4, mandant l'ingénieur auprès de lui.

En accusant réception de la lettre et en rendant compte de l'exécution des prescriptions y contenues, le maréchal ajoutait : « Je ne sais à quel usage vous destinez cet officier, mais je puis vous assurer qu'il est bon à tout ; je vous ai déjà rendu compte plusieurs fois de son zèle et de son intelligence et vous ai demandé pour lui la croix de Saint-Louis, qu'il mérite assurément par ses services anciens et pour ses talents, et je vous prie de la lui accorder. »

Rendu à Versailles, Bourcet reçut l'ordre de rentrer de suite à Mont-Dauphin, d'entretenir une correspondance secrète et suivie avec le comte de Glimes, général en chef de l'armée espagnole qui opérait en Savoie, sans sortir de Mont-Dauphin, ordre formel. Bourcet adressait au général en chef espagnol le plan de camps à établir, lui indiquait les positions à prendre pour arrêter les troupes du roi de Sardaigne et les repousser avec avantage.

L'année suivante, c'est avec le marquis de La Mina que Bourcet continua sa correspondance, tout en travaillant à la carte des principales vallées et des cols qui communiquent en Piémont. Le marquis de La Mina faisait demander souvent des éclaircissements tant en cartes qu'en mémoires ; pour être plus facilement en relations avec lui et recevoir les officiers de confiance qui lui étaient envoyés, Bourcet avait dû venir à Grenoble et s'y tenir. Le général espagnol faisait en outre les plus grandes instances pour que son conseil fût autorisé à venir le joindre. La Cour de Versailles jugeait dangereux que l'on connût même la simple correspondance échangée. Cependant la permission fut donnée et, au mois d'août 1743, Bourcet suit l'armée de l'Infant, avec ordre d'exécuter tout ce que ce prince et son général exigeraient de lui.

Le 1er avril 1744, Bourcet est effecté à l'armée d'Italie comme ingénieur et aide-maréchal des logis, et reçoit le 6 une réforme de capitaine à la suite de Royal-Vaisseaux. Il est employé comme chef de brigade du génie, et « le prince de Conti s'en est servi très utilement dans les dispositions qui ont été faites pour les opérations dans le comté de Nice et dans les vallées de la Stura et de Château-Dauphin ». Le prince témoignait enfin qu'aucun officier de l'armée n'avait mieux mérité une récompense distinguée. Louis XV accorda 800 livres de pension, le 14 septembre 1744, pour le passage des Alpes, et, le 3 avril 1745, une gratification de 1,000 livres, à la demande du comte de Maillebois, pour les services comme aide-maréchal général des logis. Enfin, le 11 novembre 1745, nouvelles grâces pour le siège de Valence du Pô auquel Bourcet commanda le génie : la commission de lieutenant-colonel et 400 livres d'augmentation de pension. « Les connaissances particulières qu'il a des montagnes aux environs du Dauphiné ont été très utiles dans les deux dernières campagnes », dit la feuille.

C'est sur une note du Ministre lui-même que la proposition pour les grâces du 11 novembre 1745 avait été faite ; Bourcet était alors à la Cour, apportant la nouvelle de la prise de Valence. Il fit, dans les mêmes conditions qu'en 1745, la campagne de 1746 ; celle de 1747, comme brigadier d'ingénieurs à l'armée de

Provence, et, à la fin de la campagne, il fut encore appelé à Versailles « pour affaires concernant le service du Roi ». Ses services en 1746 et 1747 (passage du Pô et du Tanaro et succès des opérations du maréchal de Belle-Isle en Provence) lui avaient valu la commission de colonel le 1er janvier 1747 et le grade de brigadier d'infanterie le 1er janvier 1748.

Les grâces s'ajoutaient pour lui aux grâces. Chevalier de Saint-Louis en 1743, il obtenait une pension de 1,000 livres sur l'ordre, le 17 mars 1750. Il était alors ingénieur en chef à Grenoble ; il reçut le 1er janvier 1756 la direction générale des fortifications du Dauphiné.

Le 1er mars 1757, Bourcet fut nommé commandant d'un équipage d'artillerie (l'artillerie et le génie ne faisaient alors qu'un corps) à l'armée d'Allemagne. Sur les notes qu'il donna aux officiers de son état-major, le prince de Soubise mit pour Bourcet : « A donné les plus grandes preuves de ses talents militaires en tous genres. Je pense qu'on ne peut profiter trop promptement de la première occasion qui se présentera de l'avancer[1] ». En 1758, Bourcet eut la direction des ingénieurs de l'armée de Soubise, Par décision du 3 août, sa pension sur le Trésor royal fut portée de 1,200 à 2,400 livres, et, le 10 février 1759, Bourcet était compris dans la promotion des maréchaux de camp.

Dans le cours de cette année 1759, il fut chargé de « différentes commissions » tant en Provence qu'en Dauphiné, commissions préparatoires, sans doute, à la mission donnée, le 17 décembre 1759, de commissaire principal pour la limitation de la frontière entre la France et le Piémont.

Bourcet remplit cette mission au mieux des intérêts français, et la cour de Turin rendit justice à la supériorité des talents, à l'intelligence et à la précision du travail de l'ingénieur français. Le traité fut signé le 24 mars 1760, et, le 22 mai, Louis XV « voulant donner des preuves de la satisfaction qu'il a de l'intelligence et du zèle avec lesquels le sieur Bourcet s'est acquitté de la commission dont il a été chargé à la cour de Turin », lui accorde sur le Département des affaires étrangères une pension de

[1] A. A. G., C n.

6,000 livres; de son côté, le roi de Sardaigne lui fit un présent que Louis XV l'autorisa à accepter.

Le 1er mai 1760, des lettres furent expédiées pour servir dans son grade en Dauphiné sous le comte de Marcieu, et l'année suivante (1er mars 1761), il allait prendre le commandement des ingénieurs à l'armée de Soubise.

Rentré à Grenoble à la fin de la campagne, des lettres du 30 novembre 1761 le chargèrent de suivre l'exécution du traité du 24 mars 1760, et Bourcet fut employé à cet effet en Bourgogne, Dauphiné et Provence. Au mois d'avril 1762, il est établi à Versailles et chargé de faire « un livret » pour la Cour, et de la direction secrète des armées. Le 25 juillet, il était nommé commandeur de Saint-Louis à 3,000 livres, et il fut compris dans la promotion de lieutenants généraux qui reçut ladite date du 25 juillet 1762.

La mission à Versailles cessa avec la fin des hostilités. En mars 1763, Bourcet recevait une gratification de 12,000 livres, aïnsi qu'une pension de 3,000 sur l'Extraordinaire des guerres, reversible à sa femme, Marianne Penne, et se cumulant avec celle de 2,400 sur le Trésor royal; à dater du 1er avril, il reprit ses opérations en Bourgogne, Provence et Dauphiné pour l'exécution du traité du 24 mars 1760; il eut en outre à visiter les places des trois provinces.

En 1766, le lieutenant général reçut la direction des cours supérieurs de guerre et des officiers du nouveau corps d'état-major; il fit enfin la campagne de Corse en 1769, en raison de la guerre de montagnes qu'il y avait à entreprendre « et pour pouvoir, d'après ses connaissances, former un plan fixe d'établissement en Corse, tant pour le présent que pour l'avenir ». Choiseul recommanda spécialement à cet effet Bourcet au maréchal de Vaux et lui fit accorder, le 11 avril 1760, le dignité de grand-croix de Saint-Louis à la pension de 6,000 livres. En lui annonçant cette grâce, le Ministre disait : « J'ai trouvé Sa Majesté dans les dispositions les plus favorables pour vous, et je vous prie d'être persuadé de mon attention à les entretenir et de l'empressement que j'aurai toujours à saisir les occasions de faire valoir l'utilité de vos services. »

Les fonctions remplies par Bourcet étaient loin d'être sédentaires. Il avait alors 70 ans et était toujours « en course », tant pour les opérations de délimitation de frontières et d'inspection des plans que pour suivre les détails d'état-major sur des points quelquefois éloignés.

Par suite de la situation obérée des finances, le gouvernement royal, qui ne payait déjà plus les pensions, dut réduire les traitements et décida de diminuer plutôt que d'augmenter les dépenses assignées sur les fonds de la guerre. Aussi, en 1771, le traitement dont jouissait Bourcet comme officier général employé en Dauphiné, avait été supprimé. Or le lieutenant général, « officier de fortune », c'est-à-dire n'en ayant aucune (le bien qu'il avait dans la vallée de Pragelas avait été perdu pendant la guerre de la Succession d'Espagne), et non noble, n'avait pour subsister et subvenir aux frais de ses commissions que son traitement et ses pensions.

Mme Bourcet vint en 1774 à la Cour pour entretenir le Ministre de la situation de son mari, et lui remit un Mémoire. Le Ministre répondit, le 3 mai 1774, par un *non possumus* basé sur la nécessité des économies et promit une compensation : « Ce que j'ai connu par moi-même et par les témoignages qui me sont revenus des services de M. de Bourcet et des talents qu'il a montrés dans l'exécution des commissions importantes qui lui ont été confiées, est fait pour ne lui laisser aucune inquiétude sur l'opinion que cette suppression peut avoir fait prendre du motif qui l'a déterminée. Je les ai mis sous les yeux de Sa Majesté ; Elle a jugé qu'il était susceptible de toutes les marques de satisfaction qu'Elle destine aux officiers de son espèce qui L'ont bien servie, et Elle m'a paru disposée à lui accorder un gouvernement. Elle m'a permis en conséquence de le comprendre dans l'état de ceux qui peuvent en espérer, et je vous prie de l'assurer de mon empressement à saisir l'occasion de lui en procurer et de lui donner d'ailleurs toutes les marques d'estime qu'il mérite. Soyez aussi persuadée du plaisir que j'ai à vous faire connaître ma façon de penser sur son compte, et du respect avec lequel je suis, Madame, votre très humble et très obéissant serviteur. »

Toujours employé à la délimitation de frontières, Bourcet surveillait la levée des plans et des cartes en 1775, et pour la bonne exécution du service, par lettres du 13 janvier, on le faisait reconnaître comme lieutenant général des troupes qui se trouvaient en Dauphiné, Provence et comté de Bourgogne. Mais la situation des finances ne permettait pas de lui allouer le traitement de lieutenant général employé, et aucun gouvernement n'était vacant. En attendant, sa gratification annuelle de 3,000 livres sur l'Extraordinaire des guerres fut portée à 6,000 (18 janvier 1775). Sur la lettre annonçant la grâce, le maréchal du Muy ajouta de sa main : « Les circonstances ne m'ont pas permis d'obtenir une plus forte augmentation ».

En 1777 survint la retraite causée par l'âge et la nouvelle organisation du corps du génie. Elle fut accordée le 22 janvier : « Le Roi ayant jugé à propos, Monsieur, de faire un nouvel arrangement dans le corps du génie, Sa Majesté s'est fait rendre compte des services des officiers qui le composent ; Elle a paru très satisfaite de ceux que vous lui avez rendus jusqu'à présent dans cette partie ; Elle m'a même ordonné de vous le témoigner de sa part, mais Elle a jugé en même temps que votre grand âge devant vous mettre nécessairement dans le cas d'avoir besoin de repos, l'occasion de la nouvelle disposition qu'Elle vient d'établir devait être le moment de vous accorder la récompense que vos services vous ont si bien méritée, sans cependant se priver de vos conseils dans les occasions où Elle croira pouvoir se servir des lumières que votre expérience et vos talents vous ont procurées ; Elle vous a réglé pour retraite une pension de 6,000 livres sur le fond de la Fortification, dont vous jouirez à compter du 1er du présent de janvier dans l'endroit que vous aurez choisi pour votre résidence et dont vous voudrez bien m'informer. »

Bourcet, à la lecture de la nouvelle ordonnance sur le corps du génie, s'attendait à ne pas être conservé. Mais si sa vue s'était affaiblie, sa santé n'avait jamais été meilleure, et il pensait que ses services lui avaient mérité que sa retraite fût accompagnée d'un témoignage public et de quelque activité dans une province où il avait toujours été employé et dans laquelle il pouvait se rendre utile.

Le comte de Saint-Germain admit ces observations et écrivit à Bourcet que l'intention du Roi était toujours de le pourvoir d'un gouvernement quand les circonstances le permettraient. Le 10 mars 1778, Bourcet succéda en effet au marquis de Pusignieu comme commandant en second en Dauphiné. Il mourut dans ces fonctions en sa propriété de Meylan, près Grenoble, le 14 octobre 1780[1].

Le gouvernement royal récompensait ses officiers par des grades, par des gratifications extraordinaires, par des gratifications annuelles, par des pensions cumulatives : sur le Trésor royal, sur l'ordre de Saint-Louis et autres fonds, manière de récompenser que Napoléon reprit en créant les dotations.

Ainsi lors de son décès Bourcet jouissait d'un revenu de 38,400 livres : grand-croix de Saint-Louis, 6,000 ; pension sur le Trésor royal, 2,400 ; gratification annuelle sur l'Extraordinaire des guerres, 6,000 ; appointements de retraite sur les Fortifications, 6,000 ; lieutenant général employé en Dauphiné, 12,000 ; pension sur le département des affaires étrangères, 6,000.

Les veuves n'avaient aucuns droits à pension. Les pensions qui étaient accordées étaient toujours dues à la munificence royale, qui pouvait se refuser. Aussi beaucoup d'officiers sollicitaient et obtenaient l'assurance de la reversion sur leurs épouses en partie, quelquefois en totalité, des pensions concédées. Mme Bourcet eut ainsi 7,800 livres à la mort de son mari : 1800 (3 août 1758) sur la pension de 2,400 fixée ledit jour ; 3,000, montant total de la gratification annuelle du 17 mars 1763 ; 3,000, accordées le 20 mars 1763 sur la pension des affaires étrangères.

Bourcet a laissé différents écrits qui ont été publiés après sa mort. Les Mémoires et les cartes du lieutenant général et ceux de son frère le maréchal de camp Bourcet de La Saigne, décédé en 1771, avaient été recueillis par le neveu et fils, devenu conseiller au parlement de Grenoble.

Le conseiller Bourcet de La Saigne n'avait pas de fortune. Pour tirer quelques ressources de l'héritage de son père et de son oncle, il lança le 20 avril 1785, le *Prospectus d'une souscription des papiers militaires de M. de Bourcet, lieutenant général*

---

[1] D'après son dossier aux *A. A. G.*, lieut. gén., n° 1022.

les armées du Roi, et de M. de Bourcet de La Saigne, son frère, maréchal de camp [1].

La souscription était fixée à 3,000 livres pour chaque copie manuscrite des Mémoires et cartes compris dans le catalogue, qui comprenait 126 numéros. Le conseiller Bourcet proposait la souscription seulement « aux militaires qui pourront en rendre l'effet utile à la patrie » : « Je veux avoir à me louer de l'usage que l'impérieuse nécessité me force à faire de ce genre de patrimoine. » Enfin, il demandait au moins 15 souscripteurs pour donner suite à l'affaire.

Avisé de ce prospectus et de la souscription proposée, le Ministre de la guerre fit examiner les documents, et il en résulta qu'ils furent jugés pouvoir être très utiles. On les demanda donc au conseiller Bourcet pour les conserver au Dépôt de la guerre.

Le conseiller y consentit, et « en dédommagement de la privation d'effets aussi intéressants et en considération des services très distingués de son oncle et de son père », Louis XVI alloua le 23 octobre 1785 une pension de 1500 livres sur le Trésor royal [2].

Cette notice sur le lieutenant général Bourcet est longue peut-être, mais elle présente des documents nouveaux et il convenait de dire quel avait été l'homme qui fit adopter la création d'une école pratique et d'un corps d'officiers d'état-major.

Son œuvre, par suite de nécessités budgétaires, fut interrompue ; mais quand on y revint, ce sont des élèves de Bourcet qui formèrent le noyau du nouveau corps, et c'est son enseignement qui, repris et continué, donna aux armées de la Révolution des officiers généraux et des officiers d'état-major distingués.

On a voulu voir dans l'*Histoire des campagnes de M. le maréchal de Maillebois en Italie pendant les années* 1745 *et* 1746, par le marquis de Pezay, « comment s'est formé le génie militaire de Napoléon [3] ». Cette idée a été critiquée [4], et le commandant

---

[1] *A. H. G.*, États-Majors. Anc. Rég., n° 54, 2.

[2] *A. A. G.*, Pensions. 1779-1790, n° 14,486.

[3] Général PIERRON. *Journal des Sciences militaires*, novembre 1888.)

[4] *Comment s'est formé le génie militaire de Napoléon Ier*. — Réponse au général Pierron. (*Journal des Sciences militaires*, mai 1889.)

Colin rend à Bourcet un mérite qui lui est dû : « La théorie de la guerre de montagnes a été familière à Napoléon en grande partie avant qu'il en eût la pratique ; or, de quelque façon que la doctrine de Bourcet lui soit parvenue, elle est la seule qu'il ait pu connaître [1]. »

[1] Colin, *L'Éducation militaire de Napoléon* (Paris, Chapelot, 1900), 95.

I

Officiers employés à la reconnaissance du pays. Service de l'état-major des logis des armées.

Officiers employés à la reconnaissance du pays.

Tel est le titre que porte le corps constitué le 1er avril 1766.

Déjà en 1765, comme essai des propositions contenues dans le Mémoire de Bourcet, 3 officiers, MM. Dangé d'Orsay, Dupleix de Pernan et de Marcé, avaient été employés à la reconnaissance de la frontière de Provence et de Dauphiné [1].

L'année suivante, la mesure fut étendue de la Provence à Dunkerque, et les officiers chargés des travaux d'état-major sont placés sous la direction du lieutenant général Bourcet.

La décision constitutive n'a pu être retrouvée; il n'existe que la liste des officiers employés, à dater du 1er avril 1766 [2].

Ils sont désignés au nombre de 21, dont 7 élèves; 4 dessinateurs et 4 indicateurs leur sont adjoints.

7 titulaires et les 6 élèves opèrent en Dauphiné; 2 en Alsace. Dans les autres parties du royaume, les officiers agissent isolément, et les parties sont divisées en Lorraine, Lorraine et Pays messin, Pays messin et frontière de Champagne, Soissonnais et Hainaut, Flandre, Artois et Picardie.

Ces officiers, du grade de brigadier à celui de capitaine, appartiennent à l'infanterie, à la cavalerie et aux dragons.

Guibert, capitaine au régiment d'Auvergne, se présenta pour être chargé de mission, mais trop tard.

---

[1] Décision du 21 mars 1766 leur accordant à chacun 2,000 livres de gratification extraordinaire pour les rémunérer de leurs dépenses. (*A. A. G.*, dossier Dangé d'Orsay, mar. de camp, n° 2558.)

[2] *A. A. G.*, C c IV, officiers employés sous les ordres de M. Bourcet.

Un Mémoire non daté et non signé [1], — mais il est encore de l'écriture de Berthelot, par suite ne peut être que de Bourcet, et qui est sûrement de 1766, suivant de près la décision royale, — détermine le travail à exécuter, la façon de l'opérer, le nombre, la classification des officiers et la manière d'en faire le choix, l'avancement dans le nouveau corps, enfin préconise à nouveau la création d'un corps de troupe pour le service de l'état-major des armées, qui a une certaine ressemblance avec les guides du général en chef Bonaparte :

Pour assurer le choix des officiers propres à servir dans l'état-major des armées, le Roi a approuvé qu'on en fît voyager quelques-uns pendant deux ou trois campagnes, avec des itinéraires déterminés en forme d'instruction, dans l'objet de connaître leur aptitude à bien saisir un local, première qualité nécessaire et sans laquelle on ne peut exécuter le service qui y a rapport. Sa Majesté a également approuvé que ceux qui feraient une seconde campagne, et en qui on reconnaîtrait le talent de bien déterminer la direction des camps, à prendre le choix de leur champ de bataille, voir les avantages à y trouver et les inconvénients à y éviter, seraient admis aux emplois de l'état-major, et c'est par ce motif qu'on donne à ceux-ci des instructions par lesquelles on les oblige d'en déterminer sur plusieurs points, selon les suppositions qu'on leur fait, et qu'on les oblige d'en rendre compte à la fin de leur campagne pour les mettre à portée de faire connaître leur choix et leurs idées plus ou moins militaires, dans la discussion qui en sera faite, et ce sera d'après cette sorte d'examen qu'on sera en état de donner au Ministre de la guerre des témoignages exacts des talents qu'on leur aura reconnus, et qu'on pourra lui proposer d'employer en qualité d'aides-maréchaux des logis ceux qui le mériteront et auxquels on pourra donner ensuite des principes sur les marches d'armée et leurs combinaisons, ainsi que sur les projets de guerre, soit offensive, soit défensive, relativement à des plans de campagne convenus, pour achever de les former à tous les détails de l'emploi distingué et très important qu'on leur a confié.

Comme on ne peut pas espérer que des jeunes officiers, qui n'auront point ou très peu d'expérience, déterminent aussi parfaitement les positions indiquées dans leurs instructions que des officiers plus anciens qui auront fait la guerre, et que ce ne sera également que dans la discussion de leur travail de la seconde campagne qu'on pourra en faire la distinction, on propose d'établir différentes classes, savoir :

---

[1] *A. A. G.*, C c IV ; un double également ni daté ni signé, aux *A. H. G.*, n° 34, 2 b.

Une première classe de ceux qui mériteront le titre d'aides-maréchaux des logis par des témoignages donnés sans aucune sorte de complaisance;

Une seconde classe de ceux qui pourront mériter de servir dans l'état-major en qualité de surnuméraires,

Et une troisième classe de ceux qui ne pourront être admis qu'au nombre des élèves.

On pense qu'il convient que les premiers soient colonels; les seconds lieutenants-colonels, et les troisièmes capitaines ou lieutenants; que l'ordre du tableau ne doit se former, dans les deux premières classes, que relativement à la plus grande capacité, lorsqu'il y en aura de brevetés, sans avoir égard à leur ancienneté de services étrangers à celui de leurs nouvelles fonctions, et c'est ce qui exige que les anciens officiers entrent à grade égal dans la première classe et de même dans la seconde, afin qu'on puisse faire dépendre leur avancement de l'application, du zèle et de l'intelligence qu'ils feront paraître.

Cet avancement dans le corps de l'état-major les conduira au grade de brigadier et, par la suite, à celui de maréchal de camp; mais à ce dernier grade, ils sortiront du corps de l'état-major pour servir en ligne, et ils seront remplacés dans l'état-major par des surnuméraires, comme ceux-ci par des élèves.

On peut fixer le nombre des premiers à vingt-quatre, à ce même nombre les surnuméraires; mais il convient de laisser celui des élèves indéterminé, afin d'avoir plus de moyens de bien assurer le choix de ceux qui devront remplacer les surnuméraires.

Les premiers auront le traitement qui a été affecté jusqu'à ce jour à l'emploi d'aide-maréchal des logis; les seconds pourront être réduits à la moitié de ce traitement (en temps de paix), mais mériteront le traitement entier lorsqu'ils seront employés à la guerre; quant aux derniers, ils auront simplement celui de leur grade et seront attachés, jusqu'à l'époque de leur promotion, à la qualité de surnuméraire aux compagnies d'infanterie ou de dragons du corps de troupe qu'il sera indispensable de destiner, plus tôt que plus tard, pour remplir les objets de l'état-major, consistant :

1° A l'ouverture des marches;

2° A des escortes pour les aides-maréchaux des logis ou surnuméraires qui iront reconnaître l'ennemi;

3° A la garde des guides;

4° Au port des ordres du général dans les différents lieux où les réserves et corps détachés de l'armée pourront se trouver,

Et enfin à la garde du quartier général; ce qui éviterait de tirer des détachements de différents corps pour y fournir.

On motive la nécessité d'une prompte détermination pour la destination de ce corps de troupe, sur l'avantage qu'on trouverait de l'instruire dans ses différents services avant la déclaration de la guerre, d'y attacher les élèves et de les distribuer dans les différentes frontières du Roi pour en prendre quelque connaissance, et il semble qu'il doit être composé d'un tiers ou d'un quart de cavalerie, et de deux tiers ou trois quarts d'infanterie, et divisé en cinq brigades pour qu'il puisse en être destiné une sur chaque frontière principale.

Le service du corps de troupe le mettant très souvent à portée de l'ennemi, les soldats et les officiers exigeront du choix ; il peut être pris des arrangements pour que ce corps de troupe n'occasionne pas au Roi de la dépense, en y destinant une légion de troupes légères [1]; mais quand elle deviendrait inévitable, on ne doit pas s'y refuser, par les grands avantages qu'on en tirerait dans les armées que le Roi mettrait en campagne.

Si on se détermine à la levée d'un corps de troupe pour le destiner au service de l'état-major des armées, on pourra commencer la formation par 800 hommes, dont 20 compagnies de 30 hommes chacune d'infanterie et 5 de dragons de 40 hommes feraient le total, sauf à le doubler ou quadrupler dans les suites quand les finances le permettraient ou que la guerre l'exigerait.

On assignerait un quartier d'assemblée à portée de quelque frontière pour sa formation et ses premières instructions.

On pourrait, dans les 30 hommes qui doivent composer chaque compagnie d'infanterie, avoir 2 sergents, 2 caporaux, 1 tambour, 2 maîtres charpentiers et 2 sous-maîtres et 21 soldats.

Quant aux compagnies de dragons, elles seront établies comme celles des régiments.

Chaque compagnie d'infanterie ou de dragons pourra être commandée par un capitaine, un lieutenant en premier, un lieutenant en second; les lieutenants destinés au service de la troupe et à voyager alternativement pour suivre les instructions nécessaires au service de l'état-major des armées, et ils composeraient le nombre des élèves.

Un autre Mémoire de Bourcet daté du 20 janvier 1767 [2], donne le détail des travaux demandés aux officiers d'état-major et le but poursuivi par le général :

---

[1] Bourcet proposait pour le commandement de ce corps le vicomte René-Charles d'Harambure, colonel de la légion du Hainaut.

[2] *A. A. G.*, C. c IV.

« Les officiers qui ont fait avec succès une première tournée relative à la connaissance du pays et une seconde relative aux positions de guerre et détails concernant la castramétation, sont dans le cas d'être admis dans le nombre des aides-maréchaux généraux des logis des armées, et doivent être employés à déterminer les marches et à faire les combinaisons nécessaires aux différents mouvements des troupes, suivant les plans de campagne qu'on supposera, à détailler les ressources, tant pour l'objet des subsistances que pour celui des voitures, à prévoir tous les obstacles qu'on pourrait opposer aux mouvements et les précautions à prendre pour les vaincre; enfin, à faire eux-mêmes des projets de défensive et d'offensive sur les frontières où ils sont employés. »

Comme en 1765, les officiers chargés de mission en 1766 avaient été payés au moyen d'une gratification extraordinaire. Des résultats étant acquis, Bourcet présenta le Mémoire dont il vient d'être donné un extrait et qui avait pour but de faire fixer l'état des officiers d'état-major et leur traitement.

Les travaux sont divisés en trois « campagnes » : la première : reconnaissance du pays; la deuxième, reconnaissance particulière des positions avantageuses qu'une armée pourrait prendre : soit pour l'offensive, soit pour la défensive; la troisième établissement de projets de guerre avec des combinaisons de marche sur différentes positions.

Bourcet partage donc ses officiers en deux classes. La première comprenait 4 officiers qui avaient, en 1766, fait les deux premières campagnes; il propose de les admettre au nombre des aides-maréchaux des logis des armées, de leur en donner la commission avec le grade de colonel. Ceux qui n'avaient à leur actif que la première campagne seraient classés comme surnuméraires et destinés à monter aux emplois d'aides-maréchaux des logis; la commission de lieutenant-colonel leur serait attribuée. Il terminait en proposant d'accorder à des élèves le brevet de capitaine.

Il s'agissait enfin d'établir un traitement fixe.

Les 4 officiers comptant les deux premières campagnes, — la 1re classe, — seraient employés toute l'année, à raison de 500 livres par mois; la 2e classe, les surnuméraires, auraient également 500 livres d'appointements mensuels, mais, selon l'usage, ne serviraient que six mois; les élèves également ne serviraient que six mois, à raison de 300 livres mensuelles pour les capitaines et 200 pour les lieutenants.

Les dessinateurs géographes étaient proposés pour 1,500 livres chacun, et les indicateurs pour 900.

Le total de la dépense annuelle aurait donc été de 67,800 livres.

Bourcet, qui avait présenté son Mémoire le 20 janvier, en conféra avec le duc de Choiseul, et celui-ci décida, le 1er avril 1767 [1], en présence du lieutenant général, que les officiers de la 1re classe seraient employés aux appointements de 500 livres par mois; qu'il leur serait donné des instructions par M. Bourcet « et qu'on serait ainsi bien informé s'ils les remplissaient » ; qu'il ne serait accordé aucun grade à personne. Le Ministre approuva de plus qu'il fût écrit à chacun de ces officiers pour leur annoncer la satisfaction qu'on avait de leur zèle, de leur application et de leur intelligence; cette lettre leur apprendrait leur destination et les assurerait que lorsque les circonstances exigeront qu'on assemblât des armées, l'intention du Roi était qu'ils fussent employés de préférence en qualité d'aides-maréchaux généraux des logis.

A l'appui du Mémoire figurent les états des notes des officiers. De ces états, il résulte que M. Dangé d'Orsay [2] avait étudié avec précision et beaucoup d'intelligence les positions, soit offensives, soit défensives, à prendre dans la vallée de Barcelonnette. M. de Pernan [3] s'était occupé des objets militaires ayant rapport aux frontières de Provence et relatifs au Var, de son confluent dans la mer jusqu'à Entrevaux et la vallée d'Anôt.

---

[1] *A. A. G.*, C c IV.

[2] DANGÉ D'ORSAY, né à Loches le 4 juin 1733, « anonyme » jusqu'à son baptême le 15 février 1753 où il reçut les prénoms de René-François-Constance. — Cornette dans Berry, 1743 ; capitaine, 1747 ; maréchal général des logis des camps et armées, 1752 ; commissionné mestre de camp, 1754 ; sert aux armées de Flandre et d'Allemagne ; brigadier, 1762 ; démissionnaire de sa charge de maréchal des logis, 1765 ; maréchal de camp, 1770. (*A. A. G.*, mar. de camp, n° 2558.)

[3] DUPLEIX DE PERNAN (Marc-Antoine-Charles). — Enseigne dans Poitou, 1754 ; capitaine, 1755 ; maréchal général des logis des camps et armées, et rang de colonel, 1759 ; sert en Allemagne ; brigadier, 1770 ; maréchal de camp, 1780. (*A. A. G.*, mar. de camp, n° 2807.)

Le lieutenant-colonel de Marcé[1], qui avait travaillé sur les frontières du Dauphiné, était « allé reconnaître toutes les positions que les armées du Roi ont prises en Italie dans les dernières guerres, et a fait sur elles les réflexions les plus judicieuses. »

Le chevalier de Villefranche[2] avait opéré toutes les courses nécessaires pour reconnaître les positions et postes dans la chaîne de montagnes qui séparent les deux Guiers, et depuis la Savoie jusques et y compris celles qui se trouvent sur la rive gauche de l'Isère.

C'étaient les officiers qui comptaient la première et la deuxième campagnes.

De ceux qui n'avaient à leur actif que la première campagne, le marquis de Pezay[3] avait reconnu les positions militaires, les directions des marches ouvertes ou à ouvrir pour les mouvements des troupes sur la frontière d'Alsace, de Strasbourg à Landau, de la chaîne qui sépare du Rhin Phalsbourg, la Petite-Pierre et Bitche.

M. Béville[4] avait parcouru la frontière en avant de Metz, la

---

[1] Comte DE MARCÉ (Louis-Henry-François), né à Chinon, le 12 juin 1731. — Lieutenant dans Crillon, 1744 ; capitaine, 1746 ; retiré pour santé, 1750 ; rétabli, il demande du service et est nommé major de grenadiers royaux, 1760 ; lieutenant-colonel, 1766 ; rang de colonel, 1768 ; employé aide-maréchal des logis en Corse, 1770-1779 ; brigadier, 1780 ; maréchal de camp, 1788 ; lieutenant-général, 1792 ; arrêté après sa défaite par les insurgés le 19 mars 1793, incarcéré à l'Abbaye et condamné à mort le 8 pluviôse an II. (*A. A. G.*, lieut. gén., n° 1290.)

[2] Chevalier DE VILLEFRANCHE (Gaspard-Louis DE TULLE), né à Avignon le 6 janvier 1770. — Cornette dans Noé, 1733 ; capitaine, 1743 ; aide-maréchal des logis en Allemagne, 1758-1762 ; rang de mestre de camp, 1760 ; brigadier, 1769 ; maréchal de camp, 1780 ; pensionné, 1792. (*A. A. G.*, mar. de camp, n° 2771.)

[3] Marquis DE PEZAY (Alexandre-Frédéric-Jacques), né le 28 avril 1741, à Versailles. — Mousquetaire, 1759 ; cornette dans Royal-Etranger, 1762 ; capitaine dans les dragons de Chabot, 1763 ; a quitté, 1768, pour être employé à l'état-major sous Bourcet ; rang de mestre de camp, 1770 ; mort, 1777 ; écrivain, a publié entre autres : *Histoire des campagnes de M. le maréchal de Maillebois en Italie pendant les années 1745 et 1746* (1775). (*A. A. G.*, écrivains militaires.)

[4] BÉVILLE (Pierre-François), né à Paris, le 21 juin 1721. — Volontaire dans Nivernais, 1743 ; aide de camp du marquis d'Avaray, 1744 ; lieutenant dans Löwendal, 1746 ; aide de camp du maréchal de Broglie, 1757 ; capitaine, 1758 ; aide-maréchal des logis en Allemagne et rang de lieutenant-colonel, 1768 ; brigadier, 1778 ; maréchal général des logis de l'armée de Rochambeau, 1780 ; maréchal de camp, 1781 ; pensionné, 1792. (*A. A. G.*, mar. de camp, n° 2903.)

droite et la gauche de la Moselle et l'intervalle de la Moselle à la Meuse, dans la partie supérieure de Verdun et de Metz, et dans laquelle se trouvent les rivières d'Orne et de la Meye.

M. de Monnereau [1] « a parfaitement saisi le local de l'étendue de pays » de la frontière de Flandre comprise entre Lille et la Meuse et jusqu'à l'Oise du côté de sa source. M. de Hautonne [2] et le marquis de Fiefs [3] avaient opéré, l'un en Lorraine, l'autre en Pays messin et frontière de Champagne.

Le marquis de Bayane [4] avait reconnu toute la chaîne de montagnes qui sépare Saint-Marcellin, Romans et Valence du pays de Vienne, tout le groupe dans lequel sont situés Crest et Die, les cours du Buèche, du Roubion et de la Drôme. Le chevalier de Vaulx [5] avait parcouru toute la frontière extrême de Provence et de Dauphiné, depuis le confluent du Var jusqu'à la vallée de Barcelonnette et de celle-ci, par celle de Queyras, des environs de Mont-Dauphin, de Briançon, le Bourg-d'Oisans, jusqu'à celle de Grésivaudan; il signala tous les débouchés, les positions militaires défensives ou des obstacles à y faire trouver contre des

---

[1] MONNEREAU (Jean-Paul DE), né le 1er janvier 1723, à Bordeaux. — Cornette au Mestre de camp général des dragons, 1743 ; capitaine, 1748 ; rang de major, 1769 ; lieutenant-colonel et retraité, 1771. (*A. A. G.*, contrôles.)

[2] LE FÉRON DE HAUTONNE (Jacques-Pierre-Louis), né le 23 février 1734, à Rouen. — Lieutenant dans La Couronne, 1756 ; capitaine, 1759 ; volontaire à la suite de l'état-major en Allemagne ; a quitté, pour servir sous Bourcet, 1769 ; rang de lieutenant-colonel, 1779 ; retraité, 1780. (*A. A. G.*, pensions, 1779-1790, n° 6787.)

[3] Marquis DE FIEFS (François CARIEUL). — Lieutenant en second au régiment du Roi, 1750 ; enseigne, 1756 ; a quitté, 1758 ; capitaine au Mestre de camp général des dragons, 1761 ; maréchal général des logis de la cavalerie et décédé, 1772. (*A. A. G.*, C b I, 1 *bis*, maréchaux généraux des logis par charge.)

[4] Marquis DE BAYANE (Alexandre-Louis DE LATTIER, né le 22 mars 1731, à Valence. — Cornette dans Toulouse-Lautrec, 1745 ; capitaine, 1747 ; major, 1759 ; capitaine dans Condé par incorporation, 1763 ; rang de lieutenant-colonel, et retiré pour servir dans l'état-major, 1768 ; rang de colonel, 1770 ; colonel du régiment provincial de Valence, 1771 ; colonel en second de Bretagne, 1776 ; retiré, 1778. (*A. A. G.*, pensions 1779-1790, n° 250.)

[5] Chevalier DE VAULX (Camille-Joseph-Gabriel), né à Grenoble, le 4 février 1737. — Lieutenant dans Marcieu, 1752 ; capitaine, 1758 ; sert en Allemagne; rang de major, 1767 ; aide-maréchal des logis en Corse et rang de mestre de camp, 1769 ; quitte avec la croix de Malte et vicomte, 1778 ; maréchal de camp, 1784 ; émigré ; mort en Angleterre. (*A. A. G.*, mar. de camp. n° 3056.)

troupes qui, de Piémont ou du comté de Nice, voudraient s'y avancer.

Le lieutenant-colonel Duboys de La Bernade [1] (Alsace) et le capitaine Dormay [2] (Flandre, Artois et Picardie) n'avaient pas encore rendu compte de leur tournée, lors de la remise des notes le 25 janvier 1767. D'après un état supplémentaire daté du 22 février, le premier avait parcouru le pays de Strasbourg à la frontière de Mayence et de Bitche à Phalsbourg; M. Dormay, la Flandre maritime.

Passant aux élèves, Bourcet signale que le baron de Ponnat [3] avait accompagné MM. de Marcé et de Villefranche dans leur reconnaissance des positions en Italie; qu'il n'était pas possible de mieux démêler que M. de Moydieu [4] les chaînes de montagnes, leurs contreforts et les différents pendants des eaux. M. de Sautereau de Chasse [5] rendit le compte le mieux détaillé de la frontière de Dauphiné et de celle de Barcelonnette, ainsi que le comte de Roux de La Ric [6] pour le pays de Grenoble à la frontière extrême.

---

[1] Duboys de La Bernade (Jean-Elie), né le 2 décembre 1716 à Boixe, élection de Cognac. — Lieutenant en second dans Périgord, 1736: cornette dans Orléans (dragons), 1745: aide-major, 1760: capitaine, 1761: lieutenant-colonel réformé, 1762: brigadier, 1780: maréchal de camp, 1788: pensionné, 1791. (*A. A. G.*, mar. de camp, nº 3154.)

[2] Dormay (Jean-Baptiste-David Lalluyaux-), né le 23 octobre 1733, à Charleville. — Lieutenant reformé de grenadiers royaux, 1757; capitaine réformé dans les volontaires d'Austrasie, 1761: employé dans l'état-major en Allemagne, 1757-1762: rang de lieutenant-colonel, 1769: brigadier, 1781; admis au corps d'état-major, 1783; maréchal de camp et décédé, 1788. (*A. A. G.*, mar. de camp, nº 3258.)

[3] Baron de Ponnat (Jean-Antoine), né le 8 janvier 1739, à Œdenbourg, en Hongrie. — Page du roi, 1755: cornette dans Languedoc, 1758; rang de capitaine et employé dans l'état-major, 1768: rang de lieutenant-colonel, 1772: émigré: commandant les gentilshommes du Dauphiné à l'armée de Bourbon, 1792: proposé en 1816 pour le grade et la retraite de colonel par la commission des émigrés. (*A. A. G.*, class. gén. alph., 1791-1847.)

[4] Moydieu (Marc-Antoine-Régis Berger de), né le 2 juillet 1738, à Grenoble. — Sous-lieutenant dans Ile-de-France, 1765; rang de capitaine et employé dans l'état-major, 1768. (*A. A. G.*, contrôles.)

[5] Comte de Sauterau de Chasse (Gabriel), né le 15 janvier 1740. — Page du roi, 1756: cornette dans Dauphin (cavalerie), 1759: capitaine réformé, 1770: en pied dans Berry, 1772; chef d'escadron, 1788: retraité, 1791. (*A. A. G.*, class. gén. alph., anc. Rég.)

[6] Comte Ruffo (Alexandre-Louis-Gabriel de Roux, des comtes de Laric), né le 16 décembre 1745, à Grenoble. — Sous-lieutenant dans Conti, 1765:

L'émulation était née, comme il se trouva des détracteurs; mais l'émulation l'emporta, et quelques officiers, qui avaient le désir d'entrer dans le nouveau corps pour « faire connaître leur aptitude à saisir un local », avaient fait, dès 1766, à leurs dépens, la première campagne; en 1767, pour servir ainsi, il s'en présentait 43.

Mais, par sa décision du 1er avril 1767, le duc de Choiseul ne maintint que la 1re classe : MM. Dangé d'Orsay, de Pernan, de Villefranche et de Marcé, et prescrivit que la 2e classe ne comporterait que quatre sujets laissés à la proposition de Bourcet, et qui furent désignés le 1er mai : le marquis de Bayane, le chevalier de Vaulx, le baron de Ponnat et M. de Moydieu. Enfin, quatre autres officiers qui ne faisaient pas partie du corps de 1766 devaient recevoir des destinations particulières : MM. de Grandpré, de Nispen, Kalb et un officier irlandais non désigné, mais qui était le capitaine Grant de Blairfindy.

Le nouveau corps avait ses détracteurs. Bourcet écrivait au duc de Choiseul, de Grenoble, le 24 août 1767, cette lettre instructive entièrement de sa main[1] :

Monsieur le Duc,

M. le duc de Villequier, colonel du régiment de cavalerie de Royal-Pologne, menace M. le chevalier de Vaulx, capitaine dans son régiment, de nommer à sa compagnie s'il n'est pas rendu à son corps le 1er octobre prochain. Cet officier est occupé d'une tournée fort longue et des instructions nécessaires au service de l'état-major auxquelles vous avez eu la bonté de lui donner les moyens de s'appliquer en l'employant l'année dernière et celle-ci. Je ne mets aucune complaisance dans le témoignage que je vous rends de ses talents et du degré de capacité qu'il a acquis; vous seriez étonné, Monsieur le Duc, si vous pouviez voir par vous-même tout ce qui résulte des connaissances qu'il prend, le choix de ses positions, les réflexions militaires auxquelles il se subordonne; je le suis moi-même des comptes qu'il m'en rend et des détails dans lesquels il entre. Ce serait un très grand mal de le distraire de ses instructions;

---

rang de capitaine et employé dans l'état-major, 1770; aide-maréchal des logis en Corse; colonel en second du régiment provincial de Corse, 1777; retraité, 1788; émigré; aide-major général de l'armée des Princes. (*A. A. G.*, pensionné, 1779-1790, n° 292 au verso.)

[1] *A. A. G.*, dossier de Vaulx, mar. de camp, n° 3056.

car, quoique puissent dire les contradicteurs d'un corps d'état-major, vous êtes persuadé, comme moi, Monsieur le Duc, de la nécessité de cet établissement, dont vous avez mieux jugé que personne pendant les dernières campagnes.

Pour ne pas interrompre M. le chevalier de Vaulx dans son application aux parties sublimes de la guerre, il faut ou lui donner la permission de ne pas joindre son régiment, ou assurer son état dans l'état-major en lui accordant la commission de lieutenant-colonel et lui continuant le traitement dont il jouit. Ce dernier parti, qui le fixerait au service de l'état-major, me parait le meilleur, et, dans ce cas, il n'y aurait aucun inconvénient à lui faire quitter le régiment de Royal-Pologne.

Je suis certain, Monsieur le Duc, de six sujets capables et qui serviront avec beaucoup de distinction ; si nous pouvions en avoir au moins douze, avec quelques élèves avant la déclaration de la guerre, j'ose vous assurer qu'on s'apercevrait de l'avantage qu'il y a d'instruire les officiers pendant la paix ; vos troupes sont belles, bien tenues et bien exercées, et votre nouvelle tactique est admirable ; mais vous savez mieux que moi que cela ne suffit pas ; qu'il faut qu'elles soient bien conduites, et vous connaissez le peu de ressources, et par conséquent la nécessité d'y pourvoir. Si un corps d'état-major fait ombrage, réduisez-vous, Monsieur le Duc, à avoir quelques officiers instruits sur chaque frontière ; ce qu'il en coûtera pour les y employer ne peut jamais monter à une grosse somme. Vous vous procurerez par là une ressource bien avantageuse aux généraux auxquels le Roi confiera le commandement de ses troupes, et vous ne verrez plus prendre des dispositions qui perdent les campagnes à leur ouverture. Je parle à un Ministre éclairé, mais principalement à M. le duc de Choiseul, à la personne duquel je suis attaché sans aucune réserve et dont la gloire m'intéresse véritablement ainsi que sa conservation.

Dans un « Mémoire concernant les officiers qui ont été employés à des tournées relatives aux fonctions de l'état-major des logis, apostillé de leurs aptitude et talents, du degré de leur instruction et des grâces dont ils sont susceptibles », — Mémoire non daté, mais présenté au Ministre le 31 janvier 1768[1], — Bourcet est explicite sur la marche des travaux du corps dont il était le chef :

On a cru devoir diviser en cinq parties les principes sur lesquels ils doivent s'instruire.

---

[1] *A. A. G.*, C c IV.

La première comprend tout ce qui peut avoir rapport à la connaissance d'un pays quelconque ;

La seconde regarde le choix des dispositions de guerre pour les deux cas d'offensive et de défensive avec leurs avantages ou inconvénients;

La troisième n'a rapport qu'aux marches d'armée, à leurs combinaisons, dispositions différentes, précautions indispensables et moyens de subsistances en tout genre;

La quatrième entre dans tous les détails d'un projet de guerre et plan de campagne, comme dans ceux des opérations auxquelles il peut donner lieu ;

La cinquième enfin est une campagne factice dans laquelle on trouve non seulement des modèles de tableau, d'ordres de bataille et de marche, et des instructions générales et particulières à donner aux officiers à qui on aura confié quelque commandement, mais encore les raisons des mouvements de l'armée d'offensive sur un plan supposé, comme celle de la détermination des mouvements et dispositions de l'armée de défensive ; la distribution et les emplacements des principaux magasins de vivres et fourrages ; les différentes lignes de magasins particuliers jusqu'à la frontière, y compris les lieux propres aux manutentions ; l'arrangement, le nombre et l'espèce de voitures, l'établissement des hôpitaux sédentaires et de passage; en un mot, tout ce qui constate l'emploi et les fonctions d'un maréchal de logis et de ses aides.

Les notes ne donnent pas de renseignements nouveaux sur les travaux particuliers des officiers. On y voit seulement que Dangé d'Orsay a établi une armée au quartier d'hiver du Rhône jusques et y compris les baronnies, qu'il l'a fait assembler à Sisteron et l'a fait marcher de là au Var par trois colonnes; que MM. de Marcé et de Villefranche ont encore effectué un voyage en Italie ; que M. de Ponnat a parcouru la Savoie, le Faucigny, le Valais, le Chablais et une partie du canton de Berne.

En 1767, donc avaient été employés 4 officiers de la 1re classe, 4 de la 2e et 5 élèves.

Le 22 février 1768[1], après avoir travaillé avec Bourcet, le duc de Choiseul arrêta la campagne de cette année.

La 1re classe (MM. Dangé d'Orsay, de Villefranche, de Pernan et de Marcé) demeure en activité toute l'année aux appointements mensuels de 500 livres; la 2e classe est employée six mois, à

---

[1] *A. A. G.*, C c IV.

dater du 1er avril : M. de Bayane, comme major de cavalerie, avec 300 livres de traitement par mois ; M. de Ponnat et M. de Moydieu, n'étant que lieutenants, avec 200 livres. Rien n'est attribué au quatrième, le chevalier de Vaulx, parce qu'il avait obtenu en 1767, en quittant sa compagnie de Royal-Pologne, le brevet de major et 3,000 livres par an pour continuer d'être employé sous Bourcet.

Une 3e classe est constituée des élèves de 1767 : MM. de Collange[1], de Sautereau, de Barral[2], de Pina[3] et de Roux. Les cinq derniers recevront 200 livres par mois pendant les six mois de leur service ; M. de Collange, en acquérant sa charge, avait sollicité et obtenu (4 mars 1767) d'être employé sans appointements dans l'état-major en formation. Enfin, trois élèves sont admis : Gauthier de Clairval[4], Bourcet de La Saigne[5] et La Barollière[6].

A ces 13 officiers qui servent en Dauphiné, par disposition

---

[1] Meynaud de Collange (François-Gaspard), né le 25 juin 1739, à Paris. — Mousquetaire, 1754 ; cornette dans Berry, 1756 ; capitaine dans les dragons de Coigny (dev. Damas), 1758 ; premier maréchal général des logis des camps et armées et colonel, 1767 ; démissionnaire, 1779. (*A. A. G.*, C b I, 1 *bis*, maréchaux gén. des logis par charge.)

[2] Vicomte de Barral (André-Horace-François de Barral de Rochechinard), né le 1er août 1743, à Grenoble. — Mousquetaire, 1758 ; cornette dans La Ferronnays, 1759 ; capitaine dans Royal-Navarre, 1763 ; major de Noailles, 1774 ; aide-maréchal général des logis de l'expédition de Cadix, 1782 ; admis au corps d'état-major ; lieutenant-colonel, 1785 ; colonel, 1788 ; maréchal de camp, 1791 ; cesse de servir, 1793 ; réformé, 1802 ; retraité, 1811 ; préfet du Cher ; baron ; commandant les gardes nationales actives de Voyron, février 1814. (*A. A. G.*, mar. de camp, n° 3829.)

[3] Pina (Joachim de), né le 25 décembre 1744, à Grenoble. — Lieutenant réformé dans Marcieu, 1761 ; cornette, 1762 ; sous-lieutenant, 1763 ; rang de capitaine et employé dans l'état-major, 1770. (*A. A. G.*, contrôles.)

[4] Gaultier de Clairval (André-Marie), né le 13 novembre 1736. — Mousquetaire, 1750 ; capitaine-lieutenant de la compagnie générale de dragons, 1752 ; capitaine en pied, 1756 ; rang de mestre de camp et employé dans l'état-major, 1770. (*A. A. G.*, pensions, 1779-1790, n° 474.)

[5] Bourcet de La Saigne (Pierre-Jean), né le 11 juin 1752, à Grenoble. — Elève de son oncle, employé à des reconnaissances, 1768 ; aide de camp du lieutenant général Bourcet en Corse et lieutenant à la suite de l'artillerie, 1769 ; attaché à l'infanterie, 1770 ; conseiller au parlement de Grenoble, 1778, etc. (*A. A. G.*, pensions, 1779-1790, n° 14486.)

[6] La Barollière (Jacques-Marguerite Pilotte de), né le 28 novembre 1746, à Lunéville. — Volontaire dans Navarre, 1761 ; sous-lieutenant dans La Marine, 1763 ; rang de capitaine et état-major, 1770 ; capitaine au Mestre de camp général des dragons, 1776 ; major du 3e chasseurs, 1784 ; lieutenant-colonel des chasseurs de Lorraine, 1788 ; colonel, 1791 ; maréchal de camp,

particulière le duc de Choiseul ajouta le marquis de Pezay, à employer en Alsace toute l'année avec 3,000 livres par an.

La dépense pour le corps s'élevait à 45,600 livres, y compris les appointements des 4 dessinateurs et des 4 indicateurs.

Enfin le Ministre admettait la requête de Bourcet en faveur de certains officiers et faisait accorder[1] la commission de colonel à M. de Marcé, celle de lieutenant-colonel et 1200 livres d'appointements de réforme au marquis de Bayane, celle de capitaine à MM. de Ponnat et de Moydieu, qui quittaient leurs régiments et à qui les appointements de réforme attachés à leur nouveau grade étaient alloués.

En 1769, le service d'état-major comprend un plus grand nombre d'officiers. La décision qui les désigne est du 7 mai[2] ; elle fixe aussi les parties du territoire auxquelles ils seront affectés.

Dangé d'Orsay est employé en Flandre ; le chevalier de Villefranche et M. de Moydieu, en Provence ; le colonel de Pernan et le capitaine Gauthier de Clairval en Flandre et Hainaut ; Marcé et le chevalier de Vaulx, en Corse ; le marquis de Bayane et le le capitaine de Ponnat, en Dauphiné ; le capitaine de Pezay, en Alsace et en Lorraine.

M. Du Puits[3], capitaine de dragons, nouveau dans le corps, servira dans le pays de Gex ; un autre nouvel admis, M. de Moyenneville[4], est adjoint à Dangé d'Orsay. Des sept élèves,

---

1792 ; général de division, 1793 ; retraité, 1802 ; baron de l'Empire : receveur général du Gard ; mort, 1827. A obtenu une pension sur l'ordre de Saint-Louis, en 1787, pour deux règlements sur les manœuvres des troupes légères. (*A. A. G.*, gén. de div., n° 33.)

[1] Décision royale du 29 février 1768.

[2] *A. A. G.*, C c IV.

[3] Du Puits (Pierre-Jacques-Claude), né le 3 février 1740, à Ornex, pays de Gex. — Mousquetaire, 1757 ; cornette au Colonel général des dragons, 1759 ; rang de capitaine, 1768 ; de lieutenant-colonel, 1773 ; admis au corps d'état-major, 1784 ; rang de colonel, 1787 ; maréchal de camp, 1791 ; démissionnaire, 1792. (*A. A. G.*, mar. de camp., n° 3762.)

[4] Le Quieu de Moyenneville (Jacques-François-Joseph-Firmin), né le 25 septembre 1743, à Amiens, neveu de Gribeauval. — Sous-lieutenant dans Aunis, 1759 ; lieutenant, 1760 ; capitaine et employé dans l'état-major, 1770 ; rang de lieutenant-colonel et pension de 200 livres, 1779. (*A. A. G.*, pensions, 1779-1790, n° 6796.)

quatre sont affectés au Dauphiné : Sautereau, Pina, Barral de Rochechinard et Roux ; trois à la Corse : La Barollière, Pusignieu[1] (celui-ci nouveau) et Bourcet de La Saigne.

Enfin on trouve 8 aspirants : le chevalier de Morges[2], Revigliasc, d'Agoult, le chevalier de Glandevès, Schutter, Nezot, Bardonenche et le chevalier de Saint-Julien.

Le nom des quatre dessinateurs est pour la première fois donné : Berthelot[3] (Alsace) ; Michel (Flandre) ; Duvernay (Pro-

---

[1] PUSIGNIEU (Pierre-Georges-Félicien BOFFIN DE), né le 11 juillet 1750, à Grenoble. — Sous-lieutenant dans Provence, 1766 : rang de capitaine et employé dans l'état-major, 1770 ; capitaine dans Foix, 1772 : colonel en second, 1777 ; — de Dauphin (dragons), 1779 : commandant de Royal-Navarre, 1783 : maréchal de camp pour retraite, 1791 ; émigré, aide de camp du maréchal de Castries, puis de Monsieur ; lieutenant général honoraire, 1814 ; retraité et mort, 1816. (*A. A. G.*, gén. de div., n° 703.)

[2] Chevalier de MORGES (Philippe-Augustin DE ROUX-DEAGENT), né le 3 mars 1737 à Grenoble. — Enseigne dans Lorraine, 1753 : capitaine, 1755 ; a quitté, 1762 : replacé, 1764 : a abandonné pour l'état-major, 1770 ; lieutenant-colonel attaché à l'infanterie, 1772 ; retraité, 1778. (Pensions, 1779-1790, n° 13635.)

REVIGLIASC, voir ci-après.

Marquis d'AGOULT (Étienne-Antoine), né le 21 octobre 1741 à Upaix. — Élève de l'École militaire : cornette dans les Cuirassiers, 1759 : capitaine dans Royal-Roussillon, 1763 : rang de mestre de camp pour retraite, 1774 ; a continué à travailler avec Bourcet sur la frontière des Alpes jusqu'en 1780. (Pensions, 1779-1790, n° 3830.)

Chevalier de GLANDEVÈS, né le 24 septembre 1739 au Castellet Saint-Cassien. — Lieutenant dans Quercy, 1747, et dans Navarre, 1754 : capitaine, 1760 ; passé dans Royal-Navarre, 1761 : retraité, 1779. (Pensions, 1779-1790, n° 1985.)

SCHUTTER, voir ci-après.

NEZOT DE WELHEIM (Pierre-Marie), né le 18 juin 1741, à Lille. — Enseigne dans Royal-Pologne, 1747 : lieutenant en second dans La Marck, 1758 ; lieutenant, 1760 : capitaine, 1768 : mort, 1773. (Contrôles.)

Comte de BARDONENCHE (César-René-Nicolas), né le 8 janvier 1745, à Grenoble. — Lieutenant dans La Marine, 1756 : capitaine, 1758 ; major de Royal-Comtois, 1776 : colonel dans les troupes provinciales, 1779 : émigré, 1790 : colonel d'un régiment d'infanterie de son nom à l'armée de Condé : lieutenant général honoraire, 1814 ; commandant les Invalides d'Arras, 1815 ; mort, 1820. (Gén. de div., n° 704.)

SAINT-JULIEN, ne peut être identifié.

[3] Jean BERTHELOT, né le 26 mai 1736 à Usseaux. — Secrétaire de Bourcet, 1759-1762 : employé comme dessinateur aux reconnaissances et en Corse (dont il fait les premières cartes). 1763-1769 : chargé de la correspondance de la province du Dauphiné, 1780-1785 : principal commis au secrétariat de la marine, 1786-1789 : adjoint du génie, 1792 : mort en fonctions, 1823. — Exécuteur testamentaire de Bourcet, dont il a écrit la vie. (*A. A. G.*, class. gén. alph., 1791-1817.)

vence); Desoches (Dauphiné). Les indicateurs, maintenus au nombre de quatre, sont tous affectés en Dauphiné. Selon le principe de ne pas brûler ces agents, on ne les désigne toujours que numériquement et jamais nominativement. Bourcet seul les connaît et donne les certificats au moyen desquels le trésorier de la province acquitte les 900 livres attribuées à chacun d'eux comme traitement.

Les anciens officiers du corps reçoivent toujours 500 livres par mois, du 1er janvier au 31 décembre; à MM. de Bayane et de Pezay, 3,000 livres sont allouées pour leur campagne; les autres officiers ont 125 livres par mois et sont soldés toute l'année. Aux élèves, 50 livres par mois toute l'année également. Les aspirants n'ont pas d'appointements; les dessinateurs ont droit à 125 livres, les deux employés en Alsace et en Flandre toute l'année; ceux de Provence et de Dauphiné, à dater seulement du 1er avril.

Service de l'état-major des logis des armées.

Jusqu'alors, ce n'est pas un corps proprement dit qui existe; des officiers suivent seulement des cours supérieurs pratiques; la mission confiée au lieutenant général Bourcet était une sorte d'École supérieure de guerre.

En 1770, le *corps d'état-major* est créé.

« C'est un malheur, dit Bourcet dans un Mémoire du 20 mars 1770[1], que la rareté des fonds et peut-être le trop grand nombre de sollicitations aient déterminé M. le duc de Choiseul à suspendre les instructions relatives aux fonctions des officiers employés dans l'état-major des logis en temps de guerre, puisque c'est des reconnaissances militaires du pays et des positions d'armées, déterminées par ces officiers, que dépend souvent l'exécution des projets, et que ce Ministre a eu l'occasion de connaître par lui-même les inconvénients qui ont résulté de l'incapacité d'une partie de ceux qui ont été employés dans les dernières guerres auxdites fonctions.

« Sans vouloir engager M. le duc de Choiseul à continuer ses

---

[1] *A. A. G.*, C e IV.

instructions pour lesquelles il avait bien voulu donner sa confiance à M. de Bourcet, et sur lesquelles cet officier général n'est plus en état de donner ses soins par le grand dérangement de sa santé [1] », Bourcet se voyait obligé, par attachement particulier à la personne du Ministre et pour le bien du service du Roi, de faire connaître le degré d'instruction acquis par les officiers et l'usage qu'en temps de guerre il pourrait en être fait.

Dans un autre Mémoire [2], d'après ce degré d'instruction Bourcet propose de partager les officiers qui ont servi sous sa direction en quatre classes :

1° 1re classe des aides-maréchaux des logis : 6 officiers;

2° 2e classe des aides-maréchaux des logis : 6 officiers;

3° 1re classe des surnuméraires : 7 officiers;

4° 2e classe des surnuméraires ou élèves : 6 officiers.

Il joignait à son Mémoire un projet de règlement, qui fut admis, sauf l'article 6, traitant des appointements, que le Roi se réserva de fixer ultérieurement.

Le projet adopté devint le « Règlement », du 17 juin 1770, « que le Roi a fait expédier pour le service et les fonctions de différents officiers destinés à remplir les places dans l'état-major des logis de ses armées [3]. »

Le nombre des officiers du *Service de l'état-major des logis* est fixé à 24, divisés en quatre classes. Les officiers des deux premières ont le titre d'*aides-maréchaux des logis;* ceux des deux autres, celui de *surnuméraires.*

Les aides-maréchaux des logis de la 1re classe qui ne seront pas brigadiers auront la commission de colonel; ceux de la 2e classe, celle de lieutenant-colonel; les surnuméraires de la 1re classe, le grade de capitaine; ceux de la 2e classe, des lettres de lieutenant en premier.

Comme avancement dans le corps, les aides-maréchaux des logis de la 2e classe remplaceront dans la 1re les officiers promus maréchaux de camp; les surnuméraires de la 1re classe

---

[1] Surtout de sa vue.
[2] *A. A. G.*, C c IV.
[3] *A. A. G.*, A. 48.

succéderont dans la 2e classe des aides-maréchaux des logis à ceux passés dans la 1re; les surnuméraires de la 2e classe entreron dans la 1re classe à la place des promus; enfin les vacances, dan les surnuméraires de 2e classe, seront données à des *élèves* re connus aptes.

Le corps des officiers de l'état-major des logis aura un com mandant qui donnera les ordres et les instructions nécessaires à l'exécution du service spécial et rendra compte au Ministre de différentes opérations qu'il croirait convenable de faire exécuter pour la répartition des officiers sur les frontières, le comman dant du corps prend les ordres du Ministre.

Par décision royale du même jour, 17 juin 1770[1], le classement e le choix des officiers proposés par Bourcet furent acceptés. Cette même décision attribua également les traitements que demandai Bourcet. Par la rédaction définitive de l'article : « Sa Majeste fera connaître ses intentions sur le choix qu'Elle jugera à propos de faire des officiers qui devront remplir les quatre classes ci-dessus désignées et sur le traitement qu'Elle voudra bien leur accorder », par cette rédaction le Roi ne voulait sans doute pas engager l'avenir.

En conséquence de la décision du 17 juin 1770, *l'État-Major des logis des armées* est ainsi constitué :

Commandant : lieutenant général BOURCET ;

1re *classe des aides-maréchaux des logis* (traitement par an, 2,000 livres) : chevalier DE VILLEFRANCHE, brigadier; DUPLEIX DE PERNAN, brigadier; comte DE MARCÉ, colonel d'infanterie; chevalier de VAULX, mestre de camp de cavalerie; DE BAYANE, lieutenant-colonel de cavalerie; marquis de PEZAY, capitaine réformé de dragons;

2e *classe des aides-maréchaux des logis* (traitement annuel, 1800 livres) : GAUTHIER DE CLAIRVAL, capitaine au régiment du Colonel général des dragons; DE FERRIER[2], capitaine dans la

---

[1] *A. A. G.*, C c IV,

[2] FERRIER DU CHATELET (Pierre-Joseph DE), né le 25 mai 1739, à Bavillier, près Belfort. — Mousquetaire, 1754; lieutenant dans Bouillon, 1757, capitaine de la légion de Soubise, 1766; rang de lieutenant-colonel et attaché à l'état-major, 1770; lieutenant-colonel de grenadiers royaux et rang de

légion de Soubise; DE PONNAT, capitaine de dragons par rang ; DU PUITS, capitaine à la suite de la légion de Flandre ; DE MOYDIEU, capitaine à la suite du régiment de l'Ile-de-France;

1re *classe des surnuméraires* (traitement, 1200 livres) : DE ROCHECHINARD, ci-devant capitaine de dragons; DE LA BAROLLIÈRE, lieutenant au régiment de La Marine; DE MOYENNEVILLE, lieutenant au régiment d'Aunis; DE SAUTEREAU, ci-devant cornette de cavalerie; DE PINA, sous-lieutenant au régiment de Clermont; DE PUSIGNIEU, sous-lieutenant au régiment de Provence;

2e *classe des surnuméraires* (traitement, 800 livres): DE MORGES, capitaine au régiment de Lorraine; comte DE ROUX, sous-lieutenant au régiment d'infanterie de Conti; BOURCET DE LA SAIGNE, aide de camp de M. Bourcet, en Corse; DE MONTIGNY [1], sous lieutenant au régiment de Médoc; chevalier DE BAYANE [2], ci-devant lieutenant de vaisseau; DE REVIGLIASC [3];

2 indicateurs, à 600 livres;

1 dessinateur, à 900 livres [4].

---

colonel, 1779; maréchal de camp, 1788; lieutenant général, 1792; armée du Rhin; a des démêlés avec Custine; démissionnaire, 1793; pensionné, 1795; décédé, 1828. (*A. A. G.*, lieut. gén., n° 1310.)

[1] DEHAIES DE MONTIGNY (François-Emmanuel), né le 7 avril 1743, à Versailles. — Sous-lieutenant dans Médoc ; lieutenant et corps d'état-major, 1770 ; capitaine, 1772 ; rang de major dans les troupes des colonies, 1776, et chargé d'une mission en Egypte et sur les côtes d'Arabie, en vue du percement de l'isthme de Suez ; colonel, 1778 ; en mission à la cour maratte, 1781 ; gouverneur au Bengale, 1789 ; général de brigade, 1800 ; retraité, 1812 ; lieutenant général honoraire, 1817 ; décédé, 1819. — Très curieuse carrière coloniale. (*A. A. G.*, gén. de div. n° 959, et Dossiers coloniaux.)

[2] Chevalier DE BAYANE (Armand-François DE LATTIER), né le 2 août 1733, à Valence. — Lieutenant dans Deslandes, 1747 ; garde-marine, 1749 ; lieutenant de vaisseau, 1762; retiré pour santé, 1769 ; rang de major, 1770 ; colonel, 1789 ; émigré ; maréchal de camp, 1815. (*A. A. G.*, gén. de brig., n° 2004.)

[3] Chevalier DE REVIGLIASC (Casimir-Balthazar-Hercule) né en 1743, à Montgardin. — Cornette dans Royal (cavalerie), 1758 ; lieutenant dans Aquitaine, 1761 ; état-major, 1770 ; capitaine dans Royal-Piémont, 1771 ; lieutenant-colonel de Bourgogne, 1781 ; colonel du 7e dragons, 1791 ; retraité, 1792. (*A. A. G.*, class. gén. alph., 1791-1847.)

[4] « *Observations.* — On a formé des indicateurs sur la frontière de Piémont et sur celle de Savoie, dont deux seraient des hommes bien précieux à conserver, parce qu'ils connaissent parfaitement, non seulement les débouchés du côté de France, mais encore ceux de Piémont et de Savoie ; on pourrait s'en assurer au moyen de 600 livres chacun par an et les regarder comme des capitaines des guides. Il serait bien essentiel aussi de se conserver un dessina-

Le total de la dépense annuelle pour le corps se montait ain
à 31,100 livres.

Les officiers admis dans l'état-major quittent les régimen
dont ils font partie.

M. de Schutter[1], lieutenant au régiment de La Mark, qui ava « l'aptitude du local et des positions, et levé les vues de plusieu points de la Corse et sur cet objet beaucoup de talents », no compris dans le nouveau corps, obtint une gratification d 1200 livres.

Enfin servent à la suite et sans appointements et ne font poi partie des quatre classes, trois titulaires de charges de mar chaux généraux des camps et armées : Meynaud de Collang Thiroux de Gerviliers[2] et Randon de Lucenay[3]. Un quatrièm officier est attaché dans ces mêmes conditions avec la commi sion de mestre de camp : le marquis de Gramont[4], exempt de gardes du corps, retiré pour raison de santé depuis 1764. « pourrait être employé dans la suite au corps qu'on lèvera pou le service de l'état-major. »

Par suite du choix des officiers et de leur classement un tra vail de grades fut signé le 17 juin 1770 également[5].

---

teur qui a le talent de l'expression des montagnes et qu'on aurait peine remplacer et qui se contenterait de 900 livres par an (Mémoire de Bourcet d 10 mars 1770. » (*A. A. G.*, C c. IV, pour le Mémoire entier, y compris l Observations, et *A. H. G.*, n° 54. 2 b. seulement pour les Observations, feuil volante jointe au Mémoire de 1765.)

[1] Gerbrand de Schutter (Henri), né le 6 mars 1730, à Rotterdam. — Lieutenant dans La Marck, 1758 ; blessé à Warbourg ; capitaine, 1768 ; mo dans l'Inde, 1783. (*A. A. G.*, contrôles.)

[2] Thiroux de Gerviliers (André-Claude). — Mousquetaire, 1755 ; cap taine dans Chabot (dragons), 1755 ; maréchal général des logis des camps armées, 1765 ; a vendu, 1772 ; brigadier, 1780 ; maréchal de camp, 178 (*A. A. G.*, mar. de camp, n° 3390.)

[3] Randon de Lucenay (Pierre-Louis-Paul), né le 7 septembre 1743, à Pari — Mousquetaire, 1764 ; capitaine réformé dans Royal-Lorraine, 1765 ; mar chal général des logis des camps et armées, 1769 ; démissionnaire et attac mestre de camp à la cavalerie, 1773 ; maréchal de camp pour retraite, 1791 adjoint en 1769 à Dangé d'Orsay en Flandre. (*A. A. G.*, mar. de cam n° 3724.)

[4] Marquis de Gramont (Tristan de Caulet), né le 4 septembre 1732, Toulouse. — Lieutenant dans Anjou ; garde du corps, compagnie de Charost 1747 ; exempt, 1751 ; retiré pour santé, 1764 ; mestre de camp à la suite d la cavalerie, 1770. (*A. A. G.*, pensions, 1779-1790. n° 15491.)

[5] *A. A. G.*, C c IV.

Ce travail avait pour but de conférer les grades attachés aux différentes classes du corps, mais, comme cela se passait souvent sous l'ancien régime, le règlement du même jour ne fut pas observé. Cela provient, du reste, de propositions de récompenses précédemment faites par Bourcet et admises par le duc de Choiseul dès le mois d'avril, et que l'on donna la date du 17 juin à toutes les décisions relatives aux officiers de l'état-major créé ce jour.

M. de Clairval, bien que de 2e classe, reçut la commission de mestre de camp, et de cette 2e classe le chevalier de Ferrier obtint seul la commission de lieutenant-colonel. Dans les surnuméraires de la 2e classe qui n'avaient droit qu'à des lettres de lieutenant en premier, le comte de Roux eut la commission de capitaine; le chevalier de Bayane, le brevet de major, équivalent à son ancien grade dans la marine.

Les lettres d'avis partirent le 20 juin.

L'organisation nouvelle dura peu. L'état-major des logis fut supprimé à dater du 1er mai 1771, par décision du 30 avril [1].

Monteynard, qui avait succédé au duc de Choiseul, avait conservé les idées qu'il manifestait en 1763, mais il se vit contraint, par mesure d'économie [2], à cesser de les faire pratiquer; puis, la guerre que, l'année précédente, on croyait imminente avec l'Angleterre, était écartée depuis le mois de février.

Dans son Mémoire de 1765 sur la création, l'organisation et le fonctionnement d'un corps d'état-major, Bourcet annonce que, pour rendre le travail uniforme et établir sur de bons principes les objets d'instructions, « on en formera quatre mémoires en cahiers particuliers ». Un exemplaire en existe[3] : *Mémoire militaire de M. Bourcet sur les reconnaissances, les marches, les positions, les postes, les subsistances, les projets de guerre et plans de campagne.*

---

[1] *A. A. G.*, C c IV.

[2] Les officiers du corps d'état-major n'avaient pas reçu de solde depuis le 1er juillet 1770. (Bourcet au Ministre, Grenoble, 24 juillet 1771 ; *A. A. G.*, C c IV.)

[3] *A. A. G.*, n° 54, 2 ; copie venant de la succession du général Perrin de Brichambault.

TITRE Ier. De la reconnaissance du pays. — II. Des marches. — III. Des positions. — IV. Postes. — V. Subsistances, vivres, fourrages. — VI. Projets de guerre et plans de campagne (défensive et offensive contre le roi de Sardaigne, l'Espagne, les Hollandais, la reine de Hongrie).

Dès 1766 Bourcet avait commencé à mettre en ordre ses fameux *Principes de la guerre de montagnes*. Il avait rassemblé en corps d'ouvrage depuis longtemps plusieurs principes que son expérience et ses fonctions de maréchal des logis lui avaient fait adopter. Le comte d'Argenson, à qui il l'avait soumis, engagea Bourcet à y ajouter une attaque de poste, mais le général ne s'y borna pas et « il y a joint une campagne factice [1], afin que ces officiers (de l'état-major) y trouvassent des modèles d'ordres de bataille, de tableaux de marche et d'instructions à donner aux officiers principaux chargés de marcher à la tête des troupes, et en général tous les détails de leur service [2] ».

En 1774, sous le ministère du maréchal du Muy on songea, sur l'initiative du Ministre, à recréer le corps permanent. Il existe à ce sujet un « Mémoire sur le corps de l'état-major qu'on propose d'établir [3] » ; ce Mémoire n'est ni daté ni signé, mais il émane d'un officier qui s'était entretenu de la question avec le maréchal ; malheureusement, l'écriture est celle d'un secrétaire et ne permet pas de découvrir l'auteur.

D'un passage de ce Mémoire, il résulte que les adversaires d'un corps permanent étaient les officiers généraux qui pouvaient être appelés aux hauts commandements. « Les généraux, dit le Mémoire, qui prétendent au commandement des armées regardent le corps comme un obstacle au choix d'une multitude de protégés qu'ils admettent dans leur état-major », et l'auteur répondait : « Ce n'est qu'un frein aux inconvénients qui peuvent résulter de leur complaisance. » Les généraux pourraient choisir deux ou trois aides instruits dans le corps et en admettre deux ou trois autres, dont le but ordinaire était d'avoir la commission de colonel après la première campagne.

---

1 Voir *Un « Kriegspiel » d'armée en* 1775. (*Journal des Sciences militaires*, août et septembre 1905.)

2 Mémoire de Bourcet (de 1778). (*A. H. G.*, n° 54, 2.)

3 *A. H. G.*, n° 54, 2.

Le Mémoire, qui est plutôt une simple note relative aux dépenses qu'entraînerait la remise sur pied du corps d'état-major avec le régiment spécial y affecté, auquel on songeait toujours, propose d'appliquer à cette formation la *légion corse*, d'où il résulterait économie. Il se termine par ce passage :

« Cette notice ébauchée n'est faite que pour édifier le Ministre sur l'article de la dépense. S'il l'adopte, on lui présentera un plan détaillé de la composition du corps qui doit, non seulement s'occuper constamment du développement des frontières et des côtes, former des sujets, tant pour la reconnaissance du pays, les marches, la castramétation, l'offensive et la défensive, mais même former des élèves qui deviendront des aides de camp instruits, utiles au commencement d'une guerre. En un mot, on peut assurer que le corps, même réduit, tel qu'on le présente, réunira tous les avantages qui doivent justifier son établissement. »

L'auteur est-il Bourcet ? Assurément, celui-ci connut les projets à l'étude, puisque c'est ce qui le décida, ne se trouvant plus en état de suivre les travaux d'état-major, à « donner au Roi un exemplaire des principes qu'il avait mis par écrit et qui avaient principalement rapport à la guerre de montagnes ». Bourcet pria le maréchal du Muy de présenter l'œuvre au monarque.

Du Muy craignit qu'on ne put ravoir l'exemplaire lorsqu'il aurait été déposé dans le cabinet du Roi; il en fit donc prendre une copie pour lui. Le maréchal mourut peu après [1], et cette copie, considérée comme héritage, demeura aux mains du marquis du Muy, frère du Ministre, et après son décès, bientôt survenu, passa au comte de Saint-Germain, qui dut la laisser à son successeur, le prince de Montbarey, mais on ne sait ce qu'elle devint [2].

L'exemplaire destiné à Louis XVI fut remis au Dépôt de la guerre, divisé en deux parties, et il figure encore dans la bibliothèque du Ministère [3].

Une copie en demeurait à Bourcet ; il l'offrit au prince de

---

[1] 27 octobre 1775.

[2] Mémoire de Bourcet à ce sujet au prince de Montbarey. (*A. H. G.*, n° 54, 2.)

[3] Sous la cote $\frac{\text{A-1}}{\text{n-118}}$.

Montbarey, parce « qu'il aurait été fort aise qu'il en fût resté u exemplaire dans le cabinet du Roi ». La réponse faite est in connue, mais la proposition ne dut pas être accueillie, car l neveu Bourcet de la Saigne en offrit à l'empereur Napoléon, ave dédicace, une copie in-folio [1]. Cet exemplaire a disparu de l bibliothèque du Ministère de la guerre en 1871 [2].

Dans tous les Mémoires relatifs à l'état-major, il est parlé d'u corps à y affecter : « En 1747, il y avait un bataillon de milic aux ordres du maréchal général des logis de l'armée; il étai employé à tout le service de l'état-major et chargé de la gard des pionniers, de leur conduite et de leur direction dans le tra vail des colonnes. Il y avait en outre une compagnie d'ou vriers [3]. »

La Rozière ajoute : « On a tellement senti l'utilité de ce arrangement que, lors de la création des régiments provinciaux il en a été affecté cinq pour le service des états-majors en temp de guerre. » En effet, le Règlement du 1er mars 1778, consécutif l'ordonnance du 30 janvier qui rappelle les troupes provinciale réformées trois ans auparavant par Saint-Germain, et institu les bataillons de garnison, créait les régiments provinciaux d'ar tillerie et donne la dénomination de *régiments provinciau d'état-major* à cinq corps qui doivent être, en temps de guerre attachés à l'état-major de l'armée.

Ces régiments sont formés à deux bataillons qui ont la compo sition ordinaire; ils portent l'uniforme du modèle général de troupes provinciales et le bouton du génie, mais en métal blanc avec numéro de rang en bas de l'écusson [4].

Le 3e régiment fut mis sur pied en 1779 et demeura assembl jusqu'au 1er mai 1783, mais il n'est pas employé dans les ras

---

[1] $\frac{\text{A-I}}{a\text{-}276}$ au *Catalogue de la Bibliothèque du Dépôt de la guerre*, dressé en 1861

[2] Note page IV de l'édition de l'Imprimerie nationale, 1888, par le colonel depuis général, Arvers.

[3] *Du Maréchal général des logis de l'armée*, manuscrit (pai CARLET D LA ROZIÈRE), p. 45. (*A. H. G.*, n° 54, 2.)

[4] L. HENNET, *Les Milices et les Troupes provinciales* (Paris, Baudoin, aujour d'hui Chapelot, 1884), p. 241.

semblements sur les côtes; il est à Lille et à Douai, puis à Graveline et à Bergues, apprenant l'exercice et les manœuvres [1]

Enfin, un corps de *soldats pionniers* avait été créé par ordonnance du 2 juillet 1776 [2]. Employé pendant la paix aux travaux publics dans les provinces, le corps devait servir, en temps de guerre, à la suite de l'état-major des armées.

---

[1] *A. H. G.*, régiments d'état-major.

[2] *A. A. G.*, A, 54.

II

Officiers employés dans les provinces.

En 1767, le duc de Choiseul avait donné des destinations particulières à quatre officiers.

Ce service, en dehors de celui dirigé par Bourcet, existait déjà. Il était similaire, mais manquait de l'unité donnée par Bourcet aux officiers sous ses ordres. Ainsi, M. de Grandpré[1] désigné par Choiseul en 1767, était chargé, sur la demande qu'il en avait faite, *depuis le 26 juin 1764*, de la reconnaissance de la frontière qui touchait à l'Allemagne, et surtout du Rhin à la Meuse.

Grandpré devait aussi former des aides-maréchaux généraux des logis, mais « des intérêts particuliers s'y opposèrent », dit-il c'est-à-dire plutôt que l'on songeait alors à créer des corps sur plusieurs frontières et que l'on s'arrêta à la création d'un corps unique ayant une seule et même direction.

Parmi les officiers employés à un service d'état-major dans les provinces, il est une distinction à faire. Là où il y a réunion de troupes, comme en Bretagne, se trouve un major général et un maréchal général des logis. De même, lorsque l'on emploie des troupes aux travaux du canal de Saint-Omer, on leur donne un aide-maréchal des logis et un major général. Pour les autres officiers pourvus du titre d'aide-maréchal général des logis, leur

---

[1] Baron DE GRANDPRÉ (François-Joseph-Marie DARUT), né à Valréas, le 13 février 1726. — Volontaire dans l'artillerie, 1740 ; lieutenant dans Champagne, 1744 ; capitaine, 1755 ; aide-maréchal des logis en Allemagne, 1758-1762 ; lieutenant-colonel, 1760 ; colonel, 1761 ; brigadier, 1762 ; maréchal de camp, 1770 ; lieutenant général, 1784 ; maréchal des logis du camp de Saint-Omer, 1788 ; commandant la 3e division, 1791 ; a cessé de servir pour santé, 1792 ; commandeur de Saint-Louis. (*A. A. G.*, lieut. gén., n° 1231.)

mission n'a aucun rapport aux troupes qui sont dans la province[1] »; ils font des travaux semblables à ceux des officiers du corps de Bourcet, mais ne relèvent point de ce dernier.

En 1767 et 1768, Ménildurand[2], Carlet de La Rozière[3], Béville et Dormay exécutent sous la direction du comte de Broglie, de la Normandie à l'Espagne, les mêmes opérations que Grandpré du Rhin à la Meuse. Nommé aide-maréchal des logis en Bretagne, le 19 août 1768, La Rozière s'occupe encore dans ses fonctions de projets pour la sûreté et la défense de Brest, Saint-Malo, Lorient et de toute la côte. Mandé à Fontainebleau au mois d'octobre 1770, à l'occasion de la guerre qui se préparait alors contre la Grande-Bretagne, il fut renvoyé à son poste pour veiller à l'exécution de ses projets et passa même en Angleterre, afin de reconnaître des ports de ce royaume. Les préparatifs de guerre furent suspendus au mois de février 1771; La Rozière reprit ses fonctions, mit la dernière main à ses projets et fut employé en 1776 au travaux de Brest.

Béville et Dormay faisaient partie du corps de Bourcet. Un autre officier de ce corps, Du Puits, sert sur différentes frontières, en 1772 et 1773; en 1776, il va faire des reconnaissances en pays étranger, en Tyrol[4].

---

[1] Lettre de service du chevalier de Chasteigner, du 24 juin 1774. (*A. H. G.*, XLII, 1774.)

[2] C'est le célèbre tacticien baron DE MÉNILDURAND (François-Jean DE GRAINDORGE D'ORGEVILLE), né le 19 novembre 1729, à Lisieux. — Page du Roi, 1745; ingénieur, 1748-1753; aide de camp du maréchal d'Estrées, 1757; sa conduite à Hasteenbeck lui fait avoir Chevert pour protecteur; capitaine réformé pour pouvoir mettre en pratique son système des *Plésions*, 1760; mousquetaire à la paix; rang de lieutenant-colonel, 1765, et de colonel, 1767; employé en Normandie à des reconnaissances, 1767-1775; colonel en second de Navarre, 1776; colonel du 2e provincial d'état-major, 1778; de grenadiers royaux, 1779; brigadier, 1781; maréchal de camp, 1784; cesse de servir, 1790; émigré; mort, 1799. (*A. A. G.*, mar. de camp, n° 2999.)

[3] Marquis DE LA ROZIÈRE (Louis-François CARLET), né le 10 octobre 1733, à Pont-d'Arches, en Champagne. — Lieutenant dans Touraine, 1748; dans les troupes de l'Inde, 1752; aide de camp du maréchal de Broglie, et capitaine réformé, 1758; lève la carte du théâtre de la guerre; rang de lieutenant-colonel, 1761; brigadier, 1770; maréchal de camp, 1781; maréchal général des logis en Bretagne, 1788; émigré, 1791; lieutenant général au service du Portugal; auteur d'ouvrages militaires appréciés. (*A. A. G.*, mar. de camp, n° 2895.)

[4] *A. A. G.*, dossier Du Puits, mar. de camp, n° 3762.

La nomination de La Rozière comme aide-maréchal des logis n'avait pas arrêté ses opérations particulières. Elle n'amena pa également la dislocation du service. Mais Ménildurand, Bévill et Dormay agissent dès lors séparément de lui, parce qu La Rozière, de lieutenant-colonel devenu brigadier, ne pouvai commander Ménildurand qui, colonel, l'avait eu sous ses ordres deux années. Ménildurand opère en Normandie; Béville en Bou lonnais, et Dormay en Saintonge et pays d'Aunis[1]. Celui-ci es chargé de la reconnaissance des « frontières maritimes » d l'Espagne jusqu'à la Bretagne; il devient, par lettres du 15 ma 1772, aide-maréchal des logis en Aunis, Poitou et Saintonge (e y demeura jusqu'en 1788), chargé de diriger les opérations d dessèchement de Rochefort[2].

Des quatre officiers désignés en 1767 pour des destinations particulières, Grandpré, Nispen, Kalb et Grant de Blairfindy, il a été parlé du premier.

Le baron de Nispen[3], qui avait servi d'une façon remarquable comme aide-maréchal des logis pendant la guerre de Sept Ans, est chargé de missions à l'étranger. Il en avait déjà rempli en 1764 et 1765.

Le baron de Kalb[4] est dit employé dans l'Intérieur, c'est-à-dire l'Orléanais et provinces adjacentes. En réalité on l'occupe à des missions. En cette année 1767, il est « chargé de commissions particulières » en Hollande et en Angleterre. En 1768, le duc de Choiseul l'envoie dans l'Amérique septentrionale pour renseigner sur la nature du pays, sur ses productions, ses forces et son administration, — la fermentation causée par de nouveaux impôts mis par l'Angleterre commençait, — et malgré un nau-

---

[1] *A. A. G.*, C c III.

[2] *A. A. G.*, dossier Dormay, mar. de camp, n° 3258.

[3] Baron DE NISPEN (Jacques-Henri), né le 23 août 1727, à Gendringen, en Hollande. — Lieutenant dans Löwendal, 1749; capitaine, 1753; rang de lieutenant-colonel et de colonel, 1761; brigadier, 1770. (*A. A. G.*, brigadiers.)

[4] Baron DE KALB (Jean), né en 1732, près Nuremberg. — Lieutenant dans Fischer, 1743; capitaine aide-major dans Anhalt, 1747; major, 1756; rang de lieutenant-colonel, 1761; brigadier, 1776; général-major au service des Etats-Unis de l'Amérique; mort de blessures, 1780. (*A. A. G.*, brigadiers.)

rage qui coûta la vie à presque tous ses compagnons, Kalb parint à remplir très exactement sa mission[1].

Grant de Blairfindy[2] était chargé de recevoir des corresponances avec l'étranger. Lui, Kalb et Nispen constituent le serice des renseignements, la S. S. de l'époque.

La suppression du corps Bourcet n'entraîna pas celle des desinations particulières.

En 1773[3], M. de Grandpré est toujours maréchal général des ogis sur les frontières de Dunkerque à Huningue, chargé de econnaître le pays, et il a pour aides-maréchaux généraux les logis le chevalier de Chasteigner[4], lieutenant-colonel; MM. Du Cheyron[5] et de Grandpré des Préaux.

Chasteignier fit la reconnaissance de la côte entre Fontarabie et Dunkerque et remplit plusieurs autres missions; en 1774[6], il est chargé de la reconnaissance des côtes de Bretagne et des parties du pays relatives à leur défense, et de diriger le travail des ingénieurs-géographes des camps et armées qui levaient la carte topographique des côtes de la province. Du Cheyron fut employé aux échanges de territoire entre la France et le pays de Liége; passé en Champagne et en Alsace en 1773, il en reconnut

---

[1] D'après la décision du 22 mai 1781, qui accorde une pension à la veuve (dossier Kalb).

Pour le détail, voir vicomte DE NOAILLES, *Marins et Soldats français en Amérique pendant la Guerre de l'Indépendance des Etats-Unis* (1778-1783) (Paris, Perrin, 1903), 2 à 25.

[2] GRANT, baron DE BLAIRFINDY (Jean-Charles-Adolphe). — Cadet dans Clare, 1754 ; lieutenant dans O'Gilvy, 1757 ; rang de capitaine, 1762 ; de lieutenant-colonel, 1763 ; colonel attaché à la légion royale, 1769. (*A. A. G.*, Pensions, 1772-1790, n° 8503.)

[3] Officiers d'état-major qui ont été employés pendant l'année 1773, et décision du 17 avril. (*A. A. G.*, C c III.)

[4] Comte DE CHASTEIGNER (Alexandre-Henri-Roch), né le 26 février 1734, à La Boissière-Thouarsaise. — Lieutenant dans Custine (dragons), 1755 ; aide-major capitaine, 1762 ; rang de lieutenant-colonel, 1773 ; commandant en second à Saint-Malo, 1778 ; rang de mestre de camp, 1779 ; maréchal de camp, 1789 ; émigré ; retraité, 1816 ; mort à Altona, 1823. (*A. A. G.*, mar. de camp, n° 3423.)

[5] Chevalier DU CHEYRON (Pierre), né le 6 juin 1740, à Libourne. — Lieutenant dans Saintonge, 1755 ; capitaine, 1760 ; lieutenant-colonel et enseigne des Suisses d'Artois, 1776 ; émigré ; lieutenant de chasseurs nobles ; maréchal de camp, 1814 ; retraité, 1815. (*A. A. G.*, gén. de brig., n° 1868.)

[6] Lettres du 24 juin citées.

les frontières en 1773, 1774 et 1775. Grandpré des Préaux[1], qu était le frère du maréchal général des logis, exécuta des tournée en Flandre.

Carlet de La Rozière, qui est maréchal des logis sur les côte de l'Océan et réside en Bretagne, a sous ses ordres, en 1773, l lieutenant-colonel Béville, le colonel de Ménildurand et le lieu tenant-colonel Dormay.

Tous les trois ont dès lors le titre de leur emploi, celui d'aide maréchal général des logis, et comme depuis 1769 ils servent Béville, de Dunkerque à la rive droite de la Seine; Ménildurand de la rive gauche de ce fleuve à la Bretagne; Dormay, de la Bre tagne à la frontière d'Espagne[2].

En duché de Bourgogne (depuis le 1er avril 1769), le chevalie de Fontette, maréchal des logis[3]. En Comté et Haute-Alsace, l marquis de Pezay (lettres du 4 août 1771) et en Avignon, depui 1771 également, le chevalier de Villefranche sont aides-maré chaux des logis.

En 1775 et 1776 Béville passe le Rhin et est chargé de recon naître l'électorat de Trèves et le cercle du Bas-Rhin; durant ce mêmes années, le chevalier de Lenchères[4] s'occupe de la fron tière du Rhin, de Huningue à Belfort[5].

Depuis la suppression du corps aux ordres de Bourcet, ce

---

[1] Chevalier DE GRANDPRÉ (Louis DARUT), né le 11 septembre 1732, à Val réas. — Enseigne dans Champagne, 1755; capitaine, 1759; a quitté pou santé, 1769, et sert volontaire près de son frère; breveté major, 1772; adm au corps d'état-major et lieutenant-colonel, 1788; adjudant général, 1791 maréchal de camp, 1792; général de division, 1793; retraité, 1795. (*A. A. G.* gén. de div., n° 47.)

[2] *A. A. G.*, C c III.

[3] On ne sait dans quelles conditions, mais sans doute pour le canal d Bourgogne.

Chevalier DE FONTETTE (Jean-Baptiste-Antide FEVRET), né le 27 décembr 1713, à Dijon. — Lieutenant dans Quercy, 1732; capitaine, 1736; lieute nant-colonel par commission, 1733; major, 1756; colonel réformé, 1761 brigadier, 1762; maréchal de camp, 1770; pensionné, 1793. (*A. A. G.* mar. de camp, n° 2597.)

[4] Chevalier DE LENCHÈRES (Jean LE ROY), né le 7 janvier 1731, à Angou lême. — Lieutenant dans Flandre, 1747; capitaine et aide de camp de Cas tries, 1760; aide-maréchal des logis en Allemagne, 1761-1762; colonel, 1762 maréchal général des logis en Corse, 1764-1774; colonel, 1768; brigadier 1769; maréchal des logis en Alsace, 1775; employé au Dépôt de la guerre 1778; maréchal de camp et décédé, 1780. (*A. A. G.*, mar. de camp, n° 2786.

[5] *A. H. G.*, XLIV, 1776.

officiers travaillent sous la direction de M. de Vault, directeur du Dépôt de la guerre.

Le comte de Saint-Germain obtint, le 1er mai 1777, que Louis XVI « supprimât comme inutiles à son service les titres et les fonctions des majors et aides-majors généraux des logis employés dans les provinces [1]. » C'est bien le titre que Saint-Germain fait supprimer pour lui-même, moins le service, et nullement par économie : la même décision conserve aux officiers les traitements dont ils jouissaient, sauf pour le baron de Grandpré, à qui 7,000 livres seulement sont maintenues sur les 13,344 qu'il percevait, mais il va remplir les fonctions de plénipotentiaire en Espagne pour la démarcation entre la Haute et la Basse-Navarre.

La suppression a lieu à dater du 1er juillet.

Si la suppression du titre est formelle, celle du service n'est pas complète encore.

M. de La Rozière conserve sa mission dans son grade de brigadier et comme commandant à Saint-Malo. Béville, à la demande de M. de Vault, continue, à titre de lieutenant-colonel de dragons, ses opérations en Picardie [2], sur la frontière des Évêchés et à l'étranger ; le chevalier de Lenchères sur la frontière du Rhin et en Allemagne [3].

Enfin, Ferrier du Châtelet, alors le chevalier de Ferrier, admis dans l' « état-major des logis des armées » en 1770, avait exécuté, cette année et la suivante, un travail relatif aux opérations défensives et offensives entre le cours de la Birs et la frontière, travail approuvé par Bourcet et du Muy, qui le vérifia sur les lieux. Ferrier fut autorisé par le maréchal du Muy, devenu Ministre de la guerre, à accompagner le baron de Breteuil dans son ambassade à Vienne (1775), et considéré comme en activité et aide-maréchal général des logis en exercice. C'est un attaché militaire [4].

---

[1] *A. A.* G., C c III.

[2] Il est chargé, de concert avec M. Magin, ingénieur de la marine, de dresser un projet de dessèchement du Marquenterre, puis de rechercher l'emplacement d'un port marchand capable de recevoir des vaisseaux de guerre.

[3] D'après leurs dossiers, aux *A. A. G.*

[4] *A. A. G.*, dossier Ferrier, lieut. gén., n° 1310.

III

Corps de l'état-major de l'armée.

Béville, l'un des élèves de Bourcet, maréchal général d[e] logis de Rochambeau en 1780, « avait conduit l'armée sa[ns] aucun accident pendant une marche rapide de près de 260 lieu[es] dans un pays difficile et dépourvu de ressources[1]. »

Les succès de l'état-major en Amérique, même avant la pri[se] d'York-Town, avaient frappé les esprits et ils permirent [de] reprendre l'idée de la reconstitution d'un corps d'état-major pe[r]manent et de faire aboutir le projet.

Depuis un certain nombre d'années il existait quatre « comit[és] particuliers d'inspecteurs généraux » : 1er, Composition [;] 2e, Finance ; 3e, Instruction de détail et Manœuvres ; 4e, Disc[i]pline et Subordination. Au-dessus siégeait un « Comité général » présidé par le maréchal de Contades et formé de la réunio[n] des membres des quatre comités particuliers. Les comités s[e] réunissaient chaque année à partir du mois de novembre, su[r] l'ordre du Ministre, et tenaient séance toutes les semaines à jou[r] fixe et notifié d'avance. Le Comité général avait lieu le mer[]credi.

Les comités furent convoqués le 25 novembre 1781 pour l[a] session de cette année. Le 1er comité était présidé par le mar[]quis de Vogüé ; le 2e, par le baron de Besenval, le 3e, par le du[c] du Châtelet, le 4e par le comte de Caraman[2].

A la séance du Comité général du 3 janvier 1782, le comte d[e] Caraman lut un Mémoire sur un projet relatif à l'état-major d[e]

---

[1] Lettre du 5 décembre 1781 lui annonçant une pension de 1200 livres. son dossier. (*A. A. G.*, mar. de camp, n° 2903.)

[2] *A. H. G.*, XLIXA, 1782.

'armée, de l'infanterie et de la cavalerie, sur lequel le marquis le Ségur désirait avoir l'avis du comité[1].

Ce Mémoire avait pour objet de former de l'état-major un corps séparé, commandé par un lieutenant général assisté de deux maréchaux de camp et composé de vingt-cinq aides-maréchaux des logis colonels, vingt-cinq aspirants capitaines (à choisir parmi les officiers de toute espèce après examen dans le genre de ceux de l'artillerie et du génie) et dix-huit dessinateurs. Le corps serait permanent.

Le projet traitait ensuite des appointements à accorder; il proposait d'attacher au corps cinq régiments mixtes : deux pour la Flandre, deux pour l'Allemagne, un pour l'Italie ; donnait la composition de ces régiments, à former avec les chasseurs à cheval et les troupes provinciales affectées à l'état-major[2]. Quant aux états-majors de l'infanterie et de la cavalerie, comme pour eux il n'était pas besoin d'une étude préliminaire, ils seraient seulement formés au commencement de la guerre.

Dans un projet sur le Service en campagne soumis au 3e comité, se trouvait un plan pour les états-majors des deux armes ; le Comité général décida donc d'attendre la communication du travail du 3e comité avant de prendre une décision sur le projet soumis par Caraman[3].

L'affaire en resta par suite là pour cette année.

Un Mémoire fut alors établi. Il est daté « 1782 ». Il n'est pas signé, mais la copie qui subsiste[4] est de la main d'un secrétaire qui travailla pour le marquis d'Aguesseau jusqu'en 1791, et au moins depuis 1783. Ce Mémoire est une œuvre très personnelle en tout cas, sa rédaction le démontre ; ce ne peut être le rapport d'un président de comité particulier au comité général, et si, malgré l'écriture, le nom de l'auteur peut rester dubitatif, c'est que les pièces du dossier sont presque toutes des copies des

---

[1] Ce mémoire n'a pas été retrouvé.

[2] 1 compagnie de grenadiers, 4 compagnies d'ouvriers, 4 de chasseurs et 4 de fusiliers, soit, y compris les officiers, 810 hommes d'infanterie ; 4 compagnies de chasseurs à cheval, 4 de dragons et 4 de guides à cheval : avec les officiers, 636 hommes à cheval.

[3] Extrait de la délibération du 3 janvier 1782 (*A. H. G.*, Etats-majors, Anc. Rég., n° 54, 3. Corps de l'état-major de l'armée.)

[4] *A. H. G.*, n° 54, 3 a.

documents antérieurs produites au comte de Brienne, lors c son avènement au Ministère en 1787, par le marquis d'Ague seau pour l'éclairer sur le corps d'état-major.

1782. — Corps d'état-major.

Il est de principe incontestable que tous les moyens de la guerre do vent être préparés pendant la paix. Les troupes de toutes les arm sont levées et formées à l'avance, et elles sont instruites dans leu garnisons ou dans les camps à tout ce qu'elles doivent pratiquer à guerre. Les officiers qui les commandent se forment et s'instruise avec elles. Il y a pour les corps de l'artillerie et du génie des écoles c les individus de tous les grades s'instruisent de ce qu'ils doivent savo et s'exercent à le pratiquer, et c'est à la perfection de ces écoles et à manière dont toutes les études de théorie et de pratique y sont suivie que la France doit la supériorité de ses ingénieurs et de son artilleri

Il est un ordre d'officiers d'une très grande importance dans le armées et qu'il est également utile de former à l'avance pour en tire tout le parti dont ils sont susceptibles. La science des états-majors n s'apprend pas dans l'instant du besoin; elle exige un coup d'œil exerc aux reconnaissances de terrain, mais il ne se borne pas à voir ce ter rain comme un géographe le lève; il s'étend à le considérer dans tou les sens et sous tous les rapports militaires. L'officier d'état-major do y voir, et être exercé à y voir vite, tous les inconvénients comme tou les avantages et toutes les ressources qu'il offre pour la défensive e pour l'offensive. Il doit y saisir toutes les positions, en connaître tou les débouchés et les moyens d'en ouvrir. Son travail ou son étude d pays (car ce doit être plutôt une étude qu'une reconnaissance) doit offri des vues sur l'ensemble comme sur les détails. Les résultats serviron aux plans généraux de guerre comme à l'exécution partielle. Ils doiven offrir toutes les données désirables et répondre d'avance à toutes le questions qu'on peut faire. Si l'officier d'état-major joint à l'habitude d ce genre de service quelque expérience et surtout une grande étude d la guerre, s'il est, en outre de cela, homme d'esprit ou de génie, aprè tous les moyens de règle et de méthode moins difficiles à connaître souvent il en aura pénétré d'autres, et il saura indiquer des ressource pour les cas épineux, comme des moyens d'exécuter des choses difficile et hardies.

Son étude d'un pays ne devra pas se borner à l'examiner topographi quement et relativement aux positions que des armées peuvent y prendre et aux mouvements qu'elles peuvent y exécuter; il devra encore en examiner toutes les ressources en vivres et en richesses, pour les conbutions qu'on peut en tirer, les voitures qu'on peut s'y procurer. La ste appréciation de ses moyens influe sur les plans de guerre comme ır distribution économique influe sur les succès.

Il est impossible que des officiers d'un état-major formé au moment la guerre remplissent parfaitement des objets aussi importants et ssi étendus, sans y avoir été préparés et instruits. Ceux qui en remissaient les fonctions dans l'autre guerre ou seront trop âgés (car il ıt de l'activité, et, sinon de la jeunesse, au moins la force de l'âge), ils seront officiers généraux. Il est donc important de transmettre les nnaissances et l'expérience d'une guerre à l'autre par un corps d'étatajor toujours subsistant et d'y en ajouter de nouvelles par le travail la paix.

L'utilité de ce corps est suffisamment assurée par les essais qu'on a its de temps à autre d'en établir un; mais ils n'ont jamais été suivis ils ont été pris d'une manière trop partielle. Il en est résulté cepennt beaucoup de travaux utiles qui montrent l'avantage qu'il y aurait les étendre, à les diriger d'après un plan convenable et à en lier les sultats.

Celui d'un corps de l'état-major toujours subsistant ne se bornerait nc pas à préparer des officiers pour la guerre; il embrasserait pennt la paix un travail vaste et utile.

D'abord la reconnaissance de toutes les frontières; cet objet est en rtie rempli[1]; mais il ne l'est pas entièrement, et dans les parties où il st, il ne l'est peut-être point sous tous les points de vue dont j'ai rlé plus haut. On achèverait ce qui est commencé; on perfectionneit ce qui peut avoir besoin de l'être; mais tout ce travail se ferait après des instructions au moyen desquelles toutes les parties en seraient es ou se rapporteraient facilement ensemble.

Les officiers chargés de la reconnaissance ou plutôt de l'étude de nos ontières (car ce premier terme présente un sens trop borné et trop streint ou topographique) donneraient des vues sur la défensive et sur ffensive, qui seraient le résultat de leur travail. On sait que ces deux rties de la guerre ne doivent jamais être séparées. On ne peut se fendre avec succès qu'en menaçant son ennemi et même en l'attaant, s'il y donne jour. Autrement c'est combattre avec désavantage s'ôter la moitié de ses moyens. On ne peut de même attaquer avec reté qu'autant qu'on a connu derrière soi et qu'on s'est ménagé une rte défensive. Le travail des officiers d'état-major embrasserait donc s deux parties, dont la distinction ne peut être qu'élémentaire.

---

[1] On a pour modèle les dispositions de M. le maréchal de Berwick dans les rénées, le travail de M. de Bourcet dans les Alpes (*Note du Mémoire*).

Il faut pour cela qu'ils ne se bornent pas à la frontière du royaume laquelle ils sont attachés. Il faut qu'ils étudient et dépouillent les fron tières voisines et étrangères des nôtres à une assez grande profondeur Je ne suppose pas qu'ils y lèvent ni fassent lever le terrain, ni qu' entre aucun espionnage dans leur manière. Ils voyageront comme de gens curieux de s'instruire; ils parcourront le pays dans tous les sens avec adresse et intelligence; ils le feront à différentes reprises : ils étu dieront les guerres qui s'y sont faites, y suivront pas à pas les campagne des grands généraux, y dessineront le terrain de leurs grandes actions vérifieront les plans qu'on en a, et ce prétexte ou plutôt le motif légi time de leur instruction sera le but ostensible de leurs voyages. Au sur plus, comme ils ne voyageront point à leur volonté, mais seulemen quand on le leur ordonnera; comme on ne fera voyager que ceux en q on reconnaîtra, avec les talents, l'intelligence et la sagesse nécessaires les instructions qu'on leur donnera seront de nature à prévenir tout inquiétude de la part des États chez lesquels on les enverra.

Un de leurs objets sera, comme je l'ai dit plus haut, d'y connaître d'y étudier les ressources de toute espèce, les revenus, les subsistances l'abondance plus ou moins grande des chevaux et des bestiaux, le moyens de transport par terre et par eau, la direction plus ou moin commode des grandes routes et des rivières, l'état de défense des ville et des postes, celui dans lequel ils sont et celui dans lequel ils pourraien être. En un mot tout ce qui peut servir à former un plan de guerre e ensuite à en conduire l'exécution.

Les Ministres du Roi chez les États voisins éclaireraient ces officier sur plusieurs de ces points, ou leur indiqueraient les moyens de le mieux connaître.

Tout ceci ne suppose point des vues hostiles, mais lorsqu'on n'e a pas, on peut en craindre ou de prochaines ou d'éloignées, et, san épuiser des suppositions sur lesquelles il y aurait beaucoup à dire il est toujours sage de connaître non seulement les frontières, mai ce qui est en avant de soi. Le système de connaissances qu'on se procur par ce moyen est un dépôt qui sert au besoin et dont la possession n sollicite pas l'usage. Au reste, on éviterait de donner à ce travail un méthode ou une suite qui pût être alarmante. Ce serait l'art des instruc tions; le système en serait lié, mais les voyages des officiers qu'o enverrait n'auraient nullement l'air de l'être.

Pourquoi n'étendrait-on pas ces idées et n'enverrait-on pas de temp à autre des officiers au loin pour y faire des études militaires et nou rapporter des détails utiles à la guerre et à la politique? Les Ministre du Roi dans les cours étrangères peuvent rarement s'éloigner des cour où ils résident. Outre qu'ils n'en ont pas le temps, des voyages tro multiples et des recherches trop attentives de leur part seraient suspectes l n'en est pas de même des officiers qui ont l'air de voyager pour s'instruire, que leur rang met dans le cas de s'approcher de tout sans trop attirer l'attention nulle part, et qui, d'ailleurs, ont le coup d'œil exercé à savoir ce qui fait l'objet de leurs observations. De tels voyages bien dirigés nous rapporteraient souvent des connaissances utiles. Ils serviraient à nous faire apprécier les moyens militaires et les forces réelles des autres États de l'Europe, qu'on mesurerait faussement si l'on n'avait égard qu'au nombre porté dans les Almanachs, puisqu'elles dépendent bien davantage du bon usage et du bon emploi des moyens. L'étude de ces forces respectives servirait souvent à nous en faire présumer l'emploi. Enfin, ces voyages (et il ne faudrait en faire faire qu'à des officiers dont ont connaîtrait la sagesse, l'intelligence et les lumières déjà acquises) serviraient beaucoup au développement des grands talents.

Tout ce qui vient d'être dit est principalement applicable aux frontières maritimes et doit également les embrasser avec les différences qui leur sont propres. Le système de défense doit être le premier objet de l'étude des frontières maritimes, mais on doit aussi les considérer dans des vues offensives. Les officiers d'état-major qui y seront envoyés devront y étudier les moyens plus ou moins grands d'invasion que ces provinces peuvent fournir et leurs ressources à cet égard. Ils y connaîtront avec les moyens de transport les ports et rades où il est possible de les rassembler ; ils connaîtront les lieux de rassemblement des troupes ; ils supputeront les distances et les temps nécessaires pour les parcourir ; ils connaîtront les rapports de tous les moyens de la marine avec les troupes, infanterie et cavalerie, avec l'artillerie, avec les subsistances. Ils s'efforceront dans différentes suppositions à apprécier les difficultés, les dangers, les ressources, et, indépendamment des instructions particulières qui, dans les circonstances qui l'exigeraient, pourraient leur être envoyées, ils se prépareront par une étude attentive à répondre à toutes les questions qui pourront leur être faites.

Que le royaume soit borné par de grandes rivières comme la Meuse et le Rhin, par des chaînes de montagnes comme les Pyrénées et les Alpes, par des places fortes comme en Flandre, par la Méditerranée et l'Océan, partout également il a des frontières sur lesquelles il est important d'asseoir un système de défense. Partout il a en avant de lui et à des distances plus ou moins grandes, des voisins qui peuvent devenir ses ennemis et qu'il est sage d'étudier à l'avance les moyens de combattre. Il faut le faire avant l'instant du besoin, et il n'y a nul inconvénient à étendre sur cela ses vues très au loin. Par exemple, trouverait-on inutile à présent de s'être procuré à l'avance toutes les lumières et des lumières de détail, non seulement sur l'Angleterre et sur l'Irlande, mais encore sur les îles anglaises, sur les possessions que l'Angleterre conserve encore en Amérique, même sur celles de l'Inde soit qu'on y eût envoyé des officiers pour cela, ou que, se contentant de réunir les renseignements et les mémoires qu'on peut avoir par les gens de tout état qui ont voyagé ou séjourné dans ces contrées éloignées, on eût chargé des officiers d'état-major dont les fonctions embrasseraient ce travail, d'en faire des résumés militaires ?

J'ai ici indiqué le grand parti qu'on pourrait tirer de ces officiers, mais leur travail serait dirigé par des instructions au moyen desquelles on le bornerait ou l'étendrait à son gré. Ils enverraient leur travail à leur chef, qui en rendrait compte au Ministre, d'après les ordres duquel il leur donnerait à eux-mêmes leurs instructions. On sent que celles-ci seraient mesurées sur le plus ou moins de talents et d'intelligence de ces officiers, sur la confiance qu'ils auraient méritée.

Le chef de l'état-major lierait les différentes parties du travail dont il dirigerait l'ensemble ; souvent même cet ensemble devrait échapper et n'être sensible que pour lui et pour le Ministre qui l'ordonnerait ; c'est ce qui arriverait lorsqu'il se ferait dans des vues immédiates de guerre.

Enfin, il devrait résulter du travail qui se ferait d'une manière constante et suivie par les officiers d'état-major qui seraient employés sur les frontières de terre et de mer, un système général de défense pour tout le royaume. Sur ce système de défense poserait, comme sur une base, un système de guerre offensive dont les rayons s'étendraient plus ou moins loin dans l'Europe et dans les pays d'outre-mer. Qu'on ne s'effraye point de cette idée ; je ne veux pas pour cela conseiller de faire la guerre à l'Europe entière, mais il faut savoir comment attaquer pour bien se défendre, et l'on peut avoir des projets de guerre sans en faire usage, comme on a des armes offensives dans son arsenal.

Je ne prétends pas non plus, si le royaume était attaqué ou que nous voulussions porter la guerre au dehors, qu'on fût astreint à suivre littéralement les plans qui auraient été tracés ; mais à coup sûr ces plans et ces reconnaissances et les différents travaux qui en auraient été la base, serviraient beaucoup à la formation de ceux qui seraient adoptés.

On ne propose ici, au reste, que ce qui a été fait avec succès sur différentes frontières du royaume, au dedans et au dehors, et dont on a reconnu l'utilité. On sent sûrement combien ce travail, plus constamment suivi d'après des instructions convenables, deviendrait fructueux et utile.

Les officiers d'état-major occupés dans la belle saison de reconnaissances, de courses, de voyages, le seraient ensuite de la rédaction de leur travail. On pourrait aussi les charger de celui de quelques campagnes des plus grands hommes de guerre qu'ils auraient auparavant suivies dans le pays qui en aurait été le théâtre, et il en résulterait une instruction utile pour eux et pour d'autres.

J'ai présenté dans toute son étendue le grand parti qu'on peut tirer un corps d'état-major depuis les reconnaissances et les mémoires ilitaires les plus simples et les plus restreints à notre frontière, jus-1'aux plans de guerre les plus vastes qui peuvent résulter du travail ıi leur serait confié. Mais ce plan peut lui-même effrayer ; on peut le ouver menaçant pour nos voisins. On objectera le nombre d'officiers à nployer, la dépense que de grands objets à remplir peut exiger ; mais 1'on considère qu'ayant les moyens et les instruments dans ses mains, ı peut en étendre et en modérer à son gré l'usage. Rien ne se fera que après des instructions, et l'on sent bien aussi que les vues éloignées ıxquelles ce plan peut s'étendre, ne seront jamais avouées ni énoncées ıns une ordonnance ; ainsi la politique n'a pas de quoi s'en inquiéter. es vues qui dirigeraient ces instructions et le système qui les lierait, raient même souvent le secret du Ministre.

Il n'est pas utile que les officiers de l'état-major soient nombreux ; ıais il l'est qu'ils soient formés en corps toujours subsistant, toujours nployé, organisé comme le doivent être les états-majors des armées, et ıe ces officiers s'y forment pour la guerre, par un travail dont les sultats serviront même à les diriger. Ils seront, dans la main du inistre, des instruments utiles, dont il pourra augmenter le nombre omme en étendre ou en modérer l'usage à son gré.

Le 25 novembre 1782, le Ministre donna ordre au maréchal de ontades de reprendre le travail ; le maréchal réunit le Comité énéral pour le 17 décembre[1].

Le 3e comité termina enfin son travail, et, le 16 février 783, le marquis de Ségur transmettait à Contades les projets 'ordonnance sur le Service des places et de campagne[2].

Le 3e comité avait posé comme « Principes à substituer pour : Service en campagne relativement à l'état-major et aux offi-iers généraux de l'armée[3] » :

N° 12. — Borner les trois états-majors de l'armée à un seul divisé n trois bureaux : le 1er pour le détail de l'armée ; le 2e pour celui de infanterie ; le 3e pour celui des troupes à cheval, et les subordonner niquement au maréchal général des logis de l'armée.

N° 13. — Attribuer toutes les fonctions de major de division à un fficier de l'état-major de l'armée ; choisir à cet effet parmi ceux qui

---

[1] Avis du maréchal au Ministre (*A. H. G.*, XLIXA, 1782).
[2] *A. H. G.*, Etats-majors, Anc. Rég., n° 54, 3 a.
[3] *Ibid.*

auraient depuis cinq ans le grade d'officier supérieur, et le faire camper à la place indiquée pour le major de division.

N° 14. — Faire comprendre (correspondre) cet officier d'état-major directement avec les brigadiers commandant les brigades de la division, lesquels seront seuls chargés des fonctions attribuées aux majors de brigade, qui seront supprimés.

N° 15. — N'attacher qu'un lieutenant général et deux maréchaux de camp à seize bataillons, ou du moins régler invariablement qu'il ne sera jamais attaché plus d'un lieutenant général à huit bataillons, et qu'un maréchal de camp à quatre. Fixer par un règlement positif au quartier général tout officier général excédant le nombre que cette disposition permettrait d'employer, mais que des considérations particulières pourraient augmenter.

Le comité enfin émettait textuellement ces mêmes principes dans le Service en campagne au titre de l'infanterie (n°s 12, 13, 14 et 15 également) et de celui de la cavalerie (n°s 16, 17, 18 et 19).

Mais le marquis de Ségur n'admettait pas ces principes. Au sujet des observations qu'il pourrait avoir à faire sur le travail des comités, il disait au maréchal de Contades[1] : « Il en est une principale et sur laquelle je crois devoir insister : c'est sur le projet de réunion des trois états-majors. Je n'entrerai point ici dans le détail des raisons qui militent contre cette réunion. Elles se présentent en nombre, et votre expérience vous les fait pressentir. » Et Ségur expose en deux longues pages les motifs qui, selon lui, s'opposaient à l'unification de l'état-major et dont la dernière était que « le maréchal des logis sera presque le général de l'armée, et il le sera d'autant plus qu'il tiendra tous les détails dans sa main, et que rien ne parviendra au général que par lui ; vous sentez tous les inconvénients que cela entraîne, surtout en France ».

Puis le Ministre désire : « Partout où l'avantage du changement ne serait pas démontré et bien clair, il faudrait encore s'en tenir au principe de ne faire que le moins de changements possible, et la réunion en question en serait un assez important dans l'organisation de nos armées ».

---

[1] Lettre citée, du 16 février 1783.

C'était assurément un changement assez important, mais les officiers généraux du 3e comité avaient pu se rendre compte, au cours de leurs campagnes, des inconvénients du service par trois états-majors, de l'avantage de réunir les détails sous la même direction, et ils avaient mis le projet de réunion au nombre des principes généraux du projet d'ordonnance du Service en campagne.

Les officiers généraux gardaient sur les questions qu'ils avaient à traiter leurs idées à l'encontre de celles du Ministre, et tenaient à conserver à ce sujet leur indépendance [1]. Aussi, en réponse aux arguments de la lettre du 16 février 1783, il fut établi un *Mémoire sur la réunion des trois états-majors dans une armée* [2].

Ce Mémoire n'est pas signé ; il est copié de la même main que celui qui vient d'être reproduit ; il n'est pas daté, mais comme il combat les arguments du marquis de Ségur, il est donc postérieur à la lettre ministérielle.

Si l'on veut bien entrer dans les détails de ce en quoi consistent ceux des différents états-majors, on verra combien ils se rapportent et combien il y aurait d'avantages à les réunir.

Il est aisé de sentir que pour marquer un camp souvent peu nombreux, le même officier qui en désigne l'emplacement, pourrait sans inconvénient distribuer le terrain à l'infanterie et à la cavalerie sans qu'il fût nécessaire que trois différents états-majors y coopérassent et que, s''il s'élevait la moindre altercation, il fallût avoir recours à trois autorités distinctes pour juger le différend.

Il ne paraît pas non plus bien nécessaire qu'un officier qui conduit une colonne à son camp n'ait plus aucune influence sur l'établissement des troupes qui la composent, et que, si cette colonne est formée d'infanterie et de cavalerie, il faille la réunion de trois états-majors, s'il y a

---

[1] Ce qui le prouve, c'est qu'un des préjugés contre le Conseil de la guerre, — préjugé répandu jusque dans le public, — était la trop grande influence que la constitution du Conseil donnait au Ministre. On pensait que les deux voix dont il disposait jointes à celles du rapporteur, — on estimait leurs deux opinions unies, — et aux deux voix des représentants de l'artillerie et du génie, qu'on supposait aussi dépendre du Ministre, donneraient à ce dernier la majorité assurée. C'est pourquoi Puységur, arrivé au ministère, proposa au Roi de retirer du Conseil de la guerre les généraux d'artillerie et du génie, et de créer un comité de chacune des deux armes. On appellerait, en cas de besoin, au Conseil les présidents et même, s'il y a lieu, les comités entiers. (*A. H. G.*, Papiers Guibert, n° 1, Conseil de la guerre.)

[2] *A. H. G.*, n° 54, 3 a.

quelques ordres particuliers à donner pour les communicattons, l'abreuvoir, etc.

Il ne paraît pas bien nécessaire que si une grand'garde d'infanterie et de cavalerie, à portée l'une de l'autre, qui se soutiennent ou s'éclairent mutuellement, ont besoin de l'état-major, l'un pour se retrancher, l'autre pour son abreuvoir, qu'elles aient recours à deux autorités différentes, et que, si ces postes arrêtent un espion ou un déserteur, elles soient obligées de les envoyer à des états-majors différents, qui, eux-mêmes, sont obligés ensuite d'envoyer ces espions ou déserteurs à l'état-major de l'armée.

Il ne paraît pas bien nécessaire, quand on fait une distribution de pain, de viande, de paille, qu'il faille différents états-majors pour veiller au bon ordre de la distribution et à la bonne qualité de ce qui se distribue, ni qu'un officier de l'état-major de l'armée chargé de reconnaître l'emplacement où l'on doit aller fourrager, soit au vert, soit au sec, ait besoin de deux autres états-majors différents pour distribuer cet emplacement aux troupes, et que, du même chef dont émanent les ordres pour placer une armée en cantonnement, il ne puisse pas émaner les ordres qui désignent où chaque troupe doit se placer, ainsi que ceux qui sont nécessaires à sa sûreté et à son établissement.

Enfin, dans une armée telle nombreuse que l'on puisse se la figurer, ...peut-on supposer que le détail nécessaire pour que les divisions fournissent chacune à leur tour les gardes, détachements, etc., et que les officiers supérieurs marchent à leur rang, peut-on penser que ce détail soit si grand qu'il ne puisse émaner du même bureau et qu'il faille toujours faire passer un ordre quelquefois par trois bureaux différents ; ce qui ne peut être que nuisible très souvent à l'importance du secret...

Le Mémoire répond ensuite que les objets très essentiels absorberont les officiers en entier et que à ces objets le chef de l'état-major accordera la préférence ; mais les détails peuvent être bien faits par des aides, sans que le chef perde un temps précieux à s'en occuper. Sans envisager le secours mutuel que les aides se prêteraient entre eux lorsqu'ils ne se regarderaient plus comme étrangers les uns aux autres, « on sentira les avantages infinis qui résulteront de cette réunion et qui paraissent avoir été suffisamment expliqués, réunion d'autant plus précieuse qu'elle éteindra ces petites jalousies, ces petites prérogatives de préséance que les états-majors ont quelquefois entre eux dans des fonctions qui souvent se croisent, toujours se rapprochent, et qui, par ces motifs, ne peuvent que produire un mauvais effet lorsque ceux qui les exercent ne répondent point à la même autorité et craignent de voir empiéter sur les droits du corps dont ils font partie ».

Le marquis de Ségur avait observé que le régiment des gardes françaises revendiquerait la prérogative du major du régiment d'être le major général né des armées où il sert. On lui répondait que cette prérogative était très contestée et que, « loin de la regarder comme un obstacle à un pareil règlement, ce doit être un motif de plus pour en faire sentir la nécessité, puisque cette prérogative est un abus, et que de faire cesser cet abus est un surcroît d'avantages ».

Enfin, au sujet de la situation trop importante qu'aurait le maréchal général des logis, qui annihilerait le général en chef, le Mémoire fait observer, et c'est ainsi qu'il se termine :

Quant à la trop grande prépondérance qu'un pareil règlement pourrait donner au maréchal général des logis de l'armée, il est difficile de supposer qu'un général ait à craindre son homme de confiance et de croire qu'on lui impose la nécessité d'en prendre un qui ne lui convienne pas.

Il ne paraît pas non plus qu'on doive craindre que cette grande prépondérance concentre tellement tous les détails entre les mains du maréchal général des logis de l'armée que le général ne puisse les connaître que par son canal. L'ordonnance attribue très formellement aux lieutenants généraux commandants les divisions, la connaissance des détails du corps qui leur est confié pour en instruire le général ; ils manqueraient essentiellement à leur devoir, s'ils ne le faisaient pas. On peut même assurer qu'un des principaux motifs qui jusques ici a empêché l'établissement d'une bonne organisation dans l'armée, est l'existence et l'importance de ces deux chefs d'état-major, indépendants des officiers généraux, qui ont journellement l'avantage sûr ceux-ci d'un détail direct et plus étendu avec le général, et qui, par cette raison, mettront toujours des entraves pour que les commandants des divisions s'occupent habituellement des troupes comme ils le devraient faire.

Si l'on ne voulait pas mettre des bornes à ce Mémoire, on démontrerait encore facilement que le crédit d'un maréchal des logis est proportionné à celui que le général veut lui donner, et que dans toutes les suppositions cette réunion d'état-major n'y ajouterait pas beaucoup.

Le comte de Caraman, à la séance du Comité général du 3 janvier 1782, avait lu un projet, mais il en existait un autre. L'auteur, qui n'est pas indiqué, proposait un corps toujours subsistant composé d'un lieutenant général qui en serait le chef, de deux maréchaux de camp, de deux brigadiers, de deux colonels, de quatre lieutenants-colonels et de quarante capitaines [1].

En 1783, le marquis de Jaucourt présenta un troisième projet. Jaucourt [2] borne l'effectif du corps entretenu pendant la paix à douze aides-maréchaux des logis titulaires, six aides-surnuméraires et six ingénieurs-géographes, partagés en trois brigades (Flandre, Alsace et frontière des Alpes) également composées; le premier des aides titulaires de chaque brigade aurait le titre de chef de brigade, et le corps serait commandé par un « directeur général ». Jaucourt ne fixe pas de grade aux divers emplois; il propose seulement des commissions de capitaine, de lieutenant-colonel et de colonel données selon un nombre d'années de service de paix, de guerre et de campagnes dans l'état-major [3].

Le marquis d'Aguesseau, qui dans cette affaire paraît avoir été le conseiller écouté du marquis de Ségur, fit des observations sur le plan Jaucourt [4]. D'Aguesseau s'éleva contre l'institution des brigades, qui pourraient être considérées comme leur état-major par les commandants en chef de la Flandre et de l'Alsace; en outre, l'intérêt du service lui semblait imposer d'isoler les officiers d'état-major de manière qu'ils ne fussent responsables qu'envers leur chef seul, et celui-ci envers le Ministre.

Mais si l'on admettait la répartition des officiers d'un état-major d'après une division assez nette des frontières de terre et de mer, il se trouverait exister huit divisions, et, dans ces condi-

---

[1] D'après une note autographe du marquis d'Aguesseau (*A. H. G.*, n° 54, 3 a).

[2] Marquis de JAUCOURT (Charles-Léopold-Chazel). — Lieutenant dans La Reine, 1745; capitaine, 1746; aide de camp de Maillebois, 1757; lieutenant-colonel et colonel des Volontaires de Flandre, 1759; brigadier, 1762; maréchal de camp, 1770; maréchal général des logis en Bretagne et en Normandie, 1779; inspecteur général, 1780-1783; commandant les troupes en pays de Gex, 1782; chevalier des ordres du Roi, 1783; lieutenant général, 1784; conseiller au Conseil de la guerre, 1787; chef de la division du Hainaut, 1788; émigré. Jaucourt était noté comme un « officier plein de zèle, de valeur et d'intelligence; a autant de goût pour son métier que de talent, occupé du bien et entier dans ses opinions » (*A. A. G.*, lieut. gén., n° 1230.)

[3] *A. H. G.*, n° 54, 3 a.

[4] Note autographe du marquis d'Aguesseau, citée.

ions, d'Aguesseau estime que le nombre des aides-maréchaux des logis titulaires devrait être ramené à 8 et celui des surnuméraires porté à 16. Et comme le nombre des officiers était augmenté de 6 unités, il réduisait les appointements fixes et les traitements pour les six mois de service proposés par Jaucourt.

C'est donc le plan du marquis de Jaucourt qui fut adopté avec les modifications proposées par d'Aguesseau. Un seul changement apporté dans le nombre, ou plutôt dans la répartition en classes, des membres du corps. Le chiffre de 24 officiers proposé par d'Aguesseau est admis, mais les aides-maréchaux des logis et les surnuméraires (les adjoints du règlement) sont dans chaque classe en nombre égal : 12. Les officiers ne sont pas réunis en brigades ni répartis en huit divisions; ils restent groupés et sous la main et la direction unique du chef de l'état-major de l'armée.

Lorsque Béville rentra d'Amérique, le maréchal de Ségur lui donna la promesse d'un cordon rouge, et ajouta : « C'est pour des jeunes gens comme vos fils, vrais enfants de la balle, que j'ai formé le projet de faire un corps d'état-major[1] ».

Le maréchal pose en effet comme principe au début du Mémoire[2] présenté et approuvé le 13 juin 1783, la nécessité de récompenser l'état-major de l'armée de Rochambeau :

Il est de la justice et de la bonté du Roi de récompenser les officiers de l'état-major de ses armées qui ont bien servi pendant la guerre, et la plus grande récompense que Sa Majesté puisse accorder à la plupart d'entre eux est la conservation de leur état, surtout si Elle veut bien leur donner en même temps des grades proportionnés à l'ancienneté et au mérite de leurs services.

C'est dans cette vue qu'a été conçu le Mémoire de grâces que le Secrétaire d'État de la guerre a mis sous les yeux du Roi pour les officiers de l'état-major de l'armée d'Amérique.

Ces grâces y sont distribuées d'après des principes uniformes, tant

---

[1] Béville au Ministre de la guerre, 15 mars 1790 (*A. A. G.*, à son dossier).

[2] L'original de ce Mémoire, revêtu de l'approbation autographe, n'existe pas aux Archives de la Guerre. On en trouve une copie aux *A. H. G.*, n° 54, 3 a, et deux aux *A. A. G.*, C c v (Corps d'Etat-Major, 1, Documents généraux).

pour les grades que pour les traitements pécuniaires que Sa Majesté est suppliée de leur accorder [1].

Il en résultera, si Sa Majesté veut bien approuver ce qui Lui est proposé à cet égard, qu'Elle conservera comme aides-maréchaux généraux des logis ou adjoints à l'état-major de l'armée, 7 officiers de l'état-major qui ont servi en Amérique.

Si quelques officiers d'état-major qui ont servi ailleurs ont mérité cette même grâce du Roi, le Secrétaire d'État de la guerre suivra le même plan, lorsqu'il mettra leurs services sous les yeux de Sa Majesté.

Il y a toujours eu et il y a maintenant un certain nombre d'officiers de l'état-major de l'armée employés dans le royaume et en Corse. Ces officiers, au moins ceux que le Roi voudra bien conserver, seront réunis à ceux dont il vient d'être question, et les uns et les autres seront soumis au même travail et au même service, comme aux mêmes règles d'armement, dans la proportion de leur ancienneté et de leurs services de paix et de guerre.

Il résultera naturellement de la réunion de ces officiers un *Corps d'État-Major de l'Armée*, dont on a souvent désiré et même tenté l'établissement permanent.

Ce Corps d'État-Major dont le fonds sera formé des officiers déjà employés dans le royaume et de ceux qui viennent de servir dans les armées, et que le Roi voudra bien conserver, présentera deux objets principaux d'utilité.

L'un est de faire des reconnaissances militaires sur la frontière du royaume, de compléter sur cela ce qui a été commencé par les aides-maréchaux généraux des logis déjà employés, de lier ensemble toutes ces reconnaissances et d'en déduire des résultats utiles dans les guerres que le Roi peut avoir à soutenir, soit sur ses frontières, soit en avant de ses frontières.

Si le Roi approuve le plan qui lui est proposé, le Secrétaire d'État de la guerre remettra à Sa Majesté un Mémoire plus détaillé sur l'utilité à laquelle peut s'étendre le travail et le service des officiers d'état-major ainsi employés.

Le second et très grand objet d'utilité que présente l'établissement d'un Corps d'État-Major de l'armée permanent est de perpétuer d'une guerre à l'autre et de perfectionner l'instruction des officiers qui le composeront ; autrement, et après une longue paix, l'on est obligé de prendre pour ce service difficile et important des officiers absolument neufs aux fonctions qu'ils doivent remplir. Au moyen de cet établisse-

---

[1] Ce travail a été approuvé également le 13 juin 1783 (*A. A. G.*, Anc. Rég., Divers, 3, Expédition d'Amérique).

ent, si la paix n'a point été longue et que les officiers qui ont servi ans l'état-major dans une guerre puissent encore servir dans l'autre, s se seront maintenus dans l'habitude du travail qu'exigent leur service et leurs fonctions. Et si la paix a été longue, il se sera formé sous ux et avec eux des sujets pour les remplacer.

Mais ce corps, formé d'abord des sujets qui servent, ayant ensuite esoin de remplacement, il est nécessaire de fixer le nombre auquel il oit être maintenu.

Ce sont bien les idées et les méthodes de Bourcet qui sont eprises.

Le maréchal de Ségur proposait de composer le corps de 2 *aides-maréchaux généraux des logis* et d'un même nombre '*adjoints à l'état-major de l'armée.*

La solde est distinguée en deux parties : l'une, d'*appointements* annuels, régulièrement touchés et affectés au titre dans e corps ; l'autre, consistant en *traitement* pour le temps de l'activité et permettant de subvenir aux dépenses assez considérables u service.

Les appointements fixes sont proportionnés aux grades militaires. Les capitaines recevront 1,200 livres par an ; les majors, ,500 ; les lieutenants-colonels, 1,800 ; les colonels ou brigaiers, 2,400. Le traitement d'activité est égal pour tous les officiers, les dépenses étant indépendantes des grades, et fixé 400 livres par mois.

Les adjoints ont 600 livres d'appointements annuels, et 200 livres de traitement par mois de service[1].

En temps de guerre, appointements et traitements seraient ugmentés d'un quart.

Le choix des adjoints se fera parmi les capitaines titulaires ou la suite des troupes à pied ou à cheval indifféremment ; ceux qui seraient titulaires ou attachés à des troupes les quitteront. es adjoints seront nommés ensuite aides-maréchaux généraux les logis « selon le compte qui sera rendu de leur zèle, de leur ctivité, de leur intelligence et des mérites de leur travail ». Des officiers « déjà formés et qui se trouveraient avoir à un très

---

[1] Ce sont adoptées les propositions de d'Aguesseau dans la note relative au projet du marquis de Jaucourt, citée ci-dessus.

haut degré les talents et les connaissances requises pour le service d'état-major » et qui auraient le grade de capitaine, peuvent entrer dans le corps comme aides, sans avoir été adjoints.

Les adjoints à l'état-major de l'armée ne parviendront point aux grades supérieurs. Mais l'aide-maréchal général des logis obtiendra le grade de major après 15 ans de service, dont 4 comme aide-maréchal en temps de paix et 2 en guerre, et, dans les 15 années exigées, une année de guerre serait comptée pour deux de paix.

A 20 ans de service ou l'équivalent en service de guerre[1], dont 4 années d'aide-maréchal des logis pendant la guerre et le double pendant la paix, le grade de lieutenant-colonel. A 25 ans ou l'équivalent, le grade de colonel, si l'officier compte 6 années d'aide-maréchal des logis pendant la guerre et 12 durant la paix[2].

Le service que les officiers de l'état-major auraient fait comme adjoints est compté sur le pied de deux années pour une d'aide-maréchal général des logis, lorsqu'ils le sont devenus.

Ensuite, les officiers d'état-major commissionnés colonels seront brigadiers et maréchaux de camp à leur rang ; ils quitteront le corps lorsqu'ils seront maréchaux de camp.

Il résultera de ces dispositions, si Sa Majesté les approuve, que l'avancement des officiers de l'état-major, soumis à des règles, ne sera pas aussi rapide qu'il l'a été autrefois, qu'il n'en résultera plus cette foule de commissions de colonel qui est devenue une surcharge pour l'armée, et qui a été la première cause de la multiplication abusive des officiers généraux ; qu'ainsi ce service ne sera plus une carrière ouverte à l'am-

---

1 C'est-à-dire que pour l'avancement les années de service et les campagnes étaient totalisées, comme elles le sont aujourd'hui pour les décorations.

2 Dans des « Observations sur le règlement de l'état-major de l'armée », (*A.H.G.*, n° 54, 3 a), du 25 juin 1783, Rochambeau trouvait bien les 15 années de service exigées pour le grade de major, mais il demandait de réduire à 18 et à 20 les années pour lieutenant-colonel et colonel. 20 et 25 ans étaient trop. Entré au service à 15 ans, disait Rochambeau, le maréchal des logis ne serait colonel qu'à 40 ans, à 34 ans si, dans les services, se comptait un tiers pour campagnes. « Il n'y aurait jamais eu de maréchaux de Puységur, de Crémilles, de Salières, de Monteynard, s'ils avaient cheminé aussi lentement. » Avec 18 et 20 ans, on serait colonel à 35 ans en paix et à 29 avec un tiers de guerre ; Rochambeau ne considérait pas cet avancement comme trop prématuré.

ition et à la faveur ; que cependant, comme il exige de l'application et talent, il offrira, comme cela doit être, un avancement un peu plus ompt et surtout plus certain que ne peut le faire le service intérieur s corps.

Le Mémoire propose de mettre un chef à la tête du corps :

Mais en formant, de la réunion des officiers qui auront servi dans les ats-majors des armées et de ceux qui devront y servir dans d'autres ierres, un corps d'état-major permanent, il est nécessaire que le Roi omme à ce corps un chef. Comme il s'y trouvera des brigadiers, il est nvenable que ce chef soit officier général. Il doit être versé dans le avail des états-majors, et il faut qu'il soit en état de diriger l'ensemble après les ordres du Roi que lui transmettra le Secrétaire d'État de la ierre ; il n'aura point par sa place le droit d'être maréchal général s logis d'une armée quand le Roi en assemblera [1] ; il n'en sera pas on plus exclu ; il sera simplement dans la classe de tous les officiers énéraux qui pourront y prétendre, et c'est pour ne point donner à ces ficiers de droit à cet égard que le Secrétaire d'État de la guerre propose à Sa Majesté de ne point lui accorder le titre de maréchal général s logis, qui pourrait en établir, mais seulement celui de *Directeur de État-Major*. Quant au traitement, l'on ne croit pas qu'il soit possible donner à cet officier moins de 2,000 écus d'appointements et autant our des frais de bureau, car il sera obligé d'avoir des secrétaires et essinateurs.

Enfin,

L'on croit qu'il serait nécessaire d'attacher 6 ingénieurs-géographes u corps de l'état-major.

Louis XVI approuva le 13 juin 1783.

Le corps de l'état-major de l'armée comprend 1 directeur ; 2 aides-maréchaux généraux des logis ; 12 adjoints, 6 ingénieurs-géographes.

Les nominations se firent successivement [2].

---

[1] Disposition proposée par le marquis de Jaucourt dans son projet.
On voulait ainsi laisser au général en chef la faculté de choisir son maréchal général des logis. Cela faisait tomber un des arguments contre la création d'un corps permanent d'état-major.

[2] *A. A. G.*, C r v, 2 (Nominations et avancement).

A dater du 13 juin 1783 :

Aides-maréchaux généraux des logis. — *Brigadiers* : le chevalier de Vaulx, Dormay; — *Colonel* : marquis de Montaignac ; — *Lieutenant colonel* : Collot ; — *Majors* : vicomte de Barral, Cromot du Bourg, Mathieu Dumas ; — *Capitaines* : comte de Roncherolles, baron de Menou, de Jarjayes, Béville l'aîné ;

Adjoints. — Berthier l'aîné, d'Ollone l'aîné, Poncet, vicomte de Riccé ; de Lauberdière.

Le 1er mai 1784, nouvelles nominations : une place était vacante, et le chevalier de Vaulx, promu maréchal de camp, en laissait une autre. Elles sont données au lieutenant-colonel Du Puits et au capitaine Brentano ; le 13 juin, sont admis à dater du même jour de l'année précédente, les lieutenants-colonels de Laumoy et Gouvion.

Le directeur du corps est nommé seulement le 1er juillet 1784. Le nom était demeuré en blanc sur la feuille, Louis XIV mit de sa main « d'Aguesseau ».

Le marquis d'Aguesseau (Charles-Albert-Xavier d'Aguesseau de Luce) était fils d'un ingénieur et né à Sedan le 30 décembre 1735. Lieutenant dans Auvergne en 1746, il obtint une compagnie en 1755, devint aide-major en 1756. Il fit les campagnes de 1757 à 1762 en Allemagne ; durant les deux dernières, il servit comme aide-major général de l'infanterie sous Cornillon et Guibert, qui le notèrent avantageusement.

Lieutenant colonel du régiment de La Couronne en 1765, d'Aguesseau obtint le rang de colonel en 1770, et, comme il avait l'assurance d'une enseigne aux gardes du corps, il se fit placer, en 1771, en qualité de mestre de camp, à la suite de Noailles (cavalerie). Il n'eut son enseigne à la Compagnie écossaise qu'en 1774. Lieutenant en 1776, aide-maréchal général des logis surnuméraire en Bretagne et Normandie sous Broglie en 1778 et sous le comte de Vaux en 1779, brigadier en 1780 ; maréchal de camp le 1er janvier 1784.

Le marquis d'Aguesseau venait donc d'être promu lorsqu'il reçut la direction du corps de l'état-major ; il ne quitta pas pour cela les gardes du corps, dont il devint major le 31 décembre 1784. Il était noté comme « officier de la première distinction ; a de 'esprit et de la fermeté ; est instruit[1] ». C'était l'homme de confiance et l'un des conseillers du marquis de Ségur. Ce fut d'Aguesseau qui revit notamment et arrêta le texte définitif des ordonnances de 1783 sur l'infanterie, la cavalerie, les hussards et les dragons[2].

Comme directeur du corps de l'état-major, d'Aguesseau reçoit 6,000 livres d'appointements et 6,000 livres pour frais de secrétaires et de dessinateurs. Il a, en effet, un bureau auprès de lui, il travaille avec le Ministre sans passer par les Bureaux de la guerre ; les propositions de nomination dans le corps, d'avancement et d'emploi, sont faites directement par le Directeur au Ministre. D'après les documents qui subsistent, le marquis d'Aguesseau prit une part active et très personnelle à la direction du corps, sous tous les points de vue.

Le corps de l'état-major pouvait recevoir progressivement les augmentations qu'exigerait le service du roi. Par la nomination de Gouvion et de Laumoy, il s'était accru de deux aides-maréchaux des logis. Sur la proposition de d'Aguesseau faite le 31 novembre 1784, et approuvée par Louis XVI le 1er décembre, le corps est « par une première augmentation » porté à 16 aides-maréchaux des logis et à 16 adjoints.

Une décision royale du 15 novembre 1783[3] avait complété le règlement du 13 juin, en édictant qu'aucun sujet ne serait proposé comme adjoint qu'autant qu'il connaîtrait les éléments des mathématiques, qu'il serait déjà instruit dans l'art du lever et qu'il saurait dessiner ce qu'il aura levé ; les propositions ne pourraient être faites qu'après examen régulier et méthodique sur ces matières.

L'examen devait avoir lieu devant le directeur et deux des plus anciens officiers du corps, — chez le Ministre lui-même et en sa présence quand il le pourrait. Un professeur de mathématiques, spécialement désigné, interrogerait sur sa science ; le directeur et les deux officiers suppléeraient le professeur pour

---

[1] *A. A. G.*, Mar. de camp, n° 3067.
[2] *A. A. G.*, Anc. Rég. Décisions, aux armes citées.
[3] *A. H. G.*, n° 54, 3 a ; la minute est entièrement de la main du marquis d'Aguesseau.

les questions relatives aux éléments de la fortification et de l'artillerie; ensuite le directeur examinerait les candidats sur les détails principaux du service, dont la connaissance peut s'acquérir par l'étude des règlements.

Quant aux levers et au dessin, le soin de présider aux épreuves appartiendrait à des ingénieurs-géographes. Examen pratique, passé sur le terrain, comprenant au besoin l'ouverture et le jalonnement des marches, l'art de faire promptement des ponts, des communications, de réparer les mauvais passages, etc. A cet examen sur le terrain, les officiers d'état-major présents à Paris seraient convoqués pour s'instruire et concourir aux travaux exécutés.

D'après la décision royale, le directeur du corps de l'état-major aurait rendu un compte détaillé des épreuves au Ministre de la guerre, afin que celui-ci ne présentât pour la nomination que les sujets les plus instruits et les plus aptes. A mérite égal, les candidats connaissant des langues étrangères seraient préférés.

Enfin, la décision du 15 novembre 1783 stipule que « le Secrétaire d'État de la Guerre fera composer, par des personnes capables de remplir cet objet, un cours de science militaire applicable aux officiers de l'état-major et à leur service, et que, lorsque cet ouvrage sera terminé, il servira à la fois à leur examen et à leur instruction. »

Ce dernier point fut rempli. Il fut rédigé un « Mémoire servant d'instruction aux officiers de l'état-major de l'armée [1] ».

Quant aux examens, ils n'ont jamais été subis.

Le corps avait été porté en 1784 à 16 aides-maréchaux des logis et 16 adjoints sur la proposition du marquis d'Aguesseau, parce qu'il estimait que l'état-major d'une armée devrait comprendre au moins 12 aides et un même nombre d'adjoints.

Il remit à cet effet au maréchal de Ségur une notice des officiers d'état-major qu'il croyait nécessaire à une grande armée [2] : 1 aide et 1 adjoint au bureau de l'état-major, de même pour le

---

[1] Deux exemplaires (en copie), aux *A. H. G.*, n° 54, 3 f.

[2] *A. H. G.*, n° 54, 3 a, minute de la main de d'Aguesseau, et copie.

détail des logements ; 1 aide pour le détail des espions ; 2 aides et 2 adjoints pour les reconnaissances et le service de sûreté ; 4 aides et 3 adjoints pour les marches ; 1 aide et 2 adjoints pour les détails et les fourrages ; 2 aides et 2 adjoints pour être détachés aux réserves principales.

Les affaires de Hollande pouvaient amener une conflagration. Deux grandes armées emploieraient, d'après les calculs ci-dessus, 24 aides et 24 adjoints, et l'on pouvait penser qu'une troisième armée serait à mettre sur pied, qui, moins forte, exigerait cependant 8 aides et 8 adjoints. En plus, il serait nécessaire d'employer des officiers dans le royaume, sur les côtes, en Corse.

En cas de guerre le corps de l'état-major de l'armée ne pourrait donc être moindre de 40 aides-maréchaux des logis et 40 adjoints ; d'Aguesseau offrit à Ségur de faire les augmentations par 4 ou par 8, et de porter successivement, selon les vues du Ministre et les intentions du Roi, le corps à 16, 20, 24, 30 et 40 aides et autant d'adjoints.

Le maréchal agréa ce plan ; d'Aguesseau lui proposa en conséquence de porter de suite le corps à 16 aides et 16 adjoints : de faire une seconde augmentation en même temps que l'ordre positif serait donné de se préparer à servir en campagne et de faire des équipages ; enfin de se réserver d'en opérer une dernière lors de la formation des armées, « de manière à laisser aux généraux l'agrément de proposer les sujets à comprendre dans la nomination » ; mais cette dernière augmentation ne pourrait être que de 4 aides et de 4 adjoints, de façon que l'état-major de chaque armée comprît 8 aides et 8 adjoints du corps.

La proposition d' « une première augmentation » immédiate à 16 aides et 16 adjoints, faite le 30 novembre, fut adoptée, comme on l'a vu, le 1er décembre 1784 [1]. L'avis en fut donné le 10 décembre au marquis d'Aguesseau par le maréchal de Ségur, qui lui adressa l'état des officiers nommés et l'informa que les lettres d'avis lui parviendraient incessamment. « Je vous prierai de les leur faire passer [2] ».

---

[1] *A. A. G.*, C c v, 2.
[2] *A. H. G.*, L b, 1784.

En 1786, un léger conflit surgit entre le lieutenant général de Vault, directeur du Dépôt de la guerre, et le marquis d'Aguesseau, à l'occasion de l'admission dans le corps de l'état-major de Duboys de La Bernade destiné à servir en Corse en qualité d'aide-maréchal général des logis, à l'effet de commander les travailleurs des troupes employées à la confection des grands chemins, ainsi que les détachements destinés à la garde et à la police des travailleurs. Cette mission relevait de M. de Vault, qui depuis deux ans préparait le règlement pour ces travaux.

Aussi celui-ci proposait au nom de d'Aguesseau de nommer Duboys aide-major général des logis et de l'employer en Corse [1]. Le directeur de l'état-major avait déjà demandé la rentrée de Duboys de La Bernade dans le corps ; mais il fut choqué de la manière dont la proposition était faite pour remplir des fonctions qui n'étaient pas d'état-major proprement dit et parce que l'admission devait être unique, alors que la présenta précédente comprenait un autre officier avec Duboys.

D'Aguesseau s'éleva donc contre l'admission de Duboys de La Bernade dans le corps de l'état-major. Ce n'est pas que cet officier coûterait plus au Roi parce qu'il aurait un traitement d'état-major, mais « il était essentiel d'éviter qu'aucune augmentation ait l'air de porter sur un seul individu et d'avoir pour objet de le placer ».

Le corps avait une forme régulière : 16 aides-maréchaux des logis et 16 adjoints. Si l'on admettait un seul aide-maréchal, on considérerait le cadre comme non fixé et il se présenterait des sollicitations pressantes auprès du Ministre. D'après ces principes, qui étaient ceux du maréchal de Ségur, d'Aguesseau proposa donc ou de ne pas placer dans l'état-major Duboys de La Bernade ou de porter le corps à 18 ou 20 aides et autant d'adjoints. Enfin, on pourrait ne pas augmenter le corps et employer Duboys dans son grade de brigadier en Corse, et mettre sous ses ordres l'aide-maréchal des logis colonel de Roncherolles [2].

C'est en terminant ce Mémoire que d'Aguesseau dénonce le

---

[1] *A. A. G.*, à son dossier, mar. de camp, n° 3154.
[2] *A. H. G.*, n° 51, 3 a.

onflit : « Dans le premier cas et si M. Duboys rentre dans l'état-
ıajor, je supplie Monsieur le Maréchal d'approuver que sous ce
apport je reste l'organe de ses instructions et de sa correspon-
ance. Monsieur le Maréchal daignera en sentir la convenance ;
ıais je ne demande pas mieux que de m'entendre à cet égard
vec M. de Vault, de recevoir moi-même ses instructions. Il sait
ombien j'ai de confiance en ses lumières, et je suis loin de
ouloir apporter des difficultés et des entraves au bien du serice, qui est mon seul but. »

Le maréchal de Ségur ne voulut mécontenter ni d'Aguesseau,
i M. de Vault. Il admit Duboys de La Bernade dans le corps
le l'état-major et le plaça sous la dépendance des deux généraux,
espectant ainsi les attributions et les prérogatives de chacun
l'eux.

La proposition réglementaire d'admission fut faite, avec
lemande de lettres de service, par d'Aguesseau, le 20 sep-
embre 1786[1] (approuvée à dater du 1er du mois), et M. de
Vault, précédemment, avait fait fixer le traitement[2]. L'ordre de
service dressé au Dépôt de la guerre est du 19 septembre, ainsi
que les instructions préparées, qui portaient comme qualité
« brigadier de dragons » et que l'on remplaça par celle « d'aide-
maréchal des logis de l'armée et brigadier de dragons ». Le
même jour, 19 septembre, une copie des instructions étaient
envoyée au comte de Marbeuf[3]. Le 22, d'Aguesseau adressait à
Duboys sa lettre de nomination et l'informait qu'il serait sous
les ordres du commandant en Corse, qu'il aura Roncherolles
pour adjoint ; qu'il partira avec les instructions de M. de Vault,
à qui il rendra compte et avec qui il correspondra pour les
détails. « Il suffira que vous me rendiez un compte sommaire
de ce travail[4]. »

Ainsi M. de Vault pouvait donner des instructions spéciales,

---

[1] *A. A. G.*, C c v, 2.

[2] *Ibid.*, dossier Dubois de La Bernade, mar. de camp., n° 3154.

[3] *A. H. G.*, vol. 3752, Corse, 1772-1786, 86, 87, 88.

[4] *A. H. G.*, n° 54, 3 b.

Duboys annonça son arrivée en Corse à d'Aguesseau, le 20 octobre, et dans la suite il n'écrit plus qu'à M. de Vault. (*A. H. G.*, vol. 3752, 91 bis et suiv.)

et le marquis d'Aguesseau conservait la direction de tous les officiers de l'état-major.

Le marquis d'Aguesseau s'occupait beaucoup du corps dont il avait la direction. « Il s'est chargé seul de tout le travail intérieur des instructions à donner aux officiers d'état-major, de la correspondance qu'il a fallu suivre avec eux tous lorsqu'ils ont été employés, de l'examen et du dépouillement même de leurs travaux, de l'ordre à y mettre, et il a eu seulement deux secrétaires, dont un dessinateur, et il a employé extraordinairement quelques autres personnes dans les moments où il en a eu besoin [1]. »

Il demandait donc d'attacher au « bureau de l'état-major » Jolly, ancien ingénieur-géographe; Jolly conviendrait pour l'examen des candidats aux places d'adjoint. « Il dirigerait des exercices sur le terrain entre Paris et Versailles;... on le chargerait de la rédaction d'un livre élémentaire à l'usage des officiers d'état-major et qui renfermerait à cet égard ce qu'ils doivent savoir. » Jolly s'en acquittera parfaitement; « il a fait ses preuves, car il vient de faire tout ce qui est relatif aux cartes et plans, à l'art de lever et au dessin pour la nouvelle *Encyclopédie* ».

Pour l'examen des sciences, d'Aguesseau propose de le confier au célèbre Lagrange, qui composerait pour les officiers d'état-major un cours élémentaire de mathématiques.

Au mois d'avril 1787, d'Aguesseau remit un Mémoire général au maréchal de Ségur [2].

Il rappelle les motifs de la formation du corps et de sa permanence : « *Ils sont l'état-major toujours subsistant du Ministre de la guerre*, qui a l'armée du Roi dans sa main. »

Voilà quatre années que le corps était sur pied. Sans le porter de suite à son effectif de guerre : 40 aides-maréchaux des logis

---

[1] Note autographe en minute de d'Aguesseau (*A. H. G.*, n° 54, 3 a). Les documents conservés montrent que le marquis ne dit dans sa note que la stricte vérité.

[2] Minute entièrement de la main de d'Aguesseau, et expédition. (*A. H. G.*, n° 54, 3 a.)

et 40 adjoints, il y aurait lieu cependant de l'augmenter. « Il y a de quoi occuper avec utilité » ; un grand nombre de sujets se présentaient, et parmi les candidats il s'en trouvait « d'infiniment distingués ». Entre autres, Meusnier et le comte de Marcé. Enfin, il serait temps d'avancer des adjoints, « et M. Berthier semble être celui qui y a le plus de titres ».

Pour se résumer d'Aguesseau propose de porter le corps, composé alors de 17 aides et 16 adjoints, à 18 officiers de chacune des deux classes, ou même à 20 pour avancer Berthier. Les adjoints restaient trop longtemps dans cette situation ; pour y parer, le directeur soumet l'idée de leur accorder l'état d'aide-maréchal de logis à six années d'adjoint pendant la paix et trois pendant la guerre, sans attendre qu'il y eût des vacances d'emploi. Les adjoints ainsi promus ne seraient pas remplacés en cette dernière qualité, et l'effectif du corps resterait ainsi le même.

Mais une augmentation de dépenses en résulterait. Elle pourrait être évitée en restreignant à 300 livres par mois le traitement des officiers employés qui n'auraient pas le grade de lieutenant-colonel.

Enfin, le marquis d'Aguesseau touche la question de l'ancienneté de service exigée pour obtenir les grades militaires et rappelle les observations du comte de Rochambeau. Il propose à cet effet de modifier les conditions du règlement du 13 juin 1783 et de n'accorder le grade de major qu'à 16 ans de service, dont 4 d'état-major ; mais celui de lieutenant-colonel donné après 4 années de plus de service et d'état-major ; celui de colonel dans les mêmes conditions. Les officiers de l'état-major seraient ainsi susceptibles d'obtenir le grade de colonel un an plus tôt, à 24 années de service au lieu de 25 [1].

De toutes ces propositions, le maréchal de Ségur admit de suite seulement celle relative à la nomination de 3 adjoints, pour en porter le nombre à 18 ; le troisième, pour pourvoir à un remplacement. La proposition au Roi et la nomination se firent le 1er mai 1787 [2].

---

[1] Toujours les campagnes réunies aux années de service pour ces totaux.
[2] *A. A. G.*, C r v, 2.

Le maréchal adopta bien le fonds des idées de d'Aguesseau relatives à l'état d'aide-maréchal à donner aux adjoints, ainsi que pour l'avancement, mais il se réserva de les revoir réunies en ordonnances [1].

Le règlement du 13 juin 1783 n'avait pas encore été rendu public, parce que l'on pensait que l'expérience éclairerait quelques points qui ainsi se trouveraient à modifier. A la fin de 1786, d'Aguesseau pensait « que le moment où il serait convenable, même nécessaire, de donner cette ordonnance, serait au printemps ou au commencement de l'été de 1787, avant le départ de tous les officiers d'état-major qui seront dans le cas d'être employés à cette époque et que cela satisfera en donnant une sanction publique et de la stabilité à leur état [2] ». Cette ordonnance pourrait se lier avec celle sur le Service en campagne.

Le maréchal de Ségur admit cette manière de voir et décida de demander au Roi de rendre une ordonnance de la date du 1er juillet 1787 [3]. Le projet de cette ordonnance était conforme aux décisions des 13 juin 1783 (formation du corps) et 15 novembre 1783 (examens d'admission pour les adjoints), et y avaient été incorporées les propositions du marquis d'Aguesseau relatives à la nomination des adjoints de l'état d'aides-maréchaux, à la diminution du traitement des officiers qui ne seraient pas lieutenants-colonels, aux années d'ancienneté pour les promotions aux grades militaires, mais cet avancement n'est pas de droit positif : il est subordonné à l'instruction acquise et à la manière de servir [4].

Ce projet, soumis au Ministre, fut accepté sauf quelques modifications, de forme plutôt, car des articles sont simplement déplacés. Trois modifications importantes seulement : le second projet supprime un article relatif à la résidence habituelle du directeur du corps qui était imposée près du Secrétaire d'État de la guerre; il en ajoute un déclarant que pour des services très distingués le Roi se réservait de ne pas tenir compte des règles

---

[1] Note sur le Mémoire de d'Aguesseau.
[2] Note (minute) autographe. (*A. H. G.*, n° 54, 3 a.)
[3] Note de d'Aguesseau à Brienne (*Ibid.*).
[4] *A. H. G.*, n° 54, 3 a.

fixées pour l'avancement [1] ; enfin, la troisième modification, la plus importante, était relative aux officiers choisis en dehors du corps par les généraux en chef pour faire partie de leur état-major; mais ces dispositions n'étaient applicables qu'en temps de guerre [2].

Dans les deux projets, les officiers pourvus de charges de maréchaux généraux des logis des camps et armées sont attachés au corps de l'état-major.

Le projet fut définitivement arrêté, mais les circonstances engagèrent le maréchal de Ségur à différer la publication de l'ordonnance. Le 24 septembre, il était remplacé au Ministère par le comte de Brienne.

Dès le 30, d'Aguesseau présentait au nouveau Ministre un « compte rendu de l'état-major de l'armée [3] ». Ce compte rendu ne dit rien qu'on ne sache sur les motifs de la création, la marche du service, les idées du maréchal de Ségur. Il ne conclut pas. C'est l'exposé avec pièces à l'appui [4] d'une institution dont Brienne ignorait peut-être, ou tout au moins connaissait insuffisamment les détails.

Le premier avancement dans le corps eut lieu le 2 décembre 1787 [5]. En tête des adjoints présentés pour être nommés aides-maréchaux des logis, tous acceptés par le Ministre, figure Alexandre Berthier. Cette promotion n'est pas motivée sur des vacances, mais seulement sur les services des six adjoints à nommer aides. C'est l'adoption définitive des propositions faites en mars 1787 par d'Aguesseau au maréchal de Ségur et qui avaient

---

[1] C'est ce que l'on fit pour Mathieu Dumas, qui fut nommé colonel le 2 décembre 1787 sans passer par le grade de lieutenant-colonel « par grâce particulière, attendu la nature et l'objet de ses services » (Mission à l'étranger). (*A. A. G.*, C c v, 2.)

[2] *A. H. G.*, n° 54 3 a.

[3] *Ibid.*, Minute de la main de d'Aguesseau, et expédition.

[4] 1° Note relative à la dépense du corps depuis sa formation; 2° état des officiers formant le corps; 3° note des points où ils ont été employés, du temps pendant lequel ils l'ont été et de leurs travaux; 4° état des officiers actuellement employés; A) projet de l'ordonnance du 1er juillet 1787; B) projet après revision et modifications.

[5] *A. A. G.*, C c v, 2. La proposition est du 4 décembre ; mais la date du 2 a été donnée au travail.

été incorporées dans le projet d'ordonnance du 1er juillet 1787. Ces adjoints ne sont pas remplacés, et leur traitement n'est que de 300 livres.

Dans ce travail du 2 décembre 1787, les règles fixées par le règlement du 13 juin 1783 ne sont pas absolument observées. Gouvion est nommé colonel à 18 ans de service, plus ses campagnes qui lui donnaient au plus 23 ans. Mathieu Dumas n'aurait droit au grade de lieutenant-colonel que le 17 mai 1788, époque à laquelle il compterait 15 ans de services effectifs et 5 campagnes, dans lesquelles étaient comprises sa mission dans le Levant. Mais il méritait d'être avancé; sans plus attendre, le comte de Brienne lui fait accorder le brevet de colonel : Dumas avait 34 ans, et pour permettre cette nomination, on donne le même grade à Du Puits, Collot et Gouvion, lieutenants-colonels et officiers de mérite [1].

Le marquis d'Aguesseau avait renouvelé auprès du comte de Brienne les démarches précédemment faites auprès du maréchal de Ségur pour obtenir pour les officiers de l'état-major un avancement plus rapide que celui fixé par le règlement de 1783. Il existe à ce sujet la minute d'un Mémoire entièrement, comme toujours, de la main du directeur du corps de l'état-major [2]. Ce Mémoire est postérieur à l'ordonnance du 17 mars 1788 sur la Hiérarchie, qui ne parle pas du corps de l'état-major de l'armée. Question assurément réservée, puisque l'existence du corps était battue en brèche et que sa suppression ou son maintien devaient être décidés par le Conseil de la guerre. D'Aguesseau, qui plaidait toujours pour ses officiers et contre la suppression du corps, écrivait donc :

Le principe d'après lequel on avait déterminé l'avancement des officiers du corps de l'état-major, avait été que cet avancement fût moins rapide que celui des jeunes gens qui obtiennent des emplois de colonel, maintenant de major en second, et ensuite des régiments [3], mais qu'il fût plus prompt et plus certain que celui qu'on obtient dans la ligne par les emplois de major et lieutenant-colonel. On a désiré que l'état-

---

[1] *A. A. G.*, C c v, 2.

[2] *A. H. G.*, n° 54, 3 a.

[3] Art. 1er du titre IX de l'ordonnance du 17 mars 1788.

major ne fût pas un appât à l'intrigue et à la faveur, mais qu'il pût offrir la perspective d'avancement et inspirer l'émulation nécessaire à l'activité du zèle et au développement des talents.

On a exigé que les adjoints eussent auparavant d'entrer dans l'état-major le grade de capitaine, parce qu'on a voulu qu'au moyen du temps qu'ils avaient passé dans un régiment pour y parvenir à ce grade, ils ne fussent pas étrangers aux premiers détails des troupes. L'on a établi que les officiers de l'état-major ne parviendraient aux grades supérieurs que lorsqu'ils seraient faits aides-maréchaux des logis, mais qu'alors deux années d'adjoint leur compteraient pour une d'aide-maréchal des logis.

On a arrêté que ceux-ci auraient le grade de major au bout de quinze années de service, dont quatre en qualité d'aide-maréchal général des logis pendant la paix, ou deux pendant la guerre. Le grade de lieutenant-colonel après vingt années de service, dont huit d'aide-maréchal des logis pendant la paix ou quatre pendant la guerre.

Enfin le grade de colonel au bout de vingt-cinq ans de service, dont douze d'aide-maréchal des logis pendant la paix ou six pendant la guerre.

Quelques personnes ont trouvé ces dispositions trop sévères, et M. le comte de Rochambeau, particulièrement, a donné un Mémoire à M. le maréchal de Ségur pour solliciter un mouvement un peu plus rapide à l'avancement du corps de l'état-major.

Le grade de colonel a été avancé d'un an dans les dispositions du projet d'ordonnance que M. le maréchal de Ségur voulait remettre au Roi, et dont on a rendu compte à M. le comte de Brienne. Les grades de major, lieutenant-colonel et colonel y sont accordés au bout de 16 ans de service, 20 et 24, au lieu de 15, 20 et 25, ce qui, se liant davantage aux années de service d'état-major exigées, avance d'un an le grade de colonel, le plus essentiel de tous.

Mais les proportions de l'avancement du corps de l'état-major doivent être sans doute combinées d'après celles de l'armée, et on n'a remis ici sous les yeux de M. le comte de Brienne les règles qui avaient été établies que pour qu'il pût mieux juger si elles devaient être modifiées ou conservées.

Elles furent conservées, puisque rien ne fut décidé par le Conseil de la guerre sur l'état-major de l'armée.

Mais pour la promotion de 1788 [1], les feuilles de d'Aguesseau

---

[1] Travail du 25 juin daté du 1er juillet.

ne sont plus des propositions ; elles donnent le nom, les services et ajoutent : *demande le grade de* . Dans le dernier travail que Brienne fit signer, celui du 16 novembre 1788, on accorde le brevet de colonel à Menou à 22 ans de service sans campagnes ; à du Bourg à 20 ans et 3 campagnes ; à Brentano à 17 ans et 5 campagnes.

L'année suivante, la promotion du 11 juillet 1789 ne comporte plus aucune règle. On nomme lieutenants-colonels 7 majors, dont 6 n'avaient qu'un an de grade, mais l'on fait ressortir les années de capitaine [1]. Berthier était déjà âgé relativement lorsqu'il entra dans le service de l'état-major. Il est lieutenant-colonel à 36 ans d'âge et 21 ans de service ; mais d'Ollone l'est à 17 ans de service et 32 ans d'âge ; Lauberdière à 14 et 30 ans ; Meusnier à 16 et 35. Les autres comptaient des campagnes ; Meusnier n'en avait pas, mais c'est un « sujet d'une grande distinction, rempli de zèle et de talents et très utile [2] ».

L'ordonnance du 17 mars 1788, sur la Hiérarchie [3], titre XII, article 11, avait stipulé que le Roi s'expliquerait par un règlement particulier sur l'avancement fixe à accorder aux officiers supérieurs du corps de l'état-major de l'armée.

La question ne pouvait rester longtemps en suspens ; des officiers d'état-major pouvaient être candidats au grade de maréchal de camp. Une décision relative à ce grade fut donc demandée au Conseil de la guerre. Il répondit, séance du 6 mars 1789 [4] :

« Il faudra que les officiers d'état-major aient eu 3 ans de commission de colonel pour pouvoir être maréchaux de camp, et le motif de cette décision est que les officiers d'état-major obtenant le brevet de colonel par leur ancienneté, ce serait un trop grand avantage pour eux de les faire maréchaux de camp au bout de 16 ans de leur brevet de lieutenant-colonel, puisque, dans ce cas, le brevet de lieutenant-colonel serait égal pour eux à celui

---

[1] Selon un ancien usage, cependant aboli par le « 17 mars 1788 », qui permettait dans certains cas de compter les années de capitaine au delà de dix ans comme années du grade supérieur.

[2] *A. A. G.*, C c v, 2.

[3] *A. A. G*, A, 62.

[4] *A. H. G.*, Délibérations du Conseil de la guerre.

de colonel[1], et que les lieutenants-colonels des régiments n'obtiennent de régiment que par distinction[2]. »

Par suite de cette décision les officiers du corps d'état-major étaient de droit maréchaux de camp à 19 ans de la date de leur brevet de lieutenant-colonel, alors que 20 ans étaient exigés des lieutenants-colonels des régiments (XII, 6, 17 mars 1788).

Le corps de l'état-major de l'armée ne fut compris dans le budget du Département de la guerre qu'à partir de 1785. Créé par le Règlement du 13 juin 1783, il n'avait pu entrer dans les prévisions pour 1784.

Le corps coûta, du 13 juin 1783 au 1er janvier 1784, 13,695 livres; pour le 1er semestre de 1784, 14,499 livres, 3 sous, 4 deniers ; pour le second, 29,000 livres. Par suite, la dépense pour 1785 est prévue devoir s'élever à 49,200 livres[3].

Mais elle monta à 69,300 livres, l'augmentation de 20,100 livres provenant des traitements extraordinaires des officiers employés. Selon l'usage, on porta donc 69,300 livres dans le Projet de Fonds de 1786. Les missions, cette année encore, firent dépasser les crédits, et le dépassement fut de 55,200 livres[4].

124,000 livres figurèrent au budget de 1787. Au mois de juin de cette année, le Comité des inspecteurs généraux de la guerre fit un travail d'ensemble sur les économies possibles en 1788, et proposa de réduire d'un tiers « le traitement des officiers généraux, commandants, inspecteurs, etc. », l'excédent devant être regardé comme dépense extraordinaire.

Un « Aperçu des économies dont le Département de la guerre pourrait être susceptible sans diminuer la force de l'armée » propose de supprimer les 124,500 livres destinées au corps de l'état-major et par suite sa suppression par mesure budgétaire.

Enfin un « Projet de réduction de dépenses dans le Dépar-

---

[1] L'art. 1er du titre XII du 17 mars 1788 stipule que les lieutenants-colonels titulaires devenus colonels compteraient pour le grade de maréchal de camp les années de lieutenant-colonel comme s'ils avaient été colonels.

[2] Actions d'éclat de la guerre (art. 7 du titre IX).

[3] *A. H. G.*, G. a. *Projets de Fonds*, 1785 et 1786.

[4] Appointements, 53,700 livres ; traitements extraordinaires, 70,800 livres. Total : 124,500 livres.

tement de la guerre[1] », travail qui semble être l'œuvre de Guibert, dit positivement : « Art. 15. — *Première proposition.* De supprimer l'état-major de l'armée créé par décision du 13 juin 1783, et dont la dépense portée dans le projet de fonds de 1787 est de.... 124,500 livres », et en marge : « On verra par l'extrait ci-joint (coté 15 [2]) de l'ordonnance du Roi, du 31 décembre 1776, concernant le corps royal du génie, que les officiers qui le composent sont par leur état tenus de faire les mêmes travaux dont sont aujourd'hui chargés les officiers de l'état-major de l'armée, qui, quelque instruits qu'ils soient, semblent, en général, ne devoir pas l'être autant que ceux du génie, auxquels il paraît juste de rendre le travail qui leur appartient. M. de Fourcroy a donné sur cet objet, au Ministre, un Mémoire dans lequel il propose de réduire le nombre des officiers du corps royal du génie, si l'on ne juge pas à propos de leur rendre le travail qui leur appartient, ou à supprimer non seulement le corps de l'état-major de l'armée, mais encore celui des ingénieurs géographes militaires dont la dépense est de 40,000 livres. »

« *Seconde proposition.* — De ne supprimer que les appointements des officiers de l'état-major de l'armée en leur conservant seulement leur titre, et de ne donner de traitement mois par mois qu'à ceux que l'on jugera à propos d'employer. »

Et l'économie résultant des deux propositions est considérée comme étant de 124,500 livres. La « Récapitulation générale du montant des économies » conclut de même.

C'est sans doute pour répondre à ces propositions et aller au-devant de celles qu'il savait devoir être faites au Conseil de la guerre sur le corps de l'état-major, que le marquis d'Aguesseau adressa au comte de Brienne la note suivante[3] :

Le compte qui a été rendu à M. le comte de Brienne du corps de l'état-major de l'armée a mis sous ses yeux les vues générales dans lesquelles il a été conçu, celles qu'a eues M. le maréchal de Ségur au

---

[1] *A. A. G.*, G. a, 1788.

[2] Les extraits, mémoires, états, annoncés comme joints au projet, manquent. L'extrait visait sans doute le titre V, art. 55 et suivants : Reconnaissances dans les places et sur les frontières.

[3] *A. H. G.*, n° 54, 3 a.

premier instant de son établissement, celles auxquelles il s'étendait pour la suite, les décisions du Roi à ce sujet, la note de l'emploi des officiers du corps de l'état-major, l'état de la faible dépense que ce corps a coûté, etc.

On remet ici sous les yeux de M. le comte de Brienne les plus importantes de ces pièces, et on le supplie surtout de fixer quelque attention sur celle qui a présenté les vues prochaines et éloignées de cet établissement, la grande utilité à laquelle il pouvait s'étendre et qui l'a déterminé. On ne pourrait que répéter ici ce qui a été dit dans le Mémoire cité.

Cependant la constitution donnée par M. le maréchal de Ségur au corps de l'état-major n'a été en quelque sorte qu'ébauchée, et il se réservait d'y donner la sanction d'une ordonnance conséquente aux décisions du Roi, et dont les circonstances ont retardé la publication. Toutes les différentes pièces sont jointes au compte qui a été rendu à M. le comte de Brienne. Mais la revision que fait dans ce moment-ci le Conseil de la guerre de toutes les parties de la Constitution militaire, l'accord qu'il est nécessaire de mettre entre la nouvelle formation de l'armée et celle du corps de l'état-major, l'extension qu'il est possible, peut-être même nécessaire, de donner à cet établissement important, quelques objections à discuter et à résoudre, tout impose le devoir de soumettre à M. le comte de Brienne et au Conseil de la guerre les réflexions que dicte le zèle le plus pur et le plus désintéressé pour le service du Roi.

L'utilité d'un état-major d'armée toujours subsistant ne peut pas se contester. Tout ce qui sert à la guerre doit être préparé pendant la paix, les officiers de toutes classes et de tous les états doivent être instruits et exercés à ce qu'ils doivent faire, et il faut qu'ils le soient en raison de l'importance de leur service et des talents, des connaissances et de l'habitude qu'il exige, et quel service importe le plus au succès des armées que celui des officiers d'état-major? Ils sont les instruments des généraux et des officiers généraux, et ils doivent être des instruments intelligents, vigilants, éclairés et actifs. Il faut qu'ils payent de leurs talents et de leurs personnes au commencement d'une guerre. Ce n'est plus pour eux le temps d'apprendre, et, s'ils sont ignorants, ils font le scandale des troupes. L'expérience n'a que trop souvent appris le danger de l'impéritie des officiers d'état-major; les moindres inconvénients qui en résultent sont les retards et la fatigue des troupes, et il faudrait encore mettre en ligne de compte les succès que l'on n'a pas eus et dont des officiers plus exercés et plus instruits auraient préparé ou indiqué les moyens.

Les officiers d'état-major, ainsi que les officiers de toutes les troupes, s'instruisent donc pendant la paix pour la guerre, et ils auront l'avantage d'être employés avec utilité soit avec les troupes, soit sur les frontières, soit à des commissions particulières.

Toutes les fois qu'il y aura des troupes réunies sous une forme quelconque, les officiers d'état-major pourront y être employés avec utilité pour les besoins du service et pour leur instruction. Les rapports continuels qu'ils ont avec les troupes pendant la guerre exigent qu'ils les connaissent, qu'ils ne soient point étrangers aux détails des différentes armes, qu'ils en connaissent surtout les manœuvres et la tactique, et qu'ils soient dressés à toutes les fonctions de leur métier qui peuvent concilier la régularité, la promptitude et le succès de tous les mouvements.

Mais avant de placer et de faire mouvoir les troupes sur le terrain, les états-majors des armées ont dû connaître et étudier le terrain, et c'est pourquoi l'étude et la reconnaissance de toutes les frontières du royaume doivent être pour eux l'objet d'un travail constant et suivi pendant la paix, travail utile pour leur instruction comme par ses résultats, dont toutes les parties doivent être liées, qui doit se faire d'après des instructions communes, qui ne se borne pas à lever la carte exacte des frontières. On sent à cet égard la distance qui sépare la topographie de l'officier d'état-major.

Enfin, les commissions particulières que les besoins du service amènent sans cesse, emploieront, selon que les circonstances l'exigeront, les officiers d'état-major qui seront en état de les remplir. Ils forment un corps d'officiers disponibles entre les mains du Ministre de la guerre, comme ils le sont dans une armée à la volonté du général qui la commande, et sans doute il est de quelque avantage de trouver parmi eux, à l'instant du besoin, des officiers actifs, éclairés, intelligents, discrets et sûrs, préparés par leurs travaux et leurs études aux commissions qu'on a à leur donner, et de pouvoir choisir entre eux ceux qui seront les plus propres à les bien remplir.

Le service des officiers de l'état-major auprès des troupes et l'étude des frontières, — et l'on sent qu'elle ne se bornera pas à la ligne de nos frontières, — enfin les commissions particulières que les circonstances exigeront de leur confier présentent donc sous tous les points de vue principaux les objets importants et utiles auxquels ils peuvent être employés.

Si dans l'emploi habituel des officiers de l'état-major, on bornait leur service à l'un des points que l'on vient d'indiquer, ce serait se priver de l'emploi de leurs moyens et de l'utilité que l'on peut en tirer, et ce serait les éloigner de tout ce qui peut les préparer à la variété des fonctions qu'ils ont à remplir à la guerre.

Ainsi si le service des officiers de l'état-major pendant la paix était borné aux divisions, ils ne seraient que les aides de camp des officiers généraux attachés à ces divisions; ils ne connaîtraient que les manœuvres de l'arme principale de leur division et le pays dans lequel elle serait établie, et ils perdraient bientôt de vue toute autre espèce d'étude. De même, si, toujours occupés de l'étude du pays, ils ne servaient jamais avec les troupes, ils manqueraient de la connaissance nécessaire de leurs détails et de leurs manœuvres. L'union de ces branches importantes peut seule former pour les armées de très bons officiers d'état-major. On a suivi le principe lorsqu'on l'a pu, et MM. de Montaignac et de Lageard, employés depuis quelque temps dans les Évêchés à une reconnaissance et une étude très détaillée de cette frontière, ont servi à Metz dans les temps de manœuvres [1]. M. de Caraman, qui les a fort employés, et M. de Bouillé ont été infiniment contents de leur activité, de leur intelligence et de leur zèle, et ont rendu d'eux, ainsi que M. le maréchal de Broglie, les témoignages les plus flatteurs [2].

Enfin, les études nécessaires aux officiers d'état-major sur les connaissances utiles à leur service qui peuvent leur manquer encore, les études plus élémentaires nécessaires à ceux qui ne sont pas encore formés, les exercices pratiques qui peuvent et doivent s'y lier, l'examen des sujets proposés, — nécessaire pour que le corps d'état-major ne soit pas composé de sujets parasites, et sans lequel il deviendrait le refuge de tout ce qui ne pourrait pas être placé et obtenir des grades ailleurs, — ces différents objets à remplir présentent encore des travaux et un emploi utile, indépendant de celui des officiers d'état-major sur les frontières, avec les troupes ou aux commissions particulières qu'on jugera utile de leur donner.

Après avoir exposé ces idées générales qui semblent présenter l'objet que doit remplir le corps de l'état-major, nous entrerons dans quelques détails pour les soumettre à M. le comte de Brienne, en lui demandant ses solutions et ses ordres.

Le corps de l'état-major a été formé à sa création d'aides-maréchaux des logis et d'adjoints en égal nombre. Le principe de cette formation a été que, dans l'armée d'Amérique, dont l'état-major a été transporté dans le corps de l'état-major, il y avait, indépendamment des aides-maréchaux des logis employés par lettres de service, le même nombre de sous-aides-maréchaux des logis. Il y a eu de même dans d'autres armées des surnuméraires à l'état-major. On a établi cette formation dans l'état-major en donnant aux adjoints la moitié seulement des appointements

---

[1] Avec Montaignac et Lageard servirent dans l'état-major du camp de Metz les deux Béville, Dezoteux, d'Ollone, Poncet, de Barral.

Au camp de Saint-Omer furent employés Mathieu Dumas, Berthier, Fléchier, Capitaine du Chesnoy. Amabert fut autorisé à suivre comme « spectateur ».

[2] Ceci date la note, les camps de Saint-Omer et de Metz se tinrent en septembre 1788.

et du traitement des aides, et cette différence de traitement, motivée sur la distinction des deux classes, a présenté dans la dépense de l'état-major une économie très considérable.

Mais les adjoints étant en égal nombre que les aides-maréchaux des logis, comme il ne vaquait que très peu de places de ceux-ci, il en résultait que l'état des adjoints devenait un cul-de-sac; ce qui était d'autant plus fâcheux pour eux que leur état pécuniaire était très faible, quoique les dépenses de leur service fussent à peu près les mêmes, et qu'ils ne pouvaient point arriver aux grades supérieurs, étant adjoints, le règlement du Roi admettant les aides-maréchaux des logis seuls à y prétendre.

C'est pour obvier à cet inconvénient qu'en dernier lieu on avait proposé à M. le maréchal de Ségur d'accorder l'état d'aide-maréchal des logis aux adjoints après six ans de service comme adjoints pendant la paix, ou trois pendant la guerre, sans attendre pour cela qu'il y eût des places d'aide-maréchal des logis vacantes. Et pour empêcher que le corps de l'état-major ne se trouvât par là indéfiniment augmenté, les adjoints nommés ainsi aides-maréchaux des logis n'étaient pas remplacés dans leur état d'adjoint, et le nombre des officiers de l'état-major restait le même, avec la différence qu'il y avait plus d'aides-maréchaux des logis et moins d'adjoints. M. le maréchal de Ségur avait adopté cette disposition dans le projet d'ordonnance du corps de l'état-major, et M. le comte de Brienne a bien voulu donner provisoirement exécution à cet article en nommant, au mois de décembre dernier, quelques adjoints aides-maréchaux des logis, quoiqu'il n'y eût pas de places d'aide-maréchal des logis vacantes. L'on croit cette disposition nécessaire, si l'on conserve dans le corps de l'état-major la distinction d'aides-maréchaux des logis et d'adjoints, et, d'un autre côté, la distinction de ces deux classes est peut-être utile à maintenir. Elle sépare les jeunes gens qui commencent des sujets plus anciens, instruits et formés, et les met dans le cas de se former sous ceux-ci. Elle offre un motif d'émulation de plus, et retarde et modère les prétentions bien promptes aux grades et à l'avancement. S'il n'y avait pas d'adjoints, on établirait des surnuméraires sous une forme quelconque ou des sous-aides, comme il y en a déjà eu.

Enfin, l'on peut et l'on doit soumettre les officiers qui entrent comme adjoints au corps de l'état-major à un examen exact et sévère ; ce qu'il est difficile d'établir pour les officiers de toute ancienneté et de tout grade qui y entreraient comme aides-maréchaux des logis, et ce qui ne pourrait s'exécuter pour ceux-ci sans une sorte de rigorisme et de pédanterie.

Le marquis d'Aguesseau n'était pas sans savoir que dans le plan général de réforme du Département de la guerre figurait

« la suppression de l'état-major de l'armée, qui coûte assez inutilement 124,000 livres [1] ». Il répondait donc par avance aux arguments que le rapporteur du Conseil de la guerre présenta au Conseil le 5 décembre 1788.

Dans ce « Rapport [2] » contenant : 1° le plan de revision des ordonnances qui ont paru cette année ; 2° une notice de celles qui restent à faire et des matériaux ou projets préparés à cet effet ; 3° un plan pour le nouveau Code, Guibert dit, au sujet de l'*État-Major de l'armée* et des *Ingénieurs Géographes :*

Il y a sur ces deux corps qui ont une connexion nécessaire et telle qu'on ne peut pas concevoir pourquoi ils sont séparés, ou du moins, pourquoi ce dernier ne dépend pas de l'autre, différents projets partiels qui méritent l'attention du Conseil. Il y a des projets plus en grand, qui proposent avec beaucoup d'avantages et d'économies leur réunion au corps du génie. Enfin, tel qu'il est aujourd'hui, on ne peut nier que ce simulacre de corps d'état-major ne remplisse point du tout l'objet qu'on a eu en vue en le créant. Il faudrait sûrement, pour qu'il fût une école véritable de ce genre de service et de talent, qu'il eût une autre composition, une autre théorie et une autre activité. Cela est développé jusqu'à l'évidence dans les divers Mémoires dont on aura alors à faire le rapport au Conseil.

Quant aux charges d'état-major : maréchaux généraux des logis des camps et armées, maréchal général des logis et maréchaux des logis de la cavalerie légère, depuis fort longtemps jugées pour ce qu'elles valaient, Guibert, n'en disant rien, est donc pour leur maintien.

En marge de son rapport, Guibert mit : « A examiner en son temps. » C'est la décision que prit le Conseil de la guerre dans la séance du 31 janvier 1789 [3].

La question de la réunion des trois états-majors était revenue, et, bien que le registre des délibérations n'en fasse pas mention,

---

[1] *A. H. G.*, Papiers Guibert, n° 1. Projet de note du comte de Brienne au Roi.

[2] *Ibid.* Inséré comme annexe dans les *Observations présentées à l'Armée et au Public sur les opérations du Conseil de la guerre.*

[3] *A. H. G.*, Délibérations du Conseil de la guerre.

elle avait été agitée assurément au Conseil de la guerre. Les lacunes dans le registre ne permettent pas de dire à quel moment. Mais d'Aguesseau avait remis à cet effet, au comte de Brienne, une note spéciale, dans laquelle il étudiait la question [1] :

Le nombre des officiers du corps de l'état-major ne peut pas être arbitraire, et il doit être calculé d'après les besoins du service et les différents emplois que l'on veut en faire. Il est nécessaire de considérer aussi les besoins de l'instruction ; car on doit supposer qu'un certain nombre d'officiers d'état-major ne seront employés que secondairement, et pour se former et s'instruire. Enfin, en calculant les besoins des armées pour y proportionner le corps de l'état-major, on doit laisser assez de marge aux généraux pour qu'en y prenant les officiers formés et instruits qui devront former le fonds de leur état-major, ils puissent y ajouter quelques sujets de leur choix.

Le compte que l'on a rendu à M. le comte de Brienne renferme une ancienne Note remise à M. le maréchal de Ségur sur le nombre des officiers du corps de l'état-major considéré relativement aux besoins des armées. Ce nombre est porté à 80 officiers dans le cas de la guerre la plus vive et restreint à 40 pendant la paix, tant aides-maréchaux qu'adjoints. On ne voit pas comment il serait possible, en y comprenant les adjoints, de diminuer ce nombre.

Il se présente ici une question importante, celle de la réunion des trois états-majors de l'armée, de l'infanterie et de la cavalerie. Si on les réunit, le corps de l'état-major, chargé de toutes les fonctions, devra sans contredit être beaucoup plus nombreux et fournir de ses membres à toutes les divisions.

Si, au contraire, on donne la préférence aux raisons qui militent contre cette réunion, peut-être alors ce serait des officiers d'état-major d'infanterie et de cavalerie, selon la composition des divisions, qu'il faudrait attacher à ces divisions, et non des officiers de l'état-major de l'armée.

Si pourtant l'on y attachait des officiers du corps de l'état-major de l'armée, l'on croit qu'il faudrait qu'il y en eût deux à chaque division, pour que l'officier général qui la commande pût les détacher et les envoyer dans les différents points de sa division, tant qu'il le voudrait ; pour qu'on pût en détacher un pour tout autre travail, si on le voulait. L'on croit qu'il y aurait de l'inconvénient à ce que les officiers d'état-major fussent plus de deux ans attachés à une division, parce qu'alors ils ne connaî-

---

[1] *A. A. G.*, n° 54, 3 a.

raient que cette division, qu'une seule chose et qu'une province. Mais l'on pourrait en changer un tous les ans, de manière que celui qui resterait fût toujours au courant des détails de la division. Enfin, si l'on attache des officiers de l'état-major, on croit qu'il faut porter ce nombre à soixante. L'on soumet toutes ces vues à M. le comte de Brienne, et on les établit comme questions, les solutions qu'il y donnera pouvant seules servir de bases.

Le Conseil de la guerre n'admit pas la réunion des trois états-majors. Un Mémoire à Sa Majesté sur les places de colonel général et autres charges d'état-major [1], dit en terminant : « Le Conseil de la guerre proposera vraisemblablement alors à Sa Majesté, dans cette importante ordonnance (Service en campagne), une forme de service qui, en organisant les armées, en constituant leur état-major et en simplifiant tous les détails et en les rendant plus militaires qu'ils ne l'ont été jusqu'ici, fera tomber d'elle-même toute cette portion des prérogatives ou de prétentions des grandes charges et les anéantira dans un meilleur ordre général. »

Ce Mémoire n'est pas daté, mais dans les signatures figure celle du comte de Brienne. Il est donc de 1788 et semble précéder les règlements provisoires sur le Service en campagne du 12 août 1788 [2].

Par ces règlements la question est tranchée. Les états-majors d'armes sont conservés [3] : major général de l'infanterie, maréchal général des logis de la cavalerie. Même l'état-major des dragons, que le Mémoire que je viens de citer déclare abusif, irrégulier et à ne plus tolérer, reçoit une existence légale. Le Règlement sur le Service en campagne reconnaît le major général des dragons.

Il existe donc dès lors quatre états-majors.

Le corps de l'état-major avait résisté aux assauts. Pour 1788 [4] la dépense avait été fixée à 91,900 livres, en diminution de

---

[1] *A. A. G.*, Papiers Guibert, n° 1, Conseil de la guerre.
[2] *A. A. G.*, A.
[3] Voir titre VII, *du Campement*, art. 1er, de chacun des règlements.
[4] *A. A. G.*, G a, 1788.

32,600 livres sur 1787; mais les prévisions furent largement dépassées : 155,010 livres[1].

Un « État général des dépenses du Département de la guerre », dressé en février 1789, réduisit la dépense à 120,000 livres, dont 93,600 pour appointements ordinaires et 26,400 pour aperçu comme traitements extraordinaires. Mais finalement on fixa l'article des appointements à 81,600 livres; quant aux traitements extraordinaires, on décida que la dépense résulterait du nombre d'officiers employés[2].

Ce chiffre s'éleva à 44,133 livres 6 sous 8 deniers. Aussi prévoit-on pour 1790 cette même dépense augmentée des appointements : 76,500 livres. D'où le crédit porté à 120,633 livres[3].

La dépense réellement faite en cette année 1790 ne se retrouve pas[4], le Projet de Fonds pour 1791 est établi sur la nouvelle organisation de l'armée et ne se refère pas à l'ancienne.

Le Conseil de la guerre avait sur le corps de l'état-major décidé le 31 janvier 1789 : « A examiner en son temps ». L'affaire ne revint pas au Conseil avant sa suppression en juillet 1789.

Il avait été arrêté seulement le 14 mai que quatre officiers du corps qui ne l'avaient pas quitté, bien que promus maréchaux de camp[5], ne pouvaient continuer d'y être employés, mais ils conservèrent leur traitement jusqu'au 1er janvier 1790[6].

Ce fut donc l'Assemblée constituante qui statua. Par décret du 5 octobre 1790, sur le rapport du Comité militaire, elle pro-

---

[1] Savoir : 72,863 livres, 6 sous, 8 deniers d'appointements fixes; 82,146, 13 s., 4 d., de traitements extraordinaires (*A. A. G.*, G a 1789, Comparaison entre les années 1787, 1788 et 1789).

Guibert eut cette comparaison entre les maine. Sous le titre *État-Major de l'armée,* il ajouta « des détails », comme à placer après « état-major ».

[2] *A. A. G.*, G a, 1789.

[3] *A. A. G.*, G a, 1790.

[4] On ne connaît que celle du premier semestre : 44,250 (*A.* 38,250; *T.* 600). (*A. A. G.*, C c v, 4).

[5] Scallier, Duboys de La Bernade, Duportail et Marcé.

C'était le comte de Brienne qui avait jugé à propos de différer l'exécution du règlement de 1783 relatif aux aides-maréchaux des logis devenus maréchaux de camp jusqu'à ce que le Conseil de la guerre eût prononcé sur le corps d'état-major. (Note de d'Aguesseau du 5 avril 1789, *A. A. G.*, C. c v, 6, Traitements.)

[6] *A. A. G.*, C c v, 6.

nonça la suppression des états-majors de l'armée existants alors et les remplaça par trente adjudants généraux. Louis XVI sanctionna le décret qui, par cette sanction, devint la proclamation du Roi du 29 octobre 1790. L'état-major devient enfin unique.

Lors de sa suppression, le corps de l'état-major de l'armée comprenait trente aides-maréchaux des logis titulaires ou surnuméraires, quatorze adjoints et neuf officiers attachés.

C'est dans le travail du 1er juillet 1788 qu'avaient été créés les attachés et les aides-maréchaux des logis surnuméraires. Les attachés étaient avec appointements, sans appointements, sans appointements ni traitement; les aides-maréchaux surnuméraires sont sans appointements et sans appointements ni traitement. Enfin, dans le nombre des attachés se trouvaient les titulaires de charges de maréchaux généraux des logis des camps et armées et de la cavalerie légère; ils sont dits *attachés par charge*.

Attachés et surnuméraires prenaient les ordres du Directeur du corps de l'état-major lorsqu'ils étaient employés.

Les officiers du corps de l'état-major, lors de leur nomination recevaient, signé du Ministre, une lettre d'avis :

> Le Roi ayant bien voulu, Monsieur, vous nommer aide-maréchal général des logis, avec un traitement de par an, dont vous jouirez à compter du 1er de ce mois, je vous préviens que c'est à M. le marquis d'Aguesseau, maréchal de camp, Directeur du corps de l'état-major de l'armée, que vous devrez rendre compte de tous les objets relatifs aux parties de service dont vous pouvez être chargé. Il vous fera passer les instructions nécessaires ainsi que les ordres du Roi, lorsque vous serez employé, et vous vous conformerez également à ceux qu'il jugera à propos de vous donner lui-même. Il faudra aussi que vous vous adressiez à lui pour tout ce qui vous concernera personnellement en votre qualité d'officier de l'état-major de l'armée pour qu'il m'en fasse le rapport [1].

Ensuite, lorsqu'ils étaient employés, les officiers du corps étaient pourvus de lettre de service dont la durée était fixée selon

---

[1] *A. A. G.*, dossier d'Hervilly, officiers généraux nommés en émigration.

la mission à remplir : trois mois, six mois, un an ; quand la mission devait exiger plusieurs années, durée quelquefois fixée d'avance, les lettres chaque années étaient renouvelées.

Aux lettres de service étaient jointes des instructions détaillées sur le service à exécuter. A la fin de ces instructions, si l'officier est nouveau dans le corps il est avisé, s'il est ancien il lui est rappelé que jamais les instructions ou ordres donnés et le travail dont il est chargé ne devront être communiqués qu'autant qu'il serait permis ou prescrit de le faire. Si l'officier, d'après ses instructions, doit passer la frontière, le Directeur du corps ajoute : « Je ne puis trop vous donner des conseils de prudence toutes les fois que vos reconnaissances vous jetteront hors de la ligne de notre frontière. Il faut éviter avec le plus grand soin de jamais vous y compromettre [1]. »

En 1784, le marquis de Montaignac est envoyé suivre les mouvements des troupes autrichiennes. Dans ses instructions du 4 décembre, il lui est recommandé d'aller jusqu'au point où il croira pouvoir le faire sans se compromettre. Partout il sera comme voyageur, sans se cacher et sans trop se produire, ne se donnant point pour officier de l'état-major et n'en portant point l'uniforme. Il évitera de rencontrer les troupes de l'empereur [2]. » Montaignac doit observer les magasins et s'instruira, avec autant de détail que d'exactitude qu'il le pourra, des approvisionnements, soit déjà faits, soit demandés. Il comparera les approvisionnements aux troupes qui les consomment, moyen de juger de celles auxquelles les approvisionnements sont destinés et réservés. S'occuper du Luxembourg, de ses approvisionnements, de l'état et force de la garnison, ainsi que des troupes dans le duché, des mouvements qui pourraient s'y faire, des magasins qui pourraient se former sur la Moselle. Agir avec prudence et sagesse, et à ce qu'il ne pourra voir par lui-même Montaignac suppléera, s'il le peu, par des correspondances et des relations indirectes [3].

---

[1] *A. H. G.*, n° 54, 3 b.
[2] *A. H. G.*, L b, 1784,
[3] *A. H. G.*, 54, 3 b.
Les lettres et rapports sont classés Lb, 1784. Il en résulte que les officiers envoyés à l'étranger ne signaient pas cette correspondance. On la reconnaissait à Versailles à l'écriture, et on l'envoyait au marquis d'Aguesseau.

Les officiers n'opèrent pas seuls. L'aide-maréchal sert avec un adjoint. En 1785, Côllot, aide-maréchal des logis, et Lauberdière, adjoint, sont employés en Calaisis et Picardie pour des camps de rassemblement. — Du Puits et de Vault, qui était déjà dans les Vosges, en Haute-Alsace, dans la partie d'Huningue « sous tous les rapports militaires possibles » : Campagne en Basse-Alsace, vers Landau, étude des défenses naturelles ou d'art. — Montfermeil et d'Ollone, en Lorraine, pour des camps de cavalerie. — Les frères Béville, en Basse-Normandie. Ils feront la reconnaissance en forme d'itinéraire jusqu'à Pontorson, telle que leur père l'avait faite en Haute-Normandie ; le père était parti du Havre ; les fils se mettront en route d'Honfleur. — Montaignac, La Barre et Lageard, sur les frontières des Évêchés, pour des positions de rassemblement de troupes et camps de paix. — Scallier et d'Hervilly reconnaissent les terres de l'Escaut et de la Sambre et le pays entre Sambre et Meuse.

Rochambeau, le maréchal de Stainville, le duc d'Harcourt, le comte de Caraman, commandants en chef en Flandre, Lorraine, Normandie et Évêchés, sont informés de l'envoi des officiers. Ceux-ci travaillent à l'étude de positions de rassemblement de troupes, ils peuvent recevoir de ces officiers généraux des indications et des vues ; ils doivent s'y conformer, rendre compte de leurs opérations et même, si le commandant en chef les charge d'un autre travail, l'exécuter [1].

Alexandre Berthier seul est chargé de mission sans qu'un adjoint lui soit attaché. Il doit reconnaître les environs de Compiègne et de la rivière d'Oise, pour des rassemblements de troupes et des camps. « Je ne dois pas vous dissimuler, Monsieur, que le Ministre, sans avoir ses vues arrêtées sur l'usage qu'il en fera, a voulu principalement occuper, éprouver et connaître vos talents, et je m'applaudirai d'avoir toujours à les lui présenter sous un jour favorable. [2] »

Dormay, Menou et Chancel servent à poste fixe en pays d'Aunis, comme Duboys de La Bernade et Roncherolles en

---

[1] Minute des instructions et des avis aux généraux, par d'Aguesseau. (*A. H. G.*, n° 54, 3 b.)

[2] *Ibid.*

Corse; ils correspondent avec le lieutenant général de Vault, parce que leur service est spécial : desséchement de Rochefort et confection de routes en Corse[1].

Mathieu Dumas est envoyé à Constantinople avec mission de reconnaître l'Archipel et d'inspecter les Échelles du Levant (1783-1784); pendant l'hiver de 1784-1785, il est chargé d'une commission particulière en Allemagne. Après le retour en France de Dumas, c'est Brentano qui est envoyé à Constantinople (1785); il y reste jusqu'en 1787 et sert sur les frontières de l'empire turc. Il est chargé de l'instruction de l'infanterie turque dans les principes élémentaires de la tactique, pendant que le major du génie de Lafitte-Clavé[2] dirige l'école de fortification et exécute les travaux de défense du Bosphore sur la mer Noire, et que l'ingénieur géographe d'Abancourt[3] tient l'école de dessin et de mathématiques établie pour l'instruction des Turcs[4].

De même, lorsque Duportail est employé dans la mission chargée de l'instruction de l'armée napolitaine, il est nommé aide-maréchal général des logis (1er juillet 1787) et reçoit une instruction particulière en cette qualité[5].

Poncet est en Hollande de 1785 à 1787 et y sert activement; en 1788, il est envoyé à Bruxelles pour y prendre les patriotes hollandais et les ramener en France. En 1787, le marquis de Lambert, maréchal de camp, est envoyé aussi en Hollande accompagné de Mathieu Dumas et du jeune comte de Lambert,

---

1 En 1785, Gouvion fait de lui-même un voyage en Prusse. (*A. H. G.*, n° 54, 3 b.)

2 Lafitte-Clavé resta en Turquie de 1784 à 1788 ; il reçut de la Sublime-Porte une épée d'or pour les travaux d'Ockzakow et la part qu'il prit au combat de Kilboroun. (*A. A. G.*, gén. de brig., n° 26.)

3 Charles-François Frérot d'Abancourt, ingénieur géographe des Affaires étrangères, employé à Constantinople, 1785-1788 ; ingénieur géographe militaire, 1789 ; employé par le Comité de Constitution de l'Assemblée constituante et chargé d'exécuter le travail de la division de la France en 83 départements ; employé ensuite au cadastre pour la partie graphique et par le Comité de Salut public pour les cartes ; capitaine sous-directeur au Dépôt de la guerre, 1796 ; autorisé à porter l'uniforme d'adjudant général, 1798 ; chef du Bureau topographique des armées du Danube et du Rhin ; mort à Munich, 1801.

4 *A. H. G.*, n° 54, 3 a, et *A. A. G.*, contrôles et dossiers.

5 *A. A. G.*, C c v, 2, et *A. H. G.*, n° 54, 3 a.

à qui des lettres d'adjoint sont données extraordinairement pour suivre son père, le marquis.

Ces missions à l'étranger comptent pour l'avancement comme campagnes de guerre.

Roux de Fazillac fit, avec lettres de service, un voyage en Prusse et aux armées autrichiennes et en rapporta un Mémoire intéressant. Campagne poussa des reconnaissances très en avant de la frontière de la Basse-Alsace et se rendit au camp de Prague.

En 1787, Scallier et d'Ivry servent en Flandre ; d'Hervilly, Alexandre Berthier et Dezoteux, sur la frontière du Hainaut pour reconnaître la défensive de la Sambre[1] ; Montaignac et Lageard sont toujours sur la frontière des Évêchés ; Campagne et Jarjayes, en Alsace et sur les Alpes ; Collot et Lauberdière en Picardie. Rochefontaine est employé en Bretagne, et Amabert en Normandie. Enfin, Laumoy sert aux colonies, à Saint-Domingue (1785-1789)[2].

L'année suivante, en 1788, l'adjoint de Vaudremont, aide de camp du comte de Brienne, Ministre de la guerre, est employé particulièrement par lui. Un grand nombre d'officiers du corps sont affectés aux états-majors des camps de Metz et de Saint-Omer et des troupes en Bretagne ; le marquis de La Rozière et le comte de Chasteigner, maréchal et aide-maréchal général des logis de ces troupes, sont même, en raison de leurs fonctions, considérés comme employés dans le corps, et ils relèvent du marquis d'Aguesseau[3].

Quelques officiers servent en 1789 au Dépôt de la guerre comme Roux de Fazillac[4] et le comte de Scallier. Celui-ci y rédigeait un ouvrage destiné à présenter méthodiquement, *tous sous un même point de vue*, des travaux d'état-major sur les différentes parties de l'Art de la guerre, de façon à en former un corps d'instruction[5].

---

[1] En 1786, Berthier avait reconnu les positions de Mortagne et de la Sambre ; en 1787, il s'occupe de la forêt de Mormal. (*A. H. G.*, n° 54, 3 b.)

[2] *A. H. G.*, n° 54, 3 a.

[3] *A. A. G.*, dossiers.

[4] *A. H. G.*, n° 54, 3 a.

[5] *A. A. G.*, Gc v, 6.

Mathieu Dumas est employé près le Conseil de la guerre, sou les ordres du marquis de Lambert, et chargé des détails relatif aux étapes, transports et convois militaires, ainsi que de la con fection d'une nouvelle carte de routes et autres objets concernan les mouvements des troupes. Poncet et César Berthier lui son adjoints[1]. D'Ivry est désigné pour faire une reconnaissance par ticulière des établissements militaires et des emplacements de l maréchaussée dans la partie de la Normandie située entre Caen Evreux et Alençon, et dans le Maine et l'Anjou[2]. Campagne e Fléchier doivent reconnaître d'urgence l'emplacement de quel ques régiments dans la division de Guyenne; Lauberdière demeure en Picardie[3].

Le 19 avril, le Ministre de la guerre, M. de Puységur, priai d'Aguesseau de faire expédier des lettres de service à Dezoteu pour reconnaître des emplacements de Bourgogne et de Cham pagne et des emplacements de maréchaussée ; à Amabert, pou la Bretagne sous les ordres du comte de Thiard ; à Goguelat[4] : l destination n'est pas indiquée pour celui-ci, mais il fut employ par le Conseil de la guerre, et à la suppression, en juillet 1789, à Valenciennes, aux ordres du comte d'Esterhazy.

En dernier lieu, le 17 mai, Puységur invitait le Directeur du corps de l'état-major à faire expédier des lettres à Jarjayes et à Mélat pour continuer à reconnaître, d'après les instructions du marquis de Lambert, des emplacements et logements de troupes en Dauphiné et en Provence, « ces reconnaissances n'ayant pu être terminées à cause des troubles, qui, d'ailleurs, ont occa- sionné des changements dans le premier projet d'emplacement permanent[5] ».

En 1790, par suite des événements et de la réorganisation de l'armée, à laquelle l'Assemblée nationale constituante allait pro- céder, trois officiers seulement reçurent des lettres de service :

---

[1] *A. A. G.*, C c v, 3 (Lettres de service). Décision du Conseil de la guerre du 7 mars 1789, à dater du 1er janvier.

[2] *A. A. G.*, C c v, 3.

[3] Avis donné par le Ministre au marquis d'Aguesseau, le 27 février 1789, à dater du 15 mars. (*A. A. G.*, C c v, 3.)

[4] *A. A. G.*, C c v, 3.

[5] *Ibid.*

Dumas, qui était maréchal général des logis de la garde nationale parisienne[1], du 1er janvier au 1er juillet; Meusnier était employé aux travaux de Cherbourg ; Goguelat servit en Hainaut, à dater du 1er avril, avec lettres de service jusqu'à l'organisation de l'armée. Un quatrième, M. de Campagne, fut affecté du 20 février au 26 juillet à une mission inconnue[2].

Enfin, deux officiers du corps supprimé furent employés par lettres de service du 1er mars 1791 avant la nomination des adjudants généraux Poncet et d'Ollone, dans les départements du Haut et du Bas-Rhin[3].

Voici la liste des officiers du corps de l'état-major de l'armée, avec un *curriculum*. On y trouvera leur âge, les fonctions remplies qui, à défaut d'examen, motivèrent la proposition d'admission dans le corps; les services rendus et les promotions dans l'état-major (en caractères gras), et (en italique) ce que les officiers sont devenus après leur sortie du corps, leurs fonctions, leurs travaux. Enfin, on pourra se rendre compte de la proportion de la noblesse et des officiers non nobles dans l'état-major; si la question de naissance est entrée en ligne de compte pour les grâces, dans le corps de l'état-major, ou le mérite seul. On jugera enfin l'avancement spécial des officiers du corps, au point de vue de sa rapidité.

---

[1] Gouvion est major général de cette garde, mais n'a pas de lettres de service.

[2] *A. A. G.*, C c v, 4.

[3] *Ibid.*

Promotion du 13 juin 1783.

Aides-maréchaux généraux des logis. — *Brigadiers*. — Chevalier DE VAULX. — Employé dans le corps de Bourcet[1], aide-maréchal général des logis en Corse de 1769 à 1783. — *Maréchal de camp*, 1er *janvier* 1784; *n'est pas employé*.

DORMAY (Jean-Baptiste-David LALLUYAUX-). — Aide-maréchal des logis surnuméraire en Allemagne, 1757-1762; employé dans le corps de Bourcet[1]; aide-maréchal général des logis en Aunis et Poitou, 1772-1783. — *Maréchal de camp*, 9 *mars* 1788; *décédé*, 26 *avril* 1788.

Colonel. — Marquis DE MONTAIGNAC (Jean-Marie DE GAIN), né le 11 janvier 1741, à Saint-Hippolite, diocèse de Limoges. — Page du roi, puis écuyer cavalcadour; au service comme capitaine de dragons, 1775; aide-maréchal général des logis en Bretagne, 1778-1780. — *Maréchal de camp pour retraite*, 1er *mars* 1791; *était sorti de France par ordre depuis* 1789, *pour accompagner les ducs d'Angoulême et de Berry;* sert comme *général-major de cavalerie à l'armée de Condé; lieutenant général honoraire*, 1816. (*A. A. G.*, gén. de div., n° 804.)

Lieutenant-colonel. — COLLOT (Georges-Henry-Victor), né le 21 mars 1750, à Châlons-sur-Marne. — Au service, 1768; aide-maréchal général des logis à l'armée de Rochambeau, 1780-1783. — **Lieutenant-colonel, 1785; colonel, 1787.** — *Adjudant général*, 1er *avril* 1791; *maréchal de camp*, 13 *décembre* 1791; *armée du Nord; gouverneur de la Guadeloupe*, 1792-1801. (Mar. de camp, n° 3832.)

Majors. — Vicomte DE BARRAL. — Employé dans le corps de Bourcet[1]; aide-maréchal des logis des troupes de l'expédition de Cadix, 1782. — **Lieutenant-colonel, 1785; colonel, 1788.** — *Maréchal de camp*, 13 *décembre* 1791; *reconnaissance des côtes de la Méditerranée; armée des Alpes; remercié*, 15 *mai* 1793.

CROMOT, baron DU BOURG (Marie-François-Joseph-Maxime), né le 28 avril 1756, à Versailles. — Au service, 1770; aide-maréchal général des logis en Amérique, 1780-1783. — **Lieutenant-colonel, 1787; colonel, 1788.** — *Démissionnaire*, 18 *octobre* 1790. (Mar. de camp honoraire; gén. de brig., n° 1929.)

---

[1] Voir là la notice de ses services.

Dumas (Mathieu), né le 23 novembre 1753, à Montpellier. — Au service, 1773; aide de camp de Rochambeau, puis aide-maréchal général des logis en Amérique, 1780-1783. — **Major, 1783; colonel, 1787** (sans passer par le grade de lieutenant-colonel « par grâce particulière, attendu la nature et l'objet de ses services » (missions à l'étranger). — **Rédacteur au Conseil de la guerre, lors de la suppression de l'emploi de rapporteur; directeur général du Dépôt des cartes et plans de la Guerre.** — *Maréchal de camp*, 30 *juin* 1791; *législateur; chef d'état-major de l'armée des Grisons; conseiller d'État; organise la Légion d'honneur; général de division*, 1er *février* 1805; *aide-major général et maréchal général des logis de la Grande Armée; ministre de la guerre à Naples; aide-major général de la Grande Armée en Espagne et en Allemagne; directeur général de la Conscription; intendant général de la Grande Armée.* (Gén. de div., n° 395.)

Capitaines. — Comte de Roncherolles (Anne-Dorothée-Gaspard-Michel), né le 21 avril 1755, à Paris. — Au service, 1771. — *Mestre de camp en second du régiment d'infanterie d'Orléans*, 1er *janvier* 1784. — **Rentré dans le corps d'état-major, 29 avril 1784.** — *Réformé avec le corps*, 1790. (Contrôles.)

Comte de Menou (Jacques-François de Boussay), né le 3 septembre 1750, à Boussay. — Au service, 1768. — Aide-maréchal général des logis surnuméraire en Aunis, 1778-1783. — **Major, 1784; lieutenant-colonel, 1787; colonel, 1788.** — *Adjudant général*, 1791; *colonel du* 12e *chasseurs; maréchal de camp*, 8 *mai* 1792; *chef d'état-major général de l'armée de Réserve; général de division*, 15 *mai* 1793; *général en chef de l'armée d'Orient; commandant général en Piémont; gouverneur général de la Toscane; gouverneur de Venise.* (Gén. de div., n° 51.)

Jarjayes (François-Augustin Reynier de), né le 8 octobre 1745, à Upaix. — Neveu et élève de Bourcet; au service, 1769; toujours employé dans l'état-major à des reconnaissances dans les Alpes. — **Major, 1784; lieutenant colonel, 1788.** — *Adjudant général colonel*, 1791; *directeur des travaux du Dépôt de la guerre; maréchal de camp*, 2 *mai* 1792; *sorti de France avec une mission des prisonniers du Temple auprès du comte de Provence*, 2 *mars* 1793. (Lieutenant général honoraire, 1815; gén. de div., n° 822.)

Béville de Pont, ou *Béville l'Aîné* (Charles), né le 29 janvier 1757, à Paris. — Au service, 1773; aide de camp de Broglie à Vaussieux, 1778, et de son père à l'armée de Vaux, 1779; aide-maréchal des logis de l'armée de Rochambeau, 1780-1783. — **Major, 1784; lieutenant-colonel, 1788.** — *Adjudant général lieutenant-colonel*, 1791; *armée du Rhin; colonel*, 1792; *a cessé de servir*, 1er *mai* 1793. (Class. gén. alphab. 1791-1847.)

Adjoints (ils sont tous et toujours *capitaines*).

Berthier, l'aîné (Louis-Alexandre), né le 20 novembre 1753, à Versailles. — Au service, 1768 ; aide-maréchal des logis à l'armée de Rochambeau, 1780-1783. — **Aide-maréchal général des logis, 2 décembre 1787 ; major, 1788 ; lieutenant-colonel, 1789.** — *C'est le maréchal prince de Neuchâtel.*

Vicomte d'Ollone (Pierre-Gabriel), né le 25 juillet 1758, à La Pape, en Bresse. — Au service, 1772 ; aide de camp de Viomémil, puis sous-aide-maréchal des logis à l'armée de Rochambeau, 1780-1782. — **Aide-maréchal général des logis, 2 décembre 1787 ; major, 1788 ; lieutenant-colonel, 1789.** — *Adjudant général lieutenant-colonel*, 1791, 5e *division ; colonel du* 47e *régiment d'infanterie ; a quitté, juillet* 1792 ; *maréchal de camp*, 1814 ; *inspecteur général d'infanterie adjoint*, 1814-1817. (Gén. de brig., n° 1707.)

Poncet (Antoine-François), dit aussi *Poncet-Delacour*, du nom de sa mère, et plus tard *Poncet du Maupas*, né le 17 septembre 1750, à Chalon-sur-Saône. — Soldat, 1769 ; officier, 1771 ; aide de camp de Falckenhayn à Mahon et Gibraltar, 1781 ; aide-maréchal des logis des troupes de d'Estaing, 1782. — **Major, novembre 1787 ; aide-maréchal des logis, 2 décembre 1787 ; lieutenant-colonel, 1789 ; en mission en Hollande, en mars 1785, avec Maillebois pour l'organisation de l'armée, la reconnaissance des frontières et des moyens de défense dans le cas où les armées de France et de la République auraient une guerre à soutenir ensemble ; rentré en 1787 « avec des reconnaissances étendues des frontières bataves qui pourraient devenir d'une indispensable utilité dans d'autres circonstances ».** — *Adjudant général lieutenant-colonel*, 1791, *chef de l'état-major, qu'il forme, des troupes des Haut et Bas-Rhin ; crée à ses frais et avec des moyens de fortune, à Strasbourg, une division d'artillerie à cheval, qu'il présente, dans sa tournée, au ministre Narbonne qui fait adopter l'institution ; maréchal de camp*, 22 *mai* 1792 ; *fournit au ministre de Grave le plan de la conquête de la Savoie et du comté de Nice ; est envoyé à l'armée des Alpes pour en former l'état-major et suivre l'exécution de son plan, juin* 1792 ; *Louis XVI lui offre le portefeuille de la guerre : il refuse et d'Abancourt est nommé ; maréchal de camp*, 1792 ; *directeur du Dépôt des plans et cartes de la guerre, mai* 1793 ; *pensionné pour infirmités, août* 1793 ; *préfet du Jura*, 1801 ; *commandant la* 19e *division militaire à Lyon*, 1809-1815 ; *présente* (1816) *un nouveau mode de recrutement qui est adopté, et il est nommé commissaire du Ministre de la guerre pour la rédaction du projet, qui devient la loi de* 1818. (Gén. de brig., n° 3873.)

Vicomte DE RICCÉ (Gabriel-Marie), né le 12 juillet 1758, à Bagé-la-Ville, en Bresse. — Page du roi ; au service, 1774 ; aide-maréchal des logis de l'armée de Bretagne, 1779 ; aide de camp de Vioménil, en Amérique. — *Mestre de camp en second du régiment de Lorraine, 20 mai* **1784** ; quitte le corps. (Mar. de camp, n° 3835.)

LAUBERDIÈRE (Louis-François-Bertrand DUPONT D'AUBEVOYE DE), né le 27 octobre 1759, à Beaugé. — Élève de l'École militaire ; officier en 1778 ; aide de camp de Rochambeau, son oncle, en Amérique. — **Aide-maréchal des logis, 2 décembre 1787, major, 1788 ; lieutenant-colonel, 1789.** — *Adjudant général,* 1791 ; *employé en Irlande (reconnaissance du Sud) par le ministre Duportail ; retenu prisonnier lors de la déclaration de guerre,* 1793 ; *rendu,* 1800 ; *adjudant commandant,* 1804 ; *état-major de la Grande Armée d'Austerlitz sous Mathieu Dumas, puis chef d'état-major de Lasalle ; général de brigade pour Doppen,* 12 *février* 1807 ; *Espagne,* 1808-1811 ; *commandant à Madrid, gouverneur du royaume de Léon ; commandant la ligne du Weser,* 1813, *puis la* 35e *division,* 11e *corps ; lieutenant général honoraire,* 1814. (Gén. de div., n° 725.)

Promotion du 1er mai 1784.

Aides-maréchaux généraux des logis. — *Lieutenant-colonel.* — DU PUITS (Pierre-Jacques-Claude). — Employé au corps de Bourcet [1], puis à un service d'état-major. — **Colonel,** 1787. — *Maréchal de camp,* 30 *juin* 1791 ; *commandant le département de l'Ain ; donne sa démission, se trouvant dans l'impossibilité de faire respecter la loi et cesse ses fonctions,* 13 *janvier* 1792.

Capitaine. — Baron DE BRENTANO (Georges-Joseph-Frédéric), né le 26 février 1746, à Ratisbonne. — Au service de France, 1772 ; en Pologne, sous Vioménil, 1772-1773 ; dans l'armée turque, 1774 ; aide de camp du baron de Vioménil, en Amérique, 1780-1783. — **En mission en Turquie** (**reconnaissance des frontières en Europe et instruction de l'infanterie turque dans les principes élémentaires de la tactique**), **1785-1787 ; lieutenant-colonel, 1787 ; colonel, 1788 ; démissionnaire, 1789 ; passé à Stockolm et accrédité par le roi de Suède auprès de la Sublime-Porte.** (Off. gén. étrangers.)

---

[1] Voir là la notice de ses services.

Promotion du 13 juin 1784

(Avec rang du 13 juin 1783.)

Aides-maréchaux généraux des logis. — *Lieutenants-colonels*. — Comte DE LAUMOY (Jean-Baptiste-Joseph), né le 13 avril 1750, à Chilleurs-aux-Bois. — Élève de l'École militaire ; officier, 1768 ; ingénieur ; au service d'Amérique, 1777-1783. — **Employé à Saint-Domingue, 1787-89 ; colonel, 1787. Commandant en second à la Martinique, 1789**. — *Adjudant général colonel*, 1791 ; *maréchal de camp*, 25 *août* 1791 ; *chef d'état-major de La Fayette ; a quitté l'armée avec son général*, 16 *août* 1792. (Mar. de camp, n° 3818.)

GOUVION (Jean-Baptiste), né le 8 janvier 1747, à Toul. — Au service, 1769 ; ingénieur ; sert dans l'armée des États-Unis et y commande le génie, 1777-1782. — **Colonel, 1787 ; major général de la garde nationale parisienne**. — *Adjudant général*, 1791 ; *maréchal de camp*, 30 *juin* 1791 ; *armée du Centre ; tué à l'ennemi*, 11 *juin* 1792. (Mar. de camp, n° 3763.)

Promotion du 1er décembre 1784.

Aides-maréchaux généraux des logis. — *Brigadier*. — Comte DE SCALLIER (Jean-Baptiste-Arsène PETEL), né le 26 avril 1716, à Lyon. — Au service, 1744 ; aide-maréchal général des logis en Allemagne de 1759 à 1762 ; ne sert plus effectivement depuis 1765 ; en mission pour l'établissement d'un recrutement en Empire pour les régiments étrangers, 1774-1781. — **Maréchal de camp, 9 mars 1788**. — *Ne tient plus au corps d'état-major*, 14 *mai* 1789, *et n'est plus employé*. (Mar. de camp., n° 3153.)

Colonel. — Comte D'HERVILLY (Louis-Charles), né le 26 février 1755, à Paris. — Au service, 1770. — Aide-major général d'infanterie des troupes du comte d'Estaing, 1782. — *Mestre de camp commandant du régiment de Rohan*, 10 *mars* 1788 *et quitte le corps*. (Blessé mortellement à Quiberon ; off. gén. nommés en émigration.)

Adjoints. — ROUX DE FAZILLAC (Pierre), né le 18 juillet 1746, à Excideuil. — Au service, 1767 ; traduit de l'anglais l'*Histoire de la guerre de* 1756 et rédige les deux premiers volumes d'un abrégé historique et militaire de tous les ouvrages militaires qui ont paru depuis François Ier et qui les réunit tous en un seul corps ; aide de camp du duc d'Ayen, puis de La Fayette ; aide-major de l'infanterie de l'expédition de Cadix. — **Major, 1788 ; lieutenant-colonel, 1789 ; en mission aux armées de Prusse et d'Autriche pour y étudier particulièrement les manœuvres de Frédéric et observer les places de Pleiss et de Theresienstadt en Bohême.** — *Adjudant général lieutenant-colonel*, 1791 ; *Colonel du 4e cavalerie, puis adjudant général colonel*, 1792 ; *général de brigade*, 8 *mars* 1793 ; *membre de la Législative, puis de la Convention*. (Gén. de brig. n° 62.)

Baron DE VAULT (Alexandre-Victor-Blaise-Joseph), né le 24 juillet 1754, à Lure. — Au service, 1771 ; aide de camp de Falckenhayn à Minorque, 1781 ; aide-major général de l'infanterie du corps de troupes aux ordres de d'Estaing, 1782. — **Aide-maréchal des logis, 2 décembre 1787 ; major, 1788 ; lieutenant colonel, 1789.** — *Adjudant général lieutenant-colonel*, 1791 ; *colonel du 21e régiment d'infanterie*, *mars* 1792 ; *démissionnaire*, sa santé ne lui permettant plus de service actif, *juillet* 1792. (Pensions, 1779-1791, n° 306 *bis*.)

BÉVILLE DE VICQUES ((Jacques), dit le *chevalier de Béville* et *Béville le jeune*, né le 6 décembre 1758, à Paris. — Au service, 1775 ; adjoint aux aides-maréchaux des logis de l'armée de Rochambeau, 1780-1783. — **Aide-maréchal des logis, 1er juillet 1788 ; major 1788.** — *Adjudant général lieutenant-colonel*, 1791 ; 19e *division ; a quitté, mai* 1792. (Class. gén. alph., 1791-1847.)

DEZOTEUX (Pierre-Marie-Félicité), né le 22 novembre 1751, à Paris. — Au service, 1772 ; aide de camp du baron de Vioménil, en Amérique, 1780-1783. — **Aide-maréchal des logis, 1er juillet 1788 ; major, 1788.** *Adjudant général lieutenant-colonel*, 1791 ; 3e *division ; décrété d'accusation pour le voyage du roi à Varennes, juillet* 1791 ; *émigre*. (Joue ensuite un rôle politique sous le nom de *Cormatin*.) (Class. gén. alph., 1791-1847.)

CHANCEL (Jean-Nestor DE), né le 1er mars 1753, à Angoulême. — Au service d'Autriche dans le génie, l'infanterie et l'état-major, 1771-1780 ; au service en France, 1780 ; aide de camp du comte de Broglie et du lieutenant général de Voyer. — **Ni avancement ni grade dans le corps d'état-major.** — *Adjudant général lieutenant-colonel*, 1791 ; 4e *puis* 3e *division ; adjudant général colonel*, 2 *juin* 1792 ; *chef d'état-major de l'armée du Nord jusqu'au* 26 *août ; maréchal de camp provisoire*, 21 *octobre* 1792 ; *général de division*, 11 *septembre* 1793 ; *commandant à Maubeuge ; suspendu après Wattignies et arrêté, puis condamné à mort*, 5 *février* 1794. (Gén. de div., n° 97.)

Amabert (Charles-Marie), né le 24 juillet 1753, à Grenoble. — Au service, 1769; ingénieur-géographe et aide de camp de Bourcet en Corse; lève la carte des Alpes et des côtes de Bretagne; fait des reconnaissances secrètes en Angleterre lors du projet de descente; aide-maréchal des logis surnuméraire à Mahon et Gibraltar. — **Aide-maréchal des logis, 1er juillet 1788; major, 1788.** — *Adjudant général lieutenant-colonel*, 1791; 15e *division; adjudant général colonel*, 23 *mai* 1792; *suspendu, octobre* 1793; *réintégré, octobre* 1794; *Vendée; en congé illimité pour santé, avril* 1795. *Hoche le note comme « le meilleur officier des armées des Côtes de Cherbourg et de Brest réunies », et obtient que le congé illimité lui soit donné au lieu de la retraite demandée, pour ne pas se priver, en cas de rétablissement, des services d'Amabert : « officier très distingué connu du gouvernement, il est du nombre de ceux qui méritent de la Patrie et de l'Humanité »* (Hoche). (Class. gén. alph., 1791-1847.)

Rochefontaine (Étienne-Nicolas-Marie Béchet, *dit* de), né le 23 février 1755, à Ay. — Capitaine et major du génie au service des Américains, 1778-1783; admis au service de France, 1783, comme capitaine de troupes provinciales. — **Aide-maréchal des logis, 16 novembre 1788; major, 1788; lieutenant-colonel, 1789.** — *Adjudant général lieutenant-colonel, colonel du* 68e *régiment d'infanterie, adjudant général colonel pour le service des colonies*, 1791; *major général à Saint-Domingue; remplacé par Lavaux*, 1793, *envoyé en congé aux États-Unis, puis destitué.* (Class. gén. alph., 1791-1847.)

Vicomte de Lageard (Antoine-Martin de Lageard, chevalier de Cherval, puis), né le 14 novembre 1750, à Pont-à-Mousson. — Élève de l'École militaire; officier, 1769; aide de camp du comte de Durfort. — **Aide-maréchal des logis, 1er juillet 1788; major 1788.** — *Le sort ultérieur à la réforme du corps est inconnu.*

Comte de Campagne (Géraud de Laborie), né le 17 juillet 1756, à Campagne, en Périgord. — Page, 1773; premier page du roi; au service comme capitaine, 1778. — **Aide-maréchal des logis, 1er juillet 1788; major, 1788.** — *Adjudant général lieutenant-colonel*, 1791; 10e *division; A abandonné, mai* 1792. (*Pens.* 1779-1791, no 5,547 au Ve.)

La Chèze (Pierre-Antoine de), né le 9 février 1750, à Thionville. — Officier d'artillerie; au service, 1768. — Commandant les ouvriers d'artillerie à l'armée de Rochambeau, 1780-1783. — *A quitté l'État-major le* 1er *janvier* 1787 *pour rentrer dans son arme.* (Class. gén. alph., Anc. Rég.)

Ivry-Dumesnil (Jean-Augustin d'), né le 17 janvier 1753, à Beauvais. Cavalier, 1769; officier, 1772. — **Aide-maréchal des logis, 1er juillet 1788; major, 1788.** — *Adjudant général lieutenant-colonel*, 1791; 5e *division; a quitté, avril* 1792. (Pens. 1779-1791, no 12,372 au Ve.)

Comte DE LA BARRE (André), né le 30 novembre 1749 à la Louisiane. — Au service, 1770; services au Canada, à Saint-Domingue et à l'armée de Rochambeau. — **Aide-maréchal des logis avec rang de major**, attaché au corps, sans appointements[1], **16 novembre 1788**. — *Lieutenant-colonel, puis colonel du 15e dragons,* 1791; *général de brigade,* 25 juin 1793; *armées d'Italie, sous Toulon et des Pyrénées orientales; tué à l'ennemi,* 7 *juin* 1794. (Gén. de brig., n° 260.)

Promotion du 1er septembre 1786.

Aide-maréchal général des logis. — *Brigadier.* — DUBOYS DE LA BERNADE (Jean-Élie). — Employé dans le corps de Bourcet[2]; aide-maréchal des logis en Normandie, 1778. — **Maréchal de camp, 9 mars 1788.** — *Cesse d'appartenir au corps d'état-major,* 14 *mai* 1789; *n'est plus employé.*

Promotion du 1er mai 1787.

Adjoints. — Vicomte DE MÉNILDURAND (Charles-François-Gustave DE GRAINDORGE D'ORGEVILLE), né le 17 avril 1760, à Lisieux. — Fils aîné du tacticien; au service, 1776; campagnes en Amérique. — **Aide-maréchal des logis et major, 16 novembre 1788.** — *Adjudant général lieutenant-colonel,* 15 *novembre* 1791; *resté sans destination; a quitté, avril* 1792. (Pens. 17779-1791, n° 2594 *bis*.)

FLÉCHIER (Esprit-Balthasar-Alexis DE). — Au service, 1779. — **Aide-maréchal des logis, 16 novembre 1788.** — *Capitaine au* 71e *régiment d'infanterie,* 13 *septembre* 1791; *a abandonné,* 12 *janvier* 1792. (Class. gén. alph., 1791-1847.)

Comte DE MÉLAT (Pierre-Gabriel), né le 11 juillet 1760, à Grenoble. — Au service, 1777; *son sort ultérieur au licenciement du corps en* 1790, *est inconnu.* (Class. gén. alphab., Anc. Rég.)

---

[1] Passé dans la promotion du 1er juillet 1788, La Barre réclama et obtint le grade et l'emploi, mais celui-ci ne put lui être accordé que comme *attaché sans appointements*, les places de majors soldés étant toutes remplies.

[2] Voir là la notice de ses services.

Promotion du 1er juillet 1787.

Aide-maréchal général des logis.— *Brigadier.*— DUPORTAIL (Louis LE BÈGUE DE PRESLE), né le 14 mai 1743, à Pithiviers. — Au service, 1762; ingénieur; lieutenant-colonel, colonel, brigadier général au service des États-Unis, commandant les ingénieurs, le corps des mineurs et sapeurs, et directeur des fortifications; enfin, major général, 1777-1784; en mission à Naples pour l'instruction de l'armée napolitaine, 16 juin 1787. — **Maréchal de camp, 9 mars 1788.** — *Cesse d'appartenir au corps d'état-major*, 14 *mai* 1789; *Ministre de la guerre, novembre* 1790-*décembre* 1791; *lieutenant général*, 13 *janvier* 1792; 21e *division; ne s'y est pas rendu.* (Lieut. gén., no 1268.)

Promotion du 2 décembre 1787.

Aides-maréchaux généraux des logis. — *Capitaines.* — BERTHIER, D'OLLONE, PONCET, DE VAULT, ROUX DE FAZILLAC, DE LAUBERDIÈRE.

Promotion du 1er juillet 1788.

Aides-maréchaux généraux des logis. — *Brigadier.* — Comte DE MARCÉ (Louis-Henry-François). — Employé au corps de Bourcet[1]; aide-maréchal des logis en Corse, 1770-1779. — **Maréchal de camp, 20 septembre 1788.** — *Ne tient plus au corps d'état-major*, 14 *mai* 1789; *commandant les troupes du Lot, du Lot-et-Garonne et de la Dordogne*, 1790; *lieutenant général*, 13 mai 1792; 12e *division; battu le* 19 *mars* 1793 *par les rebelles, arrêté; transféré à l'abbaye et guillotiné.*

Majors. — MEUSNIER DE LA PLACE (Jean-Baptiste-Marie-Charles), né le 19 juin 1754, à Tours. — Au service, 1775; ingénieur; membre de l'Académie des Sciences; nommé aide-maréchal des logis avec le grade de major, pour lui donner un avancement qu'il ne pouvait avoir dans le génie, et sert à la suite de son arme aux travaux de Cherbourg. — **Lieutenant-colonel, 1789.** — *Adjudant général lieutenant-colonel*, 1791; *colonel du* 14e *régiment d'infanterie et adjudant général colonel*, 5 *et*

---

[1] Voir là la notice de ses services.

février **1792** ; *armée du Midi ; maréchal de camp au camp sous Paris, septembre* 1792 ; *armée du Rhin; général de division,* 5 *mai* 1793 ; *défense de Mayence; blessé mortellement,* 5 *juin* 1793. (Gén. de div., nº 32.)

Chevalier DE GRANDPRÉ (Louis DARUT). — Employé comme aide-maréchal des logis sous les ordres de son frère en Flandre [1], 1769-1775. — Lieutenant-colonel, 1788. — *Adjudant général colonel,* 1791 ; *maréchal de camp,* 27 *mai* 1792 ; *armée des Alpes ; commandant les troupes employées à protéger la navigation du canal entre les deux mers ; armée des Pyrénées; général de division,* 15 *mai* 1793 ; *commandant les côtes de Leucate à Aigues-Mortes; retraité,* 1795.

Capitaines (étaient adjoints). — D'IVRY, comte DE CAMPAGNE, vicomte DE LAGEARD, DEZOTEUX, AMABERT, BÉVILLE DE VICQUES.

Adjoints. — Comte DE LA ROZIÈRE (Jean CARLET), né le 10 avril 1767, à Paris. — Au service, 1784 ; employé en Bretagne sous les ordres de son père. — *Réformé,* 1790 ; émigré (sert dans divers états-majors et devient brigadier général dans l'armée portugaise) ; *maréchal de camp* 21 *décembre* 1814 ; *a commandé des subdivisions jusqu'à* 1830. (Gén. de brig., nº 1896.)

Comte DE BOUVILLE (Marie-Alexandre-Gabriel JUBERT), né le 16 janvier 1756. — Au service, 1772. — **N'a pas reçu de lettres de service et n'a pas été employé.** (Contrôles.)

VAUDREMONT (Joseph-Louis GODARD DE), né le 4 juillet 1756, à Lavaur. — Volontaire dans la marine, 1773 ; voyage aux terres australes avec Kerguelen ; sous-lieutenant d'infanterie, 1778 ; campagne en Amérique sous d'Estaing ; aide de camp du comte de Brienne, Ministre de la guerre. — *Non replacé à la réforme du corps d'état-major; émigre.* (Pens. 1801-1817, nº 171,574.)

CAPITAINE DU CHESNOY (Michel CAPITAINE, *dit*), né le 11 octobre 1746, à Mézières. — Au service, 1770 ; passé en Amérique avec La Fayette, 1777, comme son aide de camp ; capitaine et major des ingénieurs au service des États-Unis ; sert dans l'état-major des troupes de d'Estaing ; lève une carte du théâtre de la guerre en Amérique. — *Réformé avec le corps, n'a pu obtenir d'être employé.* (Pens. 1779-1791, nº 12,912.)

Attachés. — *Avec* 600 *livres d'appointements.* — GOGUELAT (François), né le 23 janvier 1746, à Château-Chinon. — Ingénieur, 1772. —

---

[1] Voir là la notice de ses services.

Adjoint, 12 octobre 1788. — *Réformé avec le corps ; employé extraordinairement sous Bouillé, 2 juin 1791, et intermédiaire entre le roi et le général pour les préparatifs du voyage à Varennes ; attaché au retour particulièrement à la personne de Louis XVI, chargé de la correspondance secrète du roi et de la reine et de missions auprès de l'empereur d'Autriche, de la cour de Londres, du prince de Condé et de Mercy-Argenteau; cesse ses fonctions le 10 août 1792, au soir; émigre ; maréchal de camp, le 9 septembre 1814 ; lieutenant de roi à Brest, 1816-1819 ; lieutenant général honoraire, 10 novembre 1819.* (Gén. de div., n° 975.)

Sans appointements. — *Colonel.* — Marquis DE CHOIN (André Michel-Victor), né le 24 juillet 1744, à Grenoble. — Au service, 1743 ; ingénieur ; employé sous Bourcet auprès de Dangé d'Orsay ; maréchal général des logis et major général sous d'Estaing. en Amérique, 1778-1779 ; colonel de dragons, 1780. — **Employé sur la frontière des Alpes, S. a. n. t.** — *Maréchal de camp pour retraite, 1er mars 1791.* (Mar. de camp, n° 3570.)

Lieutenant-colonel. — BOMÉ (Charles THOMAS DE), né le 17 janvier 1731, à Metz. — Chevau-léger, 1753 ; lieutenant de cavalerie, 1756 ; employé auprès du marquis de Barbanson pour les ordonnances concernant les manœuvres de cavalerie ; a rédigé les ordonnances d'équitation de 1765 ; employé à suite du département de la guerre, 1766 ; donne l'instruction sur le service des dragons, les instructions et les ordonnances concernant l'École d'équitation, les exercices de la cavalerie, les manœuvres des dragons et des troupes légères (en tout 16), les planches dessinées par lui ; attaché au bureau du *Mouvement des troupes* pour suivre les objets de tactique ; en 1777 fait, par ordre de Saint-Germain, un voyage en Prusse, en Autriche et en Hongrie pour y voir les camps de manœuvres ; lieutenant-colonel, 1778. — Aide-maréchal des logis de la cavalerie au camp de Saint-Omer. — *Maréchal de camp pour retraite, 1er mars 1791 ; en 1796 présente un mémoire sur l'établissement d'une École centrale de cavalerie à Versailles.* (Mar. de camp, n° 3667.)

Avec le rang de major. — LA BARRE. (Voir ci-dessus.)

Aides-maréchaux généraux des logis surnuméraires. — *Sans appointements ni traitement*[1]. — *Lieutenant-colonel.* — Vicomte DE CASA-

---

[1] Le marquis DE LA ROSIÈRE, maréchal de camp ; attaché par sa qualité de maréchal général des logis près des troupes en Bretagne, relevant par ces fonctions du Directeur du corps d'état-major.

Le comte DE CHASTEIGNER (Alexandre-Henri-Roch), colonel. Attaché par sa qualité d'aide-maréchal général des logis en Bretagne ; promu maréchal de camp

IANCA (Joseph-Marie), né le 17 juin 1742, à Vinzolasca.— Au service, 1761; ieutenant-colonel de dragons, 1776. — **Aide-maréchal des logis en Corse . a. n. t., 1788-1790.** — *Lieutenant-colonel, puis colonel du 22e cavalerie,* 792; *maréchal de camp, 1er février, et général de division,* 15 *mai* 793; *armée d'Italie; réformé* 1795; *réemployé, mais comme général de rigade,* 1796; armées des Alpes, d'Italie, de Rome et de Naples; commandant à Mantoue, 1801-1804. (Gén. de div., n° 45)

Promotion du 25 août 1788[1].

Aides-maréchaux généraux des logis. — *Colonels.* — Vicomte DE BRONS (Jean-Antoine-Baptiste DE BRONS DE VÉRAC), né le 12 juillet 1743, à Sarlat. — Au service, 1757. — *Réformé avec le corps et non employé;* émigre. (Mar. de camp honoraire, 23 janvier 1815; gén. de brig., n° 1958.)

Surnuméraire, mais avec traitement. — Baron DE VAUX DE BEAUNE (Noël), né le 22 novembre 1747, à Chambon, en Auvergne, neveu du maréchal. — Au service, 1766; aide-major général d'infanterie en Corse, 1769-1783. — **Maréchal de camp, 1er mars 1789.** — Quitte le corps et n'est plus employé. (Mar. de camp., n° 3422.)

Promotion du 1er septembre 1788.

Attachés. — *Sans appointements ni traitement et avec le rang de major.* — Chevalier DE SAUDRAY (Charles-Émile GAULLARD), né le 1er avril 1740, à Paris. — Au service, 1759; en mission en Russie et en Turquie, 1763-1768, et, à son retour, breveté capitaine ingénieur en chef des Affaires Étrangères; secrétaire de légation à Berlin, chargé de pénétrer les vues de Frédéric sur la Pologne, de veiller aux augmentations du militaire et d'instruire de tout ce qui concernait cette partie, puis chargé d'affaires résident, 1769-1772; monte le bureau géographique des Affaires Étrangères, 1775; employé à l'ambassade de France à Londres, 1775-1776; en mission en Angleterre, Hollande, Pologne, Autriche et Allemagne, 1777-1779; rapporte d'Angleterre le modèle du

---

le 1er mars 1789, étant considéré comme employé dans l'état-major de l'armée et son avancement calculé par suite selon les bases fixées pour les officiers du corps; a cessé de servir, 1790.

[1] Faite en dehors du Directeur du corps.

moulin mécanique pour le travail complet de l'acier. — *Réformé avec le corps d'état-major*, 1790; *adjoint aux adjudants généraux du camp de Paris*, 1792; fonde le Lycée des Arts; commissaire du Comité de Salut public pour les poudres et salpêtres, les fonderies de canon, les fabrications d'affûts, les épreuves des nouvelles poudres, etc.; commandant et professeur de l'Institut des élèves de l'Hôtel des Invalides, à Versailles, 1800, jusqu'à la translation à Compiègne, 1803; entré dans l'Université et secrétaire général de l'Académie de Metz, 1809-1823. (Mar. de camp honoraire, 27 janvier 1819; gén. de brig., n° 2340.)

Avec 1,200 *livres d'appointements.* — Chevalier D'ESTIMAUVILLE (Robert-Anne). — Élève de l'École militaire; aspirant du génie; passé à l'étranger, 1777, et devenu, au service de Prusse, capitaine ingénieur chargé de l'instruction des élèves à Magdebourg. — *Capitaine dans la cavalerie de la garde nationale parisienne, puis dans la* 29e *division de gendarmerie; adjoint aux adjudants généraux au camp de Meaux*, 1792.

Promotion du 14 septembre 1788[1].

Attaché. — *Avec le rang de colonel et* 2,000 *livres d'appointements.* — Comte DE LA GORCE (Louis-Scipion-Jean-Baptiste-Urbain DE MERLE), né le 24 octobre 1745, à Salavas, en Vivarais. — Page; au service, 1762; attaché au corps de l'état-major, avec promesse du premier régiment de grenadiers royaux à vaquer, parce que l'on devait lui donner sa retraite de lieutenant-colonel de Dauphin (cavalerie), pour raisons de santé, et qu'en même temps c'était un officier à conserver au service. — *Maréchal de camp pour retraite*, 1er *mars* 1791. (Mar. de camp, n° 3568.)

Promotion du 11 octobre 1788.

Aide-maréchal général des logis. — *Surnuméraire et sans appointements.* — *Capitaine.* — Comte DE MALET DE LA JORIE (Henri-Joseph), né le 15 juin 1758, à Excideuil. — Au service, 1773; employé à l'état-major de la cavalerie du camp de Saint-Omer; aide de camp du baron de Fumel. — *Capitaine au* 71e *régiment d'infanterie*, 1791; *refuse.* (Mar. de camp honoraire, 21 décembre 1814; gén. de brig., n° 1892.)

---

[1] En dehors du marquis d'Aguesseau.

Attaché. — *Capitaine, avec 600 livres d'appointements, pour servir en Corse.* — CUTTOLI DE COTHI (Joseph-Marie DE), né le 18 mai 1758, à Cuttoli. — Au service, 1779. — *Capitaine au 72e régiment d'infanterie,* 1791 ; *émigré.*

Promotion du 12 octobre 1788.

Adjoint. — GOGUELAT.

Promotion du 24 octobre 1788.

Attaché. — *Avec le grade de capitaine et sans appointements.* — LAMOIGNON DE BASVILLE (Chrétien-René-Auguste DE), né le 19 juin 1765, à Paris. — Fils du Garde des sceaux ; n'avait pas servi. — *Émigré* et sert comme aide de camp du maréchal de Broglie.

Promotion du 16 novembre 1788.

Aides-maréchaux généraux des logis. — *Adjoints promus.* — MÉNIL-DURAND, ROCHEFONTAINE, FLÉCHIER.

Colonel. — SAIFFERT (Christophe-Auguste DE). — Colonel au service de Saxe ; admis au service de France, 1778 ; aide-maréchal des logis au camp de Metz. — *Maréchal de camp,* 1er *mars* 1789, *et n'est plus employé.* (Mar. de camp, n° 3421.)

Lieutenant-colonel. — LE FÉRON (Louis-Joseph-Stanislas), né le 15 août 1757, à Versailles. — Au service, 1773 ; suit les travaux de l'artillerie et les grandes manœuvres de garnison à Metz et à Strasbourg ; a suivi sur le terrain les marches et les campements de la dernière campagne de Turenne en Brisgau ; volontaire sur la batterie flottante du prince de Nassau à Gibraltar, et s'y distingue ; emploie huit mois en 1785, après s'être préparé par un travail au Dépôt de la guerre sur la correspondance des généraux, à faire sur la frontière de Lorraine des reconnaissances et à suivre les marches et campements du maréchal de Créqui contre le duc de Lorraine en 1677 ; lève des plans. — *Adjudant général,* 1791 ; sans autres renseignements. (Pens. 1779-1791, n° 11226 au V°.)

Adjoints. — Comte DE MONTRICHARD (Gabriel-Étienne), né le 6 mars 1755, à Voiteur, en Comté. — Au service, 1772. — *Réformé avec le* *corps; capitaine de cavalerie dans la garde constitutionnelle de Louis XVI*, 1791-1792.

Comte D'ESSUILE (Marie-Louis-François DE BARAUDIER-MONTMAYEUR), né le 28 septembre 1761, à Metz. — Élève de l'École militaire ; officier, 1777.

Chevalier DE PERRIGNY (René-Didier-Léon DE TAILLEVIS), né le 28 mars 1763, à Saint-Domingue. — Page du comte d'Artois ; officier, 1779. — *Autorisé à se rendre pour un an régler ses affaires à Saint-Domingue*, 8 février 1791. (Contrôles.)

SAUVIGNEY (Louis-César LABBEY DE), né le 4 novembre 1760, à Vesoul. — Au service, 1780. — *Non réemployé à la réforme; émigré.* (Tué à Oberkamlach, en 1796 ; pension de sa veuve.)

BERTHIER DE BERLUY (César-Gabriel), ou *Berthier cadet*, né le 4 novembre 1765, à Versailles. — Au service, 1779 ; aide de camp du marquis de Lambert au camp de Saint-Omer. — *Aide de camp du comte d'Affry*, 1791 ; *adjudant général lieutenant-colonel*, 1792 ; *armée du Nord; démissionnaire*, 1er *juin* 1792 ; *historiographe des armées du Nord et de Sambre-et-Meuse*, 1795 ; *directeur du bureau topographique de l'armée d'Italie*, 1797 ; *général de brigade chef d'état-major de l'expédition de la Louisiane, 4 septembre* 1802 ; *capitaine général à Tabago ; général de division chef d'état-major du prince Joseph*, 3 *janvier* 1806 ; *gouverneur des îles Ioniennes ; administrateur du Valais ; commandant la Corse.* (Gén. de div., n° 433.)

Attaché. — BELLEVILLE (François-Élisabeth-Louis DE). — Gendarme de la garde réformé avec commission de capitaine de cavalerie. — *Aide camp du lieutenant général de Ray*, 1791. Sans autres renseignements.

Promotion du 20 février 1789.

Adjoint. — Chevalier DE GUIMPS (François-Annet-Roger COSSON), né le 14 février 1760, à Angoulême. — Au service, 1774. — *Resté sans emploi après la réforme ; émigré.* (Pens., 1779-1791, n° 4944.)

Promotion du 1er juillet 1789.

Adjoint. — LAJARD (Pierre-Auguste), né le 20 avril 1757, à Montpellier. — Au service, 1777. — **Lieutenant-colonel premier aide-major général de la garde nationale parisienne, 13 août 1789.** —

Colonel, puis adjudant général colonel, 1791 ; *Ministre de la guerre, juin-juillet* 1792 ; *décrété d'accusation, août* 1792 ; *émigré*. (Mar. de camp honoraire, 14 juillet 1814 ; gén. de brig., n° 1689.)

Attachés par charge.

Ce sont les titulaires des charges de maréchal général des logis des camps et armées et de maréchal des logis de la cavalerie.

Marquis DE MONTFERMEIL, premier maréchal des logis des camps et armées et *colonel* de droit. Employé au camp de Saint-Omer, 1er septembre 1788. — Conservé en activité au service dans son grade lors de la vente de sa charge, 21 septembre 1789. Il avait été chargé de reconnaissances en Lorraine le 20 juillet 1785, et sa lettre de service porte que le roi le regarde comme attaché.

Comte DE TURTOT, premier maréchal général des logis des camps et armées et de droit *colonel*, 21 septembre 1789.

Vicomte DE VANNOISE, maréchal général des logis des camps et armées, avec rang de *colonel* du 11 octobre 1788, pour avoir servi comme aide-maréchal général de la cavalerie au camp de Saint-Omer.

Comte DE ROISSY, maréchal général des logis des camps et armées, avec le rang de *colonel* depuis 1780.

Marquis DE BACOT, maréchal général des logis des camps et armées, avec commission de *capitaine*.

TRUTIÉ DE VAUCRESSON, maréchal des logis de la cavalerie, avec commission de *capitaine*.

IV

Maréchaux généraux des logis.

Il y en avait de deux espèces : les *maréchaux généraux des logis des camps et armées*, et les *maréchaux généraux des logis de la cavalerie*. Les premiers recevaient des provisions ; les seconds, des commissions.

Maréchaux généraux des logis des camps et armées.

« L'état-major du commandant en chef d'une armée comprenait certains personnages pourvus de fonctions importantes. Le premier d'entre eux était le maréchal des logis de l'armée, appelé aussi *maréchal général des logis*. « Il travaille sous le général seul aux marches de l'armée, écrit Feuquières. La veille de la marche, à l'ordre, il donne à chaque officier général qui a une colonne à conduire la copie de ce qui le regarde et, aux officiers généraux qui entrent de jour, une copie de tout l'ordre qui se donne ce jour-là, afin qu'ils soient en état de faire exécuter tout ce qui a été ordonné par le général. Il marche au campement avec le maréchal de camp. Il distribue au major général et au maréchal des logis de la cavalerie le terrain que le maréchal de camp a marqué pour être occupé par l'armée. Il visite les abords du camp, reconnaît le pays et s'en fait exactement informer par les gens du pays même. Sur le compte qu'il en rend au général, il en reçoit les ordres pour faire les marches de la manière dont le général médite de les faire. C'est lui qui distribue et signe tous les ordres pour les quartiers de fourrage. C'est lui qui remet à chacun des officiers généraux une copie de l'ordre de bataille. Enfin, quoique n'ayant point d'autorité sur les troupes, comme il est continuellement auprès du général, qu'il ne reçoit d'ordres que de lui, et qu'il faut, de nécessité, qu'il ait le secret des mouvements de l'armée, il ne laisse pas d'avoir beaucoup de considération, principalement quand il est entendu[1]. »

Dans les documents officiels du XVIIIe siècle y relatifs, on fait communément dater la création des charges de maréchal des logis du commencement du XVIIe siècle. Louis XIII aurait créé la première charge en 1644, et Louis XIV les deux autres.

La création est bien antérieure à l'époque fixée par ces documents, qui s'appuient, du reste, sur le P. Daniel[2]. Louis XIV n'en est pas l'auteur ; il les trouva existantes à son avènement.

Chaque armée avait son maréchal des logis, et le maréchalat des logis d'une armée n'était pas seulement une fonction, c'était une charge. Cela résulte des lettres de service expédiées sous Louis XIII et Louis XIV, dont la minute se retrouve. D'Escures, des Fourneaux, Langlée, pourvus d'un état et office, ont ordre d'aller faire les fonctions de leur charge, et l'ordre leur donne leur qualité de « maréchal des logis des camps et armées de Sa Majesté ». Tandis que Druel, du Verger, Renaudin, employés comme on le fut par simple commission au XVIIIe siècle, ont des lettres pour faire les fonctions de *la* charge en l'armée qui leur est désignée, et aucune qualité ne figure après leur nom :

23 avril 1643. — « De par le Roi, il est ordonné au sieur des Fourneaux, l'un des maréchaux des logis des camps et armées de Sa Majesté, de se rendre en icelle qui sera commandée par le sieur maréchal de La Meilleraye, grand maître de l'artillerie de France. Mande Sa Majesté au sieur maréchal de faire reconnaître le sieur des Fourneaux en ladite charge[3]. »

17 avril 1643. — « Le Roi voulant pourvoir à ce que la charge de maréchal des logis du corps de troupes de cavalerie et d'infanterie qui sera commandé par le sieur marquis de Gesvres,

---

[1] Capitaine Pichat, *Les Armées de Louis XIV en 1674* (*Revue d'Histoire*, mars 1910, 374).
[2] *Histoire de la Milice française*, Amsterdam, 1724, II, 58.
[3] *A. H. G.*, vol. 74, n° 69 bis.

maréchal des camps et armées, soit exercée par quelque personne capable de s'en acquitter dignement, et ayant une confiance particulière en la capacité et vigilance du sieur Renaudin, en son affection et fidélité à son service, Sa Majesté l'a choisi et ordonné pour faire ladite charge de maréchal des logis et d'icelle jouir aux honneurs, autorités, fonctions et prérogatives qui appartiendra, et aux appointements qui lui seront ordonnés, le tout sous l'autorité du sieur marquis de Gesvres, etc.[1]. »

Autres exemples :

20 mars 1646. — « Le Roi voulant pourvoir à ce que la charge de maréchal des logis de son armée de Catalogne, commandée par M. le comte d'Harcourt, vice-roi et lieutenant général pour Sa Majesté aux pays de Catalogne, soit exercée par quelque personne capable de s'en acquitter dignement, et étant bien informé de la capacité et preuves de bonne conduite que le sieur du Verger a fait paraître dans les fonctions de ladite charge de maréchal des logis depuis qu'il exerce en ladite armée de Catalogne, Sa Majesté, sur l'avis, etc., l'a choisi et ordonné pour continuer de faire ladite charge de maréchal des logis en ladite armée de Catalogne, et de jouir des honneurs, autorités et prérogatives qui y appartiendront, et aux appointements qui lui seront ordonnés par les états de Sa Majesté. Mandant Sa Majesté audit sieur comte d'Harcourt de l'en faire jouir et de le faire reconnaître et obéir de tous ceux à qui appartiendra[2]. »

4 mai 1646. — « De par le Roi, il est ordonné au sieur d'Escures, maréchal des logis des camps et armées, d'aller faire les fonctions de sa charge dans l'armée de Flandre commandée par Mgr le duc d'Orléans, aux honneurs, autorités, etc. »

Ordre semblable, à la même date, pour des Fourneaux, à l'armée de Luxembourg, aux ordres du duc d'Enghien[3].

Dans le « De par le Roi » de des Fourneaux, du 16 juin 1643, la partie « et de jouir des honneurs, autorités et prérogatives, etc., » qui avait été portée sur la minute, en a été effacée. C'est que les provisions de l'état et office le stipulaient déjà :

---

[1] *A. H. G.*, vol. 74, n° 35.
Renaudin a une lettre semblable pour l'armée de Champagne aux ordres de Turenne, le 31 août 1653 (*A. H. G.*, vol. 140, page 203 au v°).

[2] *A. H. G.*, vol. 96, n° 99.

[3] *Id. in ibid.*, n° 282.

« Donnons et octroyons ledit état et office de maréchal des logis de nos camps et armées pour par icelui avoir, tenir et dorénavant exercer, en jouir et user aux honneurs, autorités, prérogatives, prééminences, franchises, libertés, pouvoirs, facultés, droits, revenus et émoluments tels et semblables qu'en jouissent ceux qui sont pouvus de semblables charges, et aux gages de 1,200 livres par an, tant que nous plaira[1]. »

Il existe, en outre, une différence et dans les appointements et dans la manière de les solder.

Les fonctionnaires de la charge sont payés par mois, ainsi qu'il ressort des lettres de service, et sur les états de l'armée à laquelle ils sont affectés et à l'armée, et pour les mois durant lesquels ils servent. Entre autres, Druel, à l'armée des maréchaux de Chaulnes et de Châtillon, en 1640, a 300 livres par mois (chacun de ses deux fourriers perçoit 100 livres[2]).

Les maréchaux généraux des logis pourvus d'offices ont des gages attachés à la charge et des appointements par mois où ils sont employés. D'après les provisions, ils devaient percevoir « les gages de quartier en quartier ». En réalité, ils ne les reçoivent qu'à la fin de l'année : 10 décembre 1636, ordre au trésorier de l'Épargne du Roi de payer au trésorier général de l'Ordinaire des guerres qui versera à d'Escures, maréchal des logis des camps et armées, « *x b*ᶜ livres en payement des appointements extraordinaires que j'ai ordonnés en considération des services et travail extraordinaire qu'il a faits en sa charge pendant la présente année, et en outre pareille somme de *x b*ᶜ livres, que je lui ai ci-devant ordonnée pour la même considération[3] ». Même ordre le 28 décembre 1637[4] ; même ordre encore le 13 mars 1644[5] pour les états et appointements de 1643 de d'Escures, des Fourneaux, pourvus d'offices, et le 10 avril 1644 pour Langlée[6] :

---

[1] Provisions de Claude de Langlée, 11 novembre 1636 (*A. H. G.*, vol. 32, n° 211).

[2] *A. H. G.*, vol. 60, n° 256.

Le même Druel, maréchal des logis à l'armée de Lorraine, sous le cardinal de La Valette, en 1635, a également 300 livres par mois (*Bibl. nat.*, Recueil Cangé).

[3] *A. H. G.*, vol. 88, n° 16.

[4] *Id. in ibid.*, n° 39.

[5] *Ibid.*, vol. 86, n° 94,

[6] *Id. in ibid.*, n° 227.

« De par le Roi, trésorier général de l'Ordinaire de nos guerres, voulons et vous mandons que des deniers de votre charge de l'année dernière, 1643, vous payiez et délivriez comptant aux sieurs d'Escures et des Fourneaux, maréchaux des logis de nos camps et armées, la somme de douze cents livres, qui est *bi*ᶜ pour chacun d'eux, pour leurs états et appointements durant ladite année et rapportant la présente avec quittance desdits d'Escures et des Fourneaux sur ce suffisante. Ladite somme de *xii*ᶜ livres sera passée et allouée en la dépense de nos comptes par nos amés et féaux les gens de nos Comptes à Paris. »

Le « De par le Roi » pour Langlée est semblablement libellé, mais la somme qui lui est allouée est de 1,200 livres, celle qui pour ses gages était fixée par ses provisions.

L'origine des maréchaux des logis est très éloignée et date de la constitution des armées. Claude Fauchet, dans son *Origine des Dignités et Magistrats de France*, les dit fort anciens dans les troupes de France, désignés soit comme maréchaux, soit comme fourriers des logis. D'après Philippe de Clèves, le maréchal des logis est le lieutenant du maréchal de camp et le troisième personnage de l'armée.

Dans les anciennes ordonnances ou les règlements militaires, ceux du XVIe siècle, « maréchal de camp » et « maréchal des logis » paraissent quelquefois synonyme. « Et quant à faire marcher et loger ladite armée, cela est remis à la suffisance desdits maréchaux de camp », est-il stipulé dans un ordre de Monsieur, commandant au siège de la Charité, avril 1577 [1]. Et dans les minutes d'ordonnances, sans date précise, mais de cette même année 1577, le duc d'Alençon, au titre *Campement*, prescrit : « Le maréchal des logis, tant de notre personne que cornette et suite, prendra l'assiette, quartier et logis du maréchal de camp.

« Afin que les maréchaux des logis de l'armée puissent plus commodément répartir les logis, le prévôt général des bandes les fera assister de ses archers pour donner ordre à tout ce qui

---

[1] Recueil Cangé.

sera de besoin[1] ». Et l'édit de création en titre d'office de la commission de Pierre Fougeu d'Escures le qualifie « maréchal des camps et armées du Roy ».

« Depuis que le Connétable et les Maréchaux de France ont passé du détail des écuries du Roi au commandement des armées, le terme de maréchal a toujours désigné un officier chargé du détail des logis de la Cour ou de l'armée[2]. »

Le 21 juillet 1586, pouvoir est donné au duc d'Épernon pour commander l'armée en Provence et en Dauphiné. D'après les appointements des officiers de son armée[3], le duc a deux maréchaux de camp, et comme maréchal des logis *M. d'Usaige*. Le maréchal des logis, qui perçoit 66 écus 3/4 par mois, est aidé par trois fourriers.

Ce d'Usaige est le premier nom qu'on rencontre. Dans l'état, arrêté le 21 juin 1598, de la dépense que Monseigneur le Connétable a ordonné être faite en l'armée de Picardie, tant pour le payement des états et appointements extraordinaires des officiers étant à la suite de ladite armée... pour un mois de la présente année ainsi qu'il suit[3], figure *Hélie Fougeu, sieur des Forneaux*, maréchal des logis du Roi. Ses appointements sont, comme ceux de M. d'Usaige, de 66 écus 3/4.

L'année précédente, à l'armée du Roi existait deux maréchaux des logis. L' « état à quoi monte la distribution du pain de munition qui se fera dorénavant par chacun jour à l'armée du Roi à commencer cejourd'hui 1er jour de juillet 1597 », état signé par Biron à La Madeleine, au camp devant Amiens[3], alloue 24 pains à d'Escures, maréchal des logis de l'armée, et 20 pains à Duboys, aussi maréchal des logis de l'armée.

Ce dernier, David Tibaud, sieur du Boys, succomba peu après. Par déclaration royale du 10 août 1597, sa charge fut partagée ; de plus la commission de Pierre Fougeu d'Escures fut érigée en titre d'office. L'édit de création fut enregistré à la Chambre des Comptes le lundi 12 janvier 1598[3].

Le sieur de La Grange Le Roy apporta à la Chambre une

---

[1] Recueil Cangé.
[2] *A. H. G.*, vol. 468, n° 195 *bis*, Mémoire sur la charge de maréchal général des camps et armées.
[3] Recueil Cangé.

lettre de cachet du Roi portant mandement de vérifier l'édit de création en titre d'office de la charge de *maréchal des camps et armées du Roy* dont était pourvu par commission Pierre Fougeu d'Escures. La Grange avait ajouté que Henri IV désirait reconnaître les services que d'Escures lui avait rendus au siège d'Amiens, où il n'avait pas seulement servi en ladite qualité de maréchal, mais en brave capitaine. La Chambre se rendit au désir du monarque ; elle vérifia l'édit « pour jouir par ledit sieur d'Escures de ladite charge en titre d'office, à la charge que le premier commissaire des guerres qui viendra à vaquer demeurera éteint et supprimé, sans le tirer en conséquence, attendu les longs services du sieur d'Escures ».

Cette sorte de restriction apportée par la Chambre des Comptes provient de ce que d'Escures, comme aussi du Boys, était à la fois commissaire des guerres et maréchal des logis. Par sa déclaration du 10 août 1597, Henri IV avait désuni les deux charges et rendu le maréchal général des logis aux seules fonctions de ce dernier office.

Hélie Fougeu, sieur des Fourneaux, frère de d'Escures, est dit dans l'état de 1598 « maréchal des logis du Roi ». C'est que les maréchaux des logis du Roi remplissaient alors souvent aux armées les fonctions de maréchal général des logis. L'arrêt du Conseil d'État, du 12 mars 1665, qui permet aux maréchaux et fourriers des logis de Sa Majesté de prendre la qualité d'écuyer le reconnaît expressément :

« Sur la requête présentée au Roi en son Conseil par Charles, comte de Froullay, chevalier des ordres de Sa Majesté et grand maréchal des logis, les maréchaux des logis et fourriers ordinaires de Sadite Majesté, contenant qu'ils ont l'honneur d'être des plus anciens du royaume, et même de tous les empires qui l'ont précédé dans l'Europe, et ont été créés par les Rois, prédécesseurs de Sa Majesté, non seulement pour loger leurs Maison, Cour et Suisses dans leurs voyages et changement de demeures, mais encore pour conduire et loger les armées dans leurs marches et campements, spécialement pour les compagnies des gendarmes et chevau-légers et autres troupes destinées pour la marche de Leurs Majestés et *de fait les suppliants ont toujours eu l'honneur de servir en qualité de maréchaux des logis généraux dans les armées,* notamment le sieur Le Large dans les provinces des Grisons et la Valteline en l'an 1625, 1626 et 1627 sous les sieurs maréchal d'Estrées et duc de Rohan, et encore avec le nommé Ciret, fourrier, au comté de Nice, en Provence, sous ledit maréchal d'Estrées, Bugey et Savoie sous le sieur maréchal de L'Hospital, comme ont fait les sieurs du Sentier, de La Noue, Gerberon, de Beaulieu, Brassart et de L'Estre et autres maréchaux et fourriers des logis en d'autres armées. C'est pourquoi ils ont été réputés de tout temps corps de la gendarmerie, mais spécialement depuis le dernier siège de Corbie, où, lors de la convocation de tous les officiers des maisons royales, le défunt Roi, père de Sa Majesté, plaça lui-même de sa main et incorpora lesdits maréchaux des logis dans les compagnies de gendarmes et chevau-légers, et les fourriers dans celles de ses mousquetaires... »

C'est ce qui dit aussi du reste *l'Etat de la France*[1] : « Les maréchaux des logis du Roi étaient ci-devant tout ensemble maréchaux des camps et armées. Les mêmes qui travaillaient au logis de la Maison travaillaient aussi toujours au logement des armées comme font plusieurs qui vivent encore. Mais au temps du feu Roi quelques-uns de leur corps se sont érigés en maréchaux des camps et armées et ont été pourvus de la charge en titre d'office, ce qui n'empêche pas encore que les mêmes maréchaux des logis de la Maison du Roi ne servent dans les armées ou bien en l'absence des maréchaux des camps et armées pourvus en titre d'office, ou bien lorsque le nombre de ces derniers n'est pas suffisant pour servir à toutes les armées qui sont sur pied. »

Le maréchal des logis, dit un ordre d'avril 1638[1] « logera les troupes », et un règlement royal du 15 mai suivant prescrit que le maréchal des logis suit le général d'armée et loge la troupe, qu'il suit le maréchal de camp qui ira faire le campement[2].

Par l'acte de 1597, la commission de maréchal des logis était devenue un office, c'est-à-dire une fonction inamovible qui ne se perdait que par la mort, résignation volontaire ou

---

[1] Toutes les éditions.
[2] Recueil Cangé.

forfaitaire légalement reconnue. Les services des Fougeu donnèrent lieu à d'autres créations.

La déclaration royale du 10 août 1597 avait partagé en deux la charge de Tibaud du Boys. L'une avait été donnée à Hélie Fougeu des Fourneaux ; la seconde le fut à un troisième frère, Jacques Fougeu de Villeret [1]. Enfin une quatrième charge fut crée pour Jacques Renaudin, beau-frère des Fougeu.

En 1636, Claude de Langlée adressait un mémoire à Louis XIII déclarant qu'il avait acheté dix ans auparavant une charge de fourrier des logis des armées employé sur l'état des vieux régiments à 100 livres par mois ; il avait acquis également une charge de commissaire des guerres à la conduite de la compagnie de chevau-légers de M. Desroches-Saint-Quentin, qu'il avait payée 36,000 livres.

Ces charges étant supprimées sans qu'il reçût ni gages ni remboursement, Langlée sollicitait la faveur, faite à cinq autres commissaires des guerres, d'être remboursé de sa charge à 40,000 livres, ou qu'on lui expédiât des lettres de provisions de la *quatrième* charge de maréchal des logis des armées que possédait son oncle, le sieur Renaudin, décédé, charge dont il avait rempli les fonctions depuis sa mort survenue dix ans auparavant, et de l'employer sur les états de l'ordinaire des guerres et du régiment des gardes sous les gages attribués aux charges de fourrier et de commissaires des guerres [2].

Chavigny, sur le placet, avisa le 27 octobre 1636 le Secrétaire d'État de la guerre que Louis XIII avait accordé le contenu de la requête de Langlée, et le 11 novembre les provisions étaient expédiées.

La quatrième charge éteinte depuis 1626 était rétablie en titre d'office.

La charge de Langlée rapportait 1,200 livres de gages, comme celle de Pierre d'Escures. Les charges de des Fourneaux et de Jacques de Villeret n'en donnaient que 600 d'après les ordres de payement que j'ai reproduits, parce que ces deux charges

---

[1] *Bibl. Nat.*, Séries généalogiques : Cabinet d'Hozier, vol. 147, n° 3783, Fougeu.

[2] *A. H. G.*, vol. 30, n° 290.

[3] *Ibid.*, vol. 32, n° 211.

provenaient du dédoublement d'un office. C'est ce qui fut pratiqué lors des dédoublements ultérieurs : les appointements de l'unique titulaire remplacé étaient toujours également partagés entre les deux nouveaux pourvus. Le nombre des charges accroissait, sans augmenter les dépenses.

Mes recherches m'ont permis de retrouver quelques noms de fonctionnaires maréchaux des logis au commencement du XVIIe siècle. Je les citerai de suite :

DRUEL. — Maréchal des logis de l'armée de Lorraine sous le cardinal de La Valette, à dater du 1er juillet 1635 [1] ;

Maréchal des logis de l'armée des maréchaux de Chaulnes et de Chatillon le 1er mai 1640 [2] ;

En mission à l'armée d'Allemagne et dans les places de Montbéliard, Brisgau et autres voisines le 2 juin 1643, « l'un des maréchaux des logis de ses armées », dit l'ordre, — pour constater l'état et la force des troupes de l'armée et des garnisons et en faire les montres [3] ;

Maréchal des logis de l'armée de Champagne en 1647 [4].

DUVERGER. — Maréchal des logis de l'armée de Catalogne sous le comte d'Harcourt le 20 mars 1646 (maintenu dans les fonctions qu'il exerçait déjà [5]) ;

Employé à la même armée en 1647 [6] ;

Maréchal des logis de l'armée du maréchal d'Aumont en 1667, avec 400 livres d'appointements par mois [7] ;

Est encore l'un des maréchaux des logis en 1674 [8].

RENAUDIN. — Maréchal des logis du corps de troupes d'infanterie et de cavalerie du marquis de Gesvres, le 17 avril 1643 [9] ;

Maréchal des logis de l'armée de Champagne aux ordres de Turenne le 31 août 1653 [10].

En 1597, le maréchal des logis reçoit par jour vingt-quatre

---

[1] Recueil Cangé.
[2] *A. H. G.*, vol. 59, n° 4.
[3] *Ibid.*, vol. 74, nos 364, 367, 382, 393, 404, 424.
[4] *Ibid.*, vol. 101, n° 241.
[5] *Ibid.*, vol. 96, n° 99.
[6] *Ibid.*, vol. 101, n° 241.
[7] Bibl. de la Guerre, *Les Tiroirs de Louis XIV* $\left(\frac{\text{A-1}}{\text{B 1626}}\right)$, n° 18.
[8] *Etat de la France*, I, 287.
[9] *A. H. G.*, vol. 74, n° 35.
[10] *Ibid.*, vol. 140, p. 203 au v°.

rations de pain à l'armée ; il les a encore en 1645[1], mais le nombre est réduit à vingt à chacune des armées de Flandre, Luxembourg, Italie et Catalogne, suivant l'état général du 22 avril 1656.

La rançon variait. Entre autres, d'après les traités d'échange de 1689[2] avec l'Espagne et la Hollande, elle est de 1000 livres pour un maréchal général des logis d'armée fait prisonnier par les Espagnols, et de 500 livres seulement s'il est reste aux mains des troupes Hollandaises.

Dans les armées, le bagage du maréchal général des logis marche après celui du mestre de camp général de la cavalerie[3].

Lors de l'établissement de la Capitation générale (Déclaration du 18 janvier 1695), dans les Tarifs, le maréchal général des logis des camps et armées est, avec les maréchaux de camp, rangé dans la 8e classe qui acquitte 200 livres. Dans la déclaration du 12 mars 1701 (tarifs arrêtés le 21 octobre 1702), les maréchaux des logis sont maintenus parmi les officiers généraux; ils sont encore de la même classe que les maréchaux de camp et, comme eux, doivent 300 livres, plus les deux sols par livre ordonnés par arrêt du Conseil du 12 décembre 1705. Le montant de leur capitation est donc de 330 livres.

Les appointements avaient fortement augmenté : la charge de Claude de Langlée qui d'après ses provisions, en 1636, rapportait 1,200 livres de gages valait sous Chamlay, qui lui succéda, 12,600 livres d'appointements fixes. La charge de Langlée fils, créée à la fin du XVIIe siècle, produisait le même revenu. La charge d'Escures à laquelle, en 1644, 600 livres seulement étaient attachées, avait été portée à 4,200[4].

---

[1] Etat de la distribution du pain de munition à l'armée de Catalogne, 1er décembre 1645 (Recueil Cangé).

[2] *Règlements et Ordonnances du Roi pour les Gens de guerre* (Muguet), VII, 3 et 481.

[3] Ordonnance du 4 mai 1692 (*A. A. G.*, Anc. Rég. A, vol. 17) et suivantes sur le même objet.

[4] D'après l'*Etat de la dépense des Gardes françaises* pour 1638 (*A. A. G.*, Anc. Rég., D à 1, Gardes franç., 3, comptes), d'Escures (Jacques Fougeu de Villeret) perçoit, au titre des Etats, sur le régiment, 300 livres par mois « pour ses états et appointements », soit 3,600 par an ; des Fourneaux (Claude-François Fougeu) et Fougeu (Charles I) touchent 150 livres chacun; Langlée seulement 100 livres.

Les provisions du maréchal général de logis des camps et armées par état et office étaient enregistrées à la Chambre des Comptes et au greffe du Siège général de la Connétablie, Maréchaussée de France et Table de Marbre du Palais ; le titulaire était reçu et installé par le Doyen des maréchaux de France :

« Si donnons en mandement au premier de nos très chers et bien amés cousins les maréchaux de France, sur ce requis, qu'après qu'il lui sera apparu des bonnes vie et mœurs, religion catholique, apostolique et romaine dudit sieur...... et de lui pris et reçu le serment en tel cas requis et accoutumé, il le mette et institue et fasse mettre et instituer, de par nous, en possession dudit état et office et d'iceluy ensemble des honneurs, autorités ... et appointements susdits, le fasse jouir et user pleinement et paisiblement[1]. »

Ainsi s'expriment les provisions de Monteils (1er juillet 1719)[1]. Les provisions de Claude de Langlée[2] disaient après « émoluments » : « Fasse, souffre et laisse jouir et user pleinement et paisiblement, et à lui obéir et entendre de tous ceux qu'il appartiendra ès choses touchant et concernant ledit état et charge. »

Cette modification dans le libellé de la formule est sensible. Mais en 1636, les maréchaux des logis en titre d'office exerçaient, alors qu'en 1719 ce maréchalat n'était plus guère qu'une haute situation honorifique, dont les provisions ne constituaient aucun droit d'activité de service en la fonction.

En effet, « les fonctions du maréchal des logis de l'armée, dit Guignard[3], sont d'en faire le campement et d'en distribuer l'étendue aux différents corps et aux autres parties qui la composent, comme le quartier général, celui de l'artillerie et les vivres, etc. Il doit diriger la marche de l'armée lorsqu'elle décampe et, pour cet effet, en faire le plan et le communiquer au général pour recevoir son approbation et ses ordres sur la manière dont les colonnes marcheront. Il y a deux autres maréchaux des logis qui sont aussi en titre d'office[4] ; le Roi les

[1] *A. A. G.*, Anc. Rég., K, formulaire de 1734.
[2] *A. H. G.*, vol. 32, n° 211.
[3] *L'Ecole de Mars*, 1725, II, 331.
[4] Le P. Daniel (*Milice française*, II, 60), donne les titulaires de la 3e charge (alors dédoublée, celle autrefois des d'Escures, comme « subordonnée » aux possesseurs des anciennes charges de Chamlay et de Langlée fils.

emploie chacun dans une armée différente, *supposé qu'ils aient l'expérience et la capacité requises ;* car, comme ces charges s'acquièrent à prix d'argent et qu'elles sont, par conséquent, sujettes à être remplies par des novices, le général, en ce cas, est le maître d'en faire faire les fonctions par l'officier qu'il juge en être le plus capable ».

C'est le cas du dernier des d'Escures, qui fut pourvu de l'office à 16 ans et n'exerça point. Maréchal général des logis en 1701, il obtint une compagnie dans Royal-Cravattes en 1707 et ne servit qu'en cette qualité.

Le but des créations en titre d'état et office avait été de trouver des officiers toujours prêts à en remplir les détails importants par l'étude particulière que leur état les obligeait d'en faire.

Des maréchaux généraux des logis comme Chamlay ont rendu des services, comme ce Fougeu d'Escures, un ignoré, qui fut le maréchal des logis de Turenne en 1674 et fut tué aux côtés de Luxembourg dans les plaines glorieuses de Fleurus. Leurs collègues pouvaient en rendre aussi à une époque où les guerres succédaient aux guerres, après de très courtes périodes de paix ; mais sous Louis XV la situation avait bien changé. Les officiers qui, par leurs charges, se trouvaient de droit en cas de guerre placés à la tête des états-majors, étaient incapables de remplir leurs fonctions, et le plus souvent ne servaient qu'en sous-ordre, et quelquefois simplement comme volontaires.

A part Chamlay, Mauroy, Crémilles et d'Ennery, aucun n'a laissé un nom marquant dans le militaire. Le plus connu de tous est le marquis de Bièvre, mais dans un genre spécial et tout différent.

La considération dont il était utile d'entourer les titulaires, les services qu'ils avaient à rendre, la nature même de leurs fonctions qui devaient les mettre dans le cas de donner l'ordre à des colonels ou mestres de camp, déterminèrent à faire envisager dans l'exercice de ces charges l'espérance du grade de colonel ou de mestre de camp après un certain temps. Et il fut souvent accordé au bout d'un an ou environ du jour de la date des provisions.

La perspective de cet avancement excita l'ambition des officiers pas assez qualifiés pour prétendre à des régiments, mais assez riches pour payer le prix de ces charges, au risque de le faire perdre à leurs familles, s'ils venaient à mourir.

Il en résulta que ces charges furent, par des arrangements particuliers, vendues à des prix exorbitants ; plusieurs officiers qui en étaient revêtus les cédèrent peu de temps après avoir obtenu l'avancement auquel ils aspiraient, et ainsi les commissions de colonel et de mestre de camp s'étaient multipliées. Puis, ces officiers, qui étaient pour la plupart capitaines, se trouvaient réduits au service de ce grade, car ils ne sortaient de leurs régiments que s'ils étaient employés dans l'état-major aux armées ; il leur répugnait de s'y assujettir et demandaient à quitter leurs compagnies et à être entretenus colonel ou mestre de camp réformé avec les appointements attachés à cet état. Ce qui avait encore l'inconvénient de causer une augmentation de dépense.

La charge se perdait par le décès ; Louis XV ne voulait pas accorder de brevet de retenue. Comme prix, telle charge payée 160,000 livres était revendue 210,000 avec 4,800 livres de pot-de-vin.

Les appointements, ainsi qu'on l'a vu, n'étaient pas les mêmes pour toutes les charges. Comme le prix de chacune d'elles variait, les appointements étaient différents, et ils n'étaient pas en rapport avec le prix payé : c'était donc véritablement l'achat d'un grade.

Celle qualifiée la première charge, et que Meynaud de Collange paya en 1767 240,000 livres, rapportait 12,600 livres d'appointements. La première deuxième charge ne valait que 6,300 livres (on la trouve payée 120,000 livres et elle dut l'être davantage) ; le seconde deuxième, 6,300 livres aussi, mais payée 160,000, puis 210,000 ; à la première troisième, qui fut supprimée en 1750, payée 60,000 livres, 2,100 livres d'appointements étaient attachés ; la seconde troisième, pour laquelle je n'ai pu trouver de prix payé, valait aussi 2,100 livres de traitement.

Les appointements étaient acquittés sur trois fonds : l'Extraordinaire des guerres, l'Etat de la subsistance du régiment des Gardes françaises, l'Ordinaire des guerres, à raison de 1,500 livres sur le deuxième fonds et de 600 sur le troisième. Pour les appointements dépassant 2,100 livres, le supplément était payé par le premier fonds.

La mort faisait perdre le coût de la charge, ai-je dit ; aussi les titulaires donnaient leur démission quand ils se sentaient sérieusement malades. La démission devait être pure et simple, et non point par procureur ni conditionnelle. Néanmoins, comme on avait toujours traité avant de démissionner, on indiquait son successeur, et même des démissions furent données en faveur de....

Louis XV, à l'époque de la guerre de la Succession d'Autriche, ne voulut plus donner de brevet de retenue sur les charges de maréchal général des logis[1]. Cela dura jusqu'après la guerre de Sept Ans.

Mais le comte de Montbarey avait répondu des 160,000 livres de la charge accordée le 21 mars 1763 à M. de Bonnaud, qui, malade, avait donné sa démission le 26 novembre 1765, mais avait succombé avant que son successeur fût nommé.

Le comte de Montbarey ne trouvait preneur pour la charge qu'à 120,000 livres, alors qu'il en avait avancé 160,000. Pour lui éviter cette perte de 40,000 livres, la charge fut assurée, en décembre 1765, au comte, qui, peu de temps après, la put vendre 160,000 livres. Le nouveau titulaire, le marquis de Montfermeil, reçut un brevet de retenue de 60,000 livres. Il en fut dès lors accordé aux autres titulaires[2].

Le maréchal général des logis conservait le commandement de sa compagnie s'il en avait une. Aussi, pour parer à l'abus des commissions de grade, le Ministre de la guerre proposa, le 11 février 1758, de régler pour l'avenir que la commission de colonel ou de mestre de camp serait accordée du jour de leurs provisions aux officiers pourvus des charges, et que, lorsqu'ils s'en déferaient, on les regarderait comme « hors du service », à moins que par des considérations particulières, ou pour services

---

[1] M. du Plessis avait un brevet de retenue de 30,000 livres. Son successeur, Roussel de Bouillancourt, sollicita le même brevet de retenue ou une pension de 1,500 livres ; cela fut refusé.

[2] D'après les dossiers des titulaires des charges (*A. A. G.*, Anc. Rég., F, Maréchaux des logis par charge).

rendus dans leurs charges au moins pendant dix ans, le Roi ne jugeât à propos, en leur permettant de vendre, de conserver le titre et le rang de colonel.

Louis XV approuva d'abord et exigea ensuite (29 avril 1758) pour l'exercice de la commission de colonel sept ans de services, dont cinq comme capitaine; mais dès le 6 juin on lui demandait de modifier sa décision du 11 février. On avait réfléchi que son objet, qui était de remédier aux abus de la multiplication des commissions de colonel, ne serait pas rempli si on laissait la porte ouverte pour introduire tous les dix ans dans le Militaire le nombre de six colonels au delà de ceux qui parviennent à ce grade comme commandants de régiments et par d'autres voies.

Aussi, par règlement dudit 6 juin 1758, il fut décidé que la commission de colonel ne serait accordée qu'au titulaire de la *première* charge, bien entendu avec l'obligation de la conserver pendant dix ans.

A l'égard des autres charges, la commission ne serait donnée qu'autant que les services la feraient mériter [1].

Cette règle fut suivie jusqu'à la suppression. La commission de capitaine seulement était accordée aux maréchaux généraux des logis qui n'avaient pas ce grade lors de l'achat de leur charge.

En 1789, la question des maréchaux généraux des logis fut portée au Conseil de la guerre, qui proposa les moyens d'éteindre sans remboursement la finance des charges de l'état-major de l'armée et de régler l'activité du service des officiers qui en étaient ou s'en trouveraient pourvus jusqu'à leur extinction.

L'affaire vint pour la première fois le 14 février 1789 : « Parler de la charge de maréchal général des logis de l'armée que M. de Montfermeil demande à vendre [2] ». L'examen de la réclamation fut renvoyé au comte d'Autichamp, qui reçut mission de faire un rapport à la première séance.

Le 21 février, l'affaire revenait par un nouveau mémoire déposé par le marquis de Montfermeil et remis également à d'Auti-

---

[1] *A. A. G.*, Anc. Rég., C c I, maréchaux généraux des logis.
[2] *A. H. G.*, registre des délibérations du Conseil de la guerre.

champ. Ce même jour, le Conseil était saisi d'une demande semblable par le comte de Roissy qui avait acquéreur en M. de Pilles. Aucune solution n'intervenant, une nouvelle requête de Montfermeil parvint le 7 mars. Enfin le vicomte de Goyon, officier au régiment des Gardes françaises, demander à traiter d'une de ces charges, celle du vicomte de Vannoise.

Dans la séance du 9 mai, sur la présentation de cette dernière requête, le Conseil posait la question : « Faut-il permettre aux titulaires actuels des charges de maréchal des logis avec finance d'en traiter? » Encore renvoyé au comte d'Autichamp, chargé du rapport, encore pour la prochaine séance.

Mais ce ne fut que le 7 juin que d'Autichamp présenta son « rapport[1] concernant plusieurs objets relatifs à la charge de M. le marquis de Montfermeil et à d'autres charges de l'état-major de l'armée »

Après audition : « Le Conseil a pesé les différents moyens proposés pour éteindre successivement la finance des charges des maréchaux généraux des logis de l'armée; il a jugé qu'il serait également injuste de grever les finances de Sa Majesté pour une liquidation quelconque du remboursement d'une somme qui n'a pas été comptée au Trésor royal, et qu'il serait cependant trop sévère de faire périr, dans la main des propriétaires actuels, un effet d'un prix considérable et acquis de bonne foi. D'après ces motifs, le Conseil a décidé :

« 1° Que l'extinction desdites finances s'opérerait par la réduction d'un sixième de la finance de chaque charge par chaque mutation ;

« 2° Que dans le cas de mort d'un titulaire de l'une de ces charges, il ne sera rien remboursé à la famille, ainsi que cela s'est pratiqué jusqu'à présent, à l'exception de la première de ces charges dont le brevet de retenue qui y est attaché devrait être remboursé sur le pied auquel elle se trouverait réduite à l'époque de la mort dudit titulaire par l'effet de l'article ci-dessus ;

« 3° Que ces charges, à l'exception de la première, qui donnera le droit au grade de colonel, ne donneront d'autres avan-

[1] Il en reprit les pièces, dit en marge le procès-verbal.

tages aux officiers qui en seront pourvus que d'assurer l'activité de leur service et de les rendre susceptibles de la commission de capitaine au moment de l'acquisition de ces charges, et, dans le cas où ces officiers seraient employés à la guerre, ils obtiendraient le brevet de lieutenant-colonel après la première campagne et celui de colonel après la seconde. »

Dans la séance du lendemain, 8 juin, le Conseil adoptait les termes d'un projet de mémoire au Roi, rédigé d'après la décision prise dans la séance de la veille, et qui fut soumis à M. Melin, chef du bureau des Budgets et des Fonds. M. Melin souleva quelques objections ; le Conseil les approuva dans sa séance du 26 juin, à laquelle assistaient le comte d'Autichamp, le chevalier de Coigny, le marquis de Jaucourt, Fourcroy, le duc d'Ayen, le duc de Guines, le comte de Schomberg et le comte de Puységur, et le mémoire fut définitivement arrêté.

« Pour empêcher à l'avenir qu'une nature d'emplois qui ne devraient être confiés qu'à des officiers dans lesquels on reconnaît les talents nécessaires pour ce service, fût transmise à prix d'argent », le Conseil proposait d'éteindre la finance par la réduction d'un sixième de la finance de chaque charge lors de chacune des mutations, — la première charge comme les autres, — et que les appointements seraient aussi réduits proportionnellement. En cas de décès, la famille pourrait traiter de la charge avec le sujet agréé par le Ministre et à condition de la réduction du sixième, c'est-à-dire qu'il ne pourrait payer plus que le brevet de retenue de son prédécesseur, et lui n'aurait qu'un brevet diminué du sixième de son prix d'achat.

Le Conseil demandait ensuite que seule la première charge donnât droit au brevet de colonel ; que les titulaires des autres charges n'eussent que la commission de capitaine au moment de l'acquisition ; mais, s'ils étaient employés soit en temps de paix, soit en temps de guerre, ils seraient susceptibles des mêmes avancements que les autres officiers de l'état-major de l'armée.

Les titulaires actuels revêtus du grade d'officier supérieur, qui quitteraient leur charge, seraient maintenus en activité et pourraient obtenir le grade de maréchal de camp, mais cet avantage ne doit être accordé que pour cette première mutation ; à l'avenir les pourvus de charges ne conserveraient d'activité que pendant le temps qu'ils en resteraient détenteurs.

Enfin, après la sixième mutation de chacune des charges, elles se trouveraient *ipso facto* supprimées.

L'avis du Conseil de la guerre fut adopté dans toutes ses conclusions, mais homologué seulement par décision royale du 1er octobre 1789[1], qui fixa les brevets de retenue des quatre titulaires d'alors, en prenant le prix d'achat réduit du sixième.

Les maréchaux généraux des logis furent supprimés par l'art. XXII de la proclamation du Roi du 29 octobre 1790[2], concernant l'avancement aux grades militaires.

A des reprises fréquentes, lorsqu'il se présentait des décisions à demander sur les charges de maréchal général des logis, soit des camps et armées, soit de la cavalerie légère, le même mémoire erroné sur l'histoire de la charge était présenté, accompagné d'un tableau des divers titulaires.

Ces tableaux donnent comme premiers titulaires de chacune de leurs charges : Chamlay, Langlée, Descures, pour les camps et armées; Guislain de La Viérue père, pour la cavalerie.

Bien que l'on reconnaisse dans les mémoires que la charge Descures ait été créée la première, les tableaux la classent la troisième. C'est que le numéro est donné suivant la valeur du rapport en appointements : 12,600 et 4,200.

C'est, en outre, la notoriété de Chamlay et les services qu'il a rendus qui ont fait classer comme première charge l'office dont il était pourvu, et qui faisait jouir le titulaire de la commission de colonel de droit le jour de la signature des provisions.

Ces tableaux ont été complétés en remontant à la véritable origine; ensuite par les prénoms du titulaire; l'indication de la situation au moment de la nomination; ce que fut payée la charge (finance); le montant du brevet de retenue, le refus de ce brevet ou sa suppression; la date à laquelle fut donnée la commission de colonel (les colonels de cavalerie et de dragons avaient le titre de mestre de camp; les colonels d'infanterie

---

[1] *A. A. G.*, C c I.
[2] Rendue sur le décret des 20, 21 et 23 octobre (*Collection du Louvre*, II, 294).

l'eurent aussi lors du rétablissement du colonel général en 1780; pour plus de clarté, l'expression unique de « colonel » a été adoptée).

Maréchaux généraux des logis des camps et armées.

Descures (Pierre Fougeu, sieur d'Escures, du Poustil et d'Anvillier), commissaire des guerres et « maréchal des logis du Roi en ses camps et armées », ainsi qualifié dans le contrat de mariage de son frère, le 13 novembre 1593 [1]. La Chambre des comptes enregistre, le 12 janvier 1598 [2], l'édit, dont la date n'est pas donnée, de création en titre d'office de la charge de *maréchal des camps et armées du Roi* dont d'Escures était pourvu par commission. — Était en 1600 commissaire à la conduite du régiment des Gardes françaises avec 3,000 livres d'appointements ; fonction dont il démissionna le 27 juillet 1613 [3]. Bassompierre en fait à diverses reprises un grand éloge [4]. Décédé le 9 mai 1621.

Descures (Jacques Fougeu, sieur de Bourriers et de Villeret), devenu Fougeu d'Escures à la mort de son frère aîné. — Réunit également la charge de son frère à celle qu'il possédait déjà. En 1635, il est Jacques Fougeu d'Escures, conseiller du Roi en ses Conseils, maréchal général des camps et armées de France. — Ensuite la charge passe à son fils [5] :

Fougeu d'Escures et de Ligny (Claude), qui paraît en décembre 1645 comme maréchal général des logis des camps et armées de France, qui signe des actes avec cette qualité encore en 1672 [6] et figure avec sa qualité, le 30 juillet de cette année, au contrat de mariage de son cousin-germain Charles (celui qui fut tué à Fleurus) [7] ; c'est celui que l'*Etat de la France* en 1663, 1669, 1674, porte sous le nom des Fourneaux. — Décédé sans postérité en 1685.

Charge alors éteinte.

---

[1] *Bibl. nat.*, Séries généalogiques, Cabinet d'Hozier, vol. 147, n° 3783 ; Dossiers bleus, n° 278, n° 9260.

[2] Recueil Cangé.

[3] *A. A. G.*, Fb, 15, Contrôle des Gardes françaises.

[4] *Journal de ma Vie*, ou *Mémoires du maréchal de Bassompierre*, Cologne, Pierre du Marteau, 1645, I, 318, 334, 339, 346, 355, notamment.

[5] *Bibl. nat.*, Pièces originales, vol. 1214, n° 27293.

[6] *Id. in ibid.*

[7] *Id. in ibid.*, Cabinet d'Hozier, vol. 147, n° 3783.

Du Boys (David Tibaud). — Maréchal des logis de l'armée du Roi devant Amiens à la date du 1er juillet 1597 [1]. Il est à la fois commissaire des guerres et maréchal des logis.

Du Boys meurt peu après, et par lettres patentes sous forme de déclaration, du 10 août 1597, Henri IV créa deux états et offices de maréchal des logis des camps et armées à la charge que l'état de commissaire des guerres, uni et incorporé jusqu'alors à la charge de maréchal des logis, serait supprimé. Les 400 écus de gages sont partagés entre les deux nouveaux états, à raison de 200 pour chacun [2].

1re charge.

11 août 1597. — des Fourneaux (Hélie Fougeu, sieur des Fourneaux et de Blancfossés), frère cadet de Pierre Fougeu d'Escures, capitaine d'une compagnie d'arquebusiers à cheval et commissaire des guerres dès 1593 ; pourvu de la charge en raison des services qu'il rendit au siège d'Amiens [3] ; — Anobli par lettres patentes d'avril 1614. — Décédé le 5 novembre 1629.

29 juillet 1626. — Desfourneaux (Claude Fougeu des Fourneaux), cinquième fils du précédent. — Nommé sur la démission de son père, qui conserve la survivance pour servir en l'absence de son fils et de son vivant perçoit les gages (600 livres); l'état ne peut être prétendu vacant par la mort de l'un d'eux et il est réservé au survivant [4]. — A prêté le serment entre les mains du maréchal de Schomberg le 30 octobre 1626. — Est le maréchal des logis du maréchal de Marillac en 1630 et celui du Grand Condé pendant les campagnes de 1646 et 1647. — Décédé le 26 juillet 1649 à 42 ans.

La charge créée le 11 août 1597 se trouva éteinte à la mort du second titulaire, qui ne laissa qu'une fille.

---

1 Recueil Cangé.

2 *Bibl. nat.*, Cabinet d'Hozier, vol. 147, n° 3783.

3 *Bibl. nat.*, Dossiers bleus, vol. 278, n° 7260.

« Cet Hélie Fougeu fut avancé par le maréchal de Biron dont il avait été domestique (c'est-à-dire avait fait partie de sa Maison), et comme il était grand de mérite et estimé par le roi Henri IV, ce maréchal le fit pourvoir de la charge de maréchal général des logis des camps et armées, et depuis elle a été héréditaire dans sa famille. » (*Ibid.*, Cabinet d'Hozier, vol. 147, n° 3783.)

4 *A. H. G.*, vol. 12, n° 6, et vol. 13, n° 69, provisions.

Bassompierre (II, 35, 228, 370 ; III, 85) loue également les services d'Hélie des Fourneaux.

2e charge.

.....FOUGEU, sieur DE VILLERET (Jacques), frère de Pierre et d'Hélie. — Etait fourrier au 1er juillet 1597. — *Maréchal des logis du Roi et de ses armées*, d'après les quittances qu'il donne et dont la première de celles qui subsistent est de janvier 1614 [1].

Selon les provisions [2] de son neveu qui suit a été pourvu d'une des charges provenant du dédoublement de celle de Tibaud du Boys. A la mort de son frère Pierre en 1621, a réuni les deux charges. Obtint, pour les services qu'il avait rendus, tant sous Henri IV que sous le Roi actuel, le 14 mai 1621, un brevet d'*aide de maréchal de camp*, et le 3 octobre celui de *conseiller au Conseil d'Etat et privé du Roi* [3].

Les deux charges de maréchal général des logis sont bientôt désunies. Jacques Fougeu de Villeret, devenu Fougeu d'Escures, conserve la charge de Pierre aux gages de 1,200 livres, et celle provenant du dédoublement de la charge de Tibaud du Boys — gages de 600 livres (200 écus) — est donnée à son neveu [4].

1er octobre 1621. — DESCURES (Charles FOUGEU D'ESCURES, des Fourneaux et du Poustil), neveu du précédent et fils aîné d'Hélie des Fourneaux. — Décédé en fonctions à l'armée du duc d'Orléans en Flandre, en 1646. — A le titre de *maréchal général des camps et armées* [5].

16 juillet 1646. — DESCURES (Charles FOUGEU D'ESCURES et du Poustil), fils aîné du précédent. — Qualifié dans ses provisions *maréchal général des logis de nos camps et armées*. — Par brevet du 20 juillet 1646 [6], le Roi « mettant en considération les longs et fidèles services dudit Charles Fougeu père (comme maréchal général des camps et armées de Sa Majesté) et qu'il n'est aucune autre récompense à sa veuve et enfants que ladite charge qu'il a plu à Sa Majesté de pourvoir Charles Fougeu, le fils, « accorda la jouissance des gages et appointements de la charge à ladite veuve et à ses enfants. — Conseiller du Roi en ses Conseils. — Maréchal général des logis de Turenne pendant les campagnes de 1674 et 1675. — Tué aux côtés du maréchal de Luxembourg à la bataille de Fleurus, le 1er juillet 1690. — La charge demeure provisoirement vacante.

---

1 *Bibl. nat.*, Pièces originales, vol. 1214, n° 27293.
2 *Ibid.*, Cabinet d'Hozier, vol. 147, n° 3783.
3 *Id. in ibid.*
4 *Id. in ibid.*, résumé des provisions.
5 D'après les provisions de son fils, du 16 juillet 1646 (Recueil Cangé.)
6 *A. H. G.*, vol. 96, n° 298.

7 mai 1701. — DESCURES (Charles FOUGEU D'ESCURES), fils du précédent, né le 30 juillet 1685. — Les services distingués du bisaïeul, des grands-oncles et du père, disent les provisions [1], ont « fait résoudre Sa Majesté de le pourvoir de cette charge, quoiqu'encore jeune », persuadée qu'il a hérité des nobles sentiments de son père et de ses ancêtres, ... et qu'excité par leur exemple, il acquerra promptement par son application la capacité et l'expérience nécessaires pour s'acquitter dignement de cette charge. » — Page en la petite écurie, juillet 1701 ; capitaine dans Royal-Cravattes, 1707 ; ne sert qu'en ce régiment.

C'est alors que cet office est dit :

3e charge (*Appointements ; 4,200 livres. — Le titulaire n'a pas de fourrier* [2].

Charles IIIe Fougeu d'Escures mourut en avril 1715. La charge est alors partagée en deux ; appointements de 2,100 livres à chacune.

Première 3e charge.

Marquis de MONTEILS. — Passé à la charge de Chamlay.

30 mars 1720. — MONTAL (...DE), capitaine de cavalerie. (Colonel du 13 juin 1723.)

12 mars 1735. — DU PLESSIS (Simon-Louis DU PLESSIS DE LA CORÉE), capitaine au régiment du Mestre-de-camp général des dragons. (Brevet de retenue : 30,000 livres. — Colonel du 26 novembre 1735 [3].)

1er mai 1745. — ROUSSEL DE BOUILLANCOURT. (Finance : 60,000 livres ; brevet de retenue refusé le 1er mars 1747, Louis XV ne voulant plus en donner sur ces charges ; mais accordé une pension de 1,500 livres pour blessures reçues en Flandre.) — Décédé en 1750 des suites de ses blessures.

Charge éteinte avec lui, les 2,100 livres d'appointements donnés en pension à son frère, Roussel d'Espourdon, colonel aux grenadiers de France.

Seconde 3e charge.

CHEVILLY. (...HATTES de), ancien officier aux gardes françaises.

10 avril 1720. — LA PLANCHE DE MORTIÈRES, colonel réformé d'infanterie.

---

[1] *Bibl. nat.*, Cabinet d'Hozier, vol. 147, n° 3783.

[2] En réalité, il n'en a plus, le titulaire n'exerçant pas.

[3] Maréchal de camp, 1748.

6 février 1734. — Crémilles (Louis-Hyacinthe Boyer de), capitaine au régiment de dragons de Goesbriant. (Colonel du 26 novembre 1735 [1].)

1er octobre 1745. — Valogny (Jean-Nicolas Watelet de), capitaine au régiment de cavalerie de Berry. (Sans brevet de retenue. — Colonel du 30 novembre 1746 [2].)

1er décembre 1752. — Dangé d'Orsay (René-François-Constance), capitaine au régiment de cavalerie de Berry. (Colonel du 12 avril 1754.)

8 février 1757. — Poisson de Malvoisin (Gabriel), capitaine au régiment Royal des Carabiniers. (Colonel du 11 février 1758 [3].)

4 mars 1759. — Dangé d'Orsay. — Rétabli [4].

13 août 1765. — Marquis de La Muzanchère (François-Louis-Mauclerc), ex-capitaine au régiment d'infanterie du Roi. (Colonel du 2 février 1768.)

11 mai 1769. — Randon de Lucenay (Pierre-Louis-Paul), capitaine commandant au régiment Royal-Lorraine. (Colonel du 17 juin 1770 [5].)

19 octobre 1773. — Comte de Roissy (Joseph-Charles Michel), mousquetaire de la garde du Roi. (Finance : 120,000 livres. — Capitaine du 13 juin 1774, et colonel du 24 juin 1780 [6].)

Titulaire à la suppression.

---

[1] Lieutenant général, 1748; adjoint au maréchal de Belle-Isle, Secrétaire d'Etat de la guerre.

[2] Maréchal de camp, 1761.

[3] Maréchal de camp, 1770.

[4] Maréchal de camp, 1770.

[5] Maréchal de camp pour retraite, 1791.

[6] Maréchal de camp pour retraite, 1791.

Renaudin (Jacques), beau-frère de Pierre, Hélie et Jacques Fougeu, dont il avait épousé la sœur Marie en 1612. — Fourrier des logis au 1er juillet 1597. — Commissaire des guerres. — On le trouve signant une quittance (il signait *Regnauldin*), comme maréchal des logis avec Hélie des Fourneaux en décembre 1615 [1]. — Décédé en fonctions en 1626.

Cette charge, la *quatrième*, resta vacante ; elle est rétablie le 11 novembre 1636 [2].

11 novembre 1636. — **Langlée** (Claude **de**, sieur de Les Epichelières), neveu par sa mère du précédent. — Conseiller du Roi en ses Conseils, commissaire ordinaire des guerres. — Décédé le 13 novembre 1667.

Son fils, Claude **de Langlée** lui succède, ou seulement, comme s'exprime d'Hozier, « exerce la charge de son père [3] ». Il est encore en fonctions au 30 mars 1670 [4].

Février 1670. — Marquis **de Chamlay** (Jules-Louis **Bolé**). — Son père, Alexandre Simon **Bolé**, seigneur de Chamlay, conseiller du Roi, prévôt général des bandes et du régiment des gardes-françaises (1647-1661), chevalier de Saint-Michel (1653), a une commission pour exercer la charge — Chamlay était né en 1650 — pendant les deux premières années [5]. (Brevet de retenue : 100,000 livres.)

La charge de prévôt général des bandes et du régiment des Gardes françaises étant perdue par la mort, aux Invalides, dont il était gouverneur (17 novembre 1678), de Le Maçon d'Ormoy, Louis XIV la donna à son neveu, le marquis de Chamlay, qui la vendit en octobre 1680 60,000 livres ; il n'exerça point pendant ces deux ans de possession [6]. — Intendant triennal des bâtiments, charge supprimée et rétablie en sa faveur par édit de janvier 1684 [7]. — Commandeur et Grand-Croix de Saint-Louis, 1693.

C'est sous Chamlay, entré en fonctions dès les premiers mois de 1672, que cet office devient :

---

1 *Bibl. nat.*, Pièces originales, vol. 1214, n° 27293.

2 *A. H. G.*, vol. 30, n° 290, placet de Langlée, et vol. 32, n° 211, minute de ses provisions.

3 *Bibl. nat.*, Cabinet d'Hozier, vol. 205, n° 3302.

4 *A. H. G.*, vol. 636, n° 171.

5 A. **de Boislisle**, *Le marquis de Chamlay* (Paris, 1877), 4.

Le *Dictionnaire des Bienfaits du Roi* (*Bibl. nat.*, F. Fr., 7655, p. 204, art. *Bolé de Chanlé*), dit : « Février 1670. Le Roi le fait maréchal général des logis des camps et armées de Sa Majesté, sur la démission de son père, à qui le Roi donne en même temps une commission pour exercer cette charge pendant deux ans. »

6 *A. A. G.*, Da I, i¹, prévôté générale des Gardes, 2.

7 *Dictionnaire des Bienfaits du Roi*, *loc. cit.*

1re charge (*Appointements : 12,600 livres; commission de colonel y attachée; le titulaire a deux fourriers*).

Chamlay est décédé le 21 juin 1719[1].

1er juillet 1719. — MONTEILS, brigadier de cavalerie et mestre de camp d'un régiment de son nom. (Brevet de retenue : 100,000 livres.)

21 mai 1725. — Baron DE LA MOSSON (... BONNIER), mousquetaire depuis huit mois. (Commission de colonel du 21 mai 1725.)

22 décembre 1731. — Marquis DE XIMÉNÈS (Augustin), brigadier d'infanterie, ancien colonel du régiment Royal-Roussillon[2].

8 janvier 1735. — THIERS (... CROZAT DE), capitaine au régiment de dragons de Languedoc. (Brevet de retenue : 100,000 livres. — Colonel du 8 janvier 1735.)

25 juillet 1749. — Marquis DE FEUQUIÈRES (Antoine-Adolphe DE SEIGLIÈRES DE BELLEFORIÈRE DE SOYECOURT), major du régiment Dauphin-Etranger. (Colonel du 30 juillet 1750.)

1er septembre 1754. — Baron DE LIEURRAY (Jean-Baptiste), capitaine retiré du régiment d'Enghien, écuyer de Madame. (Brevet de retenue supprimé. — Colonel du 10 octobre 1755.)

26 mai 1759. — DUPLEIX DE PERNAN (Marc-Antoine-Charles), capitaine au régiment de Poitou. (Brevet de retenue : 120,000 livres. — Colonel du 26 mai 1759, pour ne valoir qu'à dater du 12 avril 1761[3].)

4 mars 1767. — MEYNAUD DE COLLANGE (François-Gaspard), capitaine au régiment de dragons de Damas. (Finance : 240,000 livres; brevet de retenue : 120,000 livres. — Colonel du 4 mars 1767.)

1er juillet 1779. — Marquis DE MONTFERMEIL (Jean-Hiacinthe-Louis HOCQUART), capitaine au régiment de Berry. (Finance : 265,000 livres; brevet de retenue : 120,000 livres. — Colonel du 6 novembre 1779, avec rang, accordé plus tard, du 1er juillet.)

21 septembre 1789. — Comte DE TURTOT (Gilles-Toussaint-HOCQUART), capitaine réformé au régiment de dragons de Monsieur. (Finance : 265,000 livres; brevet de retenue : 220,833 livres. — Colonel du 21 septembre 1789.)

Titulaire à la suppression.

---

[1] Sur l'*Etat de la dépense des Gardes françaises pour* 1717 (*A. A. G.*, D a I, I, 3), Chamlay est porté comme percevant au titre de l'état-major sur le régiment 250 livres par mois, et comme ayant ainsi deux charges; sans doute parce que les autres étaient dédoublées.

[2] Maréchal de camp, 1734.

[3] Maréchal de camp, 1780.

Un nouvel état et office de maréchal général des logis des camps et armées fut créé en faveur de Claude de Langlée fils. Le 30 novembre 1673, il donna un reçu de 700 livres pour ses appointements et ceux de ses deux fourriers pendant la campagne de cette année[1]; mais il n'est que fonctionnaire.

L'*État de la France* de 1674 ne signale que trois charges : Descures, des Fourneaux et Bolé de Chamlay, et la généalogie de la famille, établie par d'Hozier[2], déclare que Claude de Langlée fils, grand ami de Louvois, fut « maréchal général des logis des camps et armées du Roi, 1677 ».

Cet office, qui était le *quatrième* lors de sa création, est devenu celui qu'au XVIIIe siècle on déclarait être la

2e charge (*Appointements :* 12,600 livres).

.....1677. — LANGLÉE (Claude DE). — Fut le maréchal général des logis de Louis XIV et du Grand Dauphin. (Sans brevet de retenue.)

A la mort de Langlée en février 1708, la charge est demandée par MM. de Mauroy et de Verseilles.

Mauroy, maréchal de camp depuis 1704, avait rempli pendant plusieurs campagnes les fonctions de maréchal général des logis de la cavalerie. M. de Verseilles, colonel d'un régiment de hussards, avait été le maréchal général des logis du maréchal de Villars à l'armée du Rhin en 1707, et Villars l'avait patronné : « ..... Je vois avec plaisir l'intérêt que vous prenez en ce qui regarde M. de Verceil. Les bons témoignages que vous avez rendus de son zèle et de ses services n'ont pas peu contribué à déterminer le Roi à lui donner une partie des émoluments de la charge de M. de Langlée, et il continuera à en exercer les fonctions cette campagne comme il en a fait les précédentes [3]. »

Aussi Louis XIV jugea à propos de les gratifier tous deux et partagea la charge et les appointements : 6,300 livres à chacun ; les deux fourriers, de même, passèrent un à chaque charge.

Première 2e charge.

1er mars 1708. — MAUROY (Denys-Simon DE), maréchal de camp. (Brevet de retenue : 20,000 livres [4]).

---

1 *Bibl. nat.*, Pièces originales, vol. 1640, no 38143.

2 *Id. in ibid.*, et Dossiers bleus, vol. 381, no 10237 : « Son fils, Claude de Langlée, sieur de Les Epichelières, maréchal général des logis, pourvu en 1677. »

3 *A. H. G.*, vol. 2061, no 201, 15 mars 1708, à Villars.

4 Lieutenant général, 1718.

6 août 1729. — VERDELIN (Bernard DE).

30 août 1740. — BAYE (François BERTHELOT DE), capitaine au régiment Royal-Roussillon. (Finance : 124,000 livres; brevet de retenue : 30,000 livres.— Colonel du 1er décembre 1740 [1].)

1er avril 1747. — DU METZ (Anne-Marie WATBOIS), capitaine au régiment de cavalerie de Barbançon. (Sans brevet de retenue. — Colonel du 1er juillet 1747 [2].)

13 juillet 1756. — ENNERY (Victor-Thérèse CHARPENTIER D'), capitaine réformé à la suite du régiment de dragons d'Aubigné. (Finance : 120,000 livres. — Colonel du 13 juillet 1757 [3].)

10 février 1758. — Comte DE SENOZAN (Jean-François-Ferdinand de TAULIGNAN), capitaine au régiment d'Henrichemont. (Colonel du 11 février 1758.)

20 janvier 1761. — LA BORDE (Joseph-Louis), capitaine au régiment de cavalerie de Noé. (Colonel du 12 avril 1742.)

25 mars 1765. — GERVILIERS (André-Claude THIROUX DE), capitaine au régiment de dragons de Chabot. (Colonel du 25 mars 1765 [4].)

18 février 1772. — Marquis DE BIÈVRE (Georges-François MARESCHAL), mousquetaire de la 1re compagnie avec rang de capitaine. (Brevet de retenue : 120,000 livres. — Colonel du 24 juin 1780.)

2 septembre 1784. — Vicomte DE VANNOISE (Claude-Charles LE BRETON), capitaine au régiment du Mestre-de-camp général des dragons. (Finance : 160,000 livres; brevet de retenue fixé en 1789 à 133,334 livres. — Colonel du 11 octobre 1788 [5].)
Titulaire lors de la suppression.

Seconde 2e charge.

1er mars 1708. — Marquis DE VERSEILLES (Jacques BADIER), colonel d'un régiment de hussards et maréchal général des logis de l'armée du Rhin [6].

---

[1] Nommé brigadier le 20 mars 1747 et démissionnaire. Mort lieutenant général en 1776.
[2] Maréchal de camp, 1762.
[3] Décédé en 1776 lieutenant général et gouverneur des îles du Vent.
[4] Maréchal de camp, 1788.
[5] Maréchal de camp honoraire, 1825.
[6] Lieutenant général, 1734.

17 septembre 1728. — Marquis DE MOULINS (Charles-Nicolas-Mathieu LE BASCLE D'ARGENTEUIL), capitaine au régiment de cavalerie de Ruffec. (Colonel du 17 septembre 1728 [1].)

26 avril 1739. — CAVELIER, ci-devant capitaine au régiment du Colonel Général de la cavalerie. (Finance : 110,000 livres. — Colonel du 25 août 1742.)

26 septembre 1743. — LA LIVE DE PAILLY, capitaine au régiment de Lyonnais. (Sans brevet de retenue. — Colonel du 18 octobre 1744).

1er novembre 1749. — THOMAS DE DOMANGEVILLE (Jean-Baptiste-Benoît), capitaine réformé au régiment de cavalerie de La Rochefoucault. (Finance : 160,000 livres. — Colonel du 1er novembre 1750 [2].)

21 mars 1763. — BONNAUD (Étienne-Daniel DE), capitaine au régiment de La Couronne. (Finance : 160,000 livres. — Colonel du 25 mars 1765.)

26 novembre 1765. — HOCQUART DE MONTFERMEIL (Jean-Baptiste-Marie-Hyacinthe), exempt des gardes du corps du Roi de Pologne, duc de Lorraine et de Bar. (Finance : 160,000 livres ; brevet de retenue : 60,000 livres. — Colonel du 19 février 1766.)

Bonnaud avait donné sa démission le 26 novembre 1765 et était décédé quelques jours après. Pour assurer le prix de cette charge dont le comte de Montbarey avait répondu, la démission fut reçue, et la charge assurée, en décembre 1765, au comte de Montbarey ; elle fut donnée le 19 février 1766 à Montfermeil avec provisions datées du 26 novembre 1765, jour où Bonnaud avait remis sa démission.

12 novembre 1768. — Marquis LE TOURNEUR (Antoine-Pierre), mousquetaire en la 2e compagnie. (Capitaine du 26 décembre 1768, n'ayant que 22 ans ; colonel le 12 septembre 1776, à dater du 10 novembre 1775, mais comme major des gardes du corps du comte d'Artois [3].)

7 août 1778. — Marquis de BACOT (Philippe-Nicolas PEYSSON), ci-devant mousquetaire en la 1re compagnie réformée. (Finance : 210,000 livres, et 4,800 livres de pot-de-vin remis à Le Tourneur en signant l'acte de vente. — Capitaine du 7 août 1778 ; n'a pas été breveté colonel, en vertu de la décision de 1758, qui n'accordait la commission que si les services le méritaient.)

Titulaire lors de la suppression.

---

[1] Maréchal de camp, 1759.
[2] Maréchal de camp, 1762.
[3] Lieutenant général, 1814.

Maréchaux des logis de la cavalerie légère.

Il y avait trois charges sous ce titre : le titulaire de la première était *maréchal général des logis ;* les propriétaires des deux autres étaient dénommés seulement *maréchaux des logis.*

La création de la première charge remonterait à l'année 1566, lorsque la charge de colonel général était dédoublée « en deçà » et « au delà des monts ».

Les fonctions du maréchal général des logis de la cavalerie ont été définies dans le Règlement royal du 15 mai 1638 « pour établir un bon ordre en la discipline et police de toute sa cavalerie[1]. »

« 12. — Le colonel, le mestre de camp général ou celui qui commandera, enverra le maréchal des logis général au rendez-vous, s'il s'en fait, avec ordre de suivre le général d'armée ou maréchal de camp, pour, après la disposition du logement, recevoir la quantité de villages ordonnés pour le logement de toute la cavalerie, et, si les départements se font au rendez-vous général, d'assister à la séparation desdits logements pour en demander ce qui est nécessaire pour mettre à couvert ladite cavalerie, représentant avec respect ce qu'il jugera des intérêts de tous les corps pour avoir suffisammeut autant de lieux qu'il pourra, afin que, le corps ayant de quoi s'étendre, les compagnies particulières, qui sont les membres, en soient les plus soulagées.

« 13. — Aussitôt que le maréchal des logis général aura reçu son département, il le portera au colonel ou mestre de camp général, ou à celui qui commandera le corps...

« 18. — Le maréchal des logis général allant ou envoyant à l'ordre enverra au maréchal de camp qui sera de jour le contrôle de la séparation des quartiers, où seront dénommés tous les logements et ceux qui les occuperont.

« 19. — Lorsque toute l'armée campera, le maréchal des

---

[1] *A. H. G.*, vol. 49, n° 126, en minute.

logis général avec tous les sergents-majors (les majors) des régiments et les maréchaux des logis d'iceux suivront le maréchal de camp qui ira pour faire le campement, et le maréchal des logis général recevra dudit maréchal de camp ce qui lui sera baillé pour le campement de tout le corps qu'il séparera à tous les majors ou maréchaux des logis.. »

Il existait par corps d'infanterie ou de cavalerie un maréchal des logis réputé officier ; d'où la qualité de « général » donnée au maréchal des logis de l'arme.

Le régiment des Gardes françaises fut le seul corps de troupe qui conserva toujours son maréchal des logis, devenu en 1684, à la suite de la création du colonel de France, « maréchal des logis des bandes et du régiment des Gardes françaises ».

Les appointements, qui étaient de 1,500 livres, furent portés à 3,000 en 1615.

Les maréchaux des logis des bandes et du régiment des Gardes françaises furent MM. La Queue (l'était en 1609 et encore en 1615), de La Vergne (l'était en 1638), Pouget. En 1674, la charge fut dédoublée avec 1,500 livres attachées à chacune ; en furent pourvus Prudhomme et Courval. Celui-ci céda, en décembre 1677, sa charge au premier qui exerça alors les deux, puis les vendit en 1689 à M. de Lafontaine. Les charges se trouvèrent ainsi réunies de nouveau dans les mêmes mains, et il n'y eut plus qu'un maréchal des logis unique comme avant 1674. Pinçon qui paya 20,000 écus, succéda à Lafontaine le 7 mars 1703 ; après vinrent Junot (1er juillet 1719) ; Cabannes (9 février 1742) ; Dumas de Polard (René-Marie) (3 juin 1770).

Un brevet de retenue de 10,000 livres fut accordé à Pinçon ; Dumas de Polard, en même temps que le brevet de la charge, en eut un de retenue de 30,000 livres, qui, en récompense de ses services, fut porté à 50,000 le 10 mai 1778, et à 60,000 le 12 mai 1782 : c'était ce que lui avait coûté la charge.

Celle-ci était militaire depuis la création du régiment ; elle se perdait par mort ; le maréchal des logis était officier de l'état-major ; il portait l'uniforme avec l'épaulette de lieutenant des gardes, qui était celle de lieutenant-colonel ; il avait rang et commission de capitaine d'infanterie du jour où il était pourvu s'il avait trois ans de service comme officier dans les troupes, sinon après six ans de maréchal des logis (ordonnance du 26 septembre 1779) ; il passait la revue du Roi en grand uniforme, à la gauche du colonel, l'épée à la main et saluait le Roi de l'épée ; il était reçu par le commandant du corps en présence des officiers et sergents.

Au XVIIIe siècle les fonctions ne consistaient plus qu'en la perception et la distribution des taxes de logement sur les maisons des quartiers de la ville et des faubourgs de Paris qui y étaient sujettes (ordonnance du 2 décembre 1764).

« Le maréchal des logis de la cavalerie, dit le capitaine Pichat[1], fait dans l'armée « le détail », comme on dit, de la cavalerie, dont il est le chef direct. Le maintien de la discipline et la surveillance du service intérieur des escadrons, l'établissement des gardes, la formation des détachements particuliers, le campement des brigades, les dispositions de celles-ci dans la ligne de bataille, la transmission dans son arme des ordres du général, telles sont, rapidement résumées, les fonctions de ces auxiliaires importants du commandement. »

Les deux autres charges, celles de maréchaux des logis, furent créées pour remplir les fonctions dans les armées où le maréchal général ne pourrait se trouver.

Comme pour les maréchaux généraux des logis des camps, les charges de la cavalerie devinrent vénales, et les titulaires devaient quelquefois être remplacés aux armées par des officiers plus capables de remplir les fonctions.

En 1776, la suppression de ces charges fut un moment comprise dans les projets de la réforme militaire. Un mémoire de cette époque, resté à l'état de minute[2], les critique sévèrement et demande leur suppression, ainsi que celle des autres charges de l'état-major de la cavalerie et des dragons, colonels généraux, etc.

« Quant aux charges de maréchaux des logis attachées à l'état-major de la cavalerie, il n'est pas moins évident qu'elles

---

[1] *Les Armées de Louis XIV en 1674*, *op. cit.* (*Revue d'Histoire*, mars 1910, p. 375.)

[2] *A. A. G.*, C c, VII, Etats-Majors généraux des armes, 3, Cavalerie.

sont de toute inutilité. Elles se vendent au plus offrant et donnent, au détriment de la noblesse, des commissions de colonel à des gens de finance qui arrivent aux grades sans avoir eu de troupe, et presque sans avoir servi, et ils ne sont guère employés pendant la paix et, pendant la guerre, les généraux d'armée ne les admettent dans leur état-major que par grâce et les laissent presque toujours sans fonction.

« Ce qu'on vient de dire des charges de maréchaux des logis de la cavalerie est applicable à celles de maréchaux généraux des camps et armées. L'inutilité de ces dernières, la nullité de leurs fonctions, l'abus des finances qui y sont attachées et des commissions de colonel qu'elles procurent à des gens de finance sont des motifs plus que suffisants pour les supprimer. »

Le mémoire, qui estimait que cette suppression « serait une des opérations des plus utiles au bien du service du Roi et les plus avantageuses de la nouvelle constitution qu'il se propose de donner à ses troupes... », proposait les moyens, qui consistaient en le remboursement comptant du prix des charges. C'était simple, mais onéreux. On ajourna.

Le colonel général de la cavalerie « nommait et présentait » à la charge, « suppliant très humblement Sa Majesté de vouloir à cette présente notre nomination pourvoir » l'officier choisi. Le Roi délivrait ensuite les provisions de l'état et charge[1]. Le titulaire prêtait serment devant le colonel général de la cavalerie, qui l' « installait en possession et exercice ».

Le maréchal général avait, d'après les provisions, le titre de *maréchal de camp et maréchal général des logis de la cavalerie légère*.

Après la mort de Turenne, lorsque Louis XIV donna au comte d'Auvergne la charge vacante de colonel général de cavalerie, il trouva abusif le droit de nomination des maréchaux des logis, et, dans les provisions données au nouveau colonel général, le 14 septembre 1675[2], il lui accorda les droits dont avaient joui

---

[1] *A. H. G.*, vol. 86, n° 114, présentation du chevalier du Vignau par le comte d'Alais, 1er avril 1644; vol. 96, nos 181 et 182, provisions royales, 29 mai.

[2] *A. A. G.*, C c, VII, 3, mémoire cité; pièce justificative 40.

ses prédécesseurs, « à l'exception toutefois qu'il ne pourra nommer ni présenter à la charge de maréchal général des logis de ladite cavalerie, ni à celle de maréchal des logis de ladite cavalerie légère et leurs aides, ni de commettre à l'exercice desdites charges dans nos armées, lorsqu'il n'y aura point de titulaires pour en faire les fonctions, auxquelles charges nous nous réservons de pourvoir et commettre ».

Le maréchal général des logis de la cavalerie avait 6,320 livres de traitement, 4,320 d'appointements et 2,000 livres de gratification attachée à la charge. Sur les 4,320 livres, 720 étaient destinées à son fourrier. Les maréchaux des logis ne percevaient que 1,920 livres, dont 720 pour leur fourrier. Les appointements étaient payés sur l'Extraordinaire des guerres ; la gratification du maréchal général était acquittée sur l'état des gratifications attachées aux charges.

On donnait ordinairement la commission de colonel (mestre de camp dans la cavalerie) aux officiers qui achetaient ces charges quelques années après qu'ils en étaient pourvus, mais on leur appliqua, lorsqu'elle fut rendue, la décision du 6 juin 1758, qui n'accordait de commission que pour le premier maréchal général des logis des camps et armées.

Néanmoins, chaque fois qu'il était nommé un nouveau titulaire à la charge de maréchal général de la cavalerie légère, le colonel général demandait la commission de mestre de camp à dater du jour des provisions, se basant sur ce qu'autrefois le maréchal général des logis portait le titre de « maréchal de camp de la cavalerie[1] », qu'en cette qualité il commandait tous les brigadiers et mestres de camp de cavalerie. Mais on répondait que par la restriction de 1675, Louis XIV s'était réservé la nomination à la charge, ce droit qui avait jusqu'alors appartenu au colonel général ; il avait aussi réglé que le titulaire ne pourrait se prévaloir du titre de maréchal de camp, qu'il n'exercerait

---

[1] Les provisions et commissions étaient semblables, sauf que pour le simple maréchal des logis, de « maréchal *de camp et maréchal général* des logis de la cavalerie » on supprimait les mots en italique, et que « états et gages et appointements de 300 livres par mois » étaient remplacés par « gages ordinaires, entretennement, extraordinaires attribués à ladite charge ». (*A. H. G.*, vol. 3786, formulaire, p. 304.)

plus que par commission particulière et ne ferait plus à l'armée que le service de mestre de camp ; que le titre n'établissait pas d'autorité sur les brigadiers, attendu que leur création était postérieure à la restriction de 1675 [1]. Quant au titre de maréchal de camp, il figurait bien encore dans les provisions : « donnons et octroyons par ces présentes ledit état et charge de maréchal de camp et maréchal des logis de notre cavalerie légère », mais on ne pouvait s'en prévaloir depuis 1675. Dans ces conditions, le brevet du grade ne pouvait être accordé.

Aussi il fut refusé. Le marquis de Béthune se disait « soumis aux volontés du Roi », mais renouvelait ses instances et ses représentations. Il obtint ainsi, en 1768, qu'une commission fût concédée à dater du jour des provisions. Pour le successeur, en 1772, le colonel général refusa de revêtir de son attache les provisions jusqu'à ce que la commission fût donnée; mais la mort du titulaire survint, et celui qui le remplaça n'avait pas l'âge requis pour être mestre de camp.

Cela se passait en 1774. L'affaire en resta là. En 1778, Louis XVI déclara qu'il n'accorderait la commission de mestre de camp au maréchal général des logis de la cavalerie qu'en temps de guerre. Il refuse encore le 5 avril 1780; mais, sur la recommandation de Madame et de la comtesse d'Artois, le 24 juin, il se décide enfin à accorder le brevet sollicité depuis si longtemps.

Une des charges de maréchal des logis avait été éteinte lors du décès du titulaire, en 1744; celle du maréchal général le fut dans les mêmes conditions au mois de juin 1782.

Les Bureaux de la guerre firent valoir que « les pourvus de la charge de maréchal général des logis de la cavalerie, à laquelle sont attachés cinq mille six cents livres d'appointements, n'ont aucunes fonctions en temps de paix et n'en remplissent à la guerre que lorsqu'ils obtiennent d'être employés. Il en résulte que les cinq mille six cents livres d'appointements attachés à cette charge sont à peu près en pure perte ».

---

[1] Ceci est une erreur reproduite dans tous les mémoires officiels en réponse aux prétentions du colonel général. Les brigadiers de cavalerie, qui furent les premiers créés, datent du 8 juin 1657, et les brigadiers d'infanterie de 1668.

Ils concluaient donc que « la charge de maréchal général des logis de la cavalerie n'étant d'aucune utilité pour le service de Sa Majesté, il paraîtrait d'autant plus avantageux de profiter de l'occasion pour la supprimer que, malgré plusieurs décisions contraires, les pourvus de cette charge ne manquent jamais d'établir que la commission de mestre de camp est une de ses prérogatives et que cette commission doit leur être accordée du jour qu'ils en sont possesseurs ».

Quatre officiers se présentaient pour acquérir la charge; mais Louis XVI admit la proposition qui lui était faite et décida de « supprimer la charge [1] »; les 200,000 livres qu'elle avait coûtée à M. de Blancmesnil étaient perdues pour la veuve et le fils. En compensation, le Roi accorda à la veuve une pension de 3,000 livres [2].

Il ne restait donc, lors de la suppression définitive, en 1790, qu'un maréchal des logis en charge.

Le maréchal général des logis de la cavalerie avait un brevet de retenue de 40,000 livres. Ce brevet fut supprimé sous Tellez d'Acosta en 1752 et ne fut pas rétabli.

A l'armée, le maréchal des logis de la cavalerie a 20 rations de pain [3]. Dans les traités d'échange de 1689, sa rançon est fixée à 200 livres, pour l'Espagne comme pour la Hollande [4]. Dans la Capitation générale, il est porté dans la 9e classe avec les brigadiers, et paye 150 livres.

Maréchal des logis des dragons. — Un édit rendu en 1669 et motivé sur ce qu'il existait deux régiments de dragons [5] et qu'il y avait lieu de les maintenir en bon état et en discipline, créa un état-major général des dragons, dont les officiers « jouiront des honneurs, autorités, privilèges, franchises, exemptions, immunités, dont jouissent ceux qui sont pourvus des charges de l'état-major de notre cavalerie légère ». Cet édit crée un colonel général, *un maréchal des logis*, un secrétaire, etc.

---

[1] *A. A. G.*, C c, I, Maréchaux généraux des logis.
[2] *Ibid.*, F, Dossier Blancmesnil.
[3] *A. H. G.*, vol. 147, n° 367, Distribution du pain aux armées, 16 mai 1656.
[4] Règlements et ordonnances (Collection Muguet), VII, 3 et 482.
[5] Les compagnies de carabins avaient été converties, en 1642, en mousquetaires à cheval; les mousquetaires à cheval deviennent par cet édit les dragons.

Mais l'ordonnance du 20 février 1690 pour régler le service des dragons avec la cavalerie [1] ne donne aucune fonction au maréchal des logis de l'arme. « Pour le détail du service que le corps des dragons devra faire avec la cavalerie, le major général des dragons en recevra le mémoire du maréchal des logis de la cavalerie. » L'ordonnance édicte ensuite des prescriptions pour régler différents points du service à l'armée.

Ainsi le major général des dragons, dont le Conseil de la guerre, en 1789, déclarait l'exercice comme une prétention du commandant des dragons et comme un droit abusif celui dont il jouissait de le désigner : c'était de droit le major du plus ancien régiment de dragons [2], avait une existence légale depuis un siècle.

Quant au maréchal des logis, il était inconnu du Secrétaire d'État de la guerre, car il ne lui expédiait pas de commission, et le colonel général percevait en bloc, avec ses propres appointements, les 1,800 livres affectées au maréchal des logis, ainsi que le traitement des autres membres de l'état-major de l'arme (secrétaire, prévôt, etc.) [3].

---

[1] *Règlements et ordonnances du Roy pour les gens de guerre*, Collection Muguet, VIII (1691), 189.
[2] *Vide supra*, p. 23.
[3] *A. A. G.*, C c, VII, 4, Dragons.

Maréchaux des logis de la cavalerie légère.

Maréchal général des logis (*Appointements : 3,600 livres; gratification attachée à la charge : 2,000 livres; un fourrier*).

TUSANI (Pierre-Paul), *en deçà des monts*, nommé par le duc de Nemours.

MALATESTA, *au delà des monts*, nommé par M. de Damville[1].

En 1587, la charge de colonel général de la cavalerie légère redevient unique ; il n'y a plus par suite qu'un maréchal général des logis qui est le *maréchal de camp de la cavalerie*.

SAINT-MARTIN (Jehan MARC ou MARE, *dit*). — Sert depuis le mois d'août 1588 à l'armée du duc de Nevers; a 33 livres tournois par mois comme état et appointements[2]. — Tué à Arques en 1589.

..... 1589. — DU PLESSIS-PICQUET, « très gentil, généreux et capable gentilhomme[3] ».

..... 1594. — Capitaine LA LIONNE. — Passé au service du prince d'Orange[4].

TURGIS (..... DE). — Était en 1600, et encore en 1610, maréchal de camp de la cavalerie[5].

SAINT-ÉTIENNE[6].

. . . .

---

[1] *A. H. G.*, vol. 468, n° 152 : « Discours fait par Charles de Valois, duc d'Angoulême, qui mourut en 1650 », sur la *cavalerie légère;* — SAINT-ETIENNE, *op. infrà cit.;* — *Les Mémoires de messire Roger. M. de Rabutin, comte de Bussy* (Paris, Anisson, 1696), I, 463 : *Traité de la cavalerie légère de France.*

[2] Recueil Cangé.

[3] Discours de Charles de Valois.

[4] Charles de Valois et Bussy.

[5] N'est cité ni par l'un ni par l'autre, mais il figure au *Recueil des traitements faits aux troupes françaises et étrangères, années* 1340 *à* 1650, 1er vol., aux années (*Bibl. du Ministère de la Guerre, A-I*, b 638).

[6] Auteur de *Mémoires militaires et Avis pour l'exercice de la charge de maréchal de camp de la cavalerie légère*, Troyes, Jacquard, 1629. — Dans cet ouvrage, qui donne de grands détails sur les fonctions et des conseils sur la manière de les remplir, Saint-Etienne, parlant de lui, dit qu'il servit du premier siège de La Rochelle sous Charles IX (1573) jusqu'à celui de Montauban (1621), où il fut cruellement blessé des débris de la mine tombée sur sa tête.

Encore d'après Saint-Etienne, de la mort de Jehan Marc jusqu'à lui, la

Risante. — Mort en fonctions.

La Bécherelle. — Achète la charge 8,000 livres au colonel général, « qui est la première fois, dit le duc d'Angoulême, que j'ai tiré argent des charges qui dépendent de la mienne ». — Mort en fonctions.

Clémont (Charles Vetus, sieur de). — Achète à la veuve de La Bécherelle, à qui le duc d'Angoulême avait donné la charge. — Était en 1630 maréchal de camp et maréchal général des logis de la cavalerie[1].

9 juin 1642[2]. — La Brosse-Saint-Ouen (... de), lieutenant de la compagnie de chevau-légers du duc d'Angoulême. — Démissionnaire.

29 mai 1644[3]. — Chevalier de Vignau (Antoine Tambonneau), capitaine-lieutenant de la compagnie de chevau-légers du duc d'Angoulême. — Démissionnaire, 4 juillet 1648[4].

Anglure (Jean-François d'). — Décédé en fonctions.

22 février 1656[5]. — Saint-Martin (André Blanchard de), capitaine de chevaux-légers au régiment de Clérambault[6].

28 février 1696. — La Viérue (Claude Guislain de), colonel de cavalerie employé comme maréchal des logis de l'arme depuis 1690. (Brevet de retenue : 60,000 livres[7].)

Mars 1719. — Guislain de La Viérue, fils, capitaine en second au régiment de cavalerie de Chépy. (Brevet de retenue : 40,000 livres.)

22 avril 1752. — Tellez d'Acosta, capitaine au régiment Royal-Champagne. Colonel du 25 août 1753. (Brevet de retenue supprimé.)

1er septembre 1757. — Marquis de Villette (Charles-Michel), cornette de la Compagnie générale des dragons. (Colonel du 11 février 1758[8].)

---

charge n'aurait été exercée que par commissions pour faire les fonctions : Mignonville, depuis Arques (septembre 1589) jusqu'au siège de Dreux (juin 1592) ; il fut tué d'une arquebusade en voulant faire le logis à Nonancourt. — Fouquerolles, qui exerça ensuite jusqu'au moment où le colonel général, Charles de Valois, se rendit en Auvergne. Et c'est Fouquerolles que Saint-Etienne déclare avoir remplacé. Fouquerolles était maréchal de camp en 1597.

Saint-Etienne a vendu à un personnage dont le nom était inconnu de Charles de Valois et de Bussy, et qui serait mort en fonctions.

[1] *Recueil des traitements.*

[2] *A. H. G.*, vol. 71, n° 114.

[3] *A. H. G.*, vol. 86, n° 114 ; 96, nos 181 et 182 ; 3786, p. 304, et 3786 *bis*, p. 121 au V°. — Avait été nommé et présenté par le colonel général le 1er avril ; pourvu par le Roi le 29 mai.

[4] Lieutenant général en 1655.

[5] *A. H. G.*, vol. 147, n° 255, minute des provisions.

[6] Maréchal de camp, 1656 ; mort gouverneur des Invalides.

[7] Lieutenant général, 1719.

[8] C'est le poète immoral, qui mourut membre de la Convention nationale.

3 juillet 1766. — Vicomte DE BOISSE (Antoine-René), capitaine au régiment d'infanterie du Roi. (Colonel du 25 janvier 1768, à dater du 1er juillet 1766 [1].)

24 mars 1772. — Marquis DE FIEFS (François CARIEUL), capitaine au régiment du Mestre-de-camp général des dragons. — Décédé le 2 septembre 1772, avant d'être reçu. (Le vicomte de Boisse considéré comme titulaire jusqu'à la nomination du successeur du marquis de Fiefs.)

10 novembre 1772. — BLANCMESNIL (Pierre-Nicolas DEDELAY DE LA GARDE DE), capitaine au régiment de cavalerie de la Reine [2]. (Finance : 200,000 livres. — Colonel du 24 juin 1780.)

Décédé en 1782 ; charge supprimée.

Maréchaux des logis (*Appointements : 1,200 livres ; un fourrier*).

Les listes des maréchaux des logis de la cavalerie légère conservées aux Archives administratives de la Guerre [3] ne remontent pas au delà du commencement du XVIIIe siècle.

Voici les noms de quelques-uns de ceux qui furent pourvus au XVIIe siècle ; mais il n'a pas été possible d'établir la filiation dans les successions aux charges jusqu'à l'époque à laquelle commencent les listes conservées :

MAVAN (Adrien DE). — Etait en 1630 aide de camp et maréchal des logis de la cavalerie [4].

GAUVILLE (Louis DE), démissionnaire le 5 mars 1645 en faveur de

18 mai 1645 [5]. — FOURONE (Antoine DE MORRU, sieur DE), capitaine de chevau-légers.

---

[1] Lieutenant général honoraire, 1815.

[2] Présenté par la marquise de Montebise, belle-mère de M. de Fiefs, qui avait eu du Ministre l'agrément de présenter le remplaçant de son gendre pour sauver la finance de la charge.

[3] *A. A. G.*, C c I.

[4] *Recueil des traitements.*

[5] *A. H. G*, vol. 91, nos 143 et 146 ; *A. A. G.*, K 1. Traité de Formules du Secrétaire d'Etat de la Guerre, p. 331.

Fourone a été nommé et présenté par le colonel général le 25 avril, et pourvu par le Roi le 18 mai.

Brisset (Nicolas). — Démissionnaire.

23 avril 1654[1]. — De Roch (Honoré)[2]. Démissionnaire le 10 mars 1655[3] en faveur de

Des Roches (Nicolas d'Orange, sieur), lieutenant d'une compagnie au régiment d'Esclainvilliers. — Sergent de bataille de 26 avril 1655. Était maréchal des logis de la cavalerie de l'armée du marquis de Rochefort en 1672. — Chevalier de Saint-Louis, 1694[4].

Chevalier de Mazel (Pierre[5]), capitaine au régiment cavalerie de Turenne (c'est-à-dire du colonel général de la cavalerie). — Créé chevalier par lettres d'avril 1670, dans lesquelles il est qualifié maréchal général des logis de la cavalerie légère[6].

Vicomte d'Heucourt. — Décédé en fonctions.

16 mars 1676. — Comte du Bourg (Emmanuel), capitaine au régiment d'Humières. — Colonel le 23 janvier 1677. — Exerce jusqu'à sa nomination au grade de maréchal de camp, 25 avril 1691[7].

Ici commencent les listes conservées ; elles ont été complétées comme celles des maréchaux des logis des camps et armées :

---

[1] *A. H. G.*, vol. 3786 *bis*, p. 222 au V°.

[2] Signait Roche.

[3] *A. H. G.*, vol. 146, n° 106.

[4] *Bibl. nat.*, F. Fr., 7658, *Dictionnaire des Bienfaits du Roi*, 90 : « De Roches. Le Roi le fait maréchal des logis de la cavalerie légère (date non donnée). — 1674, mestre de camp de cavalerie par la mort de Ragny ; vend à Montrevel en 1676. — Janvier 1681, gouverneur de la ville et du château de Fougères en Bretagne. »

[5] *Bibl., nat.*, 7657, *Dictionnaire des Bienfaits*, p. 111 : « Du Mazel, écuyer du vicomte de Turenne. — Maréchal des logis de la cavalerie. — Décembre 1684. Le Roi lui donne 3,000 livres de pension quand il se fit catholique. » — *Ibid.*, Dossiers bleus, vol. 438 : « Capitaine des gardes du maréchal de Turenne, puis capitaine et lieutenant-colonel de cavalerie ; brigadier de cavalerie, 1693 ; tué la même année dans le Wurtemberg dans un parti. »

[6] *Bibl. nat.*, Pièces originales, vol. 1906, n° 43905.

[7] *Bibl. nat.* F. Fr. 7656, *Dictionnaire des Bienfaits du Roi;* Pinard, *Chronologie hist. milit.*, VI, 481.

1re charge.

MARESCOT DE MARE (Gilles-Michel DE), lieutenant-colonel du régiment Royal-Étranger, de cavalerie. (Colonel du 14 février 1702.)

5 janvier 1713. — MONTESSON (Jean-Thomas DE), capitaine retiré du régiment de cavalerie de Villeroy.

1er mars 1720. — D'HÉRONVAL, capitaine au régiment des Cuirassiers depuis 1704. — Lieutenant-colonel en 1726 ; retiré du régiment en 1735.

22 avril 1734, — MOMTMORT (François REMONT DE), capitaine au régiment de dragons d'Epinay. (Colonel du 26 novembre 1735 [1].)

5 juin 1742. — MONDRAGON (Antoine-Vincent-Robert GALLET DE), capitaine au régiment de cavalerie de Grammont. (Finance : 30,000 livres. — Colonel du 14 février 1744.) Tué au siège de Fribourg, en 1744. Charge supprimée le 13 novembre 1745 et pension de 2,000 livres accordée en compensation à son frère Gallet de Beauchesne, contrôleur général de la Maison du Roi.

2e charge.

Comte de DURCET (François ANZERAY), ex-capitaine de cavalerie ; sous-lieutenant aux gardes françaises, 1672 ; retiré, 1678. (Colonel du 14 mars 1702.)

1er juin 1720. — DES BOURNAYS (Pierre-Louis SÉNESCHAL), mestre de camp de cavalerie, exempt dans les gardes du corps, compagnie de Charost. (Brevet de retenue : 15,000 livres [2].)

13 mars 1722. — Marquis de TILLY (Jean-Baptiste ROUSSEL), mestre de camp réformé à la suite du régiment de Chartres [3]. (Brevet de retenue : 20,000 livres.)

31 décembre 1740. — CORMAINVILLE (Louis-Mathieu DE VAUCRESSON DE), capitaine au régiment du Mestre-de-camp général de la cavalerie. (Colonel du 21 décembre 1740 pour n'avoir effet que six mois après, le 21 juin 1741 [4].)

13 avril 1743. — LA VERRIÈRE (...CORDIER DE), capitaine au régiment Royal-Piémont. (Colonel du 26 mars 1745.)

---

[1] Lieutenant général, 1758.
[2] Maréchal de camp, 1740.
[3] Maréchal de camp, 1748.
[4] Lieutenant général, 1780.

7 mars 1746. — Laugeois (Jean-Louis-Félix de), capitaine au régiment Royal-Cravattes. (Colonel du 11 mars 1747.)

9 février 1754. — Marquis d'Evry (Joseph de Brunet), capitaine au régiment du Commissaire général de la cavalerie. (Colonel du 20 février 1755 [1].)

1er juin 1760. — Rouillé (Louis-François), capitaine au régiment des Cuirassiers. (Colonel du 2 mars 1762 [2].)

23 janvier 1771. — Rouillé de Fontaine (Alexandre-Jean-Baptiste), capitaine-lieutenant de la compagnie mestre-de-camp au régiment du Commissaire général de la cavalerie. (Sans brevet de retenue. — Colonel du 7 avril 1773.)

18 novembre 1779. — Vaucresson (Jean-Baptiste-Léger Trutié de), capitaine attaché au corps de cavalerie. (Finance : 100,000 livres.)

Titulaire à la suppression.

---

[1] Maréchal de camp, 1780.

[2] Brigadier de cavalerie, 1780.

V

Ingénieurs géographes.

Pendant la guerre de l'Élection de Pologne, on avait employé dans les armées d'Allemagne et d'Italie un ou deux des commis dessinateurs attachés au Bureau des Fortifications. Un nombre assez considérable de dessinateurs furent affectés aux états-majors des armées de Bavière et de Flandre durant la guerre de la Succession d'Autriche. On qualifia « ingénieurs géographes » ces dessinateurs qui levèrent la carte d'une partie des pays dans lesquels agirent les armées, ainsi que de quelques marches et campements et des plans de bataille.

Dès 1757, le service fut repris aux armées qui opéraient en Allemagne, et en 1759 on leur donna un état. Les ingénieurs géographes sont dès lors militaires; ils sont dits « ingénieurs géographes des camps et armées »; ils peuvent obtenir des lettres de lieutenant et des commissions de capitaine. Pour remplir leurs fonctions, ils marchaient journellement à la tête des colonnes des armées ou avec des détachements de guerre; ils étaient tenus d'être présents aux batailles et combats pour dessiner le terrain et les mouvements [1].

A Versailles, Berthier père, premier ingénieur géographe en chef des camps et armées, assisté notamment de Larcher de Grandjean, tenait à jour sur les cartes, dès l'arrivée des courriers, la position et les projets de disposition des troupes françaises et alliées d'après les dépêches des généraux. Ce travail était quotidiennement placé sous les yeux de Louis XV [2].

---

[1] *A. A. G.*, C c VI (ingénieurs géographes, organisation),

[2] *A. A. G.*, dossier Larcher de Grandjean.

Aucune ordonnance ne fait mention des ingénieurs géographes attachés au Département de la guerre jusqu'en 1775; leur uniforme et leurs marques distinctives sont fixés par le règlement du 2 septembre « sur l'uniforme des officiers généraux et autres employés dans ses armées et dans ses places [1] ».

Les ingénieurs géographes des camps et armées sont sous les ordres de M. de Vault, directeur du Dépôt de la guerre depuis 1761. Ils ne doivent pas être confondus avec les simples ingénieurs géographes attachés par deux à chacune des directions des fortifications par l'ordonnance du 31 décembre 1776.

Pour distinguer les deux genres d'ingénieurs géographes, une ordonnance du 26 février 1777 [2] donna aux ingénieurs géographes des camps la dénomination d'ingénieurs géographes *militaires*.

Le règlement du 13 juin 1783 attachait au Corps de l'État-Major six ingénieurs géographes, les uns détachés avec les officiers d'état-major, les autres employés au bureau, les plus instruits devant faire subir les examens d'admission aux candidats adjoints. « La liaison des ingénieurs géographes avec les états-majors dans les armées et le service qu'ils ont à y faire sous les maréchaux et aides-maréchaux généraux des logis avaient indiqué cette liaison comme nécessaire dans la formation du corps de l'état-major ».

La disposition ne fut pas exécutée. D'Aguesseau faisait seul, assisté de deux secrétaires, toute la besogne administrative du corps [3], mais « la masse du travail augmenta par suite du zèle et de l'activité que les officiers de l'état-major en général avaient mis à remplir leurs instructions ».

Aussi, en 1787, le marquis demandait au maréchal de Ségur d'attacher à l'état-major de l'armée, et principalement au bureau de l'état-major, un ancien ingénieur géographe, Jolly, le mathématicien Lagrange, un ancien professeur de dessin dans une école militaire, Chéry, et un M. Chantavoine, qui avait exécuté

---

[1] *A. A. G.*, Anc. Rég. B c, Uniforme.
[2] *A. A. G.*, C c VI.
[3] Mémoire déjà cité (*A. H. G.*, n° 54, 3 a).

pour Louis XVI un travail complet sur la guerre d'Amérique, « pour lequel le Roi avait chargé le duc de Villequier de le recommander à M. le maréchal de Ségur ».

D'Aguesseau ne demandait point d'ingénieurs géographes actuels pour être employés au corps de l'état-major. « Ce n'est pas qu'il n'en connaisse d'habiles et bien en état d'y servir avec succès, mais il n'a rien voulu proposer à M. le Maréchal qui fît aucun dérangement ».

J'ai dit à quoi Jolly et Lagrange devaient être employés. Chantavoine s'occuperait principalement de dessins des manœuvres et de planches projetées pour les ordonnances. Pour Chéry, le mémoire ne donne aucune indication.

Le marquis d'Aguesseau proposait donc de donner aux quatre le titre d' « *ingénieur de l'état-major* », et de les payer comme frais de bureau.

Le maréchal de Ségur ne dut pas accepter la proposition, car les ingénieurs géographes ne sont pas compris dans le projet d'ordonnance du 1er juillet 1787. Seules les fonctions d'examinateurs, telles que les définissait le marquis d'Aguesseau, y sont mentionnées.

La question des ingénieurs géographes avait été portée devant le Conseil de la guerre en même temps que celle de l'état-major de l'armée. Pour les deux corps le Conseil avait ajourné.

Les ingénieurs géographes militaires furent supprimés par la loi du 16 octobre 1791 (décret du 17 août).

ANNEXES

ANNEXES

I

Le Maréchal général des camps et armées.

Le P. Daniel, dans son *Histoire de la Milice française*, donne de ombreuses indications, mais il est loin d'être parole d'Évangile, et es indications doivent être vérifiées avec le plus grand soin.

Le P. Daniel a vu les textes, ou du moins déclare les avoir vus, ais il s'est borné souvent au titre de l'acte royal; il n'a pas lu l'acte, 'a pas rapproché les libellés, outre que les choses militaires devaient ar son propre caractère lui être en bien des cas étrangères, et par uite il a tiré des conclusions fantaisistes. Heureux encore quand il e tire pas de conclusions de documents qu'il déclare n'avoir pu se rocurer, comme il l'a fait pour la charge de Maréchal général des amps et armées (1). Courtoisement, Pinard, le si rigoureux et érudit uteur de la précieuse *Chronologie historique militaire*, qualifie de fable » les dires et les conclusions du P. Daniel. Mais ils étaient egardés comme des actes de foi; ils le sont restés et le sont malheu-eusement encore (2).

Dans les Mémoires que les Bureaux de la Guerre présentent, et ans lesquels ils doivent relater l'historique d'une charge ou les pré-édents d'une affaire, toujours ils se réfèrent à l'*Histoire de la Milice française* et s'appuient sur le P. Daniel. Alors qu'ils avaient ous la main les documents, — et plus de documents que nous n'en ossédons aujourd'hui, — qui auraient mis les choses sous leur jour éritable, ils trouvaient plus commode de feuilleter un volume et d'y opier les quelques lignes nécessaires, de reproduire ainsi périodique-nent les mêmes erreurs, et d'un auteur sujet à caution ils ont fait ne autorité.

Le P. Daniel a inventé les Capitaines généraux qui jamais n'exis-èrent (3). Parce que Turenne eut en 1672 la prééminence sur certains

(1) II, 25.

(2) Cf. Louis André, *Michel Le Tellier et l'Organisation de l'Armée monarchique*, Alcan, 1906, qui se base constamment sur le P. Daniel.

(3) Léon Hennet, *Notices historiques sur l'Etat-major général* (1892), 69.

Maréchaux et que Turenne, en même temps que Maréchal de France était Maréchal général des camps et armées, il a donné à cette dernière charge un caractère qu'elle n'avait pas; d'une fonction il a fait un grade!

Pinard (1) a relevé magistralement les fantaisies dues à l'imagination du P. Daniel; moi-même je les ai déjà combattues (2), mais il faut trancher définitivement la question et présenter les preuves irréfutables.

M. Camille Rousset, qui cependant avait les documents sous la main, qui les a dépouillés, mais incomplètement, il est vrai, a dans son *Histoire de Louvois*, fait sienne et confirmé « la fable » du P. Daniel, et il déclare (3) que « le titre de Maréchal général » donnait à Turenne la préséance sur les autres Maréchaux! C'est ainsi que, couverte par une autorité, se forme une légende.

Enfin, une œuvre récente (4), — elle reproduit pourtant des provisions le passage qui définit les fonctions du Maréchal général des camps et armées, — émet imperturbablement ces deux énormités : « Connétable et Maréchal général des camps et armées du Roi ont à peu près le même sens, celui de généralissime »; « telle est donc la hiérarchie des officiers généraux français, définitivement constituée au début du règne personnel de Louis XIV. Un maréchal général des camps et armées du Roi;... — des lieutenants généraux;... — des maréchaux de camp;... — des brigadiers de cavalerie... »

Il est vrai que l'auteur déclare « créée pour Turenne le 5 avril 1660 » une charge qui avait eu des titulaires depuis 1558; il déclare aussi « qu'elle devait disparaître avec lui ». Mais n'était-il pas de cette charge comme de toutes celles de ce genre créées en titre d'office : « à charge de suppression, vacation advenant par mort »? Et Villars et Maurice de Saxe n'ont-ils pas été aussi Maréchaux généraux des camps?

*
* *

Le Maréchalat général des camps et armées du Roi était une charge avec ses fonctions propres. De gros appointements étaient attachés à la charge; il s'ensuit que, sur neuf des titulaires antérieurs au XVIIIe siècle, il en est deux qui étaient déjà des Maréchaux de France lorsqu'ils en furent pourvus.

---

(1) *Chronologie historique militaire*, Paris, 1760, II, 1-9.
(2) *Notices historiques*, supra cit., 30-33.
(3) I, 349.
(4) Louis André, *Michel Le Tellier...*, *op. cit.*, 119, 145.

Une charge n'absorbait pas l'autre; elles s'exerçaient concurremment; les deux titres se portaient ensemble, comme se portent le grade et la fonction; les provisions de Lesdiguières comme Connétable le qualifie : « Pair et Maréchal de France, Maréchal général de nos camps et armées » (1). Les appointements de l'une n'absorbaient pas ceux de l'autre; ils se cumulaient. Tout cela ressort de la copie d'un extrait de la Chambre des Comptes, paiement fait en 1595 au Maréchal de Biron (2) :

« Au sieur de Biron, Mareschal de France, Mareschal général des camps et armées de Sa Majesté, la somme de bj^{m}, escus à luy ordonnez par ordonnance du Roy contresignée de Neufville, dattée du 21 décembre 1595, assavoir 2^{m} escus pour ses estats et appointemens extraordinaires de l'armée du Roy durant les mois de janvier, febvrier, mars et avril aud. an, qui est 1333 escus un tiers par mois et 666 escus 2 tiers à cause de son estat de Mareschal général susdit, à raison de iiij^{xx} bj escus un tiers par mois et iij^{m} escus aussy pour ses estats et appointemens extraordinaires en ladite armée durant les mois de mai, juin, juillet, aoust, septembre, octobre, novembre et décembre audit an à la susdite raison comme le contiennent lesdites ordonnances avec les quittances dudit sieur de Biron, cy.... bj^{m} escus. »

Bien que dans cette pièce Biron soit qualifié « Maréchal général des camps et armées », son véritable titre était « *Maréchal de camp général* ». Son père, le baron de Biron, lors de son élévation à la dignité (3) de Maréchal de France, avait donné sa démission de Maréchal de camp général; Charles de Biron la conserva, sans doute à cause des 8 000 écus attachés à la charge.

Les provisions définissent les fonctions. *Lesdiguières est le premier qui obtint la charge étant déjà Maréchal de France.* C'est lui aussi qui le premier reçoit le titre de *Maréchal général des camps et armées.*

Ses provisions diffèrent de celles de ses prédécesseurs. Cela provient peut-être de ce qu'entre Biron et lui les fonctions furent remplies par commission par Pierre Fougeu d'Escures, qui était Maréchal général des logis et reçut le titre de Maréchal de camp

---

(1) *A. H. G.*, vol. 3786, p. 245.

(2) *A. H. G.*, vol. 13, n° 8 : 1595, vol. 1. fol. b'' xxxj.

(3) Le Maréchalat de France était alors qualifié « charge ». J'emploie l'expression plus moderne de « dignité » pour dans la discussion mieux distinguer les deux charges.

général pour le placer au-dessus des autres Maréchaux généraux des logis (1).

Faut-il voir aussi dans les modifications apportées pour Lesdiguières dans le titre et les fonctions les causes qui ont présidé à sa nomination? Il avait reçu la charge en remerciement de sa renonciation à l'épée de Connétable de France.

En tout état de cause, les fonctions pour Lesdiguières sont nouvelles, et durant que Lesdiguières était Maréchal général des camps, les fonctions autrefois dévolues (2) sont remplies par Bassompierre et presque avec le même titre aussi qu'autrefois :

« Le Roi manquait de Maréchaux de camp pour ses armées. Ceux qui l'étaient l'an précédent étaient morts ou montés à d'autres charges, et moi je ne voulais plus servir en celle-là pour n'y avoir que des compagnons qui fussent de mon calibre. Mais le Roi m'honora de la charge de *premier Maréchal de camp* par brevet particulier, pour donner les ordres et commander précédemment aux autres, en tous les quartiers où je me trouverais, n'ayant point de jour affecté comme les autres, qui se rendaient en mon logis où se feraient les projets de ceux de l'armée, et autres privilèges que j'acceptai avec très grand contentement » (3).

Les provisions de Lesdiguières sont du 30 mars 1621 (4); elles déclarent « la charge de Maréchal général de nos camps et armées, l'une des plus importantes au fait de la guerre, encore qu'elle soit depuis quelques années demeurée vacante », et définissent ainsi les fonctions :

« Avons notredit cousin le duc de Lesdiguières fait, créé, établi et ordonné, faisons, créons, établissons et ordonnons par ces présentes signées de notre main Maréchal général de nos camps et armées *pour en icelles départir les quartiers, endroits et logis de nos gens de guerre tant de cheval que de pied et de notre artillerie, vivres et*

---

(1) Bassompierre, dans ses *Mémoires contenant l'histoire de sa vie*, dit que Pierre Fougeu d'Escures était Maréchal de camp général et que son frère, Fougeu des Fourneaux, était Maréchal des logis général (Cf. La Chesnaye des Bois, *Dictionnaire de la Noblesse*, 2e éd., 1773, VI, 81, Escures).

(2) Voir ci-après les provisions d'Armand de Biron.

(3) Bassompierre, *Mémoires*, Cologne, Pierre du Marteau, 1665, II, 250; Cologne, Sambix le jeune, 1703, III, 40.

Bassompierre, qui en bien des endroits relate les événements jour par jour, ne fixe pas de date pour cette nomination faite en 1622; il le place seulement avant Pâques, pendant le séjour de Charles IX à Poitiers.

(4) *A. H. G.*, vol. 154, n° 242, et 1179, n° 18; — *Bibl. nat.*, Recueil Clairambault, vol. 824, p. 59 et 279.

munitions ès lieux plus propres et commodes à l'assiette de nosdits camps et armées, et ainsi qu'il verra être bon pour notre service ».

Le Maréchal général des camps est donc bien, dès lors, simplement un Maréchal général des logis, mais d'un ordre plus relevé. Il est le supérieur du Maréchal général des logis des camps et armées et du Maréchal de camp et Maréchal des logis de la cavalerie. Il n'a pas un grade dans la hiérarchie militaire; il n'en a un que dans des fonctions d'état-major.

Les provisions de Turenne (1), du 5 avril 1660, sont conçues dans les mêmes termes que celle de Lesdiguières :

« Pour en icelle départir les quartiers, postes et logis de nos gens de guerre, tant de cheval que de pied, et de notre artillerie, vivres et munitions ès lieux qu'il verra être les plus propres et commodes à l'assiette de nosdits camps et armées et selon qu'il estimera plus à propos pour notre service ».

D'après le préambule, c'est un emploi permanent dont les fonctions peuvent s'exercer en temps de paix; il y est, d'ailleurs, attaché un traitement mensuel :

« Nous trouvant obligé... de maintenir sur pied aussi bien durant la paix que durant la guerre un grand nombre de troupes tant d'infanterie que de cavalerie, lesquelles soient toujours prêtes et en état d'agir pour tenir nos peuples dans l'obéissance et respect qu'ils nous doivent, les faire jouir du repos et de la tranquillité que nous leur avons acquis par la paix, et en assister nos alliés selon le besoin, et comme pour faire agir utilement les troupes et les employer aussi avantageusement qu'il convient dans toutes les occasions qui s'en peuvent offrir dedans et dehors notre royaume, il est nécessaire et à propos de pourvoir à la charge de Maréchal général de nos camps et armées comme une des plus importantes de celles de la guerre, encore que depuis plusieurs années elle soit demeurée vacante... »

Enfin, *l'adresse* des provisions est formelle; elle ne vise point les Maréchaux de France. Le Roi mande seulement « à tous chefs, capitaines et conducteurs de nos gens de guerre tant à cheval que de pied et à tous nos autres justiciers, officiers et sujets qu'il appartiendra ». Cette adresse est concordante avec les fonctions spéciales dévolues à la charge.

Du reste, le Maréchal d'Estrées ne s'y trompa point. Louis XIV décida de récompenser de suite par une charge éminente les services

(1) *A. H. G.*, vol. 154, n° 238, et 1179, n° 19; — *Bibl. nat.*, Recueil Clairambault, vol. 824, p. 262.

que Turenne venait de rendre ; il crut devoir ne pas attendre un jour et conférer au vicomte, dès son arrivée auprès de lui à Montpellier, la charge de Maréchal général des camps et armées. Mais, par déférence pour le Maréchal d'Estrées, qui était le doyen des Maréchaux, il chargea Le Tellier de l'en aviser (1) :

« Monsieur, vous avez su sans doute la disposition où était le Roi depuis quelque temps de donner à M. de Turenne la charge de Maréchal général des camps et armées, non seulement pour le gratifier, mais pour faire connaître à tout le monde la juste satisfaction qui demeure à Sa Majesté des importants et signalés services qu'il lui a rendus et à son Etat. Aussitôt qu'il a été arrivé auprès de Sa Majesté, elle l'a fait pourvoir de cette charge dont il a prêté le serment. Sa Majesté m'a commandé à vous faire savoir ce que, si vous eussiez été ici, elle eût été agréable de prendre sur cela votre bon avis, bien que ce soit lui qui eut été en faveur de son dessein.

« J'ai reçu très agréablement cet ordre de Sa Majesté, puisqu'il me donne lieu de vous assurer de la continuation de votre très humble serviteur et de la passion avec laquelle je suis, etc.. »

Le Maréchal d'Estrées répondit tout simplement à Le Tellier (25 avril 1660) (2) :

« Monsieur, j'ai reçu la lettre que vous avez pris la peine de m'écrire et je ressens comme je le dois l'honneur qu'il a plu au Roi de me faire en vous ordonnant de me donner part de ce que Sa Majesté a fait en faveur de M. de Turenne et pour reconnaître ses services.

« Comme je suis de ceux qui ont le plus d'estime pour sa vertu et son mérite, j'ai appris avec une particulière joie que la charge de Maréchal général des camps et armées lui ait été accordée. Il est vrai que quelques-uns de MM. les Maréchaux de France ont eu quelque ombrage que cette charge le dût mettre au-dessus d'eux, mais sachant comme je sais de quelle façon MM. de Biron et de Lesdiguières l'ont exercée et quel avantage elle leur donnait, je n'ai pas eu grande peine à leur faire entendre *qu'elle n'était pas au-dessus de celle de Maréchal de France.*

« Je pourrais vous dire ici comme M. de Biron fut fait Maréchal général des camps et armées du Roi devant que d'être Maréchal de France et comme depuis il n'a point été au-dessus des autres plus anciens que lui, mais c'est un détail qui ne peut pas être compris dans une lettre et qui demande une conférence plus particulière. Je

(1) *A. H. G.*, vol. 162, n° 62; Montpellier, 10 avril 1660.
(2) *A. H. G.*, vol. 468, n° 159.

ırrai, Monsieur, l'avoir avec vous à votre retour et ce pendant vous surer que je serai toujours avec la même affection, Monsieur, re, etc... »

Je sais quel avantage la charge leur donnait », dit le Maréchal 'strées. Cet avantage, — le Maréchal a soin d'employer le singu-, — était que la charge rapportait 24 000 livres par an. Et en la cédant à Turenne, le but de Louis XIV avait été précisément, nme le dit Le Tellier à d'Estrées, de le « gratifier », c'est-à-dire de allouer une augmentation considérable de traitement; « c'était un yen de récompenser M. de Turenne qui n'était point riche et plus ntageusement que par un gouvernement dont les gages étaient rs très modiques » (1).

)'Estrées encore n'eut pas de peine à faire entendre à ses collègues le Maréchal général des camps n'était pas au-dessus des Maré-ux de France. En effet tous les Maréchaux généraux ne furent pas réchaux de France, ou, comme les deux Biron, possédaient la charge nt la dignité.

In Mémoire sur la charge de Maréchal général des camps et armées bli vers le milieu de XVIIIe siècle (2), dit que l'idée que l'on s'est de la charge de Maréchal général des camps et armées ne sem-guère conforme à la nature de ses fonctions.

Depuis que le Connétable et les Maréchaux de France ont passé détail des écuries du Roi au commandement des armées, le terme Maréchal a toujours désigné un officier chargé du détail des logis la Cour ou de l'Armée. Il y avait *un* maréchal de camp *en titre*, autres maréchaux de camp dans les armées l'étaient par commis-ıs; le Maréchal général des camps était donc le supérieur des réchaux de camp, et de ceux-ci seulement, puisque, les lieutenants éraux n'existant pas encore, il n'y avait rien entre les maréchaux camp et les Maréchaux de France. »

'ailleurs, la situation des Maréchaux aux armées avait été fixée; lettre royale du 9 juin 1635 au Maréchal de Châtillon (3), com-

---

) *A.H.G.*, vol. 468, n° 195 *bis*, Mémoire sur la charge de Maréchal géné- des camps et armées.

) *Ibid.* — Ce mémoire anonyme, très précis, pourrait bien être l'œuvre Pinard.

) *A.H.G.*, vol. 11, n° 15.

'usage était généralement alors de nommer deux généraux en chef, sans le pour qu'il eût toujours un commandant en cas d'indisposibilité ou d'ab-ce de l'autre.

mandant l'armée de Flandre avec le Maréchal de Brézé, déclare q lorsque deux Maréchaux de France sont employés dans une arm l'un ne commande pas l'autre, mais alternativement avec égale autorit

Le Mémoire avance avec la plus juste raison que le Maréchal camp général (devenu le Maréchal général des camps et armée était le supérieur seulement des maréchaux de camp. L' « adresse des provisions (1) le dit expressément : « A tous maréchaux et aides d maréchaux de camp, capitaines, chefs, conducteurs des gens guerre. »

Les fonctions du Maréchal général, comme le titre de la charg avaient été modifiées. Les provisions du 30 avril 1568 (2) disent : « Do nons et octroyons par ces présentes pour l'avoir, tenir et dorénava exercer ordinairement aux honneurs, autorités, prérogatives, préém nences, pouvoirs, puissance et facultés qui y appartiennent, et do il doit user comme dépendant dudit état et charge, même en ce q concerne le règlement, ordre et police de tous les gens de guer tant de cheval que de pied, de quelque nation qu'ils soient et de not artillerie..., aussi pour tenir la main et avoir l'œil et regard à ce q un chacun, tant des chefs, soldats, mestres de camp particuliers autres militaires de toutes qualités employés esdits armées et exe cices fassent leur entier devoir, et où il y aurait aucun d'eux ref sants et défaillants, les faire punir et corriger exemplairement apr en avoir conféré et communiqué à notredit lieutenant général (3) po en ordonner selon son avis, et généralement fera, exécutera et acco plira ledit sieur de Biron en ce que dessus et toutes autres partic larités dépendantes dudit état et charge tout ce que un bon, dilige maréchal et mestre de camp ordinaire et général doit et est tenu faire selon lesdits pouvoirs et facultés dont il n'est besoin faire autre plus ample déclaration ni expression, et lesquels Nous y teno pour tous déclarés et exprimés. »

Ce sont les fonctions du maréchal de camp, qui donne le logis est chargé de la police et de la discipline (4).

Enfin voici la liste des titulaires de la charge (5). Leur situati

---

(1) Celles de Charles de Biron (Pinard. II, 28). Les provisions d'Arma de Biron mandent seulement au duc d'Anjou de le faire « obéir et entend de tous ceux et ainsi qu'il appartiendra ès choses touchant et concernant dite charge ».

(2) Pinard, II, 2-3.

(3) C'est-à-dire le commandant en chef de l'armée.

(4) Cf. au Recueil Cangé les divers règlements à ce sujet.

(5) Pinard, II, 9-84.

ilitaire avant la concession montre la justesse du raisonnement du émoire :

Maréchaux de Camp Généraux.

8 septembre 1558. — Biragué (Louis de). — Colonel de quatre bandes ı enseignes italiennes; Colonel général par intérim de l'infanterie alienne depuis le 1er novembre 1554. — Maréchal de camp général, ›ulement *delà les monts*. — Charge éteinte par suite du traité de ateau-Cambrésis (3 avril 1559).

30 avril 1568. — Baron de Biron (Armand de Gontaut). — Maréchal e camp. — Maréchal de France le 2 octobre 1577.

D'après les provisions de Biron (1), la charge est créée pour lui. Il ›t établi « *Maréchal et Mestre de Camp ordinaire et général* par out notre royaume et tous autres lieux de notre subdition et obéisance, et conséquemment en toutes et chacune les armées, exercices t exploits de guerre », et son action s'étend sur « tous les gens de uerre tant de cheval que de pied, de quelque nation qu'ils soient, et e notre artillerie, étant en nos armées et exercices. »

Biron donna sa démission de Maréchal de camp général le jour ıême de sa nomination comme Maréchal de France, et sa charge fut artagée en deux.

2 octobre 1577. — Puygaillard (Jean de Léaumont de). — Maréchal de amp. — Commande comme Maréchal de camp général l'armée de icardie, 1583. — Décédé décembre 1584.

2 octobre 1577. — Marquis de Lenoncourt (Henri). — Lieutenant du oi en Champagne. — Décédé, 31 décembre 1584.

Par suite du décès simultané des titulaires, la charge cesse d'être édoublée et redevient unique.

31 décembre 1584. — Baron de Termes (Jean de Saint-Larry). — ieutenant général au gouvernement de Metz. — Décédé, octobre 586.

10 novembre 1586. — Marquis de La Valette (Bernard de Nogaret). — Mestre de camp général de la Cavalerie, commandant l'armée du auphiné. — Tué au siège de Roquebrune, le 11 février 1592.

11 mai 1592. — Vicomte de Tavannes (Jean de Saulx). — Créé Iaréchal général des camps et armées catholiques de France pour la igue par lettres du duc de Mayenne. — Non reconnu par le Roi.

---

(1) Pinard, II, 2-3.

21 août 1592. — Baron DE BIRON (Charles DE GONTAUT). — Maréch[al] de camp et capitaine de 50 hommes d'armes. — Amiral de Franc[e] 4 octobre 1592; Maréchal de France, 26 janvier 1594; duc et pai[r] 1598. — Exécuté, le 31 juillet 1602.

Biron fut pourvu de l'état et chargé de « Maréchal de camp général de toutes nos armées » — il en avait en 1591 la commission [de] l'armée du Roi seule — mais ses provisions (1) le qualifiant aussi pa[r] ailleurs « Maréchal général de camp » (c'est son titre en 1591), il pr[it] la dénomination de « Maréchal général des camps et armées ».

Le Maréchal de camp général avait action tant sur les troupes françaises que sur celles « de quelque langue et nation qu'elles soient » mais il était d'usage alors que les troupes étrangères au service d[e] France gardassent leurs chefs.

Aussi le 18 juillet 1577, lorsque Henri III traita pour la levée d[e] 7000 reîtres, en corps de 600 chevaux sous la charge de 2 capitaines et de 5 enseignes de 300 lansquenets, on choisit un des 12 colonel[s] des reîtres pour lui confier la charge de *grand Maréchal de camp*. Celui-ci a directement sous ses ordres et pour servir auprès de lui u[n] lieutenant, 4 hallebardiers, un grand prévôt (2).

18 juillet 1577. — SCHOMBERG (Gaspard DE), comte de Nanteuil. — L'un des 12 colonels de reîtres. — *Grand Maréchal de camp des gen[s] de guerre allemands tant de cheval que de pied.* — Décédé en 1599.

24 septembre 1616. — SCHOMBERG (Henri DE), comte de Nanteuil. — Capitaine de 100 hommes d'armes, Maréchal de camp. — *Grand Maréchal de camp des troupes allemandes tant de cheval que de pied.*

Schomberg a 6000 livres d'appointements et d'après ses provisions (3) « pouvoir exprès de mener et conduire lesdites troupes en no[s] armées et ailleurs où il lui sera par nous commandé, leur départi[r] les quartiers et logements qu'il verra bon être pour le bien de notr[e] service ès lieux, endroits et assiettes les plus commodes que ce pourra (4) ». Et « tous colonels, capitaines, chefs, maîtres et autres gens de guerre allemands reconnaîtront Schomberg en sa charge et lui obéiront ».

Maréchal de France, le 16 juin 1625. — Décédé le 17 novembre 1632.

8 mars 1633. — SCHOMBERG (Charles DE), duc d'Halluin. — Lieute-

---

(1) PINARD, II, 24-25.
(2) Recueil Cangé.
(3) *A. H. G.*, vol. 3786, p. 419.
(4) Ce sont presque les termes des provisions de Lesdiguières en 1621.

nt de la compagnie des 200 chevau-légers de la Garde ordinaire du ı. — *Grand Maréchal de camp des troupes de pied allemandes, raines, liégeoises et wallonnes entretenues pour notre service.* L'adresse des provisions (1) est « à tous lieutenants généraux ès nées et autres officiers qu'il appartiendra ». — Maréchal de France 26 octobre 1637; Colonel général des Suisses en 1647; décédé juin 1656. Il n'eût pas de successeur.

Pierre Fougeu d'Escures aurait donc eu la commission de Maréchal néral des camps et armées. Il mourut le 9 mai 1621. Peu de temps paravant, la charge rétablie avait été donnée à Lesdiguières.

.0 mars 1621. — Duc de Lesdiguières (François de Bonne). — Maréchal France depuis 1609. — Connétable le 6 juillet 1622; décédé, septembre 1626.

La charge semble encore remplie par commission, ou tout au moins titre en est pris par Jacques Fougeu d'Escures (2), qui signe une ttance en 1635 (3) avec les qualités de « Conseiller du Roy en ses nseils, Maréchal général des camps et armées de France ». Mais la mmission paraît réellement donnée à Charles Fougeu d'Escures, veu de Pierre, Maréchal général des logis des camps et armées.

C'est en qualité de « Maréchal général des camps et armées de Sa jesté » qu'il est employé par lettres du 4 mai 1646 à l'armée de ndre (4), où il meurt, et dans les provisions délivrées à son fils é le 16 juillet 1646 (5) il est qualifié *Maréchal général de nos mps et armées* et son fils n'est dit que Maréchal général des logis.

. avril 1660. — Vicomte de Turenne (Henri de La Tour d'Auvergne). réchal de France, Colonel général de la cavalerie.

*
* *

La mission de 1665. — J'ai dit que la charge de Maréchal général camps et armées était un emploi permanent dont les fonctions vaient s'exercer en temps de paix. En voici un exemple probant. En 1665, Louis XIV décida d'envoyer des secours en troupes aux llandais contre l'Évêque de Munster. Turenne fut chargé, *en sa*

---

(1) *A. H. G.*, vol. 3786, p. 423.
(2) *Vide supra*, p. 165.
(3) *Bibl. nat.*, Séries généalogiques : pièces originales, vol. n° 27698.
(4) *A. H. G.*, vol. 96, n° 282.
(5) Recueil Cangé.

qualité de Maréchal général des camps et armées, d'assurer la con centration des troupes, leur marche jusqu'en territoire hollandais e leur remise aux Commissaires des Etats généraux des Provinces Unies Voici la correspondance échangée, c'est-à-dire les preuves.

Le marquis de Pradel, commandant désigné du corps, était lieute nant général des armées, gouverneur de Bapaume et capitaine au Gardes françaises. Le 3 octobre, avis fut donné aux colonels de régiments d'infanterie intéressés de faire rendre les officiers à leur charges et d'être prêts à partir le 15 avec leurs compagnies com plétées. Le 20, les pouvoirs de Pradel comme général en chef lu étaient expédiés; ses instructions sont datées du 21, et le même jour avait ordre de partir de suite pour Sedan; dès que l'Electeur de Colo gne aurait autorisé le passage du corps d'armée sur ses terres d Liège, il se mettra en marche par Maëstricht. Enfin, le 26 (ou 27 Pradel était avisé de la liberté de passage accordée par l'Electeur d Cologne, qui avait choisi le gouverneur de Bouillon pour conduir les troupes françaises durant leur marche (1). « Quoique cela n change rien, dit en terminant le Secrétaire d'Etat de la guerre, au résolutions et ordres de Sa Majesté, je vous en donne avis, afi que vous soyez informé de toutes choses ».

« Quoique cela ne change rien aux résolutions et ordres de S Majesté » c'est que la nouvelle de la mort du roi d'Espagne était arri vée le 30 septembre, et que dès lors Turenne avait été chargé de l mission que l'Electeur de Cologne voulait confier au gouverneur d Bouillon.

Louvois à M. de Turenne (2).

Paris, le 4 octobre 1665. — Monseigneur, j'eus l'honneur de vou écrire avant-hier fort amplement (3) et de vous adresser deux lettre de la main du Roi par le retour de l'officier que vous avez dépêché Sa Majesté, et quoique je n'ai rien présentement à y ajouter, je n laisse pas de vous faire ces lignes pour profiter de l'occasion qu l'ordinaire m'offre de vous assurer de la continuation du respec avec lequel je suis...

---

(1) *A. H. G.*, vol. 195, n° 271, 428, 435, 471, 540. Langlée fils était l Maréchal général des logis du corps d'armée.

(2) *A. H. G.*, vol. 195, n° 274.

(3) Cette lettre n'existe pas ni dans les Minutes (vol.195), ni dans les Trans crits(vol. 198).

Louvois à M. de Pradel (1).

Même date. — Par les lettres que l'on a reçues ici de M. de Turenne, us croyons que vous êtes prêt à marcher pour vous rendre à Maesicht et par les avis que nous avons eus d'ailleurs, nous jugeons que corps de troupes que le prince de Chimay aura assemblé sur votre ute ne vous sera point d'obstacles et que le marquis de Castel-drigo n'a eu en cela pour lui que celle de donner quelque chose x apparences, mais que, quelques desseins qu'il aie, vous prendrez s précautions dans votre marche de sorte que vous ne pourriez cevoir aucun échec...

Louvois à M. de Pradel (2).

Paris, le 24 octobre 1665. — Monsieur, vous verrez par la lettre Roi ci-jointe ce que Sa Majesté désire de vous, et les précautions 'elle vous ordonne de garder pendant votre marche à l'occasion des is qui lui ont été donnés, et comme il n'est pas besoin de vous rien re de particulier sur ce sujet, les intentions de Sa Majesté vous ant clairement expliquées par sa dépêche, je me contenterai de us assurer que je suis...

Le Roi à M. de Pradel (3).

Paris, le 24 octobre 1665. — Monsieur de Pradel, ayant eu avis que s troupes de cavalerie qui sont en Luxembourg s'assemblent aux virons de Marche en Famine qui n'est qu'à deux petites lieues du emin que vous devez faire tenir aux troupes du corps dont je vous donné le commandement pour aller gagner Huy, que d'autre côté marquis de Castel-Rodrigo fait aussi avancer de la cavalerie aux virons de Namur, et, bien qu'il n'y ait pas lieu de croire que ces oupes veuillent ni osent rien entreprendre contre les miennes, néanoins, comme il ne faut rien négliger, j'ai bien voulu vous donner rt de cet avis et vous dire que mon intention est que vous vous niez sur vos gardes, en sorte qu'il ne puisse mésarriver des troupes e je vous ai confiées, et parce que pour cela l'on ne saurait apporr trop de précautions et que vous pourriez avoir besoin de muni-

(1) *A. H. G.* vol. 195, n° 274.
(2) *A. H. G.*, vol. 195, n° 501.
(3) *Id. in ibid.*, n° 500.

tions de guerre, je vous adresse mes ordres nécessaires pour tirer • Sedan la quantité de poudre, de mèches et plomb que vous aviserε que vous en fassiez distribuer à l'infanterie et à la cavalerie dud corps ce que vous estimerez à propos, et qu'en outre vous ayez à ε faire charger trois chariots que vous ferez mener à votre suite po vous en servir dans les occasions, observant que les mousquetair de ma garde en ayant sur leurs chariots, il ne sera pas besoin de le en faire donner.

Il sera bien à propos aussi que, comme les régiments d'infanter de Turenne et de La Ferté ont des pièces d'artillerie qu'ils font ma cher à leur tête, vous obligiez les officiers à avoir les munitions néce saires pour les exploiter, même que vous fassiez porter quelqu boulets du calibre desdites pièces pour vous en servir dans les re contres. Vous recommandant de m'envoyer un état exact de la qua tité et qualité des munitions que vous aurez fait tirer des magasi dudit Sedan en conséquence de mes ordres, afin que je pourvoie les faire remplacer. C'est ce que je vous dirai par cette lettre.

Le Roi à l'Électeur de Cologne et à l'Électeur de Trèves (1).

(Dans ces lettres la mission de Turenne, demeurée secrète jus qu'alors, est avouée.)

Paris, le 25 octobre 1665. — Mon Frère (2), ayant donné mes ordre à mon cousin le vicomte de Turenne, Maréchal général de mes camp et armées, pour s'acheminer avec le corps de troupes que j'envoie a secours des Sieurs les États généraux des Provinces Unies des Pays Bas, et considérant qu'il pourra être obligé de passer par vos Éta avec les compagnies de chevau-légers, même pour son retour dan mon royaume, j'ai désiré vous faire cette lettre pour vous prie comme je fais instamment, de donner passage dans les lieux de votr obéissance à mondit cousin et aux troupes qui seront avec lui lor et selon que vous en serez requis, vous assurant que je réputerai à pla sir singulier ce témoignage qu'il recevra de votre affection en cett occasion et que je m'en revancherai à toutes celles qui s'offriront pou votre avantage.

Louvois à M. de Pradel (3).

Paris, le 26 octobre 1655. — Monsieur, la dépêche du Roi que j

(1) *A. H. G.*, vol. 195 n° 549 (minute) et 554 (copie).
(2) « Mon Cousin », pour l'Électeur de Trèves.
(3) *A. H. G.*, vol. 195, n° 525; vol. 198, n° 17.

›us adresse par courrier exprès vous apprendra la résolution que Sa ajesté a prise depuis que vous êtes parti d'ici sur la marche du ›rps de troupes qu'elle envoie au secours des Hollandais et le départ : M. de Turenne, et ainsi il serait inutile que je vous en entre- ısse...

Le Roi à M. de Pradel (1).

(La mission de Turenne devient officielle.)

Monsieur de Pradel, par l'instruction que je vous ai fait donner à ›tre départ de cette ville pour vous expliquer mes intentions au ıjet du commandement que je vous ai donné du corps de troupes ıe j'envoie présentement au secours des Sieurs les Etats généraux :s Provinces Unies des Pays-Bas, je vous ai entre autres choses :donné de faire partir toutes les troupes dont ledit corps est com- ɔsé aussitôt que le Sieur Carlier (2), qui est allé en Liège pour ›btenir la route et les ordres nécessaires pour le passage de mes- ›ites troupes dans ledit pays, serait arrivé à Sedan avec lesdits ordres : routes. Maintenant je vous fais cette lettre pour vous dire que mon ›tention est que vous ayez seulement à rassembler mesdites troupes et différer de les faire mettre en marche jusques à ce que mon cou- .n le vicomte de Turenne, Maréchal général de mes camps et armées, ›ui part présentement pour se rendre aux quartiers où vous êtes, y ɔit arrivé. C'est ce que je vous dirai par cette lettre.

Louvois à M. Carlier (3).

Paris, le 26 octobre 1665. — Monsieur, en suite de la résolution ue le Roi a prise d'envoyer M. de Turenne à Sedan pour prendre ɔin du départ du corps de troupes que Sa Majesté envoye au secours es Hollandais et de le fortifier de sept compagnies de chevau-légers, part incessamment en poste pour cet effet. J'adresse auxdites com- ›agnies par un courrier exprès des ordres tant pour les faire ache-

(1) *A.H.G.*, vol. 195, n° 527; vol. 198, n° 18.

Cette pièce se trouve encore dans le vol. 195 sous le n° 542, datée alors du 7 octobre. Le n° 527 est une copie : le n° 542 paraît être la minute.

(2) Intendant du corps d'armée.

(3) *A.H.G.*, vol. 195, n° 526, et vol. 198, n° 19.

Comme la lettre précédente, celle-ci se trouve une deuxième fois dans le ol. 195, sous le n° 541 ; elle est aussi datée du 27 octobre, et le n° 541 est .ne minute.

miner au rendez-vous dudit corps que pour leur faire payer de leur solde du présent mois.

Le Roi à M. Pradel (1).

Paris, le 28 octobre 1665. — Monsieur de Pradel ayant donné mes ordres à mon cousin le vicomte de Turenne, Maréchal général de mes camps et armées, de se rendre sur ma frontière de Champagne et aux quartiers où vous êtes, j'ai bien voulu vous en donner avis par cette lettre et vous dire que vous ayez à reconnaître mondit Cousin et faire tout ce qu'il vous ordonnera pour mon service sans difficulté.

Pradel à Louvois (2).

A..... le 29 octobre 1665. — Monseigneur, vous avez appris par ma dépêche de ce matin que je n'attends que le retour de M. Carlier pour prendre ma marche vers Messieurs les Etats, mais les ordres que je viens de recevoir par un courrier exprès qui m'avertissent que le Roi a ordonné à M. de Turenne de se rendre sur cette frontière me la feront retarder. Je fais cependant avancer toutes les troupes aux environs de la rivière de Meuse pour qu'elles puissent plus tôt suivre et exécuter ses commandements.

Turenne à Louvois (3).

A...., le 30 octobre 1665. — Monsieur, vous me ferez, s'il vous plait la grâce de dire à Sa Majesté que je ne me donne point l'honneur de lui écrire n'ayant rien à lui mander. J'arrivai hier au soir fort tard Je serai aujourd'hui à Mézières. Je suis venu dans une chaise, dont je me suis bien trouvé.

Turenne à Louvois (4)

Mézières, 31 octobre 1665. — Monsieur, toutes choses étant disposées pour marcher lundi et aller loger à Paliseux, on m'a enseigne

(1) *A.H.G.*, vol 195, n°s 545 (copie) et 551 (minute); vol. 198, n° 22.

Par cette lettre, il y a lieu de considérer comme plus exacte que celle du 26 la date du 27 pour les lettres à Pradel et Carlier qui annoncent Turenne.

(2) *A.H.G.* vol. 198, n° 139.

Louvois accusa réception le 6 novembre (vol. 196, n°s 23 et 25) et traite d'autres détails dans la suite de la lettre.

(3) *A. H. G.*. vol. 198, n° 41.

(4) *A. H. G.*, vol. 198, n° 142.

n officier que j'envoie avec une lettre pour le Roi qui est dans le
quet, que vous aurez la bonté de donner à Sa Majesté. Je lui mande
ue j'ai trouvé toutes choses très bien disposées; j'ai vu M. Carlier
ui est fort bien informé de la route; je renverrai d'ici les compagnies
es sept qui ne seront pas venues à l'ordre quand je partirai. Je n'ai
u aucun régiment d'infanterie que M. de Pradel dit qu'ils sont meil-
urs qu'il n'eût cru, ni compagnies de cavalerie. Je les verrai loin
es places frontières, et il n'y aura que les effectifs.

J'ai demandé à M. de Pradel si le régiment de Gramont lui avait
arlé de son rang; il m'écrit qu'il croyait qu'il ne le disputait pas au
égiment de La Ferté; des officiers m'ont dit qu'ils l'ont vu marcher
n Italie après un régiment nouveau de peu d'années; il était apparem-
ent comme étranger. S'il se passe quelque chose avant que l'on
arche, je me donnerai l'honneur de vous le mander. Je suis persuadé
ue les Espagnols ont fait du bruit pour empêcher ou retarder la
arche des troupes du Roi.

Pradel à Louvois (1).

Sedan, le 1er novembre 1665. —... M. de Turenne, ayant trouvé tous
os logements à portée du passage de la Meuse soit par Mézières, soit
ar Sedan, m'a commandé d'envoyer les ordres pour les faire partir
undi 2e du courant et les faire passer les rivières de Meuse et de Semoy
u même jour; l'infanterie et les charrois sur le pont de cette dernière
ui est à Bouillon, et la cavalerie par les gués, et elle prendra pour
uartier général Paliseux. Il est résolu pour éviter les terres d'Es-
agne de prendre la route de Saint-Hubert et suivre le chemin qui a
té fait pour n'y point loger.

Je ne puis croire que les Espagnols osent s'opposer à notre passage
vec les forces qu'ils ont qui ne sont pas assez puissantes pour
ntreprendre de se présenter devant les nôtres, mais ils auront bien
lus de respect pour elles quand ils sauront que le Roi a donné le soin
t la conduite de ce passage à M. de Turenne.

Carlier à Louvois (2).

Sedan, le 2 novembre 1665. —... M. de Turenne a donné ses ordres
our la jonction de toutes les troupes au-dessus de Bouillon en une

---

(1) A. H. G., vol. 198, n° 143.
(2) A. H. G, vol. 198, n° 144.
Carlier rend compte au début de sa lettre qu'il a fait distribuer des vivres
la fin des munitions.

plaine prochaine du village de Belvaux; elles y arriveront vers mi[illegible] et je me donnerai l'honneur de vous rendre compte de l'état auqu[illegible] elles se trouveront.

Louvois à Turenne (1).

Paris, 2 novembre 1665. — Monseigneur, je vous adresse une lett[illegible] que le Roi vous écrit de sa main et j'y ajoute par son commandeme[illegible] que, comme Sa Majesté estime qu'il est utile à son service d'au[illegible] menter ses troupes de quelques levées en Liège, elle sera bien ai[illegible] que, pendant que vous êtes sur les lieux, vous vous informiez s'il [illegible] se trouverait point quelques colonels capables qui voulussent s'engage[illegible] de lever en Liège pour le service du Roi : l'un un régiment d'infa[illegible] terie de vingt compagnies, et l'autre un régiment de cavalerie de ci[illegible] à six compagnies; que vous traitiez avec eux et que vous donniez av[illegible] ici des conditions, et l'on satisfera de la part de Sa Majesté à cell[illegible] que vous aurez arrêtées.

Depuis que vous êtes parti d'auprès du Roi, Sa Majesté a eu av[illegible] que le prince de Chimay avait fait mettre plus avant dans le Luxem[illegible] bourg le corps de troupes qu'il assemblait à Marche en Famine pou[illegible] empêcher la continuation de la désertion de celles qui sont nouvell[illegible] ment arrivées d'Allemagne. C'est ce qui a donné lieu à Sa Majesté d[illegible] désirer que vous voyiez et pratiquiez les moyens que vous jugerez le[illegible] plus propres par votre prudence pour donner moyen à ces troupe[illegible] de s'en retourner en leur pays ou pour en profiter en faisant entre[illegible] dans le régiment d'Alsace les soldats qui voudront prendre parti ave[illegible] nous.

(Louvois donne des nouvelles politiques d'Angleterre au sujet de[illegible] affaires de Hollande.)

En achevant ma lettre, cet officier (2) m'a rendu le paquet dont vou[illegible] l'aviez chargé; j'ai aussitôt donné au Roi la lettre qui était pour S[illegible] Majesté et elle vous fait réponse par la lettre de sa main qui est ci[illegible] jointe.

(Louvois avise alors que le marquis de La Fuente a donné l'assu[illegible] rance que le gouvernement espagnol n'empêcherait pas le passag[illegible] dans les Flandres des troupes qui se rendaient en Hollande.)

P. S. (d'une autre main que le reste de la minute). — Depui[illegible] cette lettre fermée, le courrier Drouard m'a rendu le paquet dont vou[illegible]

---

(1) *A. H. G.*, vol. 196, nos 3 (minute) et 5, et vol. 198, n° 28.
(2) Celui envoyé par Turenne le 31 octobre.

l'avez chargé pour moi en date du 1er de ce mois. Je suis parti aussitôt pour aller porter au Roi la lettre que vous m'avez adressée pour lui, et Sa Majesté, après en avoir entendu la lecture, m'a commandé d'avoir l'honneur de vous dire qu'elle n'avait rien à ajouter aux deux lettres qui seront ci-jointes et que le contenu en celle que je lui ai rendue de votre part ne devant pas être exécuté sitôt, elle attendait votre retour pour en discourir avec vous.

Trouvez bon (1), Monseigneur, que je vous rende grâces très humbles des bontés qu'il vous plait de me témoigner et que j'aie l'honneur de vous assurer que vous n'en pouvez avoir pour personne qui en aie plus de reconnaissance et qui les reçoive avec un plus profond respect.

Carlier à Louvois (2).

Behogne, le 5 novembre 1665. — Monseigneur, nous voici aux environs de Rochefort et hors des bois des Ardennes sans avoir trouvé aucun obstacle... Nous arriverons samedi prochain aux environs de Liège et nous y séjournerons le dimanche et le lundi 9e. Nous passerons la rivière d'Ourthe à Chaisnaye sur le pont que j'ai fait faire et entrerons dans le pays d'Halen dans les terres de MM. les Etats.

M. de Turenne a fait partir les troupes avec tant de précipitation que les préposés à la fourniture des étapes ont eu peu de temps pour les préparer; néanmoins elles ont été assez bien fournies jusques aujourd'hui, et elles le seront bien mieux à l'avenir...

La compagnie de Saint-Estebau nous a joint à Saint-Hubert et celle de Catheux ici la nuit dernière. M. de Turenne a ordonné à M. Poulletier d'attendre à Paliseux les sept dernières compagnies commandées afin de les renvoyer à leurs quartiers au même temps qu'elles arriveront séparément ou en corps.

(Carlier parle ensuite de trois maisons qui ont brûlé à Rochefort pendant le séjour des troupes.)

Turenne à Louvois (3).

Au Val Saint..., le 7 novembre 1665. — Monsieur, on m'a dit qu'un ordinaire qui s'en va à Sedan doit passer dans un quart d'heure, et je me suis arrêté pour vous faire ce mot. Vous direz, s'il vous plaît,

---

(1) Ce protocole final n'a pas été reproduit dans les *Transcrits*, vol. 198.
(2) *A. H. G.*, vol. 198, n° 145.
(3) *A. H. G.*, vol. 198, n° 146.

à Sa Majesté que c'est trop à la hâte pour me donner l'honneur de lui écrire; les troupes passent aujourd'hui à une heure au-delà de Liège où sont, à ce qu'on m'a assuré, les députés de MM. les Etats. On n'a ouï parler d'aucune assemblée des troupes d'Espagne; on n'a logé ni passé dans aucun de leurs villages et fort peu sur leurs terres. Je n'ai ouï aucunes plaintes que de quelque bois brûlé qui servait de haie à un village et de deux cochons pris qui ont été payés. On a donné quelques vivres en passant, mais en petite quantité. Tout ce qui est de la Maison du Roi est en très bon état, et le reste des troupes aussi elles ont un peu manqué de pain, mais à cette heure on ne manquera plus de rien, M. de Pradel informera Sa Majesté de toutes choses. Je crois partir après demain pour m'en retourner, je ne sais pas par quel chemin.

Carlier à Louvois (1).

Chaisnaye, le 9 novembre 1665. — (Il a vu les commissaires des États pour la subsistance des troupes.)

...M. de Turenne doit partir ce matin pour retourner à la Cour après la revue des troupes, au passage du pont que j'ai fait faire sur la rivière d'Ourthe; il m'a donné son ordre par écrit pour faire payer mille livres aux propriétaires des maisons brûlées à Rochefort. Je le ferai exécuter, mais je vous supplie très humblement de me vouloir faire savoir si je ferai porter cette perte aux régiments qui étaient logés dans ce quartier ou si elle sera à la charge de Sa Majesté (2). Cet incendie est arrivé par un accident; le vent ayant porté une étincelle de feu dans le logis de M. de Chavigny, qui a tout consommé la maison et son équipage avec deux autres maisons voisines et une grange pleine de grains appartenant aux Pères Jésuites de Marche. J'attendrai vos ordres sur cela.

Turenne à Louvois (3).

Liège, le 10 novembre 1665. — Monsieur, je vous supplie de dire au Roi que j'ai reçu les deux lettres dont il m'a honoré qui sont des 2 et 3 de ce mois. J'ai passé en cette ville pour prendre des mesures

---

(1) *A. H. G.* vol. 198, n° 147.

(2) Louvois répondit le 20 novembre que le Roi avait décidé de déduire de la solde du régiment de Piémont les mille livres d'indemnité (vol. 19[illegible] n°s 131 et 133).

(3) *A. H. G.*, vol. 198, n° 148.

sur ce qu'il m'a commandé. Je prétends passer par Philippeville et marchant la nuit, comme je fais, je n'y trouverai point d'obstacle. Comme je prétends rendre compte à Sa Majesté de la marche de ses troupes jusques à Halen, première place de MM. les États, je ne l'en importune point par mes lettres; tout ce que j'ai laissé est en très bon état.

Pradel à Louvois (1).

Wlectinque, le 11 novembre 1665. — Monseigneur, vous savez par le retour de M. de Turenne l'état où il a laissé les troupes du Roi. Je n'ai pu jusqu'à présent en faire faire la revue par compagnie, mais à la première commodité je m'acquitterai de ce devoir pour vous informer de la vérité de leurs forces. Je puis vous exposer que la cavalerie est la plus belle chose qui se puisse voir et que l'infanterie est beaucoup au-dessus de ce que je m'étais attendu. Je passai hier la Meuse par la ville de Maëstricht, où les troupes parurent si lestes et en si bel ordre qu'elles firent l'admiration de tous ceux qui les virent....

Ainsi, dans cette mission, Turenne agit seulement en qualité de Maréchal général des camps et armées. Le Roi, comme le Secrétaire d'Etat de la guerre, quand ils le qualifient, ont bien soin de ne pas lui donner son titre de Maréchal de France; ils ont bien soin de ne le désigner que comme Maréchal général des camps. C'est en cette seule charge, ils le marquent bien de cette façon, que Turenne opère. Il remplit les fonctions d'un inspecteur d'armée; en outre, selon les pouvoirs de ses provisions, il « départit les quartiers, postes et logis qu'il juge les plus à propos pour le service du roi » et dirige la marche du corps d'armée jusqu'aux frontières de Hollande.

En 1672, la situation n'est plus du tout la même. Louis XIV, qui connaissait les rivalités et les désaccords entre Maréchaux « commandant alternativement avec égale autorité », veut assurer l'unité de commandement. Au lieu que chacun des Maréchaux employés dans l'armée soit son lieutenant général avec pouvoirs égaux, un le sera en chef, et il choisit le plus apte et le plus illustre : Turenne.

*
* *

L'affaire de 1672. — Le 6 avril 1672, Louis XIV avait publié son manifeste de guerre contre la Hollande. L'état-major général de l'ar-

---

(1) *A. H. G.*, vol. 198, n° 149.

mée qui allait opérer se constituait, et, le lendemain 7 avril, de Versailles, le Roi annonçait aux Maréchaux de Créquy, d'Humières et d Bellefonds qu'ils serviraient en qualité de lieutenants généraux sou le Maréchal de Turenne (1); c'est-à-dire que, selon les expressions d l'époque, Turenne serait à l'armée lieutenant général et les autre maréchaux serviraient comme « sous-lieutenants généraux ».

« Mon Cousin, désirant me servir de vous en qualité de mon lieutetenant général dans mon armée qui agit en Allemagne, de laquelle j'a donné le commandement en chef à mon cousin le vicomte de Turenne je vous écris cette lettre pour vous dire que mon intention est qu vous vous rendiez au plus tôt en madite armée et près de mondi Cousin pour y exercer ladite charge de mon lieutenant général sou lui et vous employer dans les fonctions d'icelle à tout ce qui sera pa lui ordonné pour mon service, vous assurant que ceux que je me promets que vous m'y rendrez me seront en particulière considération »

De nouvelles lettres de service, complémentaires, furent expédiée le 18 avril; puis, le 21 parut une ordonnance « pour régler les fonctions des officiers généraux des armées de Sa Majesté pendant cett campagne (2) ».

Le Roi commande en chef les armées, mais il avait « reconnu pa expérience que rien n'était si important à son service qu'en so absence le commandement résidât toujours en la personne d'un seul lequel, ayant la direction de toutes choses, pût donner à chacun de généraux des armées les ordres de ce qu'ils auront à faire »; l'ordonnance du 21 avril 1672 donc décidait que si le Roi s'absentait, le du d'Orléans commanderait; en l'absence du duc, le prince de Condé en l'absence de Condé, Turenne. Le duc d'Orléans « reçoit la parole du Roi; il la donne à Condé et celui-ci à Turenne, qui la rendr ensuite aux Maréchaux de France servant dans les armées.

Ce n'est pas comme Maréchal général des camps et armées qu Turenne commande aux autres Maréchaux. En 1665, la qualité d Maréchal de France avait disparu pour la mission confiée au Marécha général des camps. Ici la qualité de Maréchal général disparaît. C'es le Maréchal de France qui seul est en jeu; « cette distinction e prérogative, dit l'ordonnance, sont accordées au sieur vicomte d Turenne en considération des grands et recommandables services qu' avait rendus à la Couronne et du long temps qu'il y a qu'il sert S Majesté ».

---

(1) *A. H. G.* vol. 275 n°s 234, et 273 (Transcrits), p. 1.

(2) Règlements et ordonnances du Roi pour les gens de guerre, Pari Léonard, 1691, II, 421.

Cette ordonnance fut notifiée le lendemain 22 avril, de Saint-Germain, aux Maréchaux intéressés : Créquy et Humières (1) :

« Je vous adresse une ordonnance dont le Roi me commanda hier l'expédition et en même temps m'ordonna d'en donner part à MM. les Maréchaux de France qui ont été nommés par Sa Majesté pour servir cette campagne, et de leur faire savoir que c'était une affaire qu'elle avait résolue et dans laquelle elle voulait être obéie, qu'elle n'admettrait aucune excuse pour s'en dispenser et qu'elle n'agréerait pas qu'on lui demandât ne point servir. Je commençai par M. le Maréchal de Bellefonds, lequel ayant témoigné ne se vouloir pas conformer au contenu de la dépêche, j'en allai rendre compte à Sa Majesté, qui par bonté voulut bien lui expliquer elle-même quelles étaient ses intentions jusque-là que Sa Majesté lui dit qu'elle le priait de le faire, qu'elle lui demandait cette complaisance en reconnaissance de toutes les grâces qu'elle lui avait faites et que, s'il y faisait difficulté, il fallait qu'il se résolût à ne la voir jamais. Sur quoi, mondit sieur le Maréchal de Bellefonds ayant pris congé de Sa Majesté, elle me commanda aussitôt de lui aller dire de partir ce matin pour s'en aller à Tours et d'y demeurer jusques à nouvel ordre avec défense d'y faire aucune fonction de Maréchal de France.

« J'ai cru, Monsieur, que je devais vous expliquer au long tout ce qui s'est passé afin que vous connaissiez mieux la disposition où est Sa Majesté contre ceux qui ne voudront pas lui obéir; il est question en ceci, Monsieur, non seulement de ne point servir cette campagne, de déplaire à Sa Majesté et de s'en aller passer sa vie dans quelque province, mais encore de perdre tous ses établissements. Aussi je vous conjure de bien penser à la réponse que vous me ferez, laquelle il est nécessaire que j'aie d'ici mardi à midi au plus tard. Je vous supplie très humblement de croire que j'attendrai avec toute l'inquiétude que doit avoir une personne qui prend une très sensible part à tout ce qui vous regarde, et qu'en recevant votre lettre je tremblerai jusqu'à ce que j'aie vu que vous avez pris le bon parti. Vous me permettrez de vous dire qu'il n'y en a point d'autre que d'obéir à un Maître qui dit qu'il veut l'être ».

Dans sa lettre du 27 avril 1672, la marquise de Sévigné donne sur l'affaire des détails intéressants : l'entretien de Louis XIV et du Maréchal de Bellefonds, certains dessous. Les documents conservés confirment cette narration écrite sur le moment même; elle montre enfin que le refus opposé par Bellefonds, Créquy et Humières n'était

(1) *A. H. G.*, vol. 275, nos 233; 267, no 186; 273, p. 2.

pas de servir sous Turenne, Maréchal général des camps, mais so le Maréchal de France, leur égal en grade.

Les pièces de l'affaire montreront même que la véritable cause d refus était plus inavouable encore; elle visait la personnalité c Turenne. Les maréchaux auraient peut-être accepté de servir sous u autre de leurs confrères; ils n'avaient que le vouloir ridicule n'être pas sous les ordres de Turenne et d'être pairs avec lui dans commandement.

« Le Roi part demain... M. le Prince... aura pour lieutenan généraux MM. les Maréchaux d'Humières et de Bellefonds (1). Voi un détail qu'on est bien aise de savoir. Les deux armées se joindron le Roi commandera à Monsieur; Monsieur à M. le Prince; M. Prince à M. de Turenne, et M. de Turenne aux deux Maréchaux, même à l'armée du maréchal de Créquy (2). Le Roi parla do à M. de Bellefonds et lui dit que son intention était qu'il obé à M. de Turenne, sans conséquence. Le Maréchal, sans demander temps (voilà sa faute), répondit qu'il ne serait pas digne de l'honne que lui a fait Sa Majesté s'il se déshonorait par une obéissance sa exemple. Le Roi le pria fort bonnement de songer à ce qu'il l répondait, ajoutant qu'il souhaitait cette preuve de son amitié, qu'il allait de sa disgrâce.

« Le Maréchal lui dit qu'il voyait bien qu'il perdait les bonn grâces de Sa Majesté et sa fortune; mais qu'il s'y résolvait plutôt q de perdre son estime; qu'il ne pouvait obéir à M. de Turenne sa dégrader la dignité où elle l'avait élevé. Le Roi lui dit : « Monsieur Maréchal, il faut donc se séparer. » Le Maréchal lui fit une profon révérence et partit.

« M. de Louvois, qui ne l'aime point, lui expédia tout aussitôt u ordre d'aller à Tours; il a été rayé de dessus l'état de la Maison Roi (3). Il a cinquante mille écus de dettes au-delà de son bien; il e abîmé, mais il est content, et l'on ne doute pas qu'il n'aille à la Trapp Il a offert au Roi son équipage, qui était fait aux dépens de Sa Majest pour en faire ce qu'il lui plairait. On a pris cela comme s'il eût vou braver le Roi. Jamais rien ne fut si innocent. Tous ses parents, l

---

(1) Par lettres du 18 avril, Bellefonds et Humières avaient reçu commandement du corps qui s'assemblait près Sedan pour servir so les ordres de M. le Prince (Condé).

(2) Commandant, par lettres également du 18 avril 1672, le corps d'arm qui s'assemblait au Câtelet.

(3) Il était premier Maître d'Hôtel du Roi.

llars et tout ce qui est attaché à lui, est inconsolable. Ne manquez s d'écrire à Mme de Villars et au pauvre Maréchal.

« Cependant le Maréchal d'Humières, soutenu par M. de Louvois, vait point paru et attendait que le Maréchal de Créquy eût répondu. dernier est venu de son armée en poste répondre lui-même. Il riva avant-hier; il eut une conversation d'une heure avec le Roi. Le réchal de Gramont (1), qui fut appelé, soutint le droit des Maréaux de France et fit le Roi juge de ceux qui faisaient le plus de cas cette dignité, ou ceux qui pour en soutenir la grandeur s'exposaient danger d'être mal avec lui, ou celui [Turenne] qui était honteux n porter le titre (2), qui l'avait effacé de tous les lieux où il pouvait e, qui tenait le nom de Maréchal pour une injure et qui voulait nmander en qualité de prince.

« Enfin, la conclusion fut que le Maréchal de Créquy est allé à la npagne, dans sa maison, planter des choux, aussi bien que le Maréal d'Humières. Voilà de quoi on parle uniquement; les uns disent 'ils ont bien fait, d'autres qu'ils ont mal fait. La comtesse [de sque] s'égosille; le comte de Guiche prend son fausset; il les faut arer; c'est une comédie. Ce qui est vrai, c'est que voilà trois mmes d'une grande importance pour la guerre, et qu'on aura bien la peine à remplacer. M. le Prince les regrette fort pour l'intérêt Roi. M. de Schomberg (3) n'est pas plus disposé que les autres à éir à M. de Turenne, ayant commandé des armées en chef. fin, la France, qui est pleine de grands capitaines, n'en trouvera

---

1) Alors le doyen des Maréchaux.

2) Turenne n'était pas honteux de porter le titre de Maréchal de France, s il l'avait supprimé des actes militaires qu'il signait et donna ainsi à ses ersaires prise contre lui. Ses en-têtes imprimés portaient en effet : « *Henry La Tour d'Auvergne, Vicomte de Turenne et Maréchal général des ıps et armées du Roi, Colonel général de la cavalerie légère de France, uverneur et Lieutenant général pour le Roi en la province de Limousin* ». Iême quand il reçut le 9 juillet 1672 la capitulation de Nimègue, c'est c le seul titre de « Maréchal général des camps et armées » qu'il négocia igna l'acte (*A. H. G.*, vol. 284, nº 241).

3) L'attitude de Schomberg en cette affaire donne une idée curieuse de la ntalité des officiers généraux de cette époque, car Schomberg n'était encore lieutenant général.

chomberg était aussi un de ceux qui étaient atteints de la phobie de enne. « Je ne puis pas vous céler, écrivait-il à Louvois le 4 janvier 1674, Charleroi, que la venue de M. de Turenne me met fort en peine. Vous en ez les raisons et la très humble prière que je vous ai faite avant mon dét de me tirer de cet embarras... » (*A. H. G.*, vol. 383, p. 50).

pas assez par la circonstance de ce malheureux contre-temps.

Le refus des Maréchaux qui avait rejeté du 20 au 28 avril, le dép de Louis XIV pour l'armée, fit beaucoup de bruit à la Cour. Mme Sévigné, écrivant le 24 avril (1) à Bussy, alors à Chaseu, lui av annoncé la grande nouvelle du jour : « Je ne sais si vous savez les Maréchaux d'Humières et de Bellefonds sont exilés pour ne voul pas obéir à M. de Turenne quand les armées seront jointes ». même, le 29 avril, Mme de Scudéry (2) : « L'on ne parle que de l' faire des Maréchaux ».

La marquise de Sévigné disait le 27 avril : « Les uns disent qu'ils bien fait, d'autres qu'ils ont mal fait. » Ceux qui étaient de cette o nion étaient les gens sérieux, et à ce point de vue dès le 1er r Bussy donnait son avis à Mme de Sévigné (3) :

« Pour vous parler des pas que je fais pour me relever de ma ch je vous dirai qu'on demande quelquefois des choses qu'on est b aise de ne pas obtenir. Je suis aujourd'hui en cet état sur la perm sion que j'ai demandée au Roi d'aller à l'armée. Mais voici des Ma chaux exilés qui en augmentent la bonne compagnie. Ce sont ces ge là qui sont heureux d'être exilés quand leur fortune est faite, enfin ils ont des établissements que vraisemblablement on ne leur ôt pas, et, au pis aller, des titres et des honneurs qu'on ne saurait l ôter. Le Roi a grand raison d'être mal satisfait d'eux, et ils rec naissent bien mal l'obligation infinie qu'ils lui ont de les avoir faits qu'ils eussent eu peine à mériter d'être, après dix ans encore de gra services à la guerre. Ce serait une question de savoir si, étant a redevables au Roi qu'ils l'étaient, ils eussent été excusables de refu de lui obéir aux choses qui eussent effectivement intéressé l'honn de leurs charges; mais désobéir à leur bon Maître en chose où ils tout à fait tort, c'est une tache dont leur ignorance ne se sau laver.

« Je leur apprends que les Maréchaux de camp généraux ont faits pour faire la fonction de Connétable. Lesdiguières, n'ét encore que Maréchal de camp général, commanda, au siège de C rac, le Maréchal de Saint-Géran, qui venait d'être son camarade plus forte raison, M. de Turenne, qui commandait des armées qu

---

(1) *Correspondance de Roger de Rabutin, comte de Bussy avec sa fam et ses amis*, (1666-1693), édition Ludovic Lalanne (Paris, Charpent 1898), II, 98.

(2) *Ibid.*, II, 100.

(3) *Ibid.*, II, 101-102.

es Messieurs étaient au collège et qui leur a appris ce qu'ils savent.

« Il faut qu'on me croie quand je parle ainsi ; du moins ne saurait-on penser que ce soit une amitié aveugle qui me fasse parler en faveur du parti que je tiens. C'est la seule vérité qui m'y oblige, et il y a dix ans que j'ai appris ce que je viens de vous dire, Madame, au Maréchal de Clérembault qui me disait déjà que la charge de Maréchal de camp général de M. de Turenne n'avait que des prétentions chimériques.

« Ce qu'il y a de surprenant en cette rencontre, c'est qu'il y a un de ces Messieurs qui doit son bâton aux seuls bons offices de M. de Turenne (1). Le voilà bien payé.

« J'ai cru que vous ne seriez pas fâchée de savoir ceci, Madame, tant parce que vous aimez à savoir la vérité que parce que celle-ci, à mon avis, ne vous sera pas désagréable. »

A la lettre de Mme de Scudéry du 29 avril, Bussy répondit à peu près dans les mêmes termes le 6 mai (2) : « A la bonne heure, la pluie les prend », dit-il en parlant des trois Maréchaux, puis il reprend : « Ce sont ceux-là qui sont heureux », et recopie la lettre à Mme de Sévigné. Il ne la modifie que quand il arrive à parler du Maréchal de camp général et il émet alors ces erreurs que le P. Daniel et tant d'autres, sans examen et sans critique, se sont efforcés de convertir en vérités :

« Il est certain que les Maréchaux de camp généraux ont été faits pour faire la fonction de Connétable. Il y en a eu peu jusqu'ici en France. Cette charge a été créée pour faire espérer l'épée de Connétable à celui qu'on en pourvoierait, et cependant pour en faire une partie des fonctions sous un autre titre. Je ne sache guère que le Maréchal de Biron, le Connétable de Lesdiguières et M. de Turenne qui en aient été pourvus. Une raison convaincante qui fait voir que la charge de Maréchal de camp général est au-dessus de celle de Maréchal de France, c'est que quand le Maréchal de Biron fut fait Maréchal de camp général, il était doyen des Maréchaux. Si on n'eût pas voulu lui donner quelque chose au-dessus de ce qu'il était, on l'eut laissé comme il était.

« Mais pour ajouter l'exemple à la raison, reprend Bussy, vous aurez qu'au siège de Clérac... » Et il a cru que Mme de Scudéry ne serait pas fâchée de savoir ceci ; etc...

Mme de Montmorency, le 1er mai, de Bagnolet, lui avait écrit (3) :

---

(1) Le Maréchal de Créquy.
(2) *Correspondance*, II, 105.
(3) *Ibid.*

« Savez-vous bien que les Maréchaux d'Humières et de Bellefond sont disgraciés pour avoir refusé d'obéir à M. de Turenne, que qu'il soit Maréchal de camp général? On a envoyé un courrier a Maréchal de Créquy pour savoir s'il en fera autant. Je vous fais mo compliment sur ce qui regarde le Maréchal d'Humières; je sais qu'i est votre parent et votre ami ». Malgré son amitié pour d'Humières Bussy maintint son sentiment (1) : « Je suis fort fâché de la disgrâc des Maréchaux de Bellefonds et d'Humières : ils sont de mes amis et Humières a épousé ma nièce. Sans entrer dans leurs raisons d part ou d'autre, je crois qu'après avoir remontré les leurs au Roi, il obéiront à qui l'ordonnera Sa Majesté. Il lui appartient de donne des rangs à qui il lui plaît au-dessus des autres. »

Bellefonds avait engagé ses confrères. Créquy ne put que le suivre quelque regret qu'il en eût (2); Humières, comme l'annonce Mme d Sévigné dans sa lettre du 27 avril, ne parut point et attendit. L'attitud de Bellefonds et de Créquy lui dicta celle qu'il devait prendre néces sairement. Lui troisième refusa par écrit. Sa lettre à Louvois manque On ne possède que la réponse de Louvois, datée de Charleroi l 3 mai 1672 (3) :

« La part que je prends en tout ce qui vous regarde et la professio que je fais d'être particulièrement dans vos intérêts ne m'a pas permi d'apprendre le malheur qui vous est arrivé avec MM. les Maréchau de Bellefonds et de Créquy sans être sensiblement touché. Je n'aurai pas manqué de vous en aller témoigner mon déplaisir si j'avais été la Cour dans ce temps-là, et je vous supplie très humblement d'êtr persuadé qu'on ne peut être avec plus de passion que je suis, etc...

« Bellefonds, dit M. Camille Rousset (4), esprit raide, un peu étroi mais homme d'honneur, se tint ferme, silencieux et digne dans ce qu'i croyait être son droit et son devoir ». Ce portrait, — qui montre qu

---

(1) Bussy à Mme de Montmorency, 9 mai (*Correspondance*, II, 109).

(2) Les Maréchaux avaient « résolu et arrêté » le 13 mars 1651, dans un séance tenue au sujet de la « conservation des fonctions, honneurs et préém nences de leur charge », entre autres dispositions : « Que s'il survient quelqu affaire qui regarde les intérêts du général et des particuliers dudit corps, o qui les touche, tant dans l'autorité et l'honneur de leurs charges que dans l conservation et sûreté de leurs personnes, lesdits sieurs Maréchaux seron inséparablement unis pour se maintenir par toutes sortes de voies justes raisonnables et conformes au service de Sa Majesté ». (*Bibl. Nat.*, Recue Clairambault, vol. 824, p. 242.)

(3) *A. H. G.*, vol. 275, n° 280, et 273 (Transcrits), p. 58.

(4) *Louvois*, I, 350.

nportance de la question soulevée a échappé à l'auteur de l'*Histoire Louvois*, — est très flatté, trop flatté.

3ellefonds avait l'esprit plus qu'un peu étroit; son intelligence était rnée. En réalité, le Maréchal était un solennel imbécile et un ambiux, partant un homme dangereux. Il voyait faux; têtu, ne revenant nais sur ce qu'il avait décidé, son obstination devenait aveugle. réchal de France, revêtu du plus haut grade de l'armée, il n'a pas ıscience de ses devoirs, et l'obéissance aux ordres est le cadet de soucis (1). Il a besoin de toujours et tout critiquer.

Son esprit « un peu étroit » ne lui a pas fait sentir la douce ironie s réponses du Monarque dans sa conversation avec Louis XIV, la ide ironie des commandements qui lui sont dévolus en 1673 et 1674. ns l'affaire de 1672, il écoute les freluquets de la Cour et bouche ses eilles aux conseils des personnes de sens froid et juste. Il entraîne confrères dans un guêpier, dans une « intrigue », selon son expresn favorite.

C'est que Bellefonds jugeait mal et faisait toujours le contraire de qui lui était prescrit. « Les ordres qu'il avait reçus du Roi ne le aient point changer de résolution », disait-il, comme il déclarait e « d'autres que lui ne le feraient point (2), mais pour lui il ne ssujettissait à ce que faisaient les autres ». Ainsi Bellefonds, malgré prescriptions de Louvois, en janvier 1674, n'envoie qu'une très ble partie des troupes qu'il a l'ordre d'expédier sous Charleroi. avril, alors que Louis XIV prescrit l'évacuation de la Hollande et retraite, le Maréchal marche en avant et entame avec l'Evêque de asbourg des négociations qui amènent un pacte ridicule.

Il finit enfin par se soumettre, — obligé à cela par des pouvoirs qui relevaient de son commandement s'il se refusait plus longtemps à éir, — avec un mois de retard, et il ramène sous Maëstricht les .000 hommes attendus. Mais, comme Condé lui conseille d'effectuer

---

(1) Il n'avait pas de son devoir la même conception que le duc de Luxemırg : « Vous savez que je me donnai l'honneur de vous mander croyant il y allait du service qu'une même personne fût chargée du soin de ce il y aurait à faire par deçà, que j'obéirais avec grande joie à quiconque Roi voudrait y envoyer... » Il obéirait même au comte de Guiche, « parce e je songerai que, ne pouvant rendre à mon Maître de services assez ısidérables, j'aurais du moins le plaisir de lui faire un petit sacrifice en venant subalterne de gens qui n'en savent pas plus que moi ». (Luxemırg, à Louvois, 16 novembre 1672: *A. H. G.*, vol. 280, n° 188, et 289, 23.)

(2) Traiter sans ordre et contre la volonté de Louis XIV.

sa retraite sur la rive gauche de la Meuse pour être à l'abri des Impériaux, Bellefonds fait juste le contraire; il traverse la rivière, compromet son armée et celle du Prince, qui est obligé de voler au secours du Maréchal et par des marches rapides, mais alors bien inutiles, parvient heureusement à rétablir la situation (1).

Bellefonds ne se rendait pas compte du ridicule dont il s'enveloppait; comme sa théorie était absurde qu'un Maréchal de France, dès l'heure même de sa nomination, se trouvât en tout l'égal des autres, ces autres fussent-ils un Gassion ou un Turenne; qu'un Gassion ou un Turenne, plus anciens dans la dignité, ne pussent lui donner des ordres. Et quelle mentalité de se croire déshonoré de servir sous de tels chefs pour lesquels la Victoire avait tressé ses plus belles couronnes!

C'est que le Maréchal de Bellefonds ne craint qu'une chose « Servir sous M. de Turenne »; il veut écarter de lui cette « humiliation ». C'est sa hantise; cette hantise est tellement forte qu'elle lui fait écrire à Louvois, le 10 février 1674 (2) : « Vous me montrez un fantôme capable de me faire jeter dans les marais de la Hollande, vous jugez bien que c'est de M. de Turenne dont je vous parle ». Et dans cette lettre Bellefonds écrit cette phrase épique : « Le service du Roi ne se peut rencontrer dans ces embarras que le mérite de M. de Turenne a fait naître ». Turenne écrasait donc tout ce monde par son caractère, ses services et son génie.

Si Bellefonds ne se trouvait pas ridicule, Louis XIV ne pensa point de même. Après 1674, il en eut assez; il jugea que c'était suffisant et le prétentieux dangereux, s'il ne perdit pas ses charges de Cour demeura sans emploi militaire pendant dix ans.

Créquy était plus intelligent et plus fin. Malgré que Louvois lui eût dicté la réponse qu'il avait à faire, il ne pouvait, comme on l'a vu, que suivre le Maréchal de Bellefonds. Dans l'audience royale du 25 avril il parla comme son confrère, soutenu en la circonstance par le doyen des Maréchaux, le duc de Gramont, l'un des signataires de l'arrêt du 13 mars 1651. Mais Créquy, de suite, comprit qu'il s'était fourvoyé, que la cause soutenue était mauvaise, et, en attendant de du Bouchet « ses sentiments sur le refus que les Maréchaux d'Humières et Bellefonds ont fait d'obéir à M. de Turenne (3) », son esprit fin l'e

(1) Cf. capitaine Pichat. *op. cit.*

(2) *A. H. G.*, vol. 384, p. 171.

(3) Me du Bouchet à Bussy, 15 mai 1672 (*Correspondance de Bussy*, 112.)

a à ne point briser. A l'issue de l'audience royale du 25 avril, il it à Louvois la lettre ci-après (1) :

'ai eu si bonne opinion de mes raisons que j'ai cru être obligé de xposer au Roi pour mériter un adoucissement par les expédients j'ai proposés. Jusqu'à présent tout a été inutile, et, ne pouvant er sur moi un abaissement dont Sa Majesté même me ferait un reproche, j'appréhende de me présenter devant elle. Ayez la bonté liquer le sentiment où je suis de ne point reconnaître M. de nne, mon honneur et la charge que Sa Majesté m'a donnée ne me uvant permettre. Je suis toujours tout à vous ».

is, retiré à Marines, pour y « planter ses choux », il fit acte de -soumission, croyant avoir trouvé un nouvel expédient. Le 9 mai, ivait à Louis XIV et à Louvois. Voici sa lettre au Roi (2) :

Après avoir fait connaître à Votre Majesté la vive douleur dont je uis senti atteint en me voyant détaché du service de l'armée dans mmencement d'une aussi grande guerre que celle qu'elle entre- d, il semble n'y ait plus rien à prétendre pour moi, ni à espérer us les expédients que j'ai pris la liberté de proposer à Votre sté. Je ne puis pourtant m'empêcher de lui dire que les marques colère faisant une plus vive impression sur moi que sur per- e du monde, je puis attendre de sa bonté qu'elle me laissera la té de me rendre auprès d'elle comme un simple volontaire. La rence de cet état à celui auquel la bonté de Votre Majesté ait destiné est un assez grand changement dans ma fortune, est souffrir beaucoup de n'avoir pas été assez heureux pour pou- parler à Votre Majesté devant la publication de son ordonnance. Et comme Votre Majesté, Sire, ne demande pas la perte d'un aussi soumis que moi, qu'elle ne m'abandonne pas s'il lui plait cuisants déplaisirs de savoir sa personne exposée à de grands s, tandis qu'à l'ombre de ma misérable maison je ne pourrai que d'un repos honteux. N'est-il pas aussi, si je l'ose dire, de rêt de Votre Majesté de vouloir bien que les hommes qu'elle titue dans de certaines charges puissent s'instruire en la voyant et se rendre capables de porter ses commandements partout s l'avoir vue agir à la tête de ses armées.

A.H.G., vol. 280, n° 323.

tte lettre n'est pas datée ; elle est classée aux Archives de la guerre dans ettres reçues en novembre. M. C. Rousset a adopté « novembre », quoi- postérieure au 30 octobre, la lettre n'avait plus de raison d'être, et que ibellé la datât de mai.

Ibid, vol. 275, n°s 305 et 283 (Transcrits), n° 132.

« Je tremble en attendant que Votre Majesté se soit expliquée ma destinée, car c'est une mort pour moi que de vivre sans la servi

A Louvois, c'est un simple billet (1) :

« Les gens qui sont dans la mauvaise fortune doivent être plus conspects que dans d'autres temps et ne pas se hasarder à fatig de leurs lettres les personnes constituées dans les emplois d'une a grande étendue que les vôtres. Il faut pourtant que vous agréez je vous dise que depuis peu j'ai fait instance auprès de Sa Maj pour avoir la liberté d'aller en qualité de volontaire auprès d'e J'espère que vous m'aiderez de vos bons offices, puisque je suis à vous ».

Louvois mit en marge : « J'avais déjà su par le Roi la lettre q lui avait écrite, qui m'a commandé de lui dire qu'il ne veut changer à ce qu'il a résolu et que je lui en fasse un regret. »

Ce regret fut fait le 18 mai, au camp devant Vizet (2) :

« Auparavant que j'eusse reçu la lettre que vous m'avez fait l'honr de m'écrire le 9 de ce mois, le Roi m'avait déjà dit qu'il en avait une de vous et au même temps Sa Majesté m'a commandé de faire savoir qu'elle ne voulait rien changer à ce qu'elle a résol votre égard. Je vous assure que j'ai bien du déplaisir de ne pou pas vous donner une nouvelle plus conforme à ce que vous po souhaiter, et que de tous ceux qui ont pris part à votre malheur i a personne qui soit plus véritablement que moi tout à vous. »

Le Maréchal d'Humières fut dans l'affaire un simple compars comparse qui joue comme un chien qu'on fouette un rôle imposé fortune consistait dans les revenus des charges dont il était laire (3) et, parent et ami de Roger de Bussy, il devait craindr défaveur royale. « Je ne doute pas, lui écrivait Bussy, le 26 avril que votre plus grande douleur en cette rencontre ne soit d'avoir d à un aussi bon Maître qu'est le nôtre, et que ce ne soit en cela vous aurez plus besoin de votre fermeté, car pour les traverses d fortune je m'en fie bien à votre courage. Outre que cette même tune vous a fait jusqu'ici assez de plaisir pour que vous lui par niez quelque peine, j'espère que celle-ci ne durera pas ».

Plus que Créquy encore, Humières était engagé malgré lui et d suivre. « Si nos malheurs nous étaient particuliers ou arrivés

---

(1) *A.H.G.* vol. 275, n° 306, et vol. 283, n° 131.

(2) *Id. in. ibid.*, n° 359, et vol. 273, p. 125.

(3) Cf. R. DE MAGNIENVILLE, *Le Maréchal d'Humières et le Gouve ment de Compiègne* (Plon, 1881).

(4) *Correspondance,* II, 99.

·e faute, répondit la Maréchale à Bussy le 13 mai (1), j'aurais une
leur bien grande de nous voir éloignés de la Cour; mais nous ne
mes pas les seuls accablés de cette disgrâce. Ainsi il faut espérer
a bonté du Roi qu'il voudra bien considérer quels ont été les
ifs de ces Messieurs en cette rencontre. Notre plus grand déplai-
est d'avoir déplu à un aussi bon Maître que le nôtre, à qui nous
ons tout. Je souhaite qu'il connaisse quelle a été l'intention de
e Maréchal, qui n'a nulle ambition que de lui rendre de continuels
ices et de sacrifier sa vie pour cela mille fois le jour s'il le fal-
».

umières, retiré à Azé par ordre, continuait à suivre le Maréchal de
quy dans ses évolutions. Il demanda donc, le 23 juin, aussi à
vir comme volontaire, et il écrivait à Louvois (2) :

J'ai toujours reçu, Monsieur, tant de marques des bontés que vous
z eues pour moi et de la protection que vous m'avez donnée en
tes sortes de rencontres que j'ose me flatter que vous ne me la refu-
ez pas encore dans le malheur où je me trouve, qui me paraît bien
ns sensible par la perte et par l'embarras présent de mes affaires
nestiques que par la douleur que je ressens d'être éloigné du Roi
le ses bonnes grâces et de demeurer les bras croisés dans un
ps comme celui-ci. Si je croyais qu'en importunant sans cesse Sa
esté vous pussiez l'engager à m'accorder la liberté d'aller comme
noindre volontaire dans son armée, je ne ferais autre chose que de
s supplier très humblement de solliciter pour moi cette grâce. Mais
me je n'ai osé faire aucune démarche pour cela sans votre parti-
tion et que je veux vous être obligé toute ma vie de tout le bien
m'arrivera, je vous supplie de ne me pas oublier dans les occa-
s qui se présenteront, ne pouvant plus vivre de la sorte, dans une
e conjoncture. Vous me l'aviez très bien prédit, Monsieur, dans le
nier moment que j'eus l'honneur de vous voir, et aussi j'ai éprouvé
t ce qu'on peut souffrir en pareille rencontre; il est inutile que
vous importune davantage de mes doléances; vous savez mieux que
sonne ce qui me convient. Je ne doute pas que vous ne me conti-
iez toujours la même part que vous m'avez promise dans votre
itié; vous ne l'accorderez jamais à personne qui vous honore plus
moi, ni qui soit plus absolument à vous que j'y serai toute ma
».

P. S. de la main du Maréchal. — « J'ai cru, Monsieur, qu'il était
mon devoir d'écrire au Roi sur la naissance de Mgr. le duc d'Anjou.

1) *Correspondance de Bussy*, II, 111.
2) *A. H. G.*, vol. 276, n° 136.

Comme je n'ai pas douté que vous ne l'approuviez, j'ai prié M. Barillon (1) de pressentir sur cela vos intentions, ne voulant pas fa la moindre démarche dans ma conduite sans savoir vos sentime étant bien persuadé que vous me continuez toujours votre protect sur laquelle je compte uniquement ».

Louis XIV fut assurément froissé du refus des Maréchaux. Le re de Bellefonds témoignait d'une rare ingratitude et d'une étroitesse vues qui faisait rejeter des désirs exprimés cependant par le Monar d'une manière amicale et presque touchante; qui faisait sacrifier à question personnelle et de morgue ridicule les intérêts de la Couro en un moment critique. Créquy laissait en suspens et abandonnai concentration de son armée, alors que le 21 avril, quelques jou peine auparavant son refus, lui avaient été expédiés son pouvoir commandant en chef, l'état de ses troupes, les deux chiffres pour correspondance, ses instructions lui prescrivant d'amener pour 2 mai la droite de son armée camper à la gauche de celle du Roi.

Mais ce ne sont pas ces refus qui firent que Louis XIV deme inflexible. Il le prouva plus tard dans la distribution de sa confia aux trois égarés : Humières, le moins coupable, rentra en ple grâce; de suite, il retrouva toute la confiance royale et la conse Bellefonds reçut des commandements, l'un dérisoire, l'autre moqu puis resta dix ans hors du service; Créquy, après avoir rejoint l'ar de Turenne quelques jours, ne fut effectivement réemployé deux ans plus tard, en 1674, qu'il reçut le commandement vacan l'arrière-ban.

Louis XIV se montra inflexible parce qu'il avait une conscie nette de l'importance de la décision, des heureux résultats qu' aurait sur les opérations des armées. Et c'est un grand mérit n'avoir pas voulu revenir, d'avoir imposé l'exécution de ses ord fût-ce quelques jours seulement, d'avoir ainsi posé un principe vi l'unité de commandement.

C'est, en 1672, l'organisation d'une armée comme les forma Napol L'armée commandée par le Roi est la « grande armée » (2), com

---

(1) Paul de Barillon d'Amoncourt, intendant de l'Armée du Roi.

(2) *État militaire de France depuis le commencement de la Monar jusqu'en 1740* (Bibl. de la guerre, $\frac{\text{A-I}}{\text{h-638}}$ (1) manuscrit), à l'année 1672.

Bussy se sert de la même expression dans une lettre du 26 juin 1672 marquise de Sévigné : « Les deux mille [chevaux] sont soutenus d'une gr armée où le Roi est en personne ». (*Correspondance*, II, 126.)

« grande armée l'armée commandée par l'Empereur en personne ». Roi a son lieutenant, comme il y eut le lieutenant de l'Empereur, i commandera en son absence. L'ordonnance du 21 avril 1672 crée, outre, sous la dénomination d' « armées », des corps dont les efs reçoivent des ordres d'ensemble pour les opérations, mais à qui neure l'initiative des dispositions à prendre par leurs troupes pour xécution.

Louvois a vu avec déplaisir, a-t-il dit, ce qui était arrivé. C'est que nme aux sentiments exprimés par le protocole final de la lettre du ovembre 1665 (1) avaient succédé la volonté et la grande préoccupan de se soustraire à la tutelle de Turenne; bien qu'il proclamât et pliquât le principe de la subordination, Louvois constatait avec ine, et peut-être avec aigreur, la prééminence et la faveur accordées Maréchal. Si Turenne est l'instigateur de la mesure, — il semble, cause des sentiments de Louvois à cette époque, qu'on ne puisse ttribuer au Secrétaire d'État, — il demeure toujours à Louis XIV voir écouté, d'avoir admis les propositions et de les avoir faites nnes; il a usé de sa prérogative royale et imposé sa volonté, comme affirma dans la suite ne pas vouloir revenir.

Et ne trouvant pas dans ses Maréchaux, — sur onze, sept étaient hors service, et des quatre autres trois se refusant, — des hommes qui comprennent, Louis XIV fait appel aux lieutenants généraux et leur ıfie des commandements d'armées.

M. C. Rousset, qui admire l'aberration de Bellefonds, trouve que Humières, dans sa lettre du 23 juin, « écrivit à Louvois comme un it officier de fortune (2). » Plus haut, il avait avancé qu' « on doit oire qu'il ne s'associa qu'à contre-cœur à la résistance de ses deux llègues sans oser se séparer d'eux ». Cela est exact, mais C. Rousset n'a pas examiné tout le dossier de l'affaire, et, en alité, ce n'est pas seulement le marquis d'Humières qui s'associe à ntre-cœur à la résistance, c'est aussi le Maréchal de Créquy.

Bellefonds, dans sa suffisance et son étroitesse de vues, avait gagé ses collègues; c'était une question de principe dont ils aient été forcés d'accepter la solution donnée « sans demander du mps ». Mais dans leur for intérieur, ils la regrettaient, Créquy rtout. Le Maréchal sentait ce qu'il y avait d'insolite et d'inaccepble dans cette désobéissance aux ordres du Monarque, de dange-

(1) *Vide supra.*
(2) *Louvois*, I, 351.

reux pour les intérêts de la France lancée dans une guerre dont conséquences pouvaient être considérables.

Tout de suite dès son refus au Roi, Créquy avait consulté généalogiste et historiographe Jean du Bouchet. C'est que lettres de Bussy à la marquise de Sévigné et à Mme de Scudéry, 1er et 6 mai, n'étaient pas restées dans les mains de leurs desti taires. Elles avaient été répandues.

Mme du Bouchet envoyait le 15 mai à Bussy la consultation de s mari (1) : « Nous serons bien contents si vous l'approuvez; je souhaite préférablement à toute autre approbation ». Le Mémoire du Bouchet débute ainsi (2) :

« Monseigneur, puisque vous désirez que je vous entretienne les intérêts de la dignité de Maréchal de France, je vous dirai q serait à souhaiter que ceux qui ont fait naître la pensée du Roi d tirer de son véritable caractère pour la soumettre à M. de Turen qui n'en a point, l'eussent mieux connue et qu'ils eussent su fa le discernement des temps et des personnes pour appuyer exemples qu'ils ont cités pour autoriser leur dessein ».

Du Bouchet émet une dissertation historique sur la charge mentionne que depuis Henri II nul de ceux qui ont possédé dignité de Maréchal n'a été commandé par un gentilhomme sans Connétable. Enfin il relève vertement les erreurs de Bussy la charge de Maréchal général des camps et armées :

« Quant à la charge de Maréchal général des camps et armées Roi que l'on prétend être un diminutif de celle de Connétable devoir commander aux Maréchaux de France, je vous dirai, Mon gneur, que c'est une erreur qui a surpris plusieurs personnes ont ignoré sa véritable fonction, et qui ne l'ont jugée telle q se la sont persuadée qu'à cause que (3) le dernier maréchal Biron la possédait; qu'en 1617, la Reine-Mère, Marie de Médicis, fit offrir à M. de Guise comme une chaîne précieuse pour l'attache son parti; que M. de Lesdiguières en fut pourvu au refus de celle

---

(1) *Correspondance de Bussy*, II, 112.

(2) *Bibl. Nat.*, Recueil Clairambault (pièces historiques, XVIIe-XVIIIe siè vol. 285, p. 181; *Correspondance de Bussy*, II, 467, appendice III.

(3) D'après la copie envoyée par Mme du Bouchet à Bussy (*Corres dance*, II, 470). La copie jointe au dossier du vol. 285 du Recueil C rambault s'exprime ainsi; la variante ne touche pas au fond : « Il encore, Monseigneur, combattre une erreur qui a empoisonné plusi personnes : c'est la charge de Maréchal de camp général des arn du Roi qu'on s'est persuadé être un diminutif de celle de Connétabl devoir commander aux Maréchaux de France, et le tout parce... »

nnétable, l'an 1621; que feu M. le comte d'Harcourt l'a demandée ec instance sans la pouvoir obtenir du cardinal Mazarin, et que de Turenne en a été gratifié en suite de la paix des Pyrénées.

« Mais il n'y a rien de plus éloigné de la vérité; car cette charge n'a d'autre fonction jusqu'à présent que de commander tous les Maréaux de camp indéterminément dans toutes les armées du Roi et de poser privativement à tout autre du campement ou du logement de rmée, comme fit M. de Lesdiguières, conformément à ses provins, au siège de Saint-Jean-d'Angély, où le roi Louis XIII était en rsonne. Et on ne saurait apporter aucune preuve du contraire, ni que aumont-Puygaillard, parent du duc d'Epernon, qui était pourvu cette charge sous le roi Henri III et qui en faisait la fonction au siège La Fère sous le maréchal de Matignon, ait jamais commandé aucun aréchal de France; non plus que le Maréchal de Biron, qui n'en fut urvu par le roi Henri IV que sur ce pied là, car autrement il aurait lu qu'il eût commandé à son père, pour lors Maréchal de France dans le service. Et M. de Lesdiguières n'a pas prétendu, en la enant, qu'elle lui donnât un plus grand avantage qu'à ses prédésseurs, puisque cinq mois après en avoir été pourvu il roula ijours avec le Maréchal de Saint-Géran au siège de Montauban, ils avaient une attaque tous deux ensemble. Enfin, Monseigneur, peût dire que la charge de Maréchal général des camps et armées Roi est un fantôme qui a surpris l'imagination de ceux qui ne nt connue que par son nom pompeux, et que la Reine-Mère et 1 Conseil l'avaient crue beaucoup au-dessus de ce qu'elle est, squ'elle fut offerte à M. de Guise (1) ».

Et brusquement, bien que ses considérations historiques semblent nner raison aux prétentions des Maréchaux, du Bouchet termine sa tre à Créquy : « Si après cela, Monseigneur, vous trouvez bon que vous dise mes sentiments, je vous conseillerai d'obéir au Roi. On a ijours tort de contredire son Maître, et il n'est jamais honteux de se imettre à ses volontés ».

Le refus de servir sous Turenne, la charge de Maréchal général des nps n'avaient pas cessé d'occuper les esprits. « Dans l'affaire des réchaux de France, écrivait Mme de Scudéry à Bussy, le 20 mai (2), a fort examiné le temps passé : ni le Maréchal de Biron, ni le

1) La copie du Recueil Clairambault continue ainsi : « pour corrompre sa élité; d'autant qu'en ce temps-là l'usage de la grandeur de sa Maison lui nnait encore l'avantage de commander aux Maréchaux de France quand il mmandait les armées du Roi ».

2) *Correspondance de Bussy*, II, 119.

Connétable de Lesdiguières ne les ont, dit-on, commandés, si fait bi précédés, et leur commission le portait. Mais le malheur de ce affaire ici, c'est que celle de M. de Turenne ne le portait pas, et qu ne l'a pas voulu mettre dans ses lettres, et MM. les Maréchaux France ne demandaient pour toute grâce, sinon que l'on lui don des lettres qui attribuassent ce privilège-là à sa charge. Le Roi pas voulu et l'on ne voulait obtenir cela d'eux que par prières : qu'ils n'ont osé accorder de peur de faire tort à leur honneur, vous croyez bien qu'ils avaient envie tous trois de ne se pas perdr C'est une affaire très malheureuse pour eux, car, quand on dépl au Roi, on a toujours tort ».

Bussy, persistant dans ses erreurs, répondit le 10 juin à Mme Scudéry (1) :

« Je voudrais bien demander à ceux qui vous disent que l'on ne fi Maréchal de Biron Maréchal de camp général que pour précéder Maréchaux de France où ils ont trouvé cela. Car je leur dirai q quand on lui donna cette charge nouvelle, il était le doyen Maréchaux et, cela étant, il les précédait par sa seule anci neté. Pour le Maréchal de Lesdiguières, n'étant encore q Maréchal de camp général au siège de Clérac, il envoya d au Maréchal de Saint-Géran de se retirer, parce qu'il était a à l'escarmouche comme un simple officier. Je vous cite endroits de l'histoire que tout le monde peut voir, et l'on vc allègue des provisions d'une charge qui ne sont pas publiques. faut dire aussi la vérité : jusqu'ici j'avais cru que les provisi de M. de Turenne n'étaient pas publiques ; mais l'ordonnance que Roi vient de faire, par laquelle il veut que M. de Turenne comman les Maréchaux de France seulement pour cette campagne-ci sa tirer à conséquence, me fait croire que ses lettres de Maréc de camp général ne lui en donnaient pas le privilège. Cela pourt m'embarrasse, car quelles grâces font-elles donc à un vieux Maréc de France, qui a rendu de grands services pendant la guerre et q l'on a voulu récompenser en faisant la paix ? Il me dit, aussitôt q fut fait Maréchal de camp général, que le Roi, en lui donnant ce charge, lui avait dit : « Je voudrais que vous m'eussiez oblig faire quelque chose de plus pour vous »; voulant dire de le fa Connétable, à quoi sa religion pour lors était un obstacle ».

Cette lettre, dans laquelle Bussy maintient une erreur et expri un doute, a, avec la lettre à Mme de Scudéry, servi au P. Danie construire sa « fable », proclamée vérité depuis par un grand no

(1) *Correspondance*; II, 120.

bre d'auteurs. Ce qui l'a permis, c'est que le P. Daniel a ignoré ou méconnu la consultation de du Bouchet, qui, placée entre les deux, comme elle le doit être par sa date, éclaire les lettres de Bussy des 6 mai et 10 juin 1692 : les affirmations erronées et les « embarras ».

Le conseil final de Jean du Bouchet dans sa consultation n'avait pas été écouté du Maréchal de Créquy. Au mois de mai, il avait demandé à servir comme volontaire. Le 14 juin, il écrivait à Louvois (1) :

« Je sais, Monsieur, que l'on mérite bien peu de choses quand l'on se trouve à Marines dans le temps que l'on agit puissamment contre la Hollande; mais je ne saurais pas renoncer à mon intérêt, ni empêcher de me présenter souvent devant mon Maître pour le convier à considérer l'excès de mon zèle et de ma passion pour son service. S'il n'est pas fatigué de mes instances, je vous serai obligé de les fortifier et de me donner en ce rencontre des marques de l'amitié que vous m'avez promise, puisque je suis toujours tout à vous ».

Créquy tenait à ne se faire oublier ni du Roi ni du Secrétaire d'État. Le 19 août, toujours à Marines, il revint à la charge et offrit encore ses services, présentant un nouvel expédient. Il écrivit donc à Louis XIV (2) :

« Dans un malheur aussi grand que le mien, c'est un avantage, Sire, que je ne saurais trop estimer que celui d'avoir pu exposer par mes lettres à Votre Majesté mon infortune. Pour la représenter encore dans toute son étendue, je n'ai qu'à supplier Votre Majesté de considérer que j'ai été privé du bonheur de la suivre dans sa dernière guerre et qu'au moment que toute la France doit être dans l'empressement de servir un Roi victorieux de la Hollande, je ne puis satisfaire mon impatience, ni avoir la liberté de me présenter devant Votre Majesté, à qui je suis déjà redevable de tant de grâces que j'espère qu'elle m'accordera celle de mon retour auprès de sa personne, qui est la seule et unique chose à laquelle je suis sensible et qui ne doit pas être enviée à un homme destitué de toute sorte d'emploi, et qui ne s'estimera jamais heureux qu'autant qu'il aura lieu de marquer aux yeux de Votre Majesté qu'elle est sa fidélité, son attachement et son zèle pour le service ».

P.-S. — « Si j'étais assez malheureux pour ne pouvoir obtenir la

(1) *A. H. G.*, vol. 276, n° 64.
(2) *A. H. G.*, vol. 277, n° 127.

grâce de mon retour que je prends la liberté de demander avec tant d'insistance à Votre Majesté, je la supplie très humblement de me permettre d'aller voir son armée navale où il se présentera peut-être encore quelque occasion qui me donnera lieu de n'être pas inutile au service de Votre Majesté ».

Mais Louis XIV demeurait inflexible; il avait manifesté sa volonté dernière de ne pas revenir sur sa décision, de n'admettre qu'une soumission pleine et entière, et il n'était plus répondu aux lettres des Maréchaux. Il leur fallut donc trouver un moyen honorable de sortir de l'ornière dans laquelle ils s'étaient enlisés.

Une nouvelle consultation le leur permit. M. d'Hacqueville s'adressa à M. de Caumartin, conseiller d'Etat (1). Celui-ci, dans une longue lettre (2), « qui commence à devenir un livre », dit-il lui-même en la clôturant, donne tort dès le début aux Maréchaux; il démontre ensuite leur erreur par le droit, la raison et l'ironie, et la leur prouve par les faits de l'histoire :

« Monsieur, la nouvelle que vous m'apprenez par cet ordinaire de la disgrâce de MM. les Maréchaux de Créquy, de Bellefonds et d'Humières me surprend extrêmement comme leur serviteur. Je prends toute la part que je dois à ce qui les touche, et pour l'intérêt de l'État je ne puis voir qu'avec déplaisir éloigner trois personnes de leur mérite au commencement d'une guerre où il semble que l'on aura tant de besoin d'officiers généraux de leur capacité et de leur valeur.

« Il faut que le Roi, qui a toujours eu tant de bonté pour eux et qui les a distingués par tant de grâces et par tant de marques de son estime, ait été fort choqué de leur refus pour les avoir éloignés dans cette conjoncture. Mais il faut avouer aussi que ces Messieurs sont fort à plaindre et qu'étant tous trois aussi attachés à la personne du Roi, aussi reconnaissants de ses bienfaits et aussi zélés pour son service, ils se sont trouvés dans un cruel embarras lorsqu'ils ont cru ne pouvoir se soumettre à ce que Sa Majesté désirait d'eux sans se déshonorer en même temps et sans se charger dans le monde d'avoir

(1) Louis-François Le Fèvre de Caumartin, 1624-1687, maître des requêtes au Parlement de Paris; intendant de Champagne, 1667; conseiller d'Etat, de mars 1672.

(2) Recueil Clairambault, vol. 285, p. 167 et suiv. « Lettre de M. de Caumartin, conseiller d'Etat, à M. d'Hacqueville sur le sujet de la disgrâce de MM. les Maréchaux de Créquy, de Bellefonds et d'Humières ». (Cf. R. DE MAGNIENVILLE, *Le Maréchal d'Humières*.)

Au vol. 824 (ex 45 de la *Duché-Pairie*), p. 266, se trouve la première rédaction de la lettre de Caumartin. On y voit mentionnées en marge les additions et une suppression.

avili la dignité de leur caractère et trahi les premiers l'honneur de leur charge.

« Ils entendent tous les jours beaucoup de gens ignorants ou malicieux qui leur persuadent qu'ils ne peuvent avec honneur obéir à M. de Turenne; — que M. le Maréchal de La Ferté et tous les autres Maréchaux de France ayant toujours roulé et partagé le commandement avec lui, il n'y a point d'apparence qu'il commence à présent à les commander; — qu'encore que son rang et sa qualité soient fort considérables et que ses services l'élèvent infiniment, ce n'est ni les mérites ni les services qui règlent les rangs et les fonctions des charges; — qu'on n'est plus au temps où les Maréchaux obéissaient à d'autres princes que ceux du sang; — qu'on a vu même de nos jours feu M. d'Elbeuf rouler avec le Maréchal de Gassion; — qu'enfin ils sont officiers de la Couronne qui ne reconnaissent que le Connétable et les Princes du sang au-dessus d'eux, — et que le Roi les ayant jugés dignes d'être Maréchaux de France, ils en doivent soutenir toutes les prérogatives; — qu'ils sont aussi obligés d'en soutenir les droits que d'en remplir les devoirs; — qu'il n'est pas croyable que ce soit le moyen de plaire au Roi que de consentir à une bassesse; — que le refus qu'ils en font peut diminuer pour un temps la confiance et l'amitié de Sa Majesté, mais qu'il ne fera qu'augmenter l'estime qu'il a toujours eue pour eux; — qu'il faut enfin qu'ils se souviennent en cette occasion que l'usage est la loi qu'ils doivent suivre, et que leur première considération doit être celle de l'honneur.

« Ces Messieurs auront sans doute été touchés de ces discours. Ils auront pris l'opinion de quelques gens de la Cour, ou, si l'on veut encore, une erreur populaire pour la voix publique, qui est le véritable juge des actions des hommes. Et comme les personnes les plus élevées en dignité sont obligées de s'y conformer et de vivre selon l'esprit de leur siècle et selon le sentiment des personnes de qualité, ils n'auront pu se résoudre à faire une démarche qu'ils ont cru sujette à des apologies et qui pourrait être blâmée de beaucoup de gens.

« Certainement, Monsieur, si l'affaire avait été réduite à ces termes, quelque respect que l'on soit obligé d'avoir pour un aussi grand Roi que le nôtre, et quelque opinion que l'on aie de sa justice et de sa bonté, on trouverait un peu rude qu'il eût voulu forcer trois personnes de qualité, qu'il a choisies lui-même pour les élever de bonne heure aux premières dignités de son Etat, ou à se déshonorer sans ressource ou à lui désobéir formellement.

« Mais, s'il est vrai que le Roi n'ait rien désiré d'eux qui ne soit fondé en beaucoup d'exemples et qui ne se soit pratiqué pendant le règne de nos grands rois, il faut avouer, quelque ami qu'on soit de ces Messieurs et quelque part que l'on prenne à leur disgrâce, qu'ils pouvaient prendre un peu plus de temps pour se résoudre, pour consulter les exemples passés et pour y faire des réflexions désintéressées, et qu'il faut qu'ils se soient laissés entraîner à une erreur populaire ou qu'ils aient été prévenus par les envieux de M. de Turenne.

« Ils auraient sans doute trouvé de quoi détromper les courtisans et de quoi se satisfaire eux-mêmes sur le point d'honneur. Ils auraient vu qu'ils pouvaient suivre le cours de leur fortune sans intéresser leur réputation ; qu'ils pouvaient ménager les bonnes grâces de leur Maître sans trahir les intérêts de leur corps, et je puis dire même sans tirer à conséquence; que ce qu'on désirait d'eux n'était pas une lâcheté, mais une obéissance raisonnable.

« Pour examiner la question et traiter la chose à fond, il en faut venir à la raison et aux exemples. Je veux, Monsieur, et par l'un et par l'autre vous faire voir que MM. les Maréchaux de Créquy, de Bellefonds et d'Humières pouvaient fort bien obéir à M. de Turenne, sans se faire tort et sans déshonorer leur caractère...

(Ici en six grandes pages in folio, Caumartin traite de la charge de Maréchal de France, son origine, ses fonctions. Il cite de nombreux exemples de Maréchaux qui ont été employés et ont servi sous d'autres Maréchaux, et, rétorquant cet argument contre la décision royale que « l'usage est la loi », Caumartin termine : « Vous savez, Monsieur, qu'aujourd'hui en France, tout exemple fait une loi et que toute prétention devient à la fin un titre, ce qui est un abus très considérable ».) Puis il reprend :

« Voilà, ce me semble, assez d'exemples, sans ceux que nous oublions pour justifier que MM. les Maréchaux de France ont souvent obéi à des généraux qui n'étaient ni Princes du sang, ni Connétables. Quelle difficulté ceux d'aujourd'hui peuvent-ils donc faire d'obéir à M. de Turenne, qui est traité de prince dans tous les Cours de l'Europe et qui est reconnu aujourd'hui pour un des plus grands capitaines du monde? Certainement, Monsieur, je ne doute pas que ces Messieurs, qui ont acquis tant d'honneur et de capacité en servant sous lui, ne souffrent quelque peine en eux-mêmes à lui disputer le commandement et qu'ils ne lui défèrent avec joie lorsqu'ils croiront le pouvoir faire avec honneur.

« La qualité de Capitaine général ou de Maréchal de camp général paraît seule un titre plus que suffisant. C'est une commission dont nos Rois ont voulu honorer des sujets d'un mérite extraordinaire lorsque, sans leur donner la charge de Connétable que leurs services semblaient mériter, ils ont cru qu'il était du bien de leur état de leur en attribuer les principales fonctions et de les élever au-dessus des autres Maréchaux de France. C'est donc à proprement parler un Connétable par commission, comme le Garde des Sceaux est un

Chancelier par commission. Or, il est certain que MM. les Maréchaux de France, ni les ducs et pairs ne disputent rien à M. le Garde des Sceaux auquel le Roi donne les honneurs et toutes les fonctions du Chancelier sans lui en conférer le titre. Je demanderais volontiers pourquoi le Roi ne pourra pas faire la même chose à l'égard du Connétable, c'est-à-dire en donner le rang et les principales fonctions à un Capitaine ou à un Maréchal général, et pourquoi les Maréchaux de France cèderont à l'un et ne voudront pas reconnaître l'autre. Ils auraient peine assurément à trouver la raison de la différence...

(Caumartin expose ensuite que l'institution de la commission de Chancelier attachée à la garde des Sceaux n'est pas ancienne : le Cardinal Bertrand, Garde des Sceaux, de 1551 à 1559, en fut le premier pourvu; — que si d'Epernon, à Saint-Jean-d'Angély, n'a pas voulu obéir au Maréchal de Lesdiguières, Maréchal de camp général, cela tenait au caractère du premier des personnages; — que Bassompierre n'a pas voulu partager le commandement avec le duc d'Angoulème; mais Bassompierre est le premier qui ait « incidenté » sur les droits de sa charge et qui « a commencé à disputer quelque chose aux Princes »; en outre, Bassompierre a expliqué dans ses Mémoires les circonstances particulières de l'affaire).

« J'ajouterai encore ce que j'ai appris de M. le Maréchal de Villeroy qu'en 1629, il fut fait un règlement que, lorsque deux Maréchaux de de France se trouveraient dans une même armée, le plus ancien aurait seul le commandement, ce qui s'exécuta entre MM. les Maréchaux de Créquy et de Schomberg dans l'armée qui força le Pas de Suze (1). Cet exemple et le règlement pouvaient sans doute fournir un beau prétexte pour sortir de cette affaire, si l'on n'avait pas été si vite à la négative.

« Mais que diraient MM. les Maréchaux de France si on leur faisait voir que les Connétables, qu'ils prétendent représenter aujourd'hui, n'ont pas toujours commandé en chef les armées où ils ont servi, et qu'eux-mêmes ont quelquefois obéi et quelquefois partagé le commandement avec des généraux qui n'étaient ni Princes du sang, ni Princes étrangers, et qui n'avaient par leur naissance aucun avantage sur eux...

(Six pages encore d'exemples. — « Les Rois ont fait porter leurs paroles et expliquer leur volonté par d'autres que les Chanceliers; ceux-ci n'ont rien dit ». — Caumartin parle ensuite des Cardinaux et rappelle que par l'ordonnance de 1582 les Maréchaux et les officiers de la Couronne devaient précéder les ducs et pairs nommés avant

(1) Le 6 mars 1629, Créquy en effet commanda l'armée sous le Roi.

Joyeuse et Epernon. Le Connétable, le Chancelier et le Garde des Sceaux jouissent encore de ce rang: les Maréchaux l'ont perdu et ne l'ont point revendiqué.)

« Vous voyez donc, Monsieur, que j'ai eu raison de vous dire au commencement de ce discours que si MM. les Maréchaux n'avaient point été si vite à la négative et qu'ils eussent voulu prendre un peu plus de temps pour consulter l'histoire et voir les exemples, il aurait été facile de détromper les courtisans et tous ceux qui croient que les Maréchaux de France n'obéissent qu'aux Princes du sang. Je crois m'être acquitté de ma promesse et vous avoir assez justifié que depuis que leurs charges sont en considération, ils ont toujours obéi sans difficulté aux généraux que le Roi a établis sur eux, de quelque qualité qu'ils aient été.

« Après cela, Monsieur, dira-t-on que le Roi ait voulu forcer MM. les Maréchaux de Créquy, de Bellefonds et d'Humières à se déshonorer eux-mêmes, et qu'il ait voulu sacrifier leur honneur à la satisfaction de M. de Turenne? Dira-t-on qu'on leur ait fait une proposition qui est sans exemple et qu'on ait eu dessein d'introduire une nouveauté qui les aurait rendus méprisables dans le monde? Ne verra-t-on pas plutôt que le Roi n'a rien fait d'extraordinaire, qu'il a suivi l'exemple de ses prédécesseurs et qu'il n'a voulu que remettre un usage qui n'a été interrompu que depuis quarante ou cinquante années?

« Faut-il que du moment qu'il a élevé aux premières dignités de la guerre des sujets d'un grand mérite, ils deviennent inutiles à son service par la compétence des rangs et des fonctions dont les prédécesseurs ont toujours été les maîtres? Faut-il que les grâces qu'il fait soient des pertes pour son État; que la récompense même des services fasse naître des difficultés à le servir; qu'il ait moins de pouvoir sur ceux à qui il aura le plus fait de bien, et qu'il ne puisse mettre au-dessus d'eux ceux qu'il jugera à propos d'y mettre pour le bien de son service?

« Ce serait en vérité trop borner l'autorité du Prince. Il partage la puissance comme il lui plait, et il règle quand il veut les fonctions des charges selon la nécessité de l'État et non pas selon les prétentions des officiers. Et certes si le Roi est persuadé qu'il est de son intérêt que, dans un conseil de guerre, les trois voix de MM. de Créquy, de Bellefonds et d'Humières n'emportent pas celle de M. de Turenne; s'il veut le faire commander pendant toute la campagne, et non pas de quatre jours l'un, et lui donner après son départ de l'armée un pouvoir absolu sur toutes les troupes qu'il laissera dans des conquêtes, est-il juste qu'il ait la complaisance pour ces Messieurs de renoncer à ses sentiments et de leur sacrifier ce qu'il croit être de son service?

« Sa Majesté, dont l'esprit est si juste et rempli de tant de lumières, considère sans doute qu'ils sont plus malheureux que coupables et que, si on regarde leurs intentions, on a sujet de les plaindre et non de les blâmer. Ils n'ont manqué ni de respect pour sa personne ni d'attachement à son service. On ne doute pas aussi du déplaisir qu'ils ont de s'en voir éloignés dans un temps où le Roi marche à la tête de ses armées et de passer dans un coin de province une vie qu'ils voudraient encore exposer mille fois pour lui. Ils regrettent peu les emplois qui leur avaient été destinés; la gloire qu'ils y pouvaient acquérir et la fortune qu'ils y semblent perdre; mais assurément leur plus cruel déplaisir est de s'être trouvés obligés à ce qu'ils ont cru, dans la fâcheuse nécessité de déplaire et de refuser quelque chose à un si bon Maître auquel ils doivent tout ce qu'ils sont. Ils se dépouilleraient volontiers de cette glorieuse et funeste dignité, qui leur donne un rang qu'ils n'oseraient abandonner. Ils s'estimeraient très heureux de l'avoir été moins jusques à présent, mais, comme depuis plus de quarante ou cinquante ans les Maréchaux de France n'ont obéi qu'au Roi ou à MM. les Princes du sang, ils se sont prévenus que c'était un des droits de leur charge, et ils ont cru être obligés de la maintenir.

« Mais il faut espérer que Sa Majesté, qui sait bien qu'il n'y a point de fautes plus pardonnables que celles que l'honneur fait faire, oubliera bientôt ce qui lui a déplu en cette occasion et qu'elle ne se privera pas plus longtemps des services de trois personnes si capables de lui en rendre. Il est à croire même que Messieurs leurs confrères ne s'y opposeront pas, puisqu'ils ont trop d'intérêt qu'une guerre aussi importante que celle-ci ne se fasse pas plus longtemps sans eux. »

Lorsque cette lettre était terminée, le Mémoire de Jean du Bouchet fut remis à M. de Caumartin, peut-être pour lui montrer que certains arguments de du Bouchet étaient contraires à ceux sur lesquels il appuyait sa thèse. Au Mémoire de du Bouchet était jointe une copie de la lettre de Louis XIII, du 9 juin 1635, au Maréchal de Châtillon.

« Depuis cette lettre écrite, reprit Caumartin, l'on m'a fait montrer deux objections, dont je suis bien aise de vous rendre compte, afin de vous pouvoir faire voir tout ce qu'un des plus habiles hommes du royaume (1) a pu trouver de meilleures raisons pour appuyer la prétention de MM. les Maréchaux ». Caumartin entre de suite dans son sujet, réfute les exemples donnés par le généalogiste-historiographe, qui contiennent du reste des erreurs (2), et il répond enfin en ce qui concernait la charge de Maréchal général des camps :

---

(1) « M. du Bouchet dans la lettre écrite à M. de Créquy ».

(2) Une note marginale, d'une autre main que tout le dossier, relève à pro-

« A l'égard de la charge de Maréchal de camp général, je conviens qu'en la personne de Puygaillard elle peut n'avoir eu d'autre autorité que de commander les Maréchaux de camp; mais, comme je crois avoir assez justifié que de tout temps les Maréchaux de France ont obéi aux généraux d'armée que les Rois ont établis au-dessus d'eux, soit qu'ils aient été de simples gentilshommes, ou des princes, ou des officiers de la Couronne, je soutiens, Monsieur, que le nom de Capitaine ou de Lieutenant, ou de Maréchal de camp général ne fait rien à la chose, et qu'il dépend du Roi de le donner tel qu'il lui plait à celui qu'il choisira pour commander les armées; qu'il peut attacher les honneurs et les fonctions de la charge de Connétable à l'une de ces qualités, comme il a fait depuis cent ans ceux de la charge de Chancelier de France à celle de Garde des Sceaux. En vérité, on aura de la peine à faire croire que lorsqu'on a donné cette qualité de Maréchal de camp général aux Maréchaux de Biron, de Lesdiguières et à M. de Turenne, ce n'ait été que pour leur faire commander les Maréchaux de camp, comme s'ils avaient eu besoin de ce titre ».

Pourvu de cette consultation victorieuse, le Maréchal d'Albret interposa ses bons offices. Les Maréchaux de France réunis à Paris : Gramont, doyen des Maréchaux, du Plessis-Praslain, Villeroy et d'Albret, délibérèrent au sujet de l'affaire (1). Ils décidèrent que, lorsqu'il y aurait plus d'un Maréchal de France employé dans la même armée, le plus ancien commanderait et les autres obéiraient et rouleraient entre eux. Mais auparavant le corps des Maréchaux se soumit à la volonté royale sans restriction. Ils rédigèrent ce « sentiment » (2) qui les engageait tous (3) et que les quatre Maréchaux présents signèrent :

---

pos de lettres que du Bouchet prétend avoir été écrites par le Connétable de Montmorency au duc de Guise : « Cela est faux : il ne lui a jamais écrit « Monseigneur » ; il a confondu quelques lettres écrites au duc de Lorraine ».

Au vol. 824, le dossier compte une longue note non signée : « Observations que j'ai faites sur M. du Bouchet ».

(1) D'après l'arrêté du 13 mars 1651, les Maréchaux « dorénavant s'assembleront tous les premiers de chaque mois à 9 heures du matin au logis du premier et plus ancien de leur corps pour y conférer et aviser ensemble sur toutes les choses générales et particulières qui regarderont le service de Sa Majesté dans l'exercice et les fonctions de leur charge ».

(2) Recueil Cangé et Recueil Clairambault, vol 285.

(3) « Les résolutions qui auront été prises dans lesdites assemblées suivant la pluralité des voix seront exécutées par un concours et une coopéra-

« Quelques-uns de MM. les Maréchaux de France nous ayant consulté ur savoir notre sentiment touchant l'obéissance qu'ils doivent ıdre aux commandements absolus qu'ils ont reçus du Roi de prendre le mot du vicomte de Turenne, Maréchal de France, Nous disons déclarons qu'après les très humbles remontrances qui ont été tes, et Sa Majesté persistant dans sa volonté, MM. les Maréchaux vent se soumettre à cet ordre, nulle raison ne devant ni ne pouvant us empêcher d'obéir aux commandements absolus de Sa Majesté. st là notre sentiment et, comme nous le disons et déclarons, nous signons très volontiers. »

)ès que le sentiment fut rendu, le Maréchal d'Albret en avertit les réchaux de Créquy et d'Humières, qui aspiraient à rentrer en ıce et attendaient avec quelque impatience le moyen de le faire norablement.

Réunis, les trois Maréchaux écrivirent le 26 octobre 1672 au Maréal de Bellefonds, chacun une lettre (1), pour l'amener à eux ; ils péraient sans doute réussir et faire présenter au Roi une soumisn collective qui aurait effacé de son esprit l'erreur commise en ril.

Le Maréchal d'Albret : « J'ai été, Monsieur, non seulement très senlement touché de vos disgrâces, mais trop persuadé que le coup i avait porté sur vous et sur MM. de Créquy et d'Humières, avait ssé le corps de MM. les Maréchaux de France en une de ses très bles parties. L'intérêt commun de celui de vous trois mes Confrès m'a été très cher. Depuis, comme je suis venu à la Cour, j'ai fait s avances qui ont à la fin réussi, puisque tout le corps fait son aire de la vôtre et vous donne un moyen naturel et honorable de ıtrer dans les bonnes grâces du Roi et dans les fonctions de votre ractère. MM. de Créquy et d'Humières vous expliqueront la chose détail. Je vous conjure seulement, Monsieur, d'approuver mes nnes intentions et de vous donner la joie de vous voir faire bientôt personnage dont peu de gens se peuvent acquitter aussi dignement e vous.

« Je suis avec la dernière estime et toute la passion dont je suis cable à vous. »

---

n unanimes de tous, sans qu'aucun desdits sieurs Maréchaux, pour quelque pect ou considération particulières qu'il puisse avoir, se puisse départir de qui aura été arrêté. » (Arrêté du 13 mars 1651).

(1) Recueil Clairambault, vol 285, p. 184, 184 au v° et 185.

La lettre du Maréchal d'Humières porte outre la date, 26 octobre 1672, eure : 4 heures de l'après-midi.

Le Maréchal de Créquy : « Comme il ne serait pas raisonnal qu'une infortune de six mois mît à bout notre patience et nous prendre des partis qui ne conviendraient en aucune façon au car tère dont nous avons été honorés, aussi ne serait-il pas juste q toutes les obligations dont nous sommes redevables aux bontés du I ne fussent pas à représenter à nos yeux pour nous donner le mal rechercher les moyens de faire quelque chose d'agréable à Sa Maje et d'avantageux pour le bien de nos affaires. Le Seigneur m'est témo que jusques à présent je n'ai rien négligé et que j'ai cherché toutes voies de concilier toutes choses sans diminuer notre caractère; m comme l'absence n'est pas favorable aux courtisans, non plus qu'a amants, je n'ai pu faire cheminer aucun expédient, et j'ai trouvé tou les interprétations si peu favorables que j'ai vu que l'on était hab de traverser et empêcher que nous ne rentrions dans les bonnes g ces de Sa Majesté et dans le cours du service. Cependant il est pı dent de désarmer la colère du Maître et de faire voir l'intention qu' a de lui plaire en se garantissant de l'opinion qu'il pourrait prend qu'un noble dépit nous tînt dans notre retraite sans songer à ce q faut faire pour nous rapprocher. Afin que tels inconvénients n'a mentent pas le méchant état de nos affaires ni la satisfaction in rieure de nos ennemis, j'ai cru qu'il était bon d'embrasser un pa dont nous devons l'ouverture à M. le Maréchal d'Albret, qui a obligeamment pour le corps de ses confrères. Je crois que vous jug rez comme moi que c'est un expédient très juste et très raisonnable duquel nous ne devons pas nous éloigner, puisque nos anciens au risent notre conduite et prennent part à ce que Sa Majesté veut q nous fassions à l'avenir.

« Je n'ajoute qu'un mot à ce raisonnement, qui est pour vous pri de considérer que l'embarquement où est le Roi lui fait désirer u soumission dont j'ai lieu de croire qu'il ne se servira pas pour no mortifier. J'attends avec impatience votre réponse. Et je puis vo dire cependant avec vérité que j'aurais une joie parfaite si je p contribuer à vous sortir des ténèbres en me tirant d'une inutilité q ne me convient pas quand on en peut sortir par la voie honorable.

Le Maréchal d'Humières : « Je n'ai rien à ajouter à ce que vo mandent MM. les Maréchaux d'Albret et de Créquy, si ce n'est q l'état auquel nous sommes n'est pas assez heureux pour ne pas souh ter avec passion d'avoir une porte honorable pour en sortir. J'esp que nous aurons bientôt l'honneur de vous voir et de vous embrass J'ajoute, pour accomplir l'ouvrage dont il est question, qu'il est b que vous sachiez que M. le Maréchal d'Albret ira demain à Saint-G main rendre compte au Roi de notre soumission. J'estime qu'il ser propos que vous lui écriviez de donner la même sûreté à Sa Majesté que vous êtes prêt de vous soumettre au sentiment de nos confrès qui ont tous prié le Maréchal de Grancey d'en user de même; le Maréchal de La Ferté n'est pas ici (1) ».

Le Maréchal de Bellefonds ne se rendit pas à l'attente de ses confrères. Toujours raide, étroit, têtu, « ne s'assujettissant pas à ce que saient les autres », il répondit :

« Je ne vous ferai point, Messieurs, de réponse à vos lettres, si ce est que nous sommes hors d'intrigue comme Trivulce » (2).

Le Maréchal d'Albret porta donc à Louis XIV le 27 octobre 1672 soumission pure et simple de Créquy et d'Humières. Le Monarque nsentit au rappel des Maréchaux à la condition qu'ils iraient servir elques jours au moins sous Turenne.

Dès le lendemain 28, le Maréchal qui commandait en chef en Hollande, depuis le départ du Roi rentré à Saint-Germain le 1er août, en it avisé (3) :

« Le Roi vient de résoudre de faire assembler une armée en Lorraine d'en donner le commandement à Mgr. le Prince... (Turenne entrendra un commerce réglé avec Condé; lui enverra les secours, etc.)

« Le Roi ayant été informé par M. le Maréchal d'Albret que MM. les réchaux d'Humières et de Créquy étaient résolus de se soumettre out ce qu'il plairait à Sa Majesté de leur ordonner, elle m'a comndé de leur écrire qu'elle désire qu'ils se rendent incessamment ns l'armée que vous commandez pour y prendre jour et y servir ndant quatre ou cinq jours l'un après l'autre, après lequel temps e leur permet de revenir auprès d'elle. »

Cette nouvelle parvint à Turenne au camp d'Erpel près de Lintz, le ovembre. Avec son flegme et son calme naturel, il répondit à Lous (4) : « J'ai reçu il y a une heure vos deux letres du 28... Je vous

---

1) Le Maréchal de La Ferté était, depuis l'année précédente, retiré à La té.

2) « Hors d'intrigue » était une expression favorite du Maréchal de Belleds. « Je sors d'intrigue à mon ordinaire », écrivait-il à Louvois le 24 mai 1674. L'explication de l'allusion à Trivulce se trouve dans la lettre de M. de nmartin à d'Hacqueville : « Le Maréchal de Chaumont d'Amboise, général l'armée d'Italie du temps de Louis XII, avait pour lieutenant le Maréchal ivulce, auquel il commandait avec tant de hauteur que Guichardin et Thevet is remarquent que celui-ci en était si las qu'après la mort de Chaumont protesta hautement qu'il n'obéirait plus qu'au Roi et ne servirait plus dans cune armée qu'il n'en eût seul le commandement ».

3) *A. H. G.*, vol. 269, n° 305, et 274, p. 68.

4) *A. H. G.*, vol. 274, p. 122 : 280, n° 31 (original, chiffré pour les mots es Maréchaux de France »), et 112 ; 288, p. 602.

rends grâces de la part que vous me donnez de ce qui se passe to chant MM. les Maréchaux de France. Le Roi continue à avoir bea coup de bontés pour moi. »

Créquy, dès qu'il eut connaissance des intentions du Roi, prépa ses équipages et se mit de suite en route. Tout heureux de la sol tion, il n'attendit pas une minute. Le 30 octobre même, de Paris, annonçait au Roi et à Louvois sa satisfaction et son départ, et il ass rait de toute son obéissance (1).

Au Roi : « Au moment que j'ai su par une dépêche de M. de Louvo ce que Votre Majesté souhaite de mon obéissance, je me suis mis devoir d'exécuter ses volontés, et demain j'espère partir pour aller l'armée de Votre Majesté commandée par M. de Turenne faire tout qui m'a été prescrit par Votre Majesté. »

A Louvois : « Je viens d'apprendre présentement par votre dépêc ce que le Roi désire de mon obéissance. Je me conformerai en dil gence à sa volonté, n'ayant pas de plus grande passion que celle suivre aveuglément ses ordres. Je suis toujours à vous. »

P. S., de la main du Maréchal : « Je rends compte au Roi de m obéissance par la lettre que je prends la liberté de lui écrire. »

Créquy s'empressa donc de partir, et ce n'est que le lendemain, Château-Thierry, qu'il reçut ses lettres de service. A leur réception, se hâtait d'écrire à Louvois. Cette lettre du 31 octobre 1672 est la main même du Maréchal (2) :

« Le courrier que vous nous avez envoyé m'a remis votre paquet Château-Thierry d'où je m'achemine incessamment à l'armée du R pour exécuter ses ordres. Je suis toujours tout à vous.

(P. S.) — « J'aurais bien de la joie si quelque chose me donna lieu d'avoir un commerce réglé avec vous. »

Le paquet contenait une lettre du Roi à Turenne et une lettre Louvois à Créquy. Les deux lettres étaient sous le même pli, par que Créquy devait remettre lui-même à Turenne la missive royale :

« Monsieur, le Roi ayant été informé par M. le Maréchal d'Albret la résolution où vous étiez de vous soumettre à tout ce qu'il lui pla rait de vous ordonner (3), Sa Majesté m'a commandé de vous fai faire savoir qu'elle désire que vous vous rendiez incessamment av M. le Maréchal d'Humières dans l'armée commandée par M. de Turen

---

(1) *A. H. G.*, vol. 279, nos 432 et 434.

(2) *A. H. G.*, vol. 279, no 462.

(3) La minute portait d'abord : « de l'extrême repentir que vous aviez d'avo désobéi à ses ordres et de votre soumission entière à faire tout ce qu'il l plairait de vous ordonner ». La minute proposée fut corrigée et adoucie.

our y prendre jour et y servir pendant quatre ou cinq jours, roulant vec mondit sieur le Maréchal d'Humières, après lequel temps elle ous permet de venir ici auprès d'elle.

« Je suis toujours véritablement » (1).

Par la lettre du Roi (2), Turenne avait ordre de faire reconnaître :

« Mon Cousin, ayant résolu de me servir de mes cousins les Maréchaux de Créquy et d'Humières dans mon armée de laquelle je vous i donné le commandement en chef, j'ai bien voulu vous le faire avoir par cette lettre et vous dire que mon intention est que vous yez à faire reconnaître mesdits cousins les Maréchaux de Créquy et 'Humières en qualité de mes lieutenants généraux *sous vous* en maite armée; que vous leur fassiez prendre jour alternativement et les mployiez dans les fonctions de ladite charge selon et ainsi que vous errez être à propos pour mon service... ».

Ces lettres mettaient en application le principe adopté par les laréchaux lors de la délibération sur leur « sentiment »: le plus ancien ommanderait; les autres obéiraient et rouleraient entre eux.

Le Maréchal d'Humières partit en même temps que Créquy, et le ejoignit. Ils arrivèrent à Metz ensemble et en repartirent le 4 noembre par la Moselle se dirigeant sur l'armée de Turenne (3). Ils la ejoignirent le 7. « Depuis ma lettre écrite (4), j'ai appris que M. de Créquy et d'Humières avaient aujourd'hui passé le Rhin à oblentz et qu'ils étaient allé chercher M. de Turenne, ayant appris n venant ici qu'il n'y était pas ».

Turenne, en effet, avait dû par une marche rapide et forcée se iriger vers Nassau. Du camp de Neuwied, le 10 novembre, il rendit ompte de l'arrivée des Maréchaux (5) :

« MM. les Maréchaux de Créquy et d'Humières arrivèrent sur la ahn la nuit du lundi au mardi 8 au quartier où j'étais sur la Lahn. n gentilhomme, étant entré dans ma chambre, me donna la lettre u Roi qui les regardait. Comme je l'eus lue, ils entrèrent, et M. le

(1) *A. H. G.*, vol. 269, n° 336, minute; 274, p. 87, et 279, n° 450;— *Bibl. Nat.*, Recueil Clairambault, vol. 824, p. 265.

Une lettre semblable fut adressée au Maréchal d'Humières. La minute est ommune aux deux lettres.

(2) Recueil Cangé.

(3) Condé à Louvois, Metz, 5 novembre 1672 (*A. H. G.*, vol. 280, n° 49, t 288, p. 675).

(4) Barillon, intendant de l'armée, à Louvois, Camp d'Herlie, vis-à-vis Andernach, 7 novembre 1672 (*A. H. G.*, vol. 288, p. 802).

(5) *A. H. G.*, vol. 289, n° 31.

Maréchal de Créquy me dit que le Roi lui avait commandé de prendr l'ordre de moi et s'il me plaisait de lui donner. Je le fis avec u compliment. Je les allai voir le lendemain au matin; jusques aujour d'hui, qui est jeudi, il en est venu un prendre le mot. Ils n'ont pa voulu avoir de garde que j'eusse donnée avec tous les égards et l moins de différence que j'eusse pu. Cela s'est passé fort civilement On n'est entré en rien qu'en discours ordinaires. M. le Maréchal d Créquy m'a dit qu'il partirait bientôt. »

Créquy rentré en France demeura sans emploi pendant deux ans Le Maréchal d'Humières reçut, au contraire, dès le 4 décembre 1672 une nouvelle destination (1) :

« Je vous avais bien prédit que vous ne demeureriez pas longtemp à Monchy et je ne me suis pas trompé.

« Etant obligé de vous dépêcher ce courrier pour vous dire que l Roi ayant quelques ordres à vous donner du côté de Lille, Sa Majest désire que vous partiez en poste pour vous y rendre et entre-cy e demain au soir je fais partir un autre courrier pour vous porter Lille les ordres et instructions de Sa Majesté pour ce que vous avez faire. »

Le Maréchal d'Humières accusa réception le 5 décembre; quoiqu malade, il partit le même jour et arriva à Lille le 7. Le 10, il recevai ses instructions, et le 12 il était à Courtrai au centre de son nouvea commandement, dont l'objet était de garder Courtrai et les autre quartiers de la Lys, pour « donner beaucoup de jalousie aux Espa gnols, de faire du bruit et de ne ruiner ni les troupes, ni le pays.

Quant au Maréchal de Bellefonds, il ne rentra en grâce que l 26 juin 1673 par le commandement des troupes à Tournai :

« Le Roi ayant jugé nécessaire, disent les pouvoirs (2), pendant qu Sa Majesté sera attachée au siège de Maëstricht et à l'exécution d'autre desseins..., de pourvoir à la sûreté de la personne de la Reine qu'ell a fait venir dans sa ville de Tournai, soit pendant le séjour qu'ell y fera, soit dans les autres lieux où elle pourra aller, et étant néces saire pour cette fin de commettre une personne d'autorité et d'expé rience, en la capacité et fidélité de laquelle elle puisse se reposer d'u emploi aussi important, Sa Majesté a jeté les yeux sur le marquis d Bellefonds ». En qualité de « lieutenant général représentant la per sonne du Roi, Bellefonds assurera le service près de la Reine tan audit Tournai que partout ailleurs où elle pourrait aller; il veiller à la sûreté de sa personne et des villes et places où elle se trouvera

---

(1) *A. H. G.*, vol. 281, n° 70, et 274, p. 251.
(2) *A. H. G.*, vol. 304, n° 239.

ommandera pour cette fin tant aux habitants qu'aux gens de guerre oit de cheval ou de pied français et étrangers ».

Ironiquement, Louvois envoie au Maréchal ses pouvoirs : « Le Roi yant commandé l'expédition du pouvoir ci-joint et sachant qu'il serait nutile de vous rien dire de plus particulier sur ce qu'il contient, je ne donne l'honneur de vous faire ces lignes seulement pour l'accompagner et pour vous assurer, etc. ». Et froidement, il lui fait faire envoi moqueur d'un chiffre pour sa correspondance comme à un énéral en chef.

Bellefonds demeura en Hollande l'hiver de 1673-1674 comme commandant des troupes. Le 3 janvier 1674, Louvois avise confidentiellement Bellefonds que, Turenne étant atteint de la goutte, il ne erait pas impossible que le Roi lui envoyât l'ordre de prendre sa lace! Et le 1er février, à Bellefonds, en effet, était confiée pendant la ampagne prochaine la conservation du pays conquis sur les Hollandais. Froidement, Louvois lui annonce qu'un mémoire de ce qui a té réglé par le Roi pour le pays conquis exigerait au moins une rame e papier; et il lui indiquait seulement quelques places dont la conservation était résolue. Louvois se jouait du Maréchal de Bellefonds. Le lan de campagne était arrêté depuis le 29 janvier, et l'évacuation écidée.

Pour l'exécution de cette opération, Bellefonds agit tout contrairement à ces ordres ; on dut expédier à l'intendant Robert des pouvoirs pour relever le Maréchal de ses fonctions, et, lorsqu'après avoir ailli compromettre le sort de ses troupes, il eut rejoint Maëstricht et emis son commandement à Condé le 23 mai, le lendemain il receait un ordre d'exil. C'était par dérision, semble-t-il, l'exécution d'une romesse faite, rappelée par Louvois le 26 février : « Vous savez ce ue Sa Majesté vous a promis pour la campagne prochaine à l'égard e mondit sieur de Turenne. Elle me paraît en résolution de vous tenir » (1).

*
* *

L'affaire de 1672 est terminée, Il ressort de toutes les pièces de ette affaire que la seule question en jeu fut la prérogative dont ouissaient depuis 1635 les Maréchaux de France de n'être pas subordonnés les uns aux autres; que la qualité de Maréchal général des amps et armées dont Turenne était pourvu ne fut pas mise en avant our lui donner prééminence sur ses collègues; que Louis XIV, vou-

---

(1) Cf. Capitaine Pichat, *op. cit.*

lant recréer l'unité de commandement, choisit pour le placer à la tête celui de ses Maréchaux qui avait sa confiance, celui qui lui avait rendu le plus de services, celui qui était le plus glorieux.

Revenons donc au Maréchalat général des camps; car, non plus qu'elle avait été créée pour lui, Turenne ne fut pas le dernier titulaire de la charge.

Elle resta vacante pendant 58 ans, de la mort de Turenne (27 juillet 1675) à la nomination du Maréchal de Villars (18 octobre 1733).

La guerre de l'Election de Pologne venait de s'ouvrir; deux armées françaises étaient formées, l'une pour combattre sur le Rhin, l'autre pour passer en Italie. Villars, couvert d'ans et de gloire, s'offrit pour commander cette armée, malgré son « âge avancé » et « une saison aussi fâcheuse. » Il l'obtint le 6 octobre 1733.

« Des récompenses éclatantes et glorieuses ont toujours été affectées à ceux qui, par leurs talents et leurs services dans le commandement des armées, ont le plus mérité de l'État ». Louis XV voulut donc « donner au Maréchal encore une nouvelle distinction qui, ne lui étant commune avec aucun autre de ses sujets, puisse faire connaître à la postérité la grandeur de ses services par l'éclat de la récompense », et il le constitua Maréchal général des camps et armées par provisions du 18 octobre 1733, titre qui valut à Villars 30.000 livres d'appointements.

Les provisions de Villars diffèrent de celles de ses prédécesseurs. Aucune fonction n'y est définie; aucun prédécesseur n'y est nommé Sans doute, on adopta la « fable » du P. Daniel, dont l'ouvrage était de publication récente, et, pour éviter ce qui s'était passé en 1672, les provisions attribuent « commandement et prééminence » (1) :

« Nous avons notredit cousin le Maréchal de Villars fait, constitué, ordonné et établi, faisons, constituons, ordonnons et établissons par ces présentes signées de notre main Maréchal général de nos camps et armées pour en ladite qualité avoir dans nos camps et armées le commandement et la prééminence sur nos cousins les Maréchaux de France, y exercer les fonctions attachées audit titre... »

En vertu de ce commandement et de cette prééminence, la première minute portait à l'adresse : « Mandons à nosdits cousins les Maréchaux de France, les lieutenants-généraux et autres officiers de nos armées », etc. Mais l'adresse fut modifiée, et l'on mit tout simplement : « Mandons et ordonnons à tous ceux qu'il appartiendra. »

En réalité, Villars ne fut pas Maréchal général des camps; il fut créé Maréchal général de France, comme le Maréchal Soult, en 1847

---

(1) *A. H. G.*, Maréchaux de France, Anc. Rég., n° 174, Villars, minute

est le titre du reste qu'il se donnait lui-même : « Le 19, M. d'Anger-liers, Ministre de la guerre, m'a été envoyé par le Roi pour me re que, ne pouvant faire de Connétable, il me donne la charge de *aréchal général de France*, qui me donne le commandement sur us les maréchaux de France, quand il y en aurait de plus anciens e moi, avec plusieurs autres prérogatives et dix mille écus d'ap-intements (1). »

Villars mourut à Turin le 17 juin 1734. Il n'eut de successeur que 12 janvier 1747.

Ce successeur fut Maurice de Saxe. Comme pour Turenne, comme ur Villars, il y avait à récompenser des services éminents. Mais rsqu'il s'agit de pourvoir le vainqueur de Fontenoy, on ne tomba int dans l'erreur commise pour le héros de Denain.

Les provisions du 12 janvier 1747 (2) furent copiées sur celles de renne. Maurice de Saxe a la fonction de « départir les quartiers, stes et logis de nos gens de guerre... » et il doit jouir de la charge, l'une des plus importantes de celle de la guerre », « tout ainsi et en la ême forme qu'en a joui le Maréchal de Turenne ». L'adresse est lle des provisions d'autrefois : « A tous chefs, capitaines et conduc-urs de nos gens de guerre tant de cheval que de pied et à tous nos tres officiers et sujets qu'il appartiendra. » Maurice de Saxe a un pplément d'appointements de 30.000 livres, mais il est « pourvu d'un in titre sans aucune réalité ».

En effet, Maurice de Saxe reçoit le 15 avril 1748 un pouvoir de utenant général commandant l'armée des Pays-Bas. On l'y appelle Maréchal comte de Saxe, Maréchal général des camps et armées, mmandant général dans les Pays-Bas : le grade, le titre et les fonc-ns, et, par une ordonnance du même jour (3), dans laquelle il est alifié de même manière, Louis XV voulut régler les fonctions et utorité que le Maréchal devait exercer à l'égard des officiers géné-ux qui serviraient dans l'armée.

Quand le Roi sera à l'armée, Maurice de Saxe seul recevra de lui la role ; en l'absence, comme en la présence du Monarque, il la don-ra aux Maréchaux de France ; il la donnera aussi au comte de ermont, qui commande un corps détaché. Si le Maréchal ne pouvait,

---

1) Anquetil, *Vie du Maréchal de Villars* (Paris, 1784), IV, 341.
2) *A.H.G.*, Maréchaux de France, Anc. Rég., n° 212, Maurice de Saxe, nute.
3) *A. H. G.*, dossier de Maurice de Saxe, projet revêtu du « Bon » du i, et Anc. Rég., A, 33, expédition contresignée.

pour un motif quelconque, donner la parole au comte de Clermo
celui-ci la recevrait du Roi et la transmettrait aux Maréchaux.

C'est l'ordonnance de 1672 avec cette modification que le Prince
sang est subordonné au Maréchal de France. Mais, comme l'ordo
nance de 1672, celle du 15 avril 1748 déclare que « Sa Majesté a bi
voulu accorder cette distinction et cette prérogative au Maréc
comte de Saxe en considération des grands et recommandables s
vices qu'il a rendus à la Couronne », et, de même encore que l'ordc
nance de 1672, elle se clôt : « La présence ordonnance ne pouva
avoir lieu que pour la campagne prochaine, ni être tirée à con
quence. »

Enfin, si l'on ouvre *l'Almanach royal*, 1748, p. 87, aux Marécha
de France, on voit Maurice de Saxe figurer à son rang de Maréc
de France, avec cette mention en caractères italiques à la suite
son nom : *Maréchal général des camps et armées de France* ; il ét
donc toujours soumis au doyen.

*
* *

Voilà l'historique de la charge de Maréchal général des camps
armées.

Pour défendre la cause de Turenne, Bussy a mis en circulation c
allégations erronées; après la réfutation de Jean du Bouchet, il e
des doutes. De ces erreurs et de ces doutes, contradictoires en e
mêmes pour qui n'a pas vu les pièces du dossier, explicables
contraire pour qui a su les voir, le P. Daniel s'est emparé, et, sa
plus examiner les choses, il a fait une réalité d'une erreur, et il c
déclarer n'avoir pu se procurer le témoignage probant : les provisic
de Turenne.

D'autres auteurs, — Pinard en donne la liste (1), — ont adopté
P. Daniel et même renchéri sur lui. Un maître, M. C. Rouss
a vu faux dans l'affaire; il n'a pas compris l'importance énorme
point de vue militaire de l'ordonnance de 1672 ; il a magnifié pour ai
dire Bellefonds dont la sottise mérite les gémonies ; il a adopté
théorie erronée, parce qu'il n'a consulté aux Archives de la guer
— la tradition en est restée, — que les « Transcrits », calligraphi
mais incomplets, alors que les collections de Minutes ou de pièc
originales sont plus complètes, mais souvent difficiles à lire. Enf
M. André, dans son *Michel Le Tellier*, thèse de doctorat ès-lettr
se base sur le P. Daniel et émet sur la question, comme malheure

(1) *Chronologie historique militaire*, II, 1-9.

sement sur beaucoup d'autres, des dires absolument contraires à la réalité des choses.

L'auteur du Mémoire que j'ai cité (1) termine, et je pourrai faire comme lui : « Ce qui vient d'être dit suffit pour faire connaître la nature de la charge dont il s'agit, les différents auteurs qui ont traité ce sujet ayant tous écrit sans lumière... Cette charge est donc une charge de Maréchal général de camp et non une charge de Maréchal général de France... Il y aurait de quoi composer un volume s'il fallait rapporter toutes les pièces qui peuvent venir à l'appui de ce Mémoire. »

L'auteur du Mémoire est amer, mais son amertume se conçoit lorsque l'on voit l'erreur l'emporter toujours sur la vérité, l'erreur propagée et maintenue par des autorités, et dans le même sentiment, comme lui, on doit constater : « Les historiens ont souvent peu d'exactitude dans les détails qu'ils ne connaissent pas. »

---

(1) *A. H. G.*, vol 468, n° 195 *bis*.

II

Le Maréchal de bataille de l'Infanterie. — Les Sergents de bataille en les armées.

Comme tous les emplois militaires, le Maréchal de bataille est d'ancienne institution. Ses fonctions ont pour ainsi dire toujours existé, que ce soit celles d'un de ces maréchaux divers dont parlent ou que citent les écrivains du temps, celles de l'aide de camp, comme on les « appelait-ci-devant », dit l'*État de la France* de 1682 (1). En tout cas, ce ne sont pas les « sergents de bataille » des légions créées par François Ier en 1534; ces sergents de bataille sont de simples, et les derniers, bas-officiers de la charge de 1.000 hommes aux ordres d'un capitaine.

« Bataille » ici ce n'est pas combat. C'est, selon l'ancienne signification du mot : « armée », un corps de troupe.

Billon de La Prugne (2) propose de diviser les armées en « batailles de quatre régiments ». Dans Lostelneau (3), une armée comprend l'avant-garde; la bataille, avec laquelle marche le gros canon et où doit se tenir le général, c'est ce que l'on qualifie « le gros » aujourd'hui; l'arrière-garde ou corps de réserve. C'est ainsi, du reste, que se doit comprendre l'expression. Un règlement de Henri II, de 1558 (4), met un prédicateur en la bataille et un autre à l'avant-garde; il place le grand prévôt en la bataille, un lieutenant avec les maréchaux de camp pour le logement, un autre à l'avant-garde, le troisième après la bataille.

Le Maréchal de bataille, comme le sergent de bataille, a sa place et ses attributions au combat, mais il remplit surtout des fonctions

---

(1) II, 185.

(2) *Suites des Principes de l'Art militaire* (Rouen, Berthelin, 1636) : Des chefs pour les troupes d'infanterie, 14.

(3) *Le Mareschal de bataille contenant le maniement des armes, les évolutions, plusieurs bataillons, tant contre l'infanterie que contre la cavalerie*, divers ordres de bataille, etc. (Paris, Migon, 1647), 454, 456.

(4) Capitaine SAINT-CHAMAN, *Ordonnances militaires touchant l'ordre... de l'Infanterie française* (Rouen, Berthelin, 1636), 43.

péciales et particulières auprès de l'armée, fonctions qui sont le motif de l'érection en charge de l'emploi.

Les États de Blois, en novembre 1576, avaient demandé la réorganisation de l'armée et principalement le rétablissement de la discipline dans les troupes.

L'édit de création en grand office de la Couronne de la charge de Colonel général de France avec *justice souveraine* sur tous les gens de pied à la solde du roi, de décembre 1584, répondait à ces desiderata. Les deux charges de Colonel général de l'Infanterie française deçà les monts » et « delà les monts » avaient été réunies en une seule en 1569 sous Philippe Strozzi et étaient passées en 1581 au duc d'Epernon. Par l'édit de 1584 (1), d'Epernon prend dorénavant la qualité de *Colonel général de France* et il reçoit des attributions et les droits que ne possédaient pas ses prédécesseurs :

«... Outre par dessus leurs autres droits et autorités déclarés au pouvoir qu'il a de nous pour raison de ladite charge que, ès camps et armées qui se dresseront pour notre service et ès levées de gens de guerre qui se feront par même occasion, notredit cousin audit cas puisse faire prendre par ses prévôts des bandes la connaissance de tous cas, crimes et délits qui se trouveront avoir été commis par les capitaines, soldats et goujats des compagnies desdits gens de pied soit en garnisons, armées ou en campagne, jusques à sentence de mort inclusivement, si elle y échet selon les formes... »

Il fut alors créé en titre d'office une charge dont le titulaire aurait mission d'aider le Colonel général de France dans l'exercice des nouvelles attributions que lui octroyait le Souverain. Aussi les provisions de Maréchal de bataille de l'Infanterie de France stipulent (2) :

« Donnons et octroyons... pour en jouir... aux pouvoirs de mettre et ranger en bataille, *prendre et faire prendre tous les délinquants et commettants quelques actions contre nos ordonnances en nosdites armées à ce que la justice et punition soit faite*, commander aux chefs, officiers et soldats de notredite infanterie de France, aux maréchaux des logis, prévôts et archers de nos armées, et généralement faire par ledit sieur de Vignau tout ce qui sera et dépendra de la fonction de sadite charge sous l'autorité de notre très cher et bien-aimé cousin le duc d'Epernon, Pair de France, Colonel général

(1) *A. H. G.*, vol. 11, n° 18.

(2) Provisions de Pierre Tambonneau de Vignau, s. d., classées par erreur à l'année 1635 (*A. H. G.*, vol. 26, n° 113); de La Barge (*Ibid.*, vol. 145, n° 201); de Castellan, 30 septembre 1660 (*Ibid.*, vol. 18, n° 13).

de l'infanterie de ce royaume, auquel nous mandons que, de lui pri et reçu le serment en tel cas requis et accoutumé, il le mette e institue et fasse mettre et instituer de par nous en possession et sai sine de ladite charge...»

La justice militaire était créée. Un règlement fut ensuite rend pour le rétablissement de la discipline dans les troupes. Il est d'aoû 1588 (1) et s'exprime ainsi dans une de ses parties :

« Le Maréchal de camp donne le logis, surveille le paiement de l solde des soldats; il est avisé des délits commis pour en faire l justice; dès qu'il connait un désordre, il doit y pourvoir; ordonne e passe des revues, soit en marchant, soit au logis; il fait connaître s les commissaires des guerres et vivres iront ou enverront aux ville pour faire porter des vivres; surveille les vivandiers pour qu'ils ven dent à un taux raisonnable; surveille en marchant que les compagnie soient au nombre de la revue qui vient d'être faite; se loge au milie des troupes pour entendre les plaintes et y pourvoir ».

Ce furent donc ces questions de discipline, la nécessité de pourvoi à l'exécution des mesures prises, qui firent créer la charge de *Mare chal de bataille* pour « soulager le Maréchal de camp » (2). La date e est inconnue, mais le premier titulaire, Myramont, exerce dès 1587 Il donne le 5 juin 1588 un reçu de « 600 écus pour plusieurs voyage faits pour le service lorsque le Roi conduisait son armée *l'année der nière* et même pour avoir été à la conduite des reîtres protestan jusqu'à Mâcon et retour à Paris où était lors Sa Majesté (3) ».

Chaque année, Myramont est envoyé en mission; il établit les gar nisons. Au surplus, voici diverses instructions qui ont été conser vées :

Instruction donnée au sieur de Miraumont (4), *Maréchal d bataille*. — Blois, 19 octobre 1588 (5).

Ira par tous les régiments français ordonnés pour l'armée de Poi tou reconnaître quel nombre de soldats il peut y avoir en chacu

(1) *Bibl. Nat.*, Recueil Cangé.

(2) Billon de La Prugne, *Les Principes de l'Art Militaire* (Rouen, Be thelin, 1636), Chap. XXI, Instruction pour ceux qui veulent parvenir à charge de Maréchal de camp.

(3) *Bibl. Nat.*, Séries généalogiques : Pièces originales, vol. 197 n° 45,255.

(4) Les pièces l'appellent Miraumont, mais il signait « Myramont ».

(5) Recueil Cangé. — A cette instruction est jointe la formule du serment les lettres avisant les capitaines du régiment de Picardie.

ceux et quels capitaines en chef, lieutenants et enseignes il y a en ersonne résidant en leurs charges.

Et s'il se trouve que quelques capitaines ayant tant oublié leur honeur et l'obéissance que naturellement et par obligations particulières s doivent au Roi, qu'ils aient abandonné ou veulent abandonner urs enseignes et leurs charges pour aller trouver et se joindre avec sieur duc d'Epernon ou autre quel qu'il soit sans commandement près de Sa Majesté, en ce cas ledit sieur de Miraumont fera rompre s enseignes de ceux qui se seront ainsi retirés, à la tête des autres mpagnies et remettra les soldats qui seront demeurés dans les tres du même régiment.

Et les autres capitaines et soldats qui se seront contenus en leur nneur et l'obéissance qu'ils doivent à Sadite Majesté feront à ésent le serment particulier que Sa Majesté leur ordonne et que ur cet effet elle a baillé à icelui sieur de Miraumont et l'enverront r luy à Sa Majesté signé des capitaines pour gage de leur fidélité de l'affection qu'ils ont au service du Roi, faisant bien particulièreent ci-dessus entendre auxdits capitaines et soldats ce qui est de la lonté de Sa Majesté à laquelle il donnera soigneusement avis de tout qu'il apprendra et connaîtra être de son service.

Règlement pour la charge de Maréchal de bataille. — Juil-l 1589 (1).

Le Maréchal de bataille de l'Infanterie française partira avec les aréchaux des logis pour s'en aller avec les sieurs Maréchaux de rmée pour prendre d'iceux le quartier de l'infanterie, la place de bataille et les lieux auxquels il sera besoin d'asseoir les gardes lon l'ordonnance d'iceux Maréchaux de camp, et les sergents-ajors desdits régiments les viendront prendre dudit Maréchal de taille de l'Infanterie.

Venant une alarme, le Maréchal de bataille se rendra à la place bataille, afin de pourvoir à ce qui nécessaire.

Le Maréchal de bataille sera tenu d'aller visiter les corps de garde l'infanterie pour voir s'ils sont aux lieux que lesdits Maréchaux de mp auront ordonnés aux sergents-majors.

Aura soin d'administrer justice aux plaintifs qui viendront à lui ur voir ce qu'on leur aura fait, et, s'il vient à sa connaissance, urra prendre les délinquants sans qu'aucun capitaine leur puisse

(1) Recueil Cangé; Billon de La Prugne, *Principes de l'art militaire*, hap. XII, 79.

refuser sans malfaiture pour les mettre entre les mains du prévô du camp, qui en fera la punition suivant l'exigence du cas.

Le Maréchal de bataille sera logé par le Maréchal des logis de l'armée auprès desdits sieurs Maréchaux de camp; ensemble les arquebusiers à cheval, le plus près de lui que faire se pourra, pour le envoyer aux commissions qui se présenteront pour le dû de sa charge.

Instruction donnée par le Colonel général de l'Infanterie au sieur de Miraumont, Maréchal de bataille, en l'envoyant en Picardie visiter les troupes. — Janvier 1590 (1).

Ira en toutes les villes où il y a des garnisons établies sur la frontière de Picardie et fera entendre aux capitaines l'intention de Sa Majesté et l'occasion de son voyage, qui est faire revue desdites compagnies, les faire mettre en bataille, pour voir si les capitaines ont reçu les meilleurs et plus expérimentés soldats, suivant la volonté du Roi.

Après avoir fait ladite revue, fera signaler lesdits soldats et en dressera un rôle, lequel il signera; après avoir fait le signal, les mettre ès mains du gouverneur pour les bailler aux commissaires, qui viendront faire les monstres, afin qu'ils fassent paiement sur lesdits rôles et signal.

Avertira les capitaines de tenir les compagnies prêtes et en état afin que, si le Roi en avait affaire, il en puisse tirer service.

Fera entendre aux capitaines que, quand il interviendra quelque différend concernant les bandes, ils aient à nous avertir.

Et pour avoir les expéditions plus à propos s'adresseront à l'auditeur desdites bandes, lequel nous en avertira, pour après y ordonner ce que sera de raison.

Fera aussi ledit Miraumont dresser un état de la date des commissions et provisions des capitaines, lequel il nous portera, comme des compagnies qui sont nouvelles jointes aux régiments, pour faire l'ordre de rang qu'ils doivent tenir, afin d'éviter ce qui se présente ordinairement pour cet effet.

Et d'autant que nous avons été averti ci-devant qu'aucuns capitaines ont fait difficulté de payer les 6 deniers pour livre des aumône de la paye destinée pour notre secrétaire, ledit Miraumont leur fer

(1) Recueil Cangé. — Billon, *Principes, op cit.*, chap. XI, 78. donne cette instruction comme une « ordonnance du Roi » et appelle Myramont « le maréchal de bataille ».

entendre que c'est *notre intention*. Et, s'il y a quelqu'un qui n'y veuille satisfaire, le nous fera entendre pour y pourvoir.

Leur dira aussi d'empêcher de leur pouvoir que les soldats n'entrent en aucune dispute avec les habitants des villes où ils seront en garnison et qu'ils les fassent vivre doucement avec eux.

Les fonctions du Maréchal de bataille sont donc bien définies, et non « assez vaguement déterminées par les ordonnances » (1) ; elles forment un tout : le maréchal de bataille s'occupe à la fois de la discipline, de l'instruction et des évolutions des troupes. Et c'est commettre un solécisme en militaire de dire : « Elles sont de deux ordres très différents. Le Maréchal de bataille est d'abord un officier de justice... ; mais il a surtout des attributions purement militaires. Il doit mettre et ranger les troupes en bataille. »

C'est encore une erreur particulièrement forte d'avancer que le Maréchal et les Sergents de bataille « comptèrent dans la hiérarchie militaire parmi les officiers généraux » (2). Ce sont des officiers de l'état-major d'une armée, — et le sergent de la bataille est très généralement un simple capitaine, — dont voici les attributions et les fonctions ; Lostelneau les a exposées en détail (3) :

« Le Maréchal de bataille doit visiter tous les quartiers, voir si le lieu du rendez-vous général de l'armée est propre pour se ranger en bataille, quelle forme il lui pourra donner pour la faire paraître davantage, et s'il lui est possible, lors du rendez-vous, de la disposer en sorte que toutes les troupes se puissent voir l'une l'autre... Il doit aussi demander un rôle de toutes les troupes au Maréchal des logis général de l'armée, et ensuite savoir du général combien de brigades il lui plait de faire, et de quelles troupes il veut composer chacune d'elles ; les brigades faites, il fera divers ordres de bataille, dont il mettra le plan sur un papier, et les montrera au général pour voir

---

(1) Louis André, *Michel Le Tellier et l'Organisation de l'armée monarchique*, 135, 141.

(2) *Ibid.* 134.

(3) *Le Maréchal de bataille, op. cit.*, Abrégé des devoirs ou fonctions des charges de généraux d'armée, maréchaux de bataille et autres principales charges d'icelle, 451-458.

Cet ouvrage, d'après l'Avis au Lecteur, aurait été commandé par Louis XIII. Le contrôle du régiment des Gardes françaises dit à son sujet : « Lostelnaut, neveu du précédent, reçu (sergent-major) en... C'est lui qui a fait imprimer le livre des évolutions qu'on voit présentement sous le nom du *Maréchal de bataille*, dont il n'a pourtant pas été l'original, car personne ne doute que ce ne soit l'ouvrage et l'invention de son oncle. Il a servi sept ans de Maréchal de bataille. » Retiré en novembre 1651.

lequel il lui plaira..., pour ranger son armée en bataille en cas d'un combat prémédité, et, lorsque le général aura résolu l'ordre qu'il voudra choisir pour combattre, le Maréchal de bataille en fera deux plans où il écrira les noms de toutes les troupes, marquera les places où chacune doit combattre, placera l'artillerie et autres choses nécessaires; après quoi, il les fera signer au général, lui en baillera une des copies et gardera soigneusement l'autre, ne la laissant voir à qui que soit que le jour du combat...

« Le jour du partement arrivé, le Maréchal de camp de jour recevra tous les ordres du général et les donnera au Maréchal de bataille, qui soudain les distribuera à tous les corps par des billets signés de lui, où il leur donnera le lieu et l'heure du rendez-vous. C'est aux majors de brigade qu'il baillera ceux de l'infanterie et au Maréchal des logis général de la cavalerie ceux d'icelle... Le Maréchal de bataille donnera aussi l'ordre par écrit, à l'artillerie et aux vivres, des lieux et de l'heure du rendez-vous. Lorsque les troupes commenceront à déloger, le Maréchal de camp de jour et le Maréchal de bataille iront devant au rendez-vous général de l'armée pour recevoir les troupes et les ranger en bataille en même temps qu'elles arriveront, donnant ordre au capitaine des bagages de les mettre en lieu qu'ils n'embarrassent point les troupes, en faisant de même à l'artillerie et vivres...

« Soudain que le général aura fait la revue, il ordonnera que les troupes marchent pour aller au campement qu'il aura résolu, et le Maréchal de camp de jour prendra telle escorte qu'il jugera nécessaire pour aller devant le marquer, emmenant avec lui le Maréchal de bataille, les majors de brigade, le Maréchal des logis général de l'armée, celui de la cavalerie, tous les majors, maréchaux des logis et fourriers. Et d'autant que pour ce premier jour l'ordre de la marche n'a point été réglé, le Maréchal de bataille dira aux aides de camp l'ordre que les troupes tiendront pour passer devant le général,... et marcher ensuite à leur campement.

« Etant arrivé au logement,... le Maréchal de bataille ira mettre des vedettes sur toutes les avenues, qui avertiront leur officier de tout ce qu'ils découvriront...

« Le Maréchal de camp reconnaîtra le lieu le plus commode et le plus sûr pour camper l'armée, marquera un champ de bataille pour la ranger en cas d'alarme, et ensuite... il montrera au Maréchal de bataille les lieux où il aura résolu que soient campées tant l'infanterie que la cavalerie, et soudain le Maréchal de bataille marquera aux majors de brigade ce qu'il leur faut de terrain pour chaque régiment et leurs vivandiers, et au Maréchal des logis général de la cavalerie le terrain qu'il lui faut aussi pour camper ladite cavalerie, faisant toujours laisser à la tête, tant de l'infanterie que de la cavalerie, une place ırmes propre à se mettre en bataille toutes les fois que besoin ra; toutes lesquelles choses faites, le Maréchal de bataille ira joindre le Maréchal de camp, lui rendra compte de ce qu'il aura it, et l'accompagnera auprès du général pour l'informer de l'état de ssiette du campement... .

« Cependant le Maréchal de bataille prendra tous les ordres du Maréal de camp de jour, ira donner le mot aux majors de brigade et Maréchal des logis général de la cavalerie, au Maréchal des logis la gendarmerie, et leur distribuera l'ordre de la marche pour le ır suivant : comme aussi à l'artillerie, vivres, argent et bagages. ira ensuite, lorsqu'il fera nuit, visiter tous les corps de garde, où mot lui sera donné, pour voir s'il n'est point changé; verra si le mbre d'hommes et d'officiers commandés y sont, et si toutes choses nt en bon état, desquelles choses il ira faire rapport exact au génél ou au Maréchal de camp de jour, et, s'il se trouve quelque manement, il fera son possible pour faire punir les coupables...

« Le Maréchal de camp de jour et le Maréchal de bataille, ayant fait donné les ordres pour la marche du lendemain et marqué un rendezus en lieu propre où ranger toute l'armée en bataille, s'y rendront ant que toutes les troupes y arrivent... Étant sur le champ de bataille, mettront les troupes de l'avant-garde, à même temps qu'elles arriront, en bataille, selon l'ordre qui en aura été fait propre à la ırche de ce jour,... et donnant ordre que les bagages soient en lieu où n'embarrassent point les troupes...

L'armée étant en marche, « le Maréchal de bataille et quelque aide camp s'avanceront avec les coureurs et enfants perdus (1), menant ec eux des pionniers pour faire accommoder les chemins, en sorte e tant qu'il sera possible l'armée marche en bataille et que les nons et les bagages puissent librement passer, sans que la marche l'armée soit retardée...

« Le Maréchal de bataille, ayant donné ordre pour le raccommodeınt des chemins, laissera un aide de camp pour la conduite de ce avail et pour faire exécuter ce qu'ils auront vu être nécessaire pour sser passer commodément l'armée, soit qu'il y ait quelques ponts construire ou autres passages qui puissent être promptement racmmodés...

L'armée ayant marché pendant quelque temps, « s'il y a plusieurs

1) Les « coureurs » étaient des éclaireurs de cavalerie marchant à une ue devant, sur les flancs et derrière l'armée pour éviter les surprises. Les enfants perdus » étaient détachés à l'avant-garde de tous les corps d'inıterie. (Cf. LOSTELNEAU.)

Maréchaux de bataille, celui de jour seulement accompagnera le Ma chal de camp allant au logement; les autres demeurant pour faire bi marcher l'avant-garde et y exécuter les ordres du général. Que n'y en a qu'un, il donnera aux aides de camp l'intelligence de s ordre, soit de marcher ou de combattre, afin qu'en son absence fassent suivre cet ordre...»

La charge de Maréchal de bataille, créée unique, le demeu Quoique les fonctions fussent nécessaires à remplir dans les différen armées mises sur pied, on n'institua pas d'autres charges ; on étal les *Sergents de bataille*, qui exercèrent les fonctions de Maréch mais par brevet ou commissions temporaires.

Les sergents de bataille étaient les suppléants, les remplaçants Maréchal unique, et non, comme on l'a prétendu (1), les adjoi du Maréchal de bataille comme les Maréchaux de camp étaient adjoints des Lieutenants généraux.

C'est une des erreurs commises par le P. Daniel dans son *Histoi de la Milice Française* (2) de n'avoir pas saisi la différence du tit dans le titulaire des fonctions, la durée d'exercice dans les fonctio la nature de l'acte royal qui en donnait l'exercice, et il a confondu Maréchal avec les Sergents de bataille. Un certain nombre d'autr auteurs ont suivi le P. Daniel et adopté les Maréchaux de batai en nombre à une même armée (3), mais cette multiplicité provi de ce que l'on prenait un titre qui n'était pas véritablement ce auquel on avait droit : « Je recherchai, dit Lostelneau (4), ce que j pu voir dans les fonctions des charges dont Sa Majesté m'a hono notamment exerçant celle de Sergent *ou de Maréchal de batail dernier nom que la mode lui a donné et que je lui ai laissé po ne le rendre pas méconnaissable.* »

Le P. Daniel donne Fabert comme Maréchal de bataille à l'arm d'Italie en 1639; Fabert n'y fut que sergent de bataille. Son brevet du 29 janvier (5).

(1) L. André. — *Michel Le Tellier, op. cit.*, 138.

(2) II, 53.

(3) M. André (*Le Tellier*, 134) cite d'après le P. Daniel les trois Ma chaux de bataille du siège de Lérida en 1647, et naturellement, comme a tout fait, Le Tellier a supprimé la multiplicité, et depuis 1647, la charge Maréchal de bataille n'eut plus qu'un titulaire! Elle n'en a jamais eu qu' depuis sa création en 1587.

(4) *Le Maréchal de bataille, op. cit.* paru précisément en 1647 : Avis Lecteur.

(5) *A. H. G.*, vol. 56, n° 35, — Reproduit dans Bourelly, *Le Maréchal Fabert*, I, 129.

bert fut bien Maréchal de bataille cette même année, mais échal de bataille du régiment des Gardes françaises, et c'est i que ce titre lui est donné dans la relation du combat de La ., du 20 novembre 1639 (1). Mais le P. Daniel méconnaissait qu'au e siècle encore le régiment des Gardes françaises formait une e armée dans la grande, en vertu de ses anciennes prérogatives; petite armée qui avait constitué pour elle tous les services sem-les à ceux de l'armée proprement dite. On reconnaissait Maré- de camp le commandant des compagnies détachées à une ée (2). Comme elles avaient leur Maréchal des logis, les Gardes çaises eurent leur Maréchal de bataille.

ıbert, nommé capitaine aux Gardes françaises le 18 octobre 1639, t donc le même jour la commission de Maréchal de bataille du ment. Il vendit en 1642 et eut en cette dernière qualité pour suc-eur Lostelneau, sergent-major du régiment, celui qui publia 1647 : *Le Maréchal de bataille.*

e contrôle des Gardes françaises ne donne pas le successeur de telneau, mais, « quoique la charge (de Maréchal de bataille de 'anterie) fut éteinte bien avant la fin du XVIIIe siècle ou que les ctions en fussent gérées par les Maréchaux de camp, elle continua ıinalement à exister dans le régiment des Gardes françaises jus- son licenciement en 1789 (3). C'est ce que dit déjà D. L. C. D. B (4), affirme que la fonction ne s'exerçait pas, « mais, parce qu'elle t été créée en titre d'office, on en donne les appointements et le e à un officier. »

n outre, « Maréchal de bataille » est un titre qui fut pris comme signe aujourd'hui « UN TACTICIEN », pour présenter des ouvrages ciaux, leur donner l'influence qu'ils méritaient, appeler sur eux ention des militaires, montrer qu'ils étaient l'œuvre de techni-ıs. Tels sont les traités de Daurignac qui s'intitule « Maréchal de aille » et ne le fut point, qu'on ne trouve même pas avoir été gent de bataille (5), qui ne fut qu'un major. Daurignac signe avec

---

) Cf. BOURELLY, *Fabert*, I, 153, 157.

) Cf. le capitaine Vittermont (*A. H. G.*, vol. 3786, p. 631). : « Ayant ordé aux capitaines du régiment des Gardes françaises que celui qui com-ıdera un nombre de compagnies dudit régiment formant corps en aura commandement aux fonctions et autorités qui appartiennent aux Maré-ux de camp... » (Le Roi au Maréchal d'Aumont. 23 avril 1651.)

3) Général BARDIN, *Dictionnaire de l'armée de terre*, V, 3336.

4) (LA CHESNAYE DES BOIS), *Dictionnaire militaire portatif* 1758), II, 588.

5) AZAN, *op. infra. cit.*, 10-18.

e privilège du Roi accordé pour l'impression du *Livre de toutes sortes*

cette qualité *Livre de Guerre*, qu'a publié le lieutenant Azan (1). C'est avec cette qualité également qu'il signe aussi *L'Exerci général donné à M. le Comte d'Ayen* (2), traité sur la cavaler signalé par Azan (3), d'après Daurignac, mais qu'il ne reproduit p et croit perdu (4).

En réalité, à l'armée, Sergent et Maréchal de bataille sont la mên chose. En 1605, le Maréchal de bataille Myramont est « sergent bataille de l'infanterie française avec 300 livres par mois (5) ». 1610, avec mêmes appointements et 4 archers, on le voit sergent bataille de l'infanterie à l'armée de Montmorency (6). Déjà, du rest dès 1598 (7), Myramont est dit sergent de bataille.

D'après l'ordonnance du cardinal de La Valette, commandant l'arm d'Italie, d'avril 1638 (8) : « *Pour se mettre en bataille.* — Chaq major aura soin de prendre un ordre du sergent de bataille porta la place que le régiment doit avoir en l'ordre général de bataille l'armée, quel régiment sera à sa droite et quel à sa gauche, lequ ne se changera point et suivra tout le long de la campagne pr sente, si ce n'est que l'armée se trouve en lieu où elle ne puisse mettre en bataille audit ordre, auquel cas il en sera donné un par culier pour ledit endroit seulement....

« *De la garde du Camp.* — Le sergent de bataille fera sa ron avant la nuit ou au commencement d'icelle, visitera tous les corps garde où il se fera donner le mot pour savoir s'il n'y a point faute, et reconnaîtra si les choses seront ainsi qu'elles auront é ordonnées ».

---

de fortifications... appuie ce dire. D'Aurignac y est qualifié « Maréchal bataille de nos camps et armées », c'est la qualité que prend aussi Lostelnea alors que le titre du Maréchal de bataille en charge était celui de *Maréch de bataille de l'Infanterie française*.

(1) *Un Tacticien du XVIIe siècle*, in-8° de 117 p. Chapelot, 1904).

(2) *Bibl. de la Guerre*, supplément des Arch. Hist., vol. 79 : c'est deuxième des cinq ouvrages de d'Aurignac, « sur le sujet de la guerre ».

(3) Pages 8 et 22.

(4) « De ces cinq ouvrages, aucun n'a été imprimé :... du moins le premi nous est-il parvenu en manuscrit, c'est le *Livre de Guerre* » (p. 23).

(5) *Bibl. Nat.*, Séries généalogiques : Pièces originales, vol. 1971 n° 452

(6) *Bibl. de la guerre*, $\frac{\text{A-I}}{\text{h.638}}$ Recueil des traitements faits aux troup françaises et étrangères, années 1340 à 1650, I.

(7) Etat de la dépense de l'armée du Connétable, 21 juin 1598. Myramo a pour sa suite dix arquebusiers à cheval (Recueil Cangé).

(8) Recueil Cangé.

Ces fonctions sont absolument celles que l'on trouve pour le Maréchal de bataille dans Lostelneau et dans le Règlement pour la garde du camp, fait au camp sous Mayence, le 9 septembre 1635, par le ardinal de La Valette, lieutenant général de l'armée du Roi en Allemagne (1) :

« 10. Avant la nuit, le Maréchal de bataille fera la ronde, visitera ous les corps de garde, leur fera donner le mot pour savoir s'il n'y a oint de faute et si toutes choses sont comme elles ont été rdonnées. »

Comme pouvoirs judiciaires, le Maréchal et le Sergent de bataille n'ont que le droit de faire saisir les coupables et les remettre au révôt.

Une ordonnance du 25 avril 1640 avait prescrit que les chefs et fficiers de l'infanterie recevraient et exécuteraient les ordres des ergents de bataille (2). Elle fut confirmée les 14 novembre 1643, 2 février 1645 et 22 septembre 1645.

Ordonnance portant que les Sergents de bataille commanderont n l'absence des Lieutenants généraux et Maréchaux de camp. — aris, 14 novembre 1643 (3).

Le Roi, ayant par son règlement du 25e jour du mois d'avril de année 1640, ordonné que les chefs et officiers de l'infanterie recevront et exécuteront les ordres des sergents de bataille, et considérant ue l'observation de cet ordre est avantageux à son service, et que éanmoins il s'y rencontre des difficultés, Sa Majesté a ordonné et rdonne que les mestres de camp et autres chefs et officiers tant de avalerie que d'infanterie française recevront et exécuteront en toutes ccasions les ordres qui leur seront donnés par les sergents de ataille employés dans ses armées ou dans les corps de troupes étachées de ses armées sans difficulté sous peine de désobéissance.

12 février 1645. — Le texte de cette ordonnance n'a pas été conervé. Elle est, sans doute, comme le *Règlement du Roi portant que es Mestres de camp de cavalerie et d'infanterie française obéiront ux ordres des Sergents de bataille*, — Fontainebleau, 22 septem-

(1) Recueil Cangé.

(2) Le texte de cette ordonnance n'a pas été conservé.

(3) *A. H. G.*, vol. 3786, p. 534.

bre 1645 (1), — la reproduction textuelle de l'ordonnance du 14 novembre 1643.

Mais le nombre des sergents de bataille s'était fortement accru : des réclamations s'étaient produites. Les mestres de camp se voyaient d'un mauvais œil obligés de recevoir les ordres d'officiers qui dans la hiérarchie leur étaient inférieurs, dont les commissions étaient temporaires, les fonctions de création récente vis-à-vis de celle de leur leur charge. Et les sergents de bataille se considéraient comme les supérieurs des colonels : « Je commençais à m'ennuyer de n'être que simple colonel, dit le Maréchal de Navailles (2). Je demandai que l'on me fit sergent de bataille, ce qui était alors au-dessus des mestres de camp. »

Ce que Navailles veut dire, en réalité, c'est que la charge de sergent de bataille mettait souvent son titulaire en relief ; on voit en effet de nombreux sergents de bataille promus Maréchaux de camp, alors qu'en réalité ils n'avaient que le grade de capitaine (3).

Aussi dès le 17 avril 1647, les ordonnances de 1640, 1643 et 1645 furent rapportées.

Ordonnance portant que les Sergents de bataille ne donneront point l'ordre aux Mestres de camp de cavalerie, ni à ceux des cinq petits vieux régiments d'infanterie. — Paris, 17 avril 1647 (4).

Sa Majesté ayant reçu diverses plaintes des mestres de camp tant des régiments de cavalerie que des anciens régiments d'infanterie française de ce que les sergents de bataille, dont le nombre est beaucoup augmenté depuis quelques années, prennent le commandement sur eux et leur donnent les ordres de ce qu'ils ont à faire dans les occasions de la guerre en vertu de l'ordonnance du feu Roi de glorieuse mémoire, que Dieu absolve! du 25 avril 1640 et de celles de Sa Majesté du 14 novembre 1643, 12 février et 22 septembre 1645, et Sa Majesté étant bien informée que le mécontentement que lesdits mestres de camp en reçoivent et les difficultés qu'ils ont fait d'obéir auxdits sergents de bataille ont souvent apporté beaucoup de préjudice à son service et d'inconvénients, Sa Majesté, voulant y pourvoir,

(1) Recueil Cangé.

(2) Passage de ses *Mémoires* cité par le P. Daniel, II, 54, et par M. André, *Le Tellier*, 139.

(3) Cf. Pinard, *Chronologie historique militaire*. — Navailles, sergent de bataille en 1645, fut nommé Maréchal de camp en 1647.

(4) *A. H. G.*, vol. 101, n° 209 (imprimé) ; 102, n° 50, et 3786, p. 335.

rdonné et ordonne qu'à l'avenir les sergents de bataille en ses ées ne pourront commander aux mestres de camp de cavalerie ni mestres de camp des vieux régiments et cinq petits vieils régi- nts d'infanterie française, ni leur donner l'ordre, mais seulement autres mestres de camp d'infanterie française, et ce sous l'auto- et en l'absence des généraux d'armée et maréchaux de camp en la nière qu'ils faisaient avant l'expédition desdites ordonnances des avril 1640, 14 novembre 1643, 12 février et 22 septembre 1645, quelles Sa Majesté a révoquées et annulées, révoque et annule la présente, faisant défense auxdits sergents de bataille de s'en valoir ni servir aucunement ci-après.

'un autre côté, la charge de Maréchal de bataille subsistant, bien on ne voie pas le titulaire en remplir les fonctions, les droits de itulaire devaient être maintenus pour le cas où il serait employé. ordonnance du 2 octobre 1647 (1) y pourvut :

rdonnance portant que les Mestres de camp de cavalerie et fanterie recevront et exécuteront les ordres du sieur de Paris, réchal de bataille, nonobstant l'ordonnance du 17 avril 1647. Fontainebleau, 2 octobre 1647.

e par le Roi, le Roi ayant pourvu le sieur de Paris de la charge Maréchal de bataille en ses armées vacante par la démission du r de Vignau, qui en avait été nouvellement pourvu après le décès feu sieur de Vignau, son frère, et considérant que ledit sieur de is pourrait être troublé dans les principales fonctions et avantages ladite charge dont lesdits sieurs de Vignau et ceux qui les ont cédés en icelle ont joui, à cause que l'ordre ci-devant donné par eu Roi et confirmé par Sa Majesté pour faire reconnaître les ser- ts de bataille par tous les chefs et officiers d'infanterie française étrangère a été révoqué par l'ordonnance de Sa Majesté du avril dernier, fondée sur la pluralité desdits sergents de bataille et les plaintes que les mestres de camp des vieils régiments d'in- terie française et ceux de cavalerie avaient faites de ce qu'ils ent obligés de recevoir les ordres d'un grand nombre d'officiers blis nouvellement dans lesdites charges, laquelle révocation ne t avoir lieu au préjudice dudit Maréchal de bataille qui est seul rvu en titre et par lettres de provision du grand sceau de ladite rge, Sa Majesté, par l'avis de la Reine régente, sa Mère, voulant

---

) *A. H. G.*, vol. 102, n° 483 (minute): 104, p. 212 au v°, et 3786, p. 537.

faire jouir ledit sieur de Paris de toutes les fonctions et avanta de cette charge, a ordonné et ordonne que tous les mestres de can et colonels d'infanterie et de cavalerie française et étrang recevront et exécuteront en toutes occasions les ordres qui leur ser donnés par le sieur de Paris faisant ladite charge de Maréchal bataille en ses armées ou dans les corps de ses troupes, sous pe aux contrevenants de désobéissance.

Et dans la suite, à chaque changement dans le titulaire de la char la même ordonnance était rendue :

Réglement portant que les Mestres de camp et Colonels d'inf terie et de cavalerie reconnaîtront les ordres de M. le cheval de La Barge, Maréchal de bataille en titre. — Saint-Germain Laye, le 10 avril 1656 (1).

Le Roi, ayant pourvu le sieur de La Barge, colonel d'un régim d'infanterie étrangère pour le service de Sa Majesté, de la charge Maréchal de bataille en ses armées, vacante par le décès du si de Paris, dernier titulaire d'icelle, et voulant que ledit sieur La Barge l'exerce et en jouisse aux mêmes fonctions, autorité avantages que ceux qui l'ont précédé en ladite charge ont fa nonobstant que l'ordre, donné par le feu Roi et confirmé par Majesté pour faire reconnaître les sergents de bataille par tous chefs et officiers de l'infanterie et cavalerie française et étrangè ait été révoqué par l'ordre de Sa Majesté du 17 avril dernier [1647] fondé sur la pluralité desdits sergents de bataille et sur les plain que les mestres de camp des vieux régiments d'infanterie françai et ceux de cavalerie avaient faites de ce qu'ils étaient obligés de re voir les ordres d'un grand nombre d'officiers établis nouvelleme dans lesdites charges, laquelle révocation ne doit avoir lieu au pr judice dudit Maréchal de bataille qui est seul pourvu en titre p lettres de provision du grand sceau de ladite charge, Sa Majesté ordonné et ordonne que tous les mestres de camp et colonels d'i fanterie et de cavalerie française et étrangère recevront et exécutero en toutes occasions les ordres qui seront donnés par ledit sieur de Barge faisant ladite charge de Maréchal de bataille en ses armé

(1) Recueil Cangé, et *A. H. G.*, vol. 3786, p. 537.

(2) « Dernier » s'appliquant à l'année 1647 provient de ce que pour I Barge on copia purement et simplement l'ordonnance rendue pour Par ainsi que le démontre le volume 3786 des *A. H. G.*

dans les corps de ses troupes, sur peine aux contrevenants de ›obéissance.

Ordonnance du Roi portant règlement des fonctions de la charge Maréchal de bataille de l'Infanterie. — Amiens, le 22 mai 1657 (1).

Sur ce qui a été représenté à Sa Majesté par le sieur de La Barge, réchal de bataille de l'Infanterie française, que quelques régiments ladite infanterie ont fait difficulté aux années dernières de le connaître en ladite qualité sous prétexte que ladite charge a été sieurs années sans être exercée et que par l'ordonnance du feu i, de glorieuse mémoire, du 25 avril 1640, confirmée par Sa Majesté son ordonnance du 17 avril et autres y énoncées, il est porté que sergents de bataille ès armées ne pourront commander aux mestres camp de cavalerie ni aux mestres de camp des vieils régiments nfanterie française, mais seulement aux autres mestres de camp nfanterie française, et l'intention de Sa Majesté n'ayant pas été de judicier par lesdites ordonnances à ceux qui étaient pourvus en e de ladite charge de Maréchal de bataille, laquelle ils ont pouvoir xercer dans toutes les armées où ils sont présents et sur toutes troupes d'infanterie du royaume sans exception comme en effet ıx qui en sont pourvus en titre l'ont exercée en cette sorte et sans un empêchement où ils se sont trouvés, au lieu que ceux qui ont des brevets de sergents de bataille n'ont exercé ces charges qu'en de taines armées où il sont été départis pour le soulagement des générx d'armée, et voulant maintenir et conserver ledit sieur de La ge en tout ce qui est des fonctions et prérogatives de ladite charge s les armées où il se trouvera, Sa Majesté a ordonné et ordonne ledit sieur de La Barge, pourvu en titre de ladite charge de réchal de bataille, l'exercera dans toutes les armées où il sera prét et, ce faisant, commandera à tous mestres de camp des vieux iments d'infanterie et des autres régiments d'infanterie française, leur donnera l'ordre sous l'autorité et en l'absence des généraux rmée et lieutenants généraux commandant sous eux, et jouira de tes les fonctions, prérogatives, prééminences et droits de la charge, formément à ses provisions sans difficulté nonobstant ladite ornance du 17 avril 1647 et les autres concernant la fonction dess sergents de bataille, lesquelles Sa Majesté a révoquées et annus, révoque et annule par la présente à l'égard du titulaire de lae charge de Maréchal de bataille, sans tirer à conséquence pour un sergent de bataille.

---

(1) Recueil Cangé.

Ordre touchant le commandement que doit avoir sur les troup[es] le sieur de Castellan en qualité de Maréchal de bataille. — Pari[s] 25 octobre 1660 (1).

Le Roi ayant pourvu le sieur de Castellan, capitaine d'une comp[a]gnie au régiment de ses Gardes françaises, de la charge de Maréch[al] de bataille en l'Infanterie de France vacante par décès du feu sie[ur] de La Barge, et voulant qu'il en jouisse aux mêmes pouvoirs et aut[o]rités qu'a fait ou dû faire ledit sieur de La Barge et ceux qui l'o[nt] précédé en ladite charge conformément au règlement que Sa Majes[té] en a fait expédier en faveur dudit feu sieur de La Barge [le] 10 avril 1656 et empêcher qu'il n'y soit troublé sous quelque prétex[te] que ce soit, Sa Majesté a ordonné et ordonne que tous les mestres [de] camp et colonels d'infanterie et de cavalerie française et étrangè[re] recevront et exécuteront en toutes occasions les ordres qui leur sero[nt] donnés par ledit sieur de Castellan faisant ladite charge de Mar[é]chal de bataille en ses armées et dans les corps de ses troupes s[ous] peine aux contrevenants de désobéissance.

Ordonnance portant que tous les Mestres de camp et Colonels, ta[nt] d'infanterie que de cavalerie française et étrangère, recevront [et] exécuteront en toutes les occasions les ordres qui leur seront donn[és] par le Maréchal de bataille en faisant ladite charge. — Par[is] 3 janvier 1662 (2).

Le Roi ayant pourvu le sieur des Fougerais de la charge de Mar[é]chal de bataille en l'infanterie de France sur la démission que le sie[ur] de Castellan en a faite ès mains de Sa Majesté, et voulant qu'il [en] jouisse aux mêmes pouvoirs et autorités qu'a fait ou dû faire le[dit] sieur de Castellan et ceux qui l'ont précédé en ladite charge, conf[or]mément au règlement de Sa Majesté du 10 avril 1656 qu'elle a f[ait] expédier en faveur du sieur de La Barge, qui était pour lors en po[s]session de ladite charge, et que ledit sieur des Fougerais n'y puis[se] être troublé sous quelque prétexte que ce soit, Sa Majesté a ordon[né] et ordonne que tous les mestres de camp et colonels d'infanterie [et] de cavalerie française et étrangère recevront et exécuteront en tou[tes] occasions les ordres qui leur seront donnés par ledit sieur des Fo[u]gerais faisant ladite charge de Maréchal de bataille dans ses armé[es] ou dans les corps de ses troupes sous peine aux contrevenants de dés[o]béissance.

(1) Recueil Cangé.
(2) Recueil Cangé.

A la mort du Maréchal de bataille de Paris, le Colonel général de Infanterie avait revendiqué ses droits de nomination à la charge. ouis XIV reconnut cette prérogative et, par lettre du 27 mai 1655 (1) u duc d'Epernon, il s'engagea à ne pourvoir dorénavant personne a la charge de Maréchal de bataille que sur sa nomination :

« Mon Oncle, sur ce que vous m'avez représenté que vous avez droit a qualité de Colonel général de l'infanterie de France de nommer à charge de Maréchal de bataille de ladite Infanterie lorsqu'elle vient vaquer, et ladite charge étant à présent vacante par le décès du eur de Paris, qui en était pourvu, j'ai eu bien agréable de la donner u sieur de La Barge, et j'ai voulu vous faire cette lettre pour vous ssurer que, désormais vacation arrivant de cette charge, je ne pourvoierai personne que sur votre nomination et proposition. »

En réalité de tous les Maréchaux de bataille de l'infanterie seuls n remplirent les fonctions Myramont, d'Argencourt et Pierre de ignau (2).

On ne voit pas les autres employés. Le volume 3786 des Archives istoriques de la guerre mentionne même en marge de l'ordonnance u 2 octobre 1647 rendue pour M. de Paris : « On estime qu'elle n'a as été délivrée ».

Quant aux sergents de bataille, qui sont titrés *sergents de bataille 1 les armées* et qui n'exercent que sur brevet émanant de l'autorité oyale, on en emploie de plus en plus. En 1647, à l'armée de Flandre y en a six (3); 41 brevets sont donnés en 1649; 43 en 1650 (4). n 1654, il en avait déjà été octroyé 25, lorsque tout d'un coup la élivrance cesse. Le dernier, celui de Duperré, capitaine au régient de Lyonnais, est signé à Sedan le 29 juillet (5).

C'est donc à l'année 1655, — c'est-à-dire beaucoup plus tôt qu'on e l'a fait jusqu'ici, — qu'il faut placer la suppression des sergents e bataille en tant qu'officiers pourvus d'un brevet spécial.

Le grade de Lieutenant général qui existait depuis 1621, avait com-

---

(1) Recueil Cangé.

(2) A l'armée du Roi commandée par Monsieur, il est compris dans l'État es distributions du 15 septembre 1636 pour 30 rations de pain (*A. H. G.*, ol. 41, p. 186). Le sergent de bataille a encore 30 rations de pain à l'armée e Catalogne en 1645. En 1647, à l'armée d'Italie, le pain ayant été supimé, le sergent de bataille reçoit en compensation 300 livres par mois.

(3) *A. H .G.*, vol. 101, n° 236.

(4) *Ibid*, vol. 113 et 122.

(5) *Ibid.*, vol. 142, n° 162.

mencé dès 1650 à compter de nombreux titulaires, et la promotion d 10 juillet 1652 en comprit 32; les fonctions des Maréchaux de cam devenus de même nombreux, s'étaient par suite réduites; le se gent de bataille se trouvait une superfétation.

Déjà, en 1648, le rôle des sergents de bataille avait été diminu Leurs fonctions spéciales ne se remplissent plus guère que dura les marches et les stationnements; dans les diverses occasions d guerre, ceux qui étaient capitaines devaient prendre le commande ment de leur compagnie. Une lettre royale du 21 avril 1648 au Prin de Condé (1) forma règle :

« Mon Cousin, comme il est nécessaire pour le maintien de mes tro pes de faire que tous les officiers soient présents en leurs charg aux gardes et autres occurrences où elles agiront, je vous fais cet lettre pour vous dire que mon intention est que vous ordonniez au capitaines et autres officiers tant d'infanterie que de cavalerie q vous employerez dans les charges de sergents de bataille et d'aides camp dans mon armée de Flandre, de servir à toutes les garde attaques, combats, factions et autres occasions de guerre où les rég ments serviront et dans le temps que leur garde ou autre occasi pourra arriver, et d'y faire actuellement leurs charges ainsi que l autres officiers des mêmes régiments, trouvant bon que hors desdit occasions ils servent èsdites charges de sergent de bataille et d'ai de camp, ainsi que vous leur commanderez ».

Quant au Maréchal de bataille, il fut nommé à la charge encore 1662, mais la création du major général de l'infanterie, puis cel des brigadiers de l'arme en 1668 la rendirent, elle aussi, définitiveme inutile, et elle s'éteignit purement et simplement, comme elle deva le faire : « à charge de suppression vacation advenant par décès disent les *Etats de la dépense des Gardes françaises.*

Maréchaux de bataille de l'Infanterie.

1587. — MYRAMONT (Pierre). — Ecuyer d'écurie du Roi; gouverne de Nogent-sur-Seine. Était gouverneur de Mézières en 1594 (2). E en 1610 sergent de bataille de l'infanterie à l'armée de Montmorenc avec 300 livres par mois et 4 archers (3).

---

(1) *A. H. G.*, vol. 3786, p. 533. — L'insertion de la lettre dans ce volum indique qu'elle posait un principe dont on ne se départit pas.

(2) *Bibl. Nat.*, Séries généalogiques : pièces originales, vol, 1971, n° 4 255.

(3) Bibl. de la Guerre, *Recueil des traitements*, I.

Mars 1614. — LE TOURNEUR, sieur DU PLESSIS (Jacques). — Servait is 30 ans dans l'infanterie; gouverneur de Talmont; lieutenant uc d'Epernon au gouvernement du Château-Trompette (1). Démisaire en faveur de :

35 (2). — ARGENCOURT (Pierre DE CONTY D'). — Remplit ses fonc- à l'armée commandée par Monsieur en 1636. Maréchal de cam 37; lieutenant général en 1653.

.... (3) — VIGNAU (Pierre TAMBONNEAU DE). — Tué au siège de erque en octobre 1646.

46 (4). — Chevalier DE VIGNAU (Antoine TAMBONNEAU). — Maréchal ral des logis de la cavalerie légère. — Démissionnaire, octo-1647. Lieutenant général, 1655.

47. — PARIS (Jacques-Auguste DE). — Aide de camp des armées, nandant des villes et châteaux de Bingen, Bacharach et Creutz-; sergent de bataille du 15 mars 1647. — Décédé.

mai 1655 (5). — LA BARGE (Henri DE). — Maréchal de camp de 1654 mmandant d'un régiment d'infanterie étrangère (6). — Décédé.

septembre 1660. — CASTELLAN (Louis DE). — Capitaine aux es françaises. Achète la charge de Maréchal de bataille pour 0 écus et reste capitaine aux Gardes. Nommé Major en 1661, 20.000 écus à des Fougerais. — Brigadier d'infanterie, 1668; à Candie avec 4.000 hommes des Gardes, est tué dans la sor-u 25 juin (7).

62. — DES FOUGERAIS (Elie-Joseph DEBODE). — Lieutenant aux Gardes aises depuis 1656 par la protection de Turenne; « vendit pour dre la charge de Maréchal de bataille. Devenu Commandant à

Bibl. Nat., Cabinet d'Hozier, vol. 323, n° 8982.
A. H. G., vol. 79, n° 296, Copie des provisions, sans date, classée à par erreur; elles sont de 1635.
A. H. G., vol. 26, n° 113, copie des provisions non datée, mais classée née 1635, par erreur, puisque d'Argencourt est encore titulaire en 1638 de la dépense des Gardes françaises, sur lequel il figure pour 300 livres nois); elles doivent être ~~de 1643~~.
PINARD, *Chronologie historique militaire*, IV, 221.
A. H. G., *vol* 145, p. 204 (ex-Manuscrits Le Tellier, vol. XXIII), et vol. p. 634.
Voir ses services dans PINARD, VI, 400.
PINARD, VIII, 9.

à Saverne. Était encore vivant et titulaire de la charge en 1
selon *l'État de France* de cette année (II, 185).

La charge s'éteignit avec lui.

*
* *

De même que les grands vassaux eurent leurs maréchaux
même qu'il y eut des Lieutenants généraux et des Maréchaux de c
de province, il exista des Maréchaux de bataille en les provinces
1er avril 1766, François Jomaron de Monchoreil, capitaine réform
dragons, obtenait une commission de Sergent ou de Marécha
bataille en la province du Dauphiné, en survivance du comte
Tencin.

III

Les Aides de Camp.

Ils datent de la création des Maréchaux de camp. C'est par abré-tion qu'on les appelle aides de camp; leur véritable dénomination est le *d'Aide maréchal de camp.*

Sur l'État de la distribution du pain à l'armée du Roi sous Amiens dater du 1er juillet 1597 (1), le maréchal de camp, M. de Fouque-les, a trois aides : Vienne, Jaulge et La Gallière, à 20 rations par ır, et un quatrième, extraordinaire, à 12 rations seulement : du Rous-au. D'après la dépense arrêtée par le Connétable pour les états et pointements de l'armée de Picardie en 1598 (2), l'aide maréchal de mp perçoit 100 écus par mois. A l'armée de Matignon devant Fère, en 1580 (3), l'aide de camp n'avait mensuellement que) livres (33 écus 1 3).

En 1620, le traitement des aides de camp était toujours de 300 livres r mois (4). C'est encore ce qu'ont, avec Fabert, Leschelle et La gerée à l'armée de Lorraine sous le cardinal de La Valette, en 1635 (5).) livres sont aussi le traitement du sergent de bataille.

Les aides maréchaux de camp ont avec eux chacun deux carabins dés à raison de 27 livres par mois en 1635.

Les fonctions d'aides maréchaux de camp étaient une charge ; les ulaires recevaient un brevet du Roi pour chaque campagne (6) : ils sont pas attachés à un officier général personnellement par le nistre. Une ordonnance du 9 octobre 1642 (7) décide que deux aides camp serviront auprès du général et un auprès de chaque maréchal camp ; mais les brevets demeurent impersonnels et ne désignent ème pas l'armée à laquelle l'aide de camp doit être attaché.

---

1) Recueil Cangé.
2) *Ibid.*
3) Bibl. de la Guerre, *Recueil des traitements, op. cit.* I.
4) *Ibid.*
5) Recueil Cangé.
6) Cf. aux *A. H. G.* les volumes *d'Expéditions.*
7) Lettre du roi à Le Tellier, du 9 octobre 1642, l'avisant de cette ordon-nce (Recueil Cangé).

La formule du brevet est la même que pour les sergents de bataille : « Voulant (ou désirant) récompenser (ou reconnaître) les fidèles et agréables services de.... »; quelquefois : « Se confiant en la valeur expérience au fait de la guerre, vigilance et bonne conduite, fidélité et affection à son service... », — « Sa Majesté l'a retenu, ordonné et établi en la charge d'aide de camp en ses armées (1) ».

Les aides de camp, très généralement des capitaines, sont d'anciens officiers, comptant de beaux et bons services, quelquefois estropiés par blessures, ayant la connaissance de la guerre, en un mot des officiers expérimentés. Ils portent les ordres, mais on les voit en outre chargés de missions importantes et délicates; ils conduisent les troupes à une attaque ordonnée par le général (2).

Fonctions et services méritent que des aides de camp soient promus Maréchaux de camp (3).

Mais leur rôle fut réduit. Une première ordonnance du 23 avril 1641 (4) défendit que les officiers qui feraient les charges d'aides de camp puissent être employés à celles de majors de brigade et prescrivit que les fonctions des deux charges demeurassent distinctes et séparées. Une autre ordonnance du 21 avril 1648 (5) arrêta que les aides de camp, comme les sergents de bataille, devraient reprendre rang dans leurs régiments et le commandement de leur compagnie dans les occasions de guerre

Louis XIII, le 9 octobre 1642, avait décidé que le général commandant en chef l'armée n'aurait que deux aides de camp, et le Maréchal de camp, un seul. L'ordonnance pour la discipline des troupes du 28 avril 1653 (6) maintient limité le nombre des aides de camp; elle conserve (art. IV) ses deux aides de camp au lieutenant général commandant en chef et n'attribue qu'un au lieutenant général qui commande sous lui en son absence.

L'Etat de distribution de pain aux armées de Flandre, d'Italie, de Luxembourg et de Catalogne, du 16 mai 1656 (7) fut restrictive encore. Il n'existera que quatre aides de camp par armée « sans que l

(1) *A. H. G.*, les volumes *d'Expéditions.*

(2) Cf. Lostelneau, *op. cit*; *Mémoires de Bassompierre*, etc.

(3) Cf. Le Marquis de Crusy, capitaine de chevau-légers, puis sergent de bataille, breveté aide de camp en 1644, est maréchal de camp en 1646.

(4). *A.H.G.*, vol. 64, nos 293, minute de l'ordonnance, et 294, minute de lettre d'envoi à Condé, au comte d'Harcourt, au grand-maître de l'artillerie, au maréchal de Châtillon, à M. du Hallier et à M. de Longueville.

(5) Reproduite ci-dessus, 270.

(6) *A. H. G.*, vol. 138, n° 324 et 325.

(7) *Ibid.*, vol. 147, no 367.

nombre puisse être excédé et augmenté pour quelque cause et occasion, sous quelque prétexte que ce puisse être » (1). L'aide de camp a 0 rations de pain.

L'ordonnance du 28 avril 1653 stipulait que les aides de camp ne pourraient servir en cette qualité que munis de lettres de service du roi; cependant, alors qu'en 1648 on avait établi 46 brevets d'aide de camp, en 1651 quatre seulement furent délivrés : 23 janvier, Le Selier; 24 juin, Desbordes; 29 juin, du Reverdy; pour le quatrième, octobre, la place du nom est restée en blanc, et ce brevet semble être simplement une formule modèle (2).

Depuis, on ne trouve plus la délivrance des brevets d'aides de camp et l'on ne rencontre pas de minutes de lettres de service, mais encore en 1674 les aides de camp sont des officiers expérimentés et de choix, qui rendent au cours des opérations des services appréciables (3).

Cela dura peu ensuite, et finalement Louis XIV défendit de prendre les aides de camp parmi les officiers en activité. Cette disposition fut rappelée aux officiers généraux par une circulaire du 10 février 1703 (4) :

(Qu'ils ne doivent pas choisir des officiers en pied pour leur servir d'aides de camp.)

« Monsieur, le Roi ayant su que quelques-uns de MM. les officiers généraux choisissent ordinairement des capitaines ou des lieutenants en pied de ses troupes pour leur servir d'aides de camp dans les armées où ils sont employés, Sa Majesté a trouvé cet usage contraire au bien de son service, leur présence étant nécessaire à leurs charges, et elle m'a ordonné de vous en avertir dès à présent, afin que vous preniez les mesures qui vous conviendront pour vous conformer à son intention sur ce sujet en choisissant des aides de camp qui n'aient point d'autres fonctions, celles-ci étant suffisantes pour les occuper entièrement. »

Dorénavant, « la commission d'aide de camp est exercée d'ordinaire par de jeunes gentilshommes volontaires qui sont bien aises de se faire connaître des troupes ». Ainsi s'exprime le P. Daniel (5),

(1) *A. H. G.*, vol. 138, nos 324 et 325.
(2) *Ibid.*, vol. 125, nos 155 et suiv.
(3) Cf. Capitaine Pichat, *Les Armées de Louis XIV en 1674* (*Revue d'Histoire*, mars 1910, 376).
(4) *A. H. G.*, B. 4. Lettres circulaires du 12 mars 1702 au 19 novembre 1739, 3.
(5) *Milice française*, II, 61.

mais Guignard (1), homme du métier, sérieux et ayant bien servi, fait ces tristes et justes réflexions : « Bien des gens s'imaginent, parce qu'ils voient ordinairement l'emploi d'aide de camp rempli par de jeunes officiers ou autres sans expérience, que cet emploi est de très peu de conséquence. Ils ont raison de le croire par le peu de cas qu'i semble que l'on en fait en l'accordant ainsi au hasard. Cependant ceux qui leur donnent, par un semblable choix, le juste sujet qu'ils ont de s'en former une pareille idée, ne font apparemment pas eux-mêmes les réflexions que mérite l'importance de cette charge. Il est certain que c'est une de celles qui demandent le plus de capacité...

« Il me semble qu'on n'a jamais fait trop d'attention sur cela en France, puisque, bien qu'on ait fait de cet emploi une charge ou un grade particulier, ainsi qu'il se pratique partout ailleurs, on a défendu aux généraux d'employer à ces fonctions aucuns chefs ou autres officiers des troupes de la même armée. »

Cette dernière partie montre que la circulaire de 1703 est bien un rappel et que la décision est sans doute fort antérieure.

Jusqu'à leur institution officielle par la loi du 29 octobre 1790, les aides de camp ne tiennent plus au militaire. Les généraux les choisissaient; le Ministre ni ne les reconnaissait, ni ne les commissionnait; il les ignorait absolument. Souvent les aides de camp n'avaient aucun grade (2), même n'étaient liés d'aucune façon au service, mais ces fonctions en campagne étaient recherchées parce qu'elles constituaient un titre pour entrer dans l'armée.

---

(1) *L'École de Mars* (Paris, Simart, 1725), II, 337.

(2) Ou seulement un grade par commission ou par réforme, c'est-à-dire sans emploi réel, puisque les officiers des corps de troupe ne pouvaient en être détachés pour ces fonctions spéciales.

IV

Les Généraux-Majors.

Erlach, général-major de l'armée weimarienne, était venu vers le Roi « pour se conjouir avec lui de l'heureuse naissance du Dauphin. » Louis XIII voulut saisir cette occasion pour traiter de différentes questions relatives à l'entrée définitive des troupes allemandes au service de France. Erlach ne se reconnut pas le droit d'entamer des négociations et il demanda que l'on chargeât de ce soin Guébriant, alors maréchal de camp commandant les troupes françaises sous le duc de Saxe-Weimar. Louis XIII accueillit la proposition, et pleins pouvoirs pour traiter avec le duc furent expédiés à Guébriant le 26 avril 1639 (1).

Bernard de Saxe-Weimar mourut le 18 juillet.

A son lit de mort, il désigna les quatre « directeurs généraux » qui après son décès commanderaient l'armée weimarienne : le général-major d'Erlach, le colonel Oehm, le comte (Othon) de Nassau et le colonel (Rheinhold) de Rosen (2).

Erlach fut déclaré leur chef par les autres directeurs. Dès le 7 juillet des brevets étaient établis pour confirmer les commandements de place donnés par Bernard de Saxe-Weimar (3). Le 6 août, le duc de Longueville était nommé général en chef de l'armée. Le octobre un traité était conclu à Brisach entre Erlach et les autres chefs de l'armée allemande et les représentants de Louis XIII : Guébriant, le baron d'Oysonville et M. de Choisy.

D'après ce traité (4) les troupes que commandait le duc de Weimar doivent rester en un corps et sous la direction des officiers que le prince avait désignés. Le corps conserve également son artillerie, et celle-ci ses officiers. Le gouvernement français en outre s'engageait

---

(1) *A. H. G.*, vol. 56, n° 103.

(2) Testament de Bernard de Saxe-Weimar (Vte DE NOAILLES, *Bernard de Saxe-Weimar et la Réunion de l'Alsace à la France* (Paris, Perrin, 1908), 441).

(3) *A. H. G.*, vol. 56, n° 141, formule (le nom en blanc).

(4) Vte DE NOAILLES. *op. cit.*, 489.

à acquitter trois montres (1) et demie par an à toutes les troupes tant d'infanterie que de cavalerie, et huit aux officiers généraux et à ceux de l'artillerie.

Par suite du traité de Brisach la France entrait en possession des territoires conquis, héritage du duc Bernard. Le 12 octobre, les gouverneurs de Brisach, Fribourg et Rheinfeld reconnaissaient tenir leurs gouvernements du Roi selon les brevets que Guébriant leur avait remis (2). Le 22 novembre enfin, des pensions étaient accordées à l'armée weimarienne (3), à ceux des officiers qui avaient le plus contribué à l'heureuse issue des négociations.

Entre autres, 18.000 livres au général-major d'Erlach; 1.200, au comte Guillaume-Othon de Nassau, aux colonels Bernard Oehm et R. de Rosen, à Tubadel (Taupadel), général-major de la cavalerie; 6.000 au colonel Flersheim, qui était venu à la Cour; 5.000 aux colonels Kanowski, gouverneur de Fribourg, et Bernhold, gouverneur de Rheinfeld.

L'armée weimarienne devenait troupes françaises. Jusqu'à la paix elle doit servir envers et contre tous en France, Allemagne, Bourgogne, Lorraine ou Pays-Bas. On l'appelle dès lors « l'armée d'Allemagne » ou « l'armée allemande. » Le Roi de France trouva dans cette armée les officiers généraux établis par le feu duc de Weimar et leur maintint les charges qu'ils avaient. Le corps de même conserva sa justice, et les officiers généraux et majors gardèrent leurs titres germaniques. Les chefs de régiment demeurent colonels; les aides de camp, adjudants-généraux ; l'administration est toujours confiée à un quartier-maître général et à son lieutenant, à un auditeur général. Les officiers généraux ont le titre de général-major. Ils commandent les troupes weimariennes, mais les maréchaux de camp (alors Turenne et Guébriant) sont leurs supérieurs.

La charge de général-major exista ainsi dans l'armée de la Monarchie durant douze années, et des Français même en furent revêtus :

Marquis DE BEAUVAU (Jacques DE BEAUVAU DU RIVAU). — Colonel d'un régiment de cavalerie liégeoise, nommé par Louis XIV général-major

---

(1) La montre était la solde payée sur le pied des hommes présents à la revue et qu'on fournissait quelquefois sans faire de revue.

Les revues ou montres autrefois espacées devinrent mensuelles, mais cela avait encore l'inconvénient de remettre au soldat beaucoup d'argent à la fois; on ne fit donc plus de revues pour la solde et on l'acquitta tous les dix jours; puis enfin on en vint au prêt des cinq jours (Cf. D. L. C. D. B., *Dictionnaire militaire positif*, 1758, II, 629).

(2) *A. H. G.*, vol. 56, n°s 184, 185 et 186.

(3) *Id. in ibid.*, n° 194.

de la cavalerie de l'armée d'Allemagne, le 22 janvier 1647. — PINARD, IV, 158 (1).

DU VAL (Edmond-Robert). — Colonel d'un régiment irlandais, général-major d'infanterie en l'armée d'Allemagne, breveté le 4 octobre 1646. — PINARD, VI, 272.

Comte D'ERLACH (Jean-Louis). — Général-major (ou major général) de 1638, gouverneur de Brisach nommé par Bernard de Weimar. — PINARD, I, 512.

ERLACH (Sigismond D'). — Colonel d'un régiment de cavalerie; général-major, employé sous La Ferté-Senectère en Lorraine, où il prend ses quartiers d'hiver le 14 décembre 1649. — Obtient en janvier 1650 une gratification de 3.000 livres pour sa retraite.

Comte DE FLECKENSTEIN (Frédéric-Wolfgang). — Colonel d'infanterie, 633, puis de cavalerie, 1641, enfin général-major. — Maréchal de camp, 648. — Commandant principal du corps allemand après la retraite 'Oehm, 1650. — Le 31 juillet 1651, il est envoyé à La Ferté-Senecère, pour Fleckenstein, un pouvoir de lieutenant-général daté du 10. - PINARD, IV, 109.

KLUG (Thomas), Kloug et même Clouk dans les documents fran-ais. — L'un des signataires du traité de Brisach; en 1649, était énéral-major chargé de l'artillerie et des équipages et colonel d'un égiment. — Licencié, 1651.

MILET DE JEURS (Guillaume DE). — Gentilhomme ordinaire de la Chamre du Roi. — L'*Histoire des troubles de la France* (Arch. des Aff. Etr., rance, n° 87) (*apud* Jules ROY, *Turenne, sa Vie, les Institutions ilitaires de son temps* (Paris, Hurtrel, 1884), pièces justificatives, I) onne à Milet de Jeurs la qualité de « Général-major de l'armée Allemagne », lorsqu'il est envoyé en mission auprès de Turenne en nvier 1649, pour l'engager à demeurer fidèle au Roi; mais en 1650,

(1) Les noms et les indications donnés proviennent des *A. H. G.*, vol, 56, , 89, 96, 102, 114, 115, 120, 124, 126 et 3786.
Ne sont portés ici que les renseignements indispensables ou ceux que l'on trouve pas dans PINARD, *Chronologie historique militaire*, à laquelle il t renvoyé pour les notices complètes des généraux-majors devenus offiers généraux au titre français.

lorsqu'il accompagne Herward, chargé de conclure un nouveau traité avec le corps allemand, Milet est désigné seulement « Sergent de bataille ». — PINARD, VI, 354, ne donne aucuns services avant la nomination au grade de Maréchal de Camp en 1652.

OEHM (Jean-Bernard). — Colonel d'un régiment de cavalerie. — Général-major, 1641; président du Conseil de guerre; lieutenant-général de la cavalerie de l'armée d'Allemagne par commission du 12 mars 1649. Obtient le 11 mai le titre et la charge de *Général de la cavalerie*, ce qui, sous une dénomination germanique, lui donne le commandement du corps allemand. Ce corps étant réduit, le Roi renonce à l'employer (28 janvier 1650) et, comme témoignage de contentement, lui fait don des revenus du domaine de Thann. Retiré par suite du traité d'Epinal, du 27 mai 1650. — PINARD, IV, 52.

ROSEN (Jean DE), ROZE d'après les documents français. — Colonel de cavalerie, 1640; général-major, en 1644. — Tué à Rethel; sa veuve obtint une pension en 1651, et dans la décision le défunt est encore, bien que Maréchal de camp de 1649, qualifié « le Général-major Roze ». — PINARD, VI, 258.

ROSEN (Rheinhold DE). — Colonel de cavalerie; était général-major en 1643, et l'année suivante, en outre, lieutenant général de la cavalerie. — PINARD, I, 518. — Appelé le plus souvent Roze dans les documents français.

SCHMIDBERG (Louis DE). — Maréchal de camp démissionnaire. — Colonel d'un régiment d'infanterie et général-major de l'infanterie en l'armée d'Allemagne par brevet du Roi du 26 décembre 1643. — PINARD, VI, 153.

SCHONBECK. — Colonel lors du traité de Brisach; qualifié général major d'infanterie dans une lettre du 4 décembre 1643; son régiment est licencié en 1648.

SCHÜTZ. — Colonel de cavalerie. En qualité de général-major, fi demeurer fidèle la cavalerie du corps allemand lors de la dépositio de Turenne (1649). Commande l'avant-garde de l'armée d'Allemagn marchant en Flandre. Malgré les instances du Roi qui lui offre u domaine et l'assure qu'il ne servira ni sous Turenne, ni sous Roser Schütz maintient son désir de se retirer, et son congé lui est accord le 21 mai 1651.

'AUPADEL (Frédéric, d'après CHARVÉRIAT, *Histoire de la guerre de ente Ans*, II, 722; Georges-Christophe, selon PINARD), TUBADEL sur note des pensions accordées à la suite du traité de Brisach. — Était rs général-major de la cavalerie; lieutenant-général de la cavaie, 11 septembre 1640. — PINARD, IV, 19.

'ARENNES (... DE). — Lieutenant-colonel du régiment d'infanterie de enne. — Général-major de l'armée allemande en l'armée d'Allegne par brevet royal du 5 avril 1647.

es Français : le Marquis de Beauvau, Milet de Jeurs, s'il l'a été llement, Du Val, M. de Varennes; un étranger, mais breveté par Cour de France : Louis de Schmidberg, furent donc nommés Génépx-majors. C'est que le Gouvernement royal avait toujours désiré r réduire l'armée d'Allemagne au même traitement que celle de nce.

L'Instruction à Turenne s'en allant en Allemagne » (1) pour remcer Guébriant, lui prescrit de rechercher soigneusement les yens à employer pour maintenir l'armée; elle signale les inconients qui résultent de la différence entre les titres et fonctions charges des officiers généraux du corps allemand et demande il ne serait pas expédient d'établir des officiers-majors français c les mêmes titre et autorité qu'ont ceux qui commandent les mands ».

lazarin, le 16 février 1644, revenait à la charge et invitait enne à mander ce qu'il jugerait le plus faisable pour les grandes rges de l'armée..., et de qui on consentirait qu'elles fussent rem-s, d'Allemands ou de Français (2).

e 24 mai 1645, nouvelle lettre à Turenne pour réduire l'armée llemagne au même traitement que celles de France (3). On voulait amener à la « même forme de vivre, de servir et obéir qui se praait en les autres armées », et profiter pour cela de la défaite de ienthal.

'expédient préconisé par l'instruction du 8 décembre 1643 : éta- des officiers français avec les mêmes titre et autorité que les ciers allemands, devint la mesure à laquelle on s'arrêta.

n considère la suppression des généraux étrangers, des Généraux-

---

) 8 décembre 1643 (*A. H. G.*, vol. 89, p. 42).

) ANDRÉ, *Michel Le Tellier et L'Organisation de l'Armée monarchi-*, 147.

) *A. H. G.*, vol. 93, p. 303.

majors, comme datant de 1648, après la répression de la révolte l'armée weimarienne (1). Cela n'est pas exact.

La capitulation de Brisach, du 9 octobre 1639, était expirée dep le traité de Munster; mais, l'Espagne ne pouvant se résoudre à accep les faits, le Gouvernement de Louis XIV désira conserver encore à s service l'armée allemande. Dès janvier 1649, les négociations s'o vrirent.

Le 12 de ce mois, Herward recevait des pouvoirs à l'effet de trai avec les troupes d'Allemagne pour le paiement de plusieurs « m tres » dues, et, comme l'attitude de Turenne vis-à-vis de la Couron était alors sujette à caution, les instructions qui lui furent délivr le 16 donnaient à Herward l'ordre d'arrêter Turenne, de conférer commandement à Erlach et, s'il pouvait servir à contenir les trou dans leur devoir, de faire mettre en liberté Rheinhold de Rosen.

Les pouvoirs d'Erlach comme lieutenant général commandant chef sont également du 16 janvier 1649 et ils « ordonnent très expr sément aux *généraux-majors* de cavalerie et infanterie et aux aut chefs et officiers des troupes tant de cheval que de pied de quelq nation qu'elles soient, de reconnaître Erlach ».

Milet de Jeurs, qui avait accompagné Herward, était rentré à Pa au 7 février, et, d'après les renseignements que Milet avait apport un Mémoire était le 9 février envoyé à Herward. Le Roi désirait f tifier son « armée d'Allemagne » et l'employer contre les Espagno Herward attirera donc au service toutes troupes alliées, même cel de l'Empereur et de Bavière. On lui adressa des lettres de créan avec en blanc les noms des porteurs, — pour la Langdgrave Hesse-Cassel, son fils et le général de Geiss, le Prince Palatin, géné de toutes les armées de Suède, etc. A cet envoi étaient joints de brevets de maréchal de camp, un de *général-major*, deux de s gent de bataille, trois de colonel de cavalerie, le choix des ti laires laissé à Herward et Erlach. Comme Milet avait rapporté le re fait par Turenne du gouvernement d'Alsace, le corps d'Erlach dev s'augmenter et se fortifier le plus que faire se pourrait.

Les ordres et les instructions se précipitaient. Le 8 mars, Turen est mandé à la Cour; il doit remettre le commandement à Erlach. même jour, aux troupes défense d'obéir à Turenne et injonction reconnaître Erlach : « Défend très expressément aux maréchaux camp, *généraux-majors* et aux officiers majors d'armée et artiller colonels de cavalerie et infanterie, mestres de camp, etc., de l'anci

(1) André, *Michel Le Tellier*, 148.

s de l'armée de Sa Majesté en Allemagne et du nouveau de reconre le Maréchal de Turenne ».

9 mars, sont donnés à Erlach l'avis que les ennemis viennent d'entrer le royaume et l'ordre d'envoyer 2.000 chevaux à Marle en Laon. Ces 2.000 chevaux doivent être tirés du corps de l'armée d'Allene, mais en observant de ne pas « dégoûter » les officiers; dans ut, bien que la Cour désirât voir la conduite de ces troupes confiée . du Tot, Erlach avait la latitude d'y appeler qui il jugerait le capable. Il désigna le général-major Schütz.

lach avait été choisi pour général en chef comme particulièret estimé de l'armée d'Allemagne, comme étant de leur nation, me y ayant possédé et exercé les premières charges avant que iée weimarienne fût à la solde de France. Les témoignages de ité donnés par les Allemands avaient fait à la Cour la plus grande plus heureuse impression. Le Gouvernement royal désira de plus lus se les attacher à nouveau, et, le 20 mars, le Roi écrivait à ch l'invitant à traiter avec des colonels allemands et bavarois pour venue au service de France et lui donnant tous pouvoirs.

armée weimarienne se trouvait en Lorraine à la fin de mars; elle imait des craintes de se voir disséminée, et elle voulait demeurer re. Le général-major Schütz commandait l'avant-garde, et l'on ait qu'il s'avançât sur Rethel. Schütz crut que l'on cherchait à rer les corps de l'armée d'Allemagne; il fit des représentations; mars, le Roi le détrompait. On n'a aucune intention de séparer orps allemand, mais l'avis reçu de l'entrée des ennemis sur le oire du royaume contraint à faire marcher des troupes vers les ières de la Picardie. Que Schütz se rassure, la constitution de iée allemande sera maintenue, conformément aux traités et à la ulation de 1639.

ütz se mit donc en route; mais des difficultés surgirent des es sous ses ordres qui refusèrent de lui obéir, et le Roi dût e à ce sujet à Erlach le 3 avril (1) :

Monsieur d'Erlach, ayant appris que le régiment d'infanterie de ecourt et autres de mon armée d'Allemagne ont fait difficulté ir au sieur Schütz, général-major en madite armée, sous préde ce que dans mes autres armées les mestres de camp des vieils régiments d'infanterie n'obéissent point aux sergents de lle, je vous fais cette lettre, par l'avis de la Reine régente Madame Mère, pour vous dire que mon intention est que le mestre de du régiment de Vaubecourt et des autres régiments français de

(1) A. H. G., vol. 114, p. 238 au v°, et 3786, p. 539.

madite armée obéissent en France aux généraux-majors d'icelle ainsi qu'ils faisaient en Allemagne, et que le même ordre qui s'ob vait en Allemagne pour le commandement de toutes les troupes madite armée soit gardé en France et partout où elle agira s aucune difficulté. Ce que je désire que vous fassiez entendre à les chefs et officiers de mes troupes et que vous y teniez la mai sorte que de la part de qui que ce soit il n'y soit apporté auc difficulté ».

Comme l'ennemi s'était retiré, les ordres d'avancer furent rappor et l'armée d'Allemagne demeura : la cavalerie en Lorraine; l'infa rie en Barrois. Le 23 avril, en lui annonçant ces dispositions Roi avisait Erlach qu'au premier jour il partirait une personne condition et d'autorité qui aurait pouvoir de convenir avec les offic majors des comptes et du paiement de ce qui était dû; après la c pagne ceux qui désireraient se retirer le pourront.

La personne de condition et d'autorité désignée fut M. de Cho précisément parce qu'il avait été l'un des négociateurs du traité Brisach. Par sa commission et les instructions du 30 mars, Ch doit vérifier, convenir et arrêter la dette, et ensuite traiter de gr gré pour le paiement.

Oehm et Fleckenstein avaient adressé à la Cour des observati au sujet du retard apporté à l'acquittement des sommes dues, a que l'on prolongeait la guerre,

La cavalerie seule, du reste, paraît avoir réclamé. Elle deman le paiement de 6 montres et demie. Le Gouvernement du Roi voulait accorder que 6, pas plus; mais, pour ne pas rompre avec Allemands, Choisy était autorisé (17 mai) à déclarer qu'il n'était muni de pouvoirs suffisants, mais à faire entendre qu'il enver volontiers une personne vers le Roi pour connaître ses intentions d nières et que cette personne serait chargée d'appuyer les intérêt les instances des généraux-majors. Un Mémoire à montrer par Ch pour soutenir ses dires déclarait que Louis XIV avait eu c naissance des propositions et des demandes des chefs et officiers l'ancien corps de cavalerie. Le Roi éprouvait un « extrême déplais à la fois de la difficulté de recouvrer de l'argent et « d'être prése ment privé de récompenser le mérite de tant de braves gens » offrait enfin 6 montres tant aux officiers majors qu'aux caval pour tout ce qui leur était dû : le premier paiement en juin 1649 dernier au mois d'août de l'année suivante.

Les dates fixées furent déclarées trop éloignées, et, sur l'avis Choisy en donna, un nouveau Mémoire (21 mai) avança les époqu Cinq montres et demie seraient acquittées avant le 31 décembre; demi-montre restante payée en 1650, mais les corps ne sortiraient eurs quartiers d'hiver auparavant. Comme la Cour voulait ter-er l'affaire, si les chefs allemands réclamaient toujours les 6 mon- et demie et y tenaient, les accorder, mais séparer les corps fran- des autres (1), s'il était possible de le faire sans que les Allemands ent s'en formaliser. Enfin, quelques jours après, le 25 mai, carte che était donnée à Choisy; il se trouvait autorisé à signer ce qui it le plus avantageux pour le service du Roi.

ırant ces négociations, l'armée d'Allemagne s'était avancée en dre. Erlach avait eu l'ordre le 20 mai de la faire marcher à Inchy-mont et autres points. Au mois de juin, sous Cambrai, Oehm mandait le corps allemand et la cavalerie et l'infanterie fran-es et étrangères qui servaient avec lui.

In octobre, on décida de prendre les quartiers d'hiver. Le corps, les ordres d'Oehm, cavalerie, infanterie et artillerie, doit se re dans le Luxembourg sans au cours de sa route toucher à la tière de France le moins qu'il se pourrait (20 octobre 1649).

ehm s'était mis en marche au reçu de cette dépêche du 20 octo- Le 27 novembre, il recevait de nouveaux ordres, ceux de venir dre logement et établir ses quartiers d'hiver : la cavalerie en aine; l'infanterie et l'artillerie en Barrois et Bassigny. Suivant ge d'Allemagne, la cavalerie devait tirer au sort les gîtes en Lor-e, et l'infanterie pareillement à l'égard du Barrois et du Bassi- Oehm, de sa personne, se logera là où il s'estimera le mieux pour enir les troupes dans l'ordre; il fera loger avec lui les officiers raux et majors (c'est-à-dire le maréchal de camp du Roi et énéraux-majors du Val et Erlach), à la réserve du maréchal de Fleckenstein et des généraux-majors Klug et Schütz, qui iraient quartiers les plus importants.

corps allemand n'avait été lié que pour l'année. Aussi dès le nvier 1650, Herward était envoyé aux quartiers de l'armée d'Alle-ne pour l'exécution des conventions de 1649 et traiter pour nir. Le Roi entend ne contraindre aucun officier à continuer, mais sire garder une partie des troupes. A ceux qui s'engageront à r des pensions de 2.000 ou 3.000 livres; à ceux qui voudront se er, leur congé en « témoignant de la part de Sa Majesté une re satisfaction de leurs services », et Herward devra adroitement ger à la retraite les officiers « qu'il saura absolument n'être pas disposés à servir et à obéir et avoir aux occasions passées excité utinerie dans l'armée, rendu peu d'obéissance et montré peu d'affec-et de fidélité au service du Roi ».

L'armée dite d'Allemagne comprenait des corps français et allemands.

Des 8 régiments de cavalerie alors existants, Herward en licenc deux à lui désignés, réduira les autres et traitera avec chaque col en particulier. Le corps allemand conservera ses privilèges de jus et les mêmes avantages pour les officiers majors que ceux q avaient présentement, à condition de servir le Roi envers et co tous, sauf leurs Princes.

Herward rentra à la Cour avec un projet de traité. Ce projet approuvé en général, et M. de Baussan, intendant d'Alsace et comn saire général du corps, et Milet de Jeurs furent chargés de termi l'affaire (2 avril 1650). Le Gouvernement royal faisait des objections quatre articles, mais la principale portait sur l'art. 16.

Par cet article, les officiers généraux du corps allemand prétenda être payés de douze mois d'appointements. Cela la Cour ne l'adn tait point. Comme colonels, ils avaient loisir de traiter et servir s certaines conditions, mais les officiers généraux avaient des char données par le Roi et de lui seul dépendait de les traiter comme i pouvait et le pratiquait : il donnerait gratifications, pensions, dor nes, gouvernements, etc., mais il refusait une stipulation d'appoir ments pour les charges. S'il l'accordait aux Allemands, les autres o ciers généraux pourraient y prétendre.

L'armée d'Allemagne commençait à se dissoudre ; un certain nom d'officiers, des corps écoutaient la voix et se rendaient à l'appel Turenne. On prit des mesures pour arrêter le mouvement. 26 avril, on exigea le serment de servir et, de ceux qui aimerai mieux se retirer, l'engagement de ne pas porter les armes, une an entière, contre le Roi directement ou indirectement, — ce qui avait promis à Herward, — qu'ils ne suivront ni ne serviront Turenne ni c de son parti. Ceux qui se refuseraient à prendre ce dernier enga ment ne seront pas payés de ce qui leur était dû ; « employer la fo au besoin pour tailler en pièces les mutins et les factieux et empêcher de prendre parti ». Enfin, pour couper court à la déf tion, on jugea que la cavalerie ne semblait pas nécessaire en ca pagne, et il lui fut prescrit de rentrer dans ses quartiers d'hiver

Le 23 avril, Herward était de nouveau envoyé à l'armée d'Allemag pour clore les négociations. Le Roi désirait que le traité fût conclu arrêté au plus tôt ; Herward a donc tous pouvoirs ; il négociera t ce qui sera à faire pour contenter les uns et licencier les autr Pour activer encore la solution et mettre la dernière main au trai La Ferté-Senectère, lieutenant-général en l'armée et gouverneur Lorraine et Barrois, fut envoyé auprès d'Oehm, et Oehm, Fleckenste Schütz et Klug sont priés de faire achever le traité sans remise et faire demeurer toutes les troupes au service de France (13 mai 165 Le traité fut conclu à Épinal le 27 mai.

n disposa alors des troupes, et sous Fleckenstein elles allèrent ir à l'armée de Flandre (7 juillet); elles combattirent à Rethel, 5 décembre.

: 28 février 1651, elles reprenaient les quartiers d'hiver en Lor-e et Barrois. Le 25 mai, six régiments étaient licenciés, et le 2 juin 'erté-Senectère, alors le Maréchal de La Ferté, et M. de Beaubourg, ndant de Lorraine, sont chargés de traiter avec les officiers géné- : et majors et les troupes de l'ancien corps de l'armée d'Allema- « pour leur satisfaction et licenciement ».

était devenu impossible de conserver les officiers généraux et ›rs qui restaient de l'ancien corps allemand et de satisfaire au ment de leur solde. On estima donc que les congédier s'impo- plutôt que de s'engager par un nouveau traité. Les officiers du s durent être convoqués à Nancy pour leur annoncer que le Roi it préféré traiter avec eux, mais qu'il avait le « très sensible aisir » d'être obligé de se priver de si bonnes troupes. Les négo- eurs (instruction du 2 juin 1651) s'entendront pour le paiement trois montres dues en vertu du traité d'Epinal, paiement à effec- dans les termes les plus longs qu'il se pourra, et, en même temps les conventions du paiement seront arrêtées, le licenciement sera :tué.

vec leurs instructions, les plénipotentiaires français reçurent des èches et congés pour les officiers généraux et majors conçus en ter- déjà obligeants, mais auxquels ils avaient le loisir d'ajouter tout u'ils verraient convenable pour faire séparer les officiers avec :entement.

eckenstein et Klug sont avisés des désirs du gouvernement fran- avec témoignage particulier de la satisfaction de leurs services. : le 31 juillet, de graves nouvelles étaient parvenues, et, si la Cour idéra encore comme très avantageux au service de la France conserver la majeure partie des troupes de Fleckenstein, La Ferté oit garder que quatre régiments, les mieux intentionnés, et licen- le reste du corps, dont les officiers de l'état-major de l'armée, uipage d'artillerie, le régiment de Klug et les dragons. On veut sfaire Fleckenstein lui-même et se ménager le service de certaines pes de son corps; pour le reste, on n'en veut plus.

'était la conduite de cette armée elle-même qui amenait cette sque et sévère solution. Le Maréchal de La Ferté avait dépêché me exprès un gentilhomme, M. de Jossier, pour aviser d'événe- ts survenus. Les Allemands,—Fleckenstein n'avait pas eu le pou- moral de les arrêter,— s'étaient retirés sur Brisach; leur dessein uite était de tomber sur le Pays Messin, de là entrer en France le Verdunois et, réunis aux troupes de Rosen qui devaient les

joindre, de venir tous ensemble réclamer le paiement de ce qui l
était dû. A Brisach, commettant dégâts et désordres, ils faisaien
guerre et vivaient comme en pays ennemi.

Immédiatement on donna donc les ordres à exécuter d'urgen
d'envoyer de Champagne l'argent nécessaire pour solder les Allema
réunis à Brisach. Payer; licencier ceux qui ne voudront pas reve
ramener le plus possible des autres; distribuer aux meilleurs des
tants le reliquat des fonds donnés pour l'acquittement des dettes;
de capitulation, promesse seulement d'être traités comme les au
étrangers; si on ne peut ramener aucuns cavaliers dans le devoir,
chasser de l'Alsace, au besoin par la force; examiner ce que
pourra faire pour les officiers généraux et majors; ne rien leur d
ner des fonds comptants destinés aux troupes, le Roi décidera, te
furent les dernières instructions adressées à La Ferté (20 août 16

Enfin, le 6 octobre l'argent nécessaire étant recouvré, La Ferté
fut avisé. Il doit employer ces ressources à retenir le plus de trou
qu'il le pourra, mais ces corps entrent dans l'armée française, ind
duellement, assimilés en tout et pour tout aux autres régiments.
corps allemand, l'ancienne armée weimarienne, est dissous;
généraux-majors sont licenciés; ne demeurent au service du Roi
les lieutenants-généraux et maréchaux de camp précédemment en
dans les cadres français (1).

Dans la nécessité où la Cour crut, en 1649, se trouver, devant
événements intérieurs et les menaces espagnoles, de constituer
hâte une puissante armée, les troupes weimariennes ne semblèr
pas suffisantes; elle fit appel aux troupes de Suède; elle pensa pou
demander la mise à exécution des clauses du traité conclu le 22 août 1
avec la Landgrave de Hesse-Cassel.

Le 24 mars 1649 furent signés les pouvoirs de Lieutenant gén
du roi commandant les troupes de Hesse destinés à M. de Ge
général des Hessois. D'après ces pouvoirs, les troupes de la Landgr
demeureront sous la charge de M. de Geiss et en un corps de trou
Geiss obéira aux lieutenants généraux commandants en chef, qu
il devra agir conjointement avec eux, et non aux lieutenants génér
employés, c'est-à-dire, selon l'expression en usage, aux « sous-li
tenants-généraux ». Le même jour étaient établis des brevets en bl
pour les charges de *généraux-majors* d'infanterie et de cavalerie

(1) *A. H. G.*, vol, 114, 115, 120, 126 et 127.
(2) *A. H. G.*, vol. 114. p. 206. 208 au v° et 209 au v°, et 3786, p.
et 427.

a commission pour traiter avec Geiss et les autres officiers prin-
aux des troupes de Hesse, auxquelles on demandait 4.000 hommes,
délivrée le 27 avril; M. de Montbas en était chargé. Mais l'affaire
it pas de suite, et les pouvoirs du 24 mars 1649 tombèrent.

heinhold de Rosen, mis en liberté par lettres royales du 16 mars 1649
it le 19 avril un pouvoir de lieutenant général représentant la
sonne du Roi pour commander le corps de troupes à tirer de
mée suédoise. Par ce pouvoir, qui qualifie le titulaire « ci-devant
éral-major en notre armée d'Allemagne et lieutenant commandant
re cavalerie en icelle », Rosen doit lever 4.000 hommes en l'armée
doise et en recruter autant en Alsace.
e baron d'Avaugour, résidant pour le Roi en l'armée de Suède et
onel d'un régiment de cavalerie, reçut le 21 mai les pouvoirs
essaires pour traiter avec les généraux et réunit 4.000 hommes de
d et 2.000 chevaux. Mais à la fin de l'année, 6.000 hommes des
upes de Rosen, chargés d'une diversion en Luxembourg, déser-
ent (1).

e titre de général-major disparait en 1651 avec l'armée weima-
ne; mais l'institution n'est pas abandonnée.
Si le passage des troupes de Hesse-Cassel au service de la France n'eut
lieu, on prit le soin de transcrire sur un formulaire (2) la formule
« brevets de Général-major en une armée d'étrangers » adoptée
mars 1649, sans doute, parce que l'on pensait en avoir encore
oin.
Et l'on en eut, en effet, besoin. Le 24 juin 1652, M. de Fildeberg
pourvu de la charge de *général-major près les troupes étran-
es* (3) : « Aujourd'hui 24e du mois de juin 1652, le Roi étant à
un, désirant témoigner au sieur colonel Fildeberg l'estime parti-
ière que nous faisons de sa personne,... a donné et accordé au
ur colonel Fildeberg la charge de Général-major pour servir en
te qualité dans les troupes étrangères et en faire les fonctions aux
nneurs, autorités, prérogatives, prééminences, et appointements,
i y appartiennent, tels et semblables que ceux qui sont pourvus de
eilles charges ».

---

1) Le vicomte de Noailles (*Bernard de Saxe-Weimar*, 453), qui relate ce
ident, le place en 1648. C'est qu'il avance d'une année, par erreur, la nomi-
ion de Rosen au grade de lieutenant général.
2) *A. H. G.*, vol. 3786.
3) *A. H. G.*, vol. 132, n° 272.

Ce fut le dernier brevet délivré. L'institution des Généraux-Majo[rs] tomba d'elle-même par la raréfaction du recrutement étranger. Si [les] armées françaises ont toujours dans leurs rangs des régiments all[e]mands, irlandais, écossais, liégeois, des levées générales ne s'opère[nt] plus. Le recrutement se fait pour chaque corps; le Roi choisit [et] nomme les cadres; il ne les reçoit plus imposés et en bloc comme [la] garniture d'une marchandise, ainsi que cela s'était fait par le trai[té] de Brisach du 9 octobre 1639.

.BLE ALPHABÉTIQUE DES NOMS CITÉS (1).

.ncourt. 126
oult (m[is] d') 65
.esseau, 83, 94, 95, 100, 103,
)4, 105, 106, 107, 108, 109, 110
11, 114, 118, 120, 127, 128, 190 191
.abert, 117, 127, 128, 136 . . 139
.lure 184
.encourt, 268 269
.ot, 145 174
doncnche. 65
.al de Rochechinard, 63, 65,
., 100, 117 130
.sompierre, 198. 237
.ane (m[is] de), 58, 60, 63, 64,
. . . . 68
.ane (chev. de), 69 71
.e 173
.ivau, 278. 281
.efonds (affaire de 1672), 215- 247
.eville. 144
.helot, 34, 52 65
.hier père 189
.hier (Alexandre), 2, 100, 107
.9, 112, 117, 125, 127, 132 . . 138
.hier de Berluy (César) 2,
.8. 144
.lle père, 57, 77, 78, 80, 81,
., 95. 125
.lle de Pont, 100, 117, 125. . 131
.lle de Vicques, 117, 125, 135 139
.re, 158. 173
.gue. 203
.n (A. de), 202, 203, 231. . 232
.n (Ch.), 197, 200, 202, 203. . 204
.findy, 60, 78. 79
Blancmesnil, 181 185
Boisse. 185
Bolé de Chamlay père. 170
Bomé. 140
Bonnaud, 160. 174
Bourcet, 2, 25, 29, 30, 34, 41, 42-
50 (notice biographique), 51,
52, 54, 55, 56, 60, 61, 62, 66, 67,
68, 71, 72, 76 97
Bourcet de La Saigne, 48, 63, 65,
69 74
Bouville 139
Brentano, 100, 112, 126. 133
Brienne, 6, 84, 109, 110, 112, 114,
120. 122
Brissel 186
Brons. 141
Campagne, 125, 127, 128, 129, 136 139
Capitaine du Chesnoy, 117. . . 139
Caraman, 82, 83 93
Casabianca, 2. 140
Castellan, 268. 271
Castries, 29, 32. 33
Cavelier 174
Chamlay, 156, 158, 164, 170, 171, 172
Chancel, 2, 125. 135
Chantavoine. 190
Chasteigner, 79. 127
Chéry, 190. 191
Chevilly 168
Choin. 140
Choiseul, 24, 30, 31, 34, 56, 60,
62, 64, 66, 71. 76
Clémont. 184
Collot, 100, 110, 125, 127. . . 130

Elle ne comprend que les officiers qui ont fait partie des divers états-
.rs dont il est traité dans le volume ou ceux des personnages qui ont
un rôle dans les organisations.

Contades (de), 29, 82, 89. . . . 90
Cormainville 187
Crémilly, 24, 25, 158. 169
Créquy (affaire de 1672), 215. . 247
Cromot du Bourg, 106, 122 . . 130
Cuttoli de Cothi. 143
Dange d'Orsay, 51, 56, 60, 62, 64 169
Daurignac, 261. 262
Desbordes 275
Des Bournays. 187
Descures (signature des d'Escures.
Des Fougerais, 268 272
Des Fourneaux, 147, 148, 149, 150, 151, 152, 154, 166, 172 . . . 198
Des Roches d'Orange 186
Dezoteux, 117, 127, 128, 135. . 139
Dormay, 59, 77, 78, 80, 100, 125 130
Druel, 147, 149. 155
Du Bourg. 186
Du Boys, 151, 154, 166 167
Duboys de La Bernade, 59, 104, 105, 122, 125 137
Du Cheyron. 79
Dumas (Mathieu) 2, 100, 110, 117, 126, 128, 129, ... 131
Du Metz. 173
Dupleix de Pernan 51, 56, 60, 62, 64, 68. 171
Du Plessis de La Corée, 160 . 168
Duportail, 122, 126. 137
Du Puits, 64, 69, 77, 100, 110, 125 133
Durcet 187
Du Reverdy 275
Du Rousseau. 273
Du Val, 279, 281 285
Du Verger (Jacques MAUDET), 147, 148 155
Ennery, 158 173
Erlach (J. L.), 277, 278, 279, 282, 283, 284 285
Erlach (S.), 279 285
Escures, 147, 148, 149, 150, 151, 152, 154, 156, 158, 164, 165, 167, 168, 172, 197, 198. . . . 205
Essuile. 144
Estimauville 142
Evry. 188
Fabert, 260, 261 273
Ferrier du Châtelet, 68, 71. . 81
Feuquières 171
Fiefs, 58. 185
Fildeberg. . . . .
Fléchier, 117, 128, 137 . . . .
Fleckenstein, 279, 284, 285, 286.
Fontette . . . .
Fougeu de Villeret, 154, 165, 167
Fouquerolles. . . . .
Fourone . . . .
Gauthier de Clairval, 63, 64, 68
Gauville . . . .
Gerviliers, 70. . . . .
Glandevès . . . .
Goguelat, 128, 129, 139 . . . .
Gouvion, 2, 100, 101, 110, 129.
Gramont. . . . .
Grandpré (b^{on} de), 26, 34, 60, 76, 79 . . . .
Grandpré (chev de), 2, 79, 80 .
Guibert, 51. . . . .
Guimps. . . . .
Héronval. . . . .
Hervilly, 125, 127. . . . . . .
Heucourt. . . . .
Humières, (affaire de 1672), 215-
Ivry-Dumesnil, 127, 128, 136.
Jarjayes, 100, 127, 128 . . . .
Jaucourt, 94 . . . .
Jaulge. . . . .
Jolly, 106, 190. . . . .
Kalb, 60, 78 . . . .
Klug, 279, 285, 286. . . . . .
La Barge, 266, 267, 268. . . .
La Barollière, 63, 65 . . . . .
La Barre, 125, 137 . . . . . .
La Bécherelle. . . . .
La Borde. . . . .
La Brosse-Saint-Ouen. . . . .
Lachèze . . . .
La Gallière. . . . .
Lageard, 117, 125, 127, 136 . .
La Gorce. . . . .
Lagrange 106, 190 . . . . . .
Lajard. . . . .
La Lionne. . . . .
La Live de Pailly . . . . . .
Lambert. . . . .
Lamoignon de Basville . . . .
La Mosson. . . . .
La Muzanchère. . . . .
Langlée (Claude), 147, 149, 154, 156, 157, 164. . . . .
Langlée (fils), 156, 170, 172 . .
La Planche de Mortières . . .
Larcher de Grandjean . . . .

Rozière (m^is de), 4, 26, 74,
77, 78, 80, 81. 127
Rozière (c^te de). 139
uberdière, 100, 112, 125, 127
128, 133 138
ugeois. 188
umoy, 100, 101, 127 134
Valette 203
Verrière. 187
Viérue, 164. 184
Vigerée. 273
Féron. 143
Féron de Hautonne 58
nchères, 80 81
noncourt. 203
schelle 273
sdiguières, 197, 198, 200, 205
230, 231, 232, 237. 240
sellier 275
Tourneur. 174
Tourneur du Plessis. . . . 271
eurray 171
ostelneau, 252, 257, 260.. . . 261
alatesta. 183
alet de la Jorie. 142
arc, dit Saint-Martin.. . . . 183
arcé, 51, 57, 59, 60, 62, 64,
68, 107, 122 138
arescot de Marc 187
auroy, 158. 172
avan. 185
azel 186
élat, 128 137
énildurand (B^on de), 77, 78. . 81
énildurant (Vte de), 137 . . . 143
enou, 2, 100, 112, 125. . . . 131
ensnier de La Place, 2, 107,
112, 129 138
eynaud de Collange. 63, 70, 159 171
ignonville 184
ilet de Jeurs, 279, 281, 282.. . 286
ondragon. 187
onnereau. 58
ontaignac, 100, 117, 124, 125, 127 130
ontal. 168
onteils, 157, 168 171
ontesson 187
onteynard, 29, 32. 71
ontfermeil (Mis de), 125, 145,
160, 161, 162. 171
ontfermeil (J. B. M. H.). . . 174
ontigny 69
ontmort 187

Montrichard 143
Morges. 65
Moulins 174
Moydieu, 59, 60, 63, 64. . . . 69
Moyenneville, 64. 69
Myramont, 254, 256, 262, 269.. . 270
Navailles. 264
Nezot de Welheim 65
Nispen, 60, 78 79
Oehm, 277, 278, 280, 284, 285 . 286
Ollone, 100, 112, 117, 125, 132. 138
Paris, 265, 266, 269. 271
Perrigny. 144
Pezay, 49, 57, 64, 66, 68. . . . 80
Pina, 63, 65. 69
Plessis-Picquet. 183
Poisson de Malvoisin. 169
Poncet, 100, 117, 126, 128, 132 138
Ponnat, 59, 60, 62, 63, 64. . . 69
Pusignieu, 65 69
Puygaillard, 203, 231. 240
Randon de Lucenay, 70. . . . 169
Renaudin (Jacques), 154. . . . 170
Renaudin (autre), 147, 148 . . 155
Reviglíasc, 65 69
Riccé, 100 133
Risaute 184
Roch 186
Rochambeau, 95, 98, 107 . . 111
Rochefontaine, 127, 136. . . . 138
Roissy, 145, 162 169
Roncherolles, 100, 125 131
Rosen (J.). 280
Rosen (R.), 277, 278, 280, 282 . 289
Rouillé. 188
Rouillé de Fontaine 188
Roussel de Bouillancourt, 160. 168
Roux de La Ric, 59, 63, 65, 69 71
Roux de Fazillac, 127, 134 . . 138
Ruffo (*alias* Roux de La Ric).
Saiffert. 143
Saint-Étienne, 183 184
Saint-Germain, 2, 6, 11. . . . 81
Saint-Julien 65
Saint-Martin 184
Saudray. 141
Sautereau de Chasse, 59, 63, 65 69
Saxe (Maurice de), 24, 196, 249. 250
Scallier, 122, 125, 127. 134
Schmidberg, 280 281
Schomberg. (Charles, Gaspard
et Henri), ... 204
Schönbeck 280

Schutter, 65 70
Schütz, 280, 282, 285. 286
Ségur, 83, 89, 90, 93, 95, 97, 102, 103, 105, 106, 107, 108, 109, 111, 190 191
Senozan 173
Surlaville, 29 30
Taupadel, 278 281
Tavannes 203
Tellez d'Acosta. 184
Termes 203
Thiers. 171
Thomas de Domangeville. . . . 174
Tilly. 187
Turenne, 199, 201.205; (mission de 1665) 205-214; (affaire de 1672) 215-247.
Turgis. 183
Turtot, 145. 171
Tusani. 183
Usaige. 151
Valogny . . . .
Vannoise, 145, 162 . . . . . .
Varennes . . . .
Vaucresson, 145 . . . .
Vaudremont, 127. . . . . . .
Vault (lieut. gén.), 81, 104, 105, 126 . . . .
Vault (B^on de), 125, 135 . . .
Vaulx, 58, 60, 63, 64, 68, 100 .
Vaux de Beaune . . . .
Verdelin . . . .
Verseilles, 172 . . . .
Vienne. . . . .
Vignau, 253 265, 269. . . . .
Vignau (Chev. de), 184, 265. .
Villars, 196, 248 . . . .
Villefranche, 57, 59, 60, 62, 64, 68. . . . .
Villette . . . .
Vogué, 28, 32 . . . .
Ximenes . . . .

TABLE DES MATIÈRES

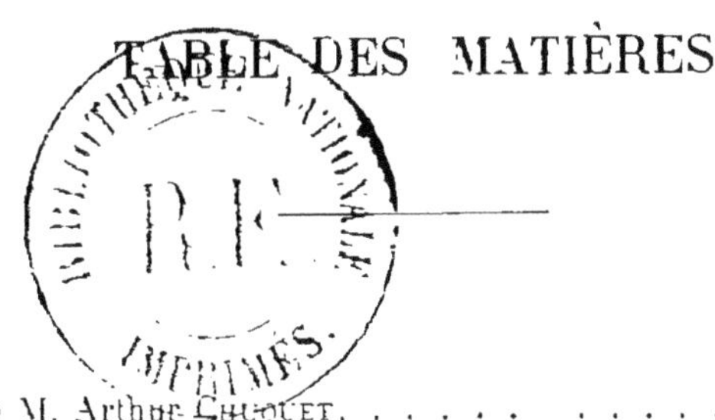

Préface de M. Arthur Chuquet. v

Introduction.

Création de corps d'armée territoriaux en 1763. — Milices. — Service des Renseignements. — Inspecteurs généraux. — Avancement. — Enfants du corps. — La Cour protégeait la population. — Considération des officiers pour les hommes de troupe. — Anciens soldats et très-vieux officiers. — Le grenadier Bediot à York-Town. — Un soldat congédié tenait toujours à son ancien corps pour y trouver des protecteurs. — Les belles actions récompensées avec apparat. — L'épée d'honneur de Jacques Boutry. — La médaille d'honneur du cavalier Murgey. — La médaille de « vieux serviteurs » des employés de l'artillerie. — Le regiment de l'Ile de France et l'incendie de Granville. — Le dragon Bouret accoucheur sous le feu de l'ennemi 1

☆

L'État-Major.

Au moment d'une guerre les états-majors étaient formés de toutes pièces. — Leur composition. — Distinction d'uniforme. — Infériorité de l'état-major français. — Mémoires de Grandpré et de Carlet de La Rozière. — Projet de création sous le titre de « départements » de 15 corps d'armée territoriaux. — Son examen par un Comité d'officiers généraux. — Création d'un état-major permanent. — Mémoire de Bourcet sur la nécessité de former des officiers à la connaissance militaire d'un pays. — Les idées en sont admises. — Les reconnaissances commencent en 1765, et le service est créé en 1766. — Bourcet est chargé de le diriger. — Sa vie militaire et ses travaux. 23

I

Officiers employés à la reconnaissance du pays. — Service de l'État-Major des logis des armées.

Des officiers sont employés à dater du 1er avril 1766. — Nature de leur service. — Division des travaux. — Appointements. — Biographies sommaires des officiers du service de l'état-major; leurs opérations et reconnaissances de pays. — L'État-Major des logis des armées est créé en 1770; il comprend un commandant, des aides-maréchaux des logis et des surnuméraires, divisés en deux classes. — Officiers qui en font partie. — Le corps est supprimé en 1771 . .

II

Officiers employés dans les provinces.

Grandpré reconnait la frontière d'Allemagne. — Ménildurand, Béville, Dormay. — Carlet de La Rozière, maréchal des logis en Bretagne. — Le baron de Nispen et Kalb chargés de missions à l'étranger; Grant de Blairfindy reçoit les correspondances des agents; ils constituent le Service des Renseignements. — La suppression du corps Bourcet n'entraîne pas celle des destinations particulières. — Missions exécutées et officiers qui en furent chargés . . .

III

Corps de l'État-Major de l'Armée.

Les Comités d'officiers généraux. — Le Comité général est consulté par le Maréchal de Ségur sur un projet relatif à l'État-Major de l'Armée. — Mémoire établi, 1782. — Observations et idées personnelles du Maréchal de Ségur. — La proposition est émise, mais elle est repoussée, de l'unification et de la réunion en un seul des trois états-majors alors existant dans les armées.—Création du Corps de l'État-Major de l'Armée, 13 juin 1783; composition, appointements, avancement, service. — Nomination des premiers officiers du corps. — Le marquis d'Aguesseau, directeur. — Augmentation du nombre des officiers. — Le premier travail de promotion, 2 décembre 1787. —Prévisions budgétaires et dépenses effectuées.— Le Corps de l'État-Major et le Conseil de la guerre; il y a Guibert comme adversaire, mais il est conservé. — La proclamation royale du 29 octobre 1790 supprime le corps et réorganise l'état-major sur de nouvelles bases. — Missions données et effectuées de 1783 à 1789 . . . .

Liste des officiers du Corps de l'État-Major de l'Armée avec biographies sommaires 1

IV

Maréchaux généraux des logis.

s sont de deux espèces : Maréchaux généraux des logis des camps el armées et Maréchaux généraux des logis de la cavalerie 146

Maréchaux généraux des logis des camps et armées.

eurs fonctions. — Epoque de la création des charges. — Titulaires et fonctionnaires. — Appointements. — L'origine des Maréchaux des logis est très éloignée, — Le premier dont on rencontre le nom est M. d'Usaige, en 1586. — Transformation en état et office. — Les Fougeu. — Quatre charges sont créées. — La quatrième, éteinte en 1626, est rétablie. — Les provisions. — La charge se perdait par décès. — Brevets de retenue. — Commission de Colonel accordée. — Les Maréchaux généraux des logis au Conseil de la guerre. — Leur suppression, décidée par extinction, devient définitive par la proclamation royale du 29 octobre 1790 146

stes généalogiques des Maréchaux généraux des logis des camps et armées.. 165

Maréchaux généraux de la Cavalerie légère.

a création de la première charge remonte à 1566. — Fonctions. — Le Maréchal des logis des Gardes françaises. — Création des deux autres charges sous Louis XIII. — Ces charges deviennent vénales comme celles des camps et armées. — On propose leur suppression en 1776. — Mode de nomination ; provisions ; appointements ; commission de Colonel. — Extinction progressive des charges, puis suppression définitive. — Le Maréchal des logis des dragons.. 175

istes généalogiques des Maréchaux généraux et des Maréchaux des logis de la cavalerie légère 183

V

Ingénieurs géographes.

éation des Ingénieurs géographes des camps et armées. — Ils sont placés sous les ordres de M. de Vault, et en 1777 ils deviennent Ingénieurs géographes militaires. — Le marquis d'Aguesseau propose d'en attacher au Corps de l'État-Major de l'Armée ; mais la proposition n'est pas acceptée. — Suppression en 1791. 189

APPENDICE

I

Le Maréchal général des camps et armées.

Erreurs commises jusqu'à ce jour à ce sujet. — Le Maréchalat général des camps était une charge à fonctions propres. — Les fonctions d'après les provisions de la charge. — Le Maréchal d'Estrées et la nomination de Turenne. — La charge à sa création était simplement celle de Maréchal de camp général et le titulaire ne commandait que les Maréchaux de camp. — Titulaires de la charge. — Grands Maréchaux de camp des troupes allemandes. — Maréchaux généraux des logis des camps et armées. — La mission donnée à Turenne en 1665 d'organiser et de conduire en Hollande le corps de troupes françaises envoyé comme secours contre l'évêque de Munster. — L'affaire de 1672. — Louis XIV donne à Turenne le commandement sur les Maréchaux. — Refus d'obéissance des Maréchaux de Bellefonds, de Créquy et d'Humières. — Bussy-Rabutin et Mmes de Sévigné et de Scudéry. — Lettre de M. de Caumartin à M. d'Hacqueville. — Les Maréchaux se soumettent, sauf Bellefonds. — Villars. — Maurice de Saxe. 19

II

Le Maréchal de bataille de l'Infanterie. — Les Sergents de bataille en les armées.

Origine. — Sens du mot « bataille ». — Création de la charge de Maréchal de bataille de l'Infanterie. — Les fonctions, son rôle aux armées. — La charge, créée unique, le demeure, et l'on établit des Sergents de bataille pour remplir l'emploi du Maréchal dans toutes les armées sur pied. — Le Maréchal de bataille des Gardes françaises. — Daurignac. — Pouvoirs donnés, puis retirés aux Sergents de bataille et maintenus seulement pour le Maréchal en titre. — Suppression. — Liste des Maréchaux de bataille de l'Infanterie 25

III

Les Aides de camp

Origine. — Ils sont créés aide-maréchal de camp. — Les fonctions étaient une charge, et les titulaires recevaient un brevet du Roi. — Au XVIIe siècle, les aides de camp sont des officiers de choix; leurs attributions sont importantes. — Leur rôle est réduit. — Louis XIV défend de les prendre parmi les officiers des troupes. — Circulaire de 1703. — Elle reste en vigueur jusqu'à la réorganisation de 1790. 27

IV

Les Généraux-Majors.

Mort de Bernard de Saxe-Weimar. — Erlach. — Le traité de Brisach. — L'armée weimarienne devient troupe française, mais conserve son autonomie et les titres germaniques de ses chefs. — Les Généraux-Majors; leur institution et les titulaires de la charge. — Des Français en sont revêtus pour leur donner dans l'armée d'Allemagne les mêmes titre et autorité que les officiers allemands. — Les Généraux-Majors ne sont pas supprimés en 1648. — Négociations de 1649 et de 1650 pour le maintien du corps allemand. — Son licenciement en 1651. — Troupes de Hesse-Cassel. — Corps de R. de Rosen. — Le colonel Fildeberg est nommé général-major en 1652; c'est le dernier. — La charge cesse d'exister, par suite de la suppression des levées générales à l'étranger 277

Table alphabétique des noms cités 291

Paris. — Imprimerie R. Chapelot et Cie, 2, rue Christine.

[illegible]

Général de Lacroix, vice-président du Conseil supérieur de la guerre. — **Un voyage d'état-major de corps d'armée.** — Compte rendu [illegible] E. Buat, capitaine d'artillerie. 1908, 1 vol. in-8 avec 15 cartes [illegible]

L'officier d'état-major, par ***. 1910, broch. in-8 [illegible]

L'armée moderne et les états-majors, par Pierre Baudin [illegible] in-12 [illegible]

L'organisation moderne du service d'état-major dans le [illegible] **d'armée**, par G. Clerc, capitaine d'artillerie breveté à l'état-major du [illegible] d'armée. 1907, in-8 [illegible]

Guerre moderne. — **Service d'état-major**, par J. Guyénot, [illegible] du génie. 1886, 1 vol. in-8 avec 3 gr. plans [illegible]

Notes sur le service des états-majors en campagne, par [illegible] **Mariotti**. 1880, 1 vol. in-12 avec figures [illegible]

Les états-majors de Napoléon. — **Le lieutenant général comte Belliard**, chef d'état-major de Murat, par le général **Derrécagaix**. 1909, 1 vol. [illegible] in-8 avec 8 cartes et 1 portrait [illegible]

Publié sous la direction de la Section historique de l'état-major de l'armée. **La tactique et la discipline dans les armées de la Révolution.** **Correspondance du général Schauenbourg**, du 4 avril au 2 [illegible] publiée par J. Colin, capitaine d'artillerie à la Section historique de l'état-major de l'armée. 1902, 1 vol. in-8 avec 6 croquis [illegible]

Publié sous la direction de la Section historique de l'état-major de l'armée. **La justice militaire et la discipline à l'armée du Rhin et à l'armée de Rhin-et-Moselle (1792-1796).** (Notes historiques du [illegible] bataillon du génie **Legrand**), publiées par le capitaine d'infanterie [illegible] **Hennequin**, de la Section historique. 1910, 1 vol. in-8 [illegible]

Publié sous la direction de la Section historique de l'état-major de l'armée. **Les milices provinciales sous Louvois et Barbezieux (1688-1697)**, par Maurice **Sautai**, capitaine au [illegible] d'infanterie, détaché à la Section historique. 1909, 1 vol. gr. in-8 avec 3 croquis hors texte [illegible] 8

(*Ouvrage couronné par l'Académie française.*)

Les milices de Grenoble en Savoie et Dauphiné (1690-1694), par le capitaine **Fl**[illegible]. 1899, in-8 [illegible]

Les compagnies de cadets gentilshommes et les écoles militaires, par Léon **Hennet**, sous-chef aux archives de la guerre. 1889, 1 vol. in-8 [illegible]

Les milices et les troupes provinciales, par Léon **Hennet**. 1884, 1 [illegible] in-8 [illegible]

Paris. — Imprimerie R. Chapelot et Cie, 2, rue Christine.